Buchführung und Bilanzierung nach IFRS und HGB

Buchführung und Bilanzierung nach IFRS und HGB

Eine Einführung mit praxisnahen Fällen

3., aktualisierte und erweiterte Auflage

Jochen Zimmermann
Jörg Richard Werner
Jörg-Markus Hitz

PEARSON

Bibliografische Information der Deutschen Nationalbibliothek

Die Deutsche Nationalbibliothek verzeichnet diese Publikation in der Deutschen Nationalbibliografie; detaillierte bibliografische Daten sind im Internet über *http://dnb.dnb.de* abrufbar.

10   9   8   7   6   5   4   3   2   1

19   18   17   16   15

ISBN 978-3-86894-257-6 (Buch)
ISBN 978-3-86326-720-9 (eBook)

© 2015 by Pearson Deutschland GmbH
Lilienthalstraße 2, D-85399 Hallbergmoos/Germany
Alle Rechte vorbehalten
www.pearson.de
A part of Pearson plc worldwide

Programmleitung: Martin Milbradt, mmilbradt@pearson.de
Lektorat: Elisabeth Prümm, epruemm@pearson.de
Korrektorat: Petra Kienle
Umschlagfoto: Santanor. Shutterstock
Herstellung: Philipp Burkart, pburkart@pearson.de
Satz: mediaService, Siegen (www.mediaservice.tv)
Druck und Verarbeitung: Drukarnia Dimograf, Bielsko-Biala

Printed in Poland

Inhaltsübersicht

Inhaltsverzeichnis

Vorwort

Die Abbildung von Geschäftsprozessen und Handlungsergebnissen, insbesondere in Form der Messung von Einkommen im Rechnungswesen, gehört zu den zentralen Gegenstandsbereichen der Betriebswirtschaftslehre. In den letzten Jahren zeichnete sich das Rechnungswesen durch eine bemerkenswerte Mischung aus Stabilität und Veränderung aus. Während technische Basisprozesse, insbesondere die Buchführung, unverändert bleiben, haben sich die Ansatz- und Messvorschriften vor allem im Bereich der Konzernabschlüsse fundamental verändert. So müssen seit 2005 alle in der EU beheimateten kapitalmarktorientierten Unternehmen ihre konsolidierten Abschlüsse nach den *International Financial Reporting Standards* (IFRS) erstellen. Oberstes Ziel dieser Standards ist es, insbesondere für Investoren auf Kapitalmärkten entscheidungsnützliche Informationen bereitzustellen.

Die Entwicklung und Verbreitung der internationalen Rechnungslegungsstandards zeichnen sich durch große Dynamiken aus. Vor 1998 hätte wohl niemand Wetten darauf abgeschlossen, dass die IFRS einen derartigen Siegeszug antreten würden. Vielfach verbreitet war die Auffassung, dass sich, wenn überhaupt, vielmehr die US-amerikanischen Bilanzierungsregeln, die US GAAP, als weltweiter Standard etablieren würden. Durch die zunehmend globale Verbreitung der IFRS hat sich für den Standardsetter, das *International Accounting Standards Board* (IASB), Handlungsbedarf ergeben: Standards mussten überarbeitet, Lücken geschlossen werden, Anwendungsproblemen abgeholfen und Inkonsistenzen beseitigt werden. Zugleich war und ist das IASB bestrebt, der Rechnungslegung nach IFRS eine klare konzeptionelle Grundlage zu geben, die sich mit dem Begriff „Entscheidungsnützlichkeit" beschreiben lässt. Dahinter verbirgt sich das Ziel des Standardsetters, Rechnungslegungsstandards bereitzustellen, deren Anwendung auf Unternehmensebene dazu führt, dass Informationen bereitgestellt werden, die für einen breiten Kreis von Adressaten, insbesondere aber den derzeitigen und potenziellen Investoren, beim Treffen wirtschaftlicher Entscheidungen nützlich sind. Weniger das Ziel selbst als die Maßnahmen zu dessen Erreichung riefen auch Kritik hervor: Beispielhaft können hier die gerade auch in der Finanzkrise verstärkt geführten Diskussionen um die breite Verwendung des *fair value* als Wertmaßstab, die Kritik am weitreichenden Verzicht auf den Vorsichtsgedanken oder die Diskussionen um die Neugliederung der tradierten Abschlusselemente genannt werden.

Zwar gelten in Deutschland – neben den internationalen Rechnungslegungsstandards – weiterhin auch die nationalen Regelungen des Handelsgesetzbuchs (HGB) bzw. der sogenannten Grundsätze ordnungsgemäßer Buchführung (GoB): So müssen Unternehmen ihre Einzelabschlüsse nach wie vor nach den deutschen Bilanzierungsregeln erstellen. Die Bedeutung der internationalen Regeln wird in der Zukunft aber eher noch steigen. Dafür sprechen jedenfalls viele Gründe. So entwickelt das IASB Standards für kleine und mittelgroße Unternehmen. Beratungsgesellschaften bewerben die Vorteile einer freiwilligen Offenlegung nach IFRS. Reformen der nationalen Rechnungslegung lehnten sich schon in der jüngeren Vergangenheit an den internationalen Regeln an, zuletzt im großen Stil etwa bei der Modernisierung des Bilanzrechts durch das Bilanzrechtsmodernisierungsgesetz (BilMoG). Für neue Bilanzierungsherausforderungen – etwa im Bereich von Finanzinstrumenten – werden häufig keine „eigenen" nationalen Vorschriften mehr entwickelt. Ein Blick ins europäische Ausland zeigt zudem, dass die Anwendung lokaler Rechnungslegungsvorschriften für Einzelabschlüsse durchaus nicht zwingend ist: Regelmäßige Erhebungen der Europäischen Kommission dokumentieren, dass mehr und mehr Mitgliedsstaaten die Anwendung von IFRS in Einzelabschlüssen vorschreiben oder zumindest gestatten.

Dieser fundamentale Wandel hin zu einer Dominanz der internationalen Rechnungslegungsregeln schlägt sich in Lehrbüchern nur langsam nieder. Zwar existieren eine Vielzahl von Büchern, die sehr detailliert ausschließlich oder zumindest in Teilbereichen die Bilanzierung nach IFRS thematisieren. Der Bereich der einführenden Werke auf Basis der IFRS, die auch die Grundlagen der Buchführung abdecken, ist jedoch nur spärlich besetzt – was im Übrigen auch für den internationalen Markt gilt, der von Lehrbüchern zur US-amerikanischen Rechnungslegung dominiert ist. Mit dem vorliegenden Text soll hier in bewährter Weise Abhilfe geschaffen werden, auch um der gestiegenen Bedeutung der IFRS in der Hochschulausbildung Rechnung zu tragen. Das Buch verfolgt dabei insbesondere drei Ziele: Erstens will es die Grundlagen der Buchführung und Abschlusserstellung nach IFRS problem- und praxisorientiert schildern. Zweitens soll stärker als in den Vorauflagen, ein solides Verständnis für die Unterschiede zwischen IFRS und HGB geschaffen werden. Insgesamt soll damit der Anspruch eingelöst werden, einen zwar einführenden, aber ganzheitlichen Überblick über die Rechnungslegung kapitalmarktorientierter Unternehmen in Deutschland zu schaffen. Schließlich soll, drittens, von Beginn an auch ein ökonomisch fundiertes Verständnis für die Rolle und Auswirkungen der Publizität kapitalmarktorientierter Unternehmen vermittelt werden. Anfängern mag die regelkonforme Anwendung von Rechnungslegungsregeln – die Compliance – zunächst als ein rein technisches Problem erscheinen, dessen Lösung, wenn überhaupt, juristische Methodenkompetenz erfordert. Das war immer schon nicht richtig und es ist ganz sicher falsch für die internationale Rechnungslegung: Bilanzierung erfordert ein solides Verständnis des wirtschaftlichen Gehalts der abzubildenden Vorgänge. Die zweckadäquate Abbildung erfordert auch ein Verständnis der Gründe, warum und mit welchem Ziel Abschlüsse zu erstellen sind. Um Rechnungslegungsinformationen zu interpretieren, bedarf es nicht nur der Kenntnis der Regeln mit all ihren Wahlrechten und Ermessensspielräumen, sondern auch einer Einschätzung der Anreize, die bei der Erstellung von Abschlüssen eine Rolle gespielt haben.

Durch die Fokussierung auf Konzepte und Methoden bleibt der Zugang des Buchs breit. Auch wenn sich IFRS- und HGB-Rechnungslegung in Teilbereichen stark unterscheiden, so haben sie doch auch Gemeinsamkeiten (Gleiches gilt für die US-amerikanischen US GAAP). Beispiele dafür sind die Bilanzierung zu Anschaffungskosten und das Realisationsprinzip, die in allen Rechnungslegungsregimes vorhanden, aber unterschiedlich akzentuiert sind. Daher könnte unerheblich erscheinen, ob die Strukturierung eines Lehrwerks nach HGB oder IFRS erfolgt; erfahrungsgemäß ergeben sich aber für Studierende oftmals Probleme, wenn aus der klar strukturierten und prinzipienorientierten Welt des HGB auf internationale Standards geschlossen werden muss. Der internationale Ansatz sichert dementsprechend eine breitere Kompetenz.

Die Dynamik des Standardsetzungsprozesses stellt auch ein Lehrbuch wie dieses vor Herausforderungen: Es ist kaum möglich, jeder Standardänderung eine Neuauflage folgen zu lassen. Der Leser sei deshalb auf die Companion-Website verwiesen, auf der über Änderungen der Standards berichtet wird, soweit diese jedenfalls Auswirkungen auf die Richtigkeit der Darstellungen im vorliegenden Text haben. Das vorliegende Buch hat eine Entstehungsgeschichte, an der mehrere Personen beteiligt waren: An der ersten Auflage (2008) hatten neben den Verfassern auch Dr. Jan-Philipp Kilian, Dr. Christoph Lippert, Dr. André R. Meier, Dr. Stefan Schweinberger und Dr. Stefan Veith mitgewirkt. Bei der grundlegend aktualisierten zweiten Auflage (2011) wurde Jörg-Markus Hitz ins Autorenteam aufgenommen. Weitere Unterstützung hatten die Autoren der zweiten Auflage durch Dipl.-Kfm. Sebastian Kaumanns, Dipl.-Bw. Nico Lehmann, M.A. und Dr. Michael Meser. Nunmehr liegt die dritte, überarbeitete und erweiterte Auflage vor. Die Autoren haben bei der Überarbeitung des Manuskripts hilfreiche Unterstützung von Dipl.-Kfm. Steffen Bohm, Dipl.-Kfm. Sebastian Kaumanns, Elisabeth Kläs, M.Sc., Dipl.-Vw. Philipp Löw, Stephanie Müller-Bloch, M.Sc., Dipl.-Bw. Nico Lehmann, M.A., und Julian Schramm, M.Sc., erfahren, denen an dieser Stelle herzlich für ihren Einsatz gedankt sei.

Jochen Zimmermann

Jörg Richard Werner

Jörg-Markus Hitz

Ergänzende Lehrmaterialien

Umfangreiches zusätzliches Material zum vorliegenden Buch findet sich auf der Website unter *www.pearson-studium.de*. Für besseres Verständnis sorgt dabei ein Icon, das verdeutlicht, dass zu der betreffenden Stelle im Text weiteres Material verfügbar ist.

Übungsaufgaben

- Am Ende eines jeden Kapitels enthält das Buch Aufgaben, die von Studierenden gelöst und in der Vorlesung zusammen mit den Dozenten besprochen werden sollen. Musterlösungen dazu sind im Dozentenbereich unter *www.pearson-studium.de* zu finden.

Glossar

- Studierende haben die Möglichkeit das Glossar als PDF für Arbeitszwecke herunterzuladen.

Dozentenfolien / Abbildungen

- Dozenten finden im passwortgeschützten Dozentenbereich den kompletten Foliensatz zum Einsatz in der Lehre.

- Das Gleiche gilt für alle Abbildungen aus dem Buch, die als Download verfügbar sind.

Rechnungslegung kapitalmarktorientierter Unternehmen

1

ÜBERBLICK

1.1   Publizität als Instrument der Kapitalmarktkommunikation

Lernziele

- Unter Unternehmenspublizität wird die Bereitstellung unternehmensbezogener Informationen an einen offenen, also nicht eingeschränkten Adressatenkreis verstanden.

- Unternehmenspublizität berichtet nicht nur über wirtschaftliche Sachverhalte, wie die Vermögens-, Finanz- und Ertragslage, sondern kann auch wirtschaftliche Sachverhalte schaffen, etwa wenn Investoren die Informationen der Publizität bei ihren Entscheidungen berücksichtigen und es zu Kursreaktionen kommt.

- Publizität verursacht – aus Unternehmensperspektive – sowohl Kosten als auch Nutzen.

Die Kommunikation von Unternehmen mit Außenstehenden bezeichnet man als Publizität und Rechnungslegung ist ein wichtiger Bestandteil. Breit definiert fallen unter Unternehmenspublizität alle von Unternehmen veröffentlichten Informationen. Für das Weitere ist es jedoch sinnvoll, den Begriff einzuschränken. Enger gefasst zeichnet sich Publizität insbesondere durch zwei zentrale Charakteristika aus:

1. Publizität dient der Vermittlung unternehmensbezogener Informationen und wird von Unternehmen selbst – beziehungsweise durch sie veranlasst – betrieben.

2. Publizität richtet sich an einen nicht vorab eingeschränkten und damit anonymen Adressatenkreis („Öffentlichkeit"). Sie ist demnach abzugrenzen von der gezielten Vermittlung von Unternehmensinformationen durch das Management an einen klar abgegrenzten Teilnehmerkreis, beispielsweise die Mitglieder von Aufsichtsräten oder Prüfungsausschüssen.

Mit der Publizität sendet das Unternehmen Signale, die das Entscheidungsverhalten Außenstehender beeinflussen können. Die Publizität kapitalmarktorientierter Unternehmen stellt eine spezifische Spielart der allgemeinen Unternehmenspublizität dar. Sie ist an den Informationswünschen der Kapitalmarktteilnehmer ausgerichtet. Teilnehmer am Kapitalmarkt sind vor allem (potenzielle) Inhaber von Eigen- und Fremdkapitaltiteln (insbesondere Aktien und Unternehmensanleihen). Diese Investoren werten die Signale der Unternehmenspublizität aus und prüfen dabei insbesondere, ob sie verlässlich und relevant sind und ob es sich um positive oder negative Signale bezüglich der Erwartungen über die künftige Wertentwicklung eines Unternehmens handelt. Soweit ein Signal einen Hinweis darauf gibt, dass die Marktteilnehmer ihre ursprünglichen Einschätzungen revidieren müssen, ist eine Reaktion zu erwarten, etwa dass weitere Aktien nachgefragt oder vorhandene Papiere zum Verkauf angeboten werden.

Ein Beispiel für ein derartiges Signal ist die Bekanntgabe einer Gewinnwarnung für das Geschäftsjahr 2014 durch die Deutsche Lufthansa AG. Dies geschah am 11. Juni 2014 über eine Ad-hoc-Mitteilung (siehe ▶ Abbildung 1.1). Ad-hoc-Mitteilungen sind, genauso wie die Rechnungslegung, Bestandteil der Unternehmenspublizität: Sie werden von Unternehmen veröffentlicht und richten sich an einen unbestimmten Adressatenkreis (siehe dazu auch ▶ Kapitel 1.2.3). Mit ihnen geht dem Markt ein Signal zu, das entweder positiv oder negativ bezüglich der künftigen Wertentwicklung eines Unternehmens interpretiert werden kann. In der Mitteilung vom 11. Juni 2014 gab die Deutsche Lufthansa AG bekannt, ihre Gewinnziele für das Geschäftsjahr 2014 nicht mehr erreichen zu können. Aufgrund einer schwächer als erwarteten Umsatzentwicklung senkte die Deutsche Lufthansa AG ihre Gewinnprognose für das Geschäftsjahr 2014 um knapp ein Drittel von bislang 1,3 bis 1,5 Milliarden Euro operativer Gewinn auf nun nur noch 1 Milliarde Euro operativer Gewinn. Diese Korrektur des operativen Gewinnziels überraschte Analysten und Anleger. Die Online-Ausgabe der Finanzzeitschrift *Wirtschaftswoche* titelte beispielsweise am Tag der Bekanntgabe der Gewinnwarnung: „Aktie stürzt ab – Lufthansa streicht Gewinnziele zusammen und schockt die Börsen".

Mit dieser Ad-hoc-Mitteilung sind dem Markt – oder genauer: den derzeitigen und potenziellen Investoren – Informationen zugegangen, die offenbar zuvor so nicht bekannt waren. Derartige Neuigkeiten können geeignet sein, ursprüngliche Erwartungen zu revidieren und die Entscheidungen über das Kaufen, Halten oder Verkaufen von Wertpapieren zu beeinflussen. Wichtig ist dabei, welches operative Gewinnergebnis ursprünglich für das Jahr 2014 erwartet wurde. Welche Erwartungen jeder einzelne Aktionär hatte, ist naturgemäß schwer zu ergründen, sodass hier nur einige grobe Kriterien angeführt werden können, die solche Erwartungen durchschnittlich beeinflussen mögen. Ein besonders einfaches Maß für das erwartete Ergebnis des aktuellen Jahres ist der Vorjahresgewinn. Demnach ist alles, was darüber hinausgeht, eine positive, alles, was darunter fällt, eine negative „Überraschung". Die Gewinnerwartungen können natürlich auch durch die Entwicklung vergleichbarer Unternehmen beziehungsweise des gesamten Markts beeinflusst sein oder auch durch Prognosen verschiedener Analysten oder des jeweiligen Managements. Im vorliegenden Fall der Deutschen Lufthansa AG senkte das eigene Management überraschend seine Erwartungen für das laufende Geschäftsjahr und revidierte somit auch die Erwartungen von Analysten und Anlegern. Damit sind wichtige Voraussetzungen dafür erfüllt, dass es zu einer „Überraschung" der Adressaten gekommen ist, die das Verhalten im Hinblick auf Kauf-, Halte- oder Verkaufsentscheidungen von Lufthansa-Aktien beeinflusst hat. Da es sich um eine negative „Überraschung" handelte, waren nach der Veröffentlichung eine sinkende Nachfrage nach Anteilen und fallende Aktienpreise zu erwarten.

Deutsche Lufthansa AG reduziert operative Ergebnisprognose 2014

11.06.14

Veröffentlichung einer ad-hoc-Mitteilung nach § 15 WpHG

Der Vorstand der Deutschen Lufthansa AG senkt seine operative Ergebnisprognose für 2014. Er erwartet nun ein operatives Ergebnis von rund 1 Milliarde Euro, normalisiert rund 1,3 Milliarden Euro.

Ursache für das Absenken der Prognose ist eine schwächer als erwartete Umsatzentwicklung im Passagier- und Frachtgeschäft sowie Ergebnisbelastungen aus Streiks und der Abwertung des venezolanischen Bolivars.

Vor diesem Hintergrund hält der Vorstand auch das operative Ergebnisziel des Konzerns für 2015 für nicht mehr erreichbar. Bei stabilen Rahmenbedingungen strebt er bei Umsetzung zusätzlicher Maßnahmen ein operatives Ergebnis von rund 2 Milliarden Euro an.

Abbildung 1.1: Ad-hoc-Mitteilung der Deutschen Lufthansa AG anlässlich der Bekanntgabe einer Gewinnwarnung

▶ Abbildung 1.2 zeigt, dass die Kurse am 11. Juni 2014, also dem Tag der Bekanntgabe der Informationen, deutlich gefallen sind. Der Tagesschlusskurs lag um knapp 3 Euro (rund 14 %) unter dem des Vortags. Auch das Handelsvolumen spiegelte die Reaktion des Kapitalmarkts deutlich wieder: So wurden am 11. Juni rund 13-mal mehr Aktien der Deutschen Lufthansa AG gehandelt als durchschnittlich an den drei Tagen zuvor (siehe ▶ Abbildung 1.3). Dies deutet darauf hin, dass die Marktteilnehmer in ihren Entscheidungen in der Tat auf Unternehmenspublizität reagieren.[1]

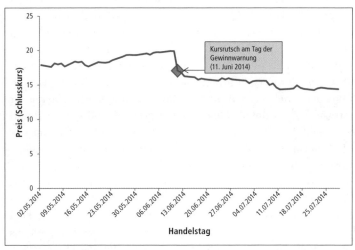

Abbildung 1.2: Kursverlauf der Lufthansa-Aktie (XETRA) vom 2. Mai 2014 bis 28. Juli 2014 (Daten: Datastream, eigene Darstellung)

---

1   Der Verweis auf ein einzelnes Unternehmen kann natürlich weder Beweis noch ausreichende Evidenz für die Relevanz von Unternehmenspublizität sein, eine entsprechende Untersuchung müsste auf Basis einer sehr großen Unternehmensstichprobe erfolgen. Die wohl erste große empirische Studie, in der Evidenz für eine Entscheidungs- bzw. Kapitalmarktrelevanz nachgewiesen wurde, geht auf Ball und Brown (1968) zurück.

Reaktionen des Markts sind insbesondere immer dann zu erwarten, wenn internes Wissen, das zunächst nur der Unternehmensleitung zugänglich war, allgemein bekannt wird. Dies geschieht erst durch Publizität. Im Beispiel der Deutschen Lufthansa AG bezog sich das interne Wissen auf die schwächer als erwartete Umsatzentwicklung für das Geschäftsjahr 2014. Allgemein muss sich das interne Wissen aber nicht notwendigerweise auf den Jahresabschluss beziehen. Denkbar wäre etwa auch die Bekanntgabe von Informationen im Zusammenhang mit dem Gewinnen oder Verlieren wichtiger Kunden, mit Unternehmensübernahmen oder gelungenen Patentanmeldungen. Solche Informationen sind häufig geeignet, Marktpreise zu beeinflussen. Entscheidend für einen gut funktionierenden Kapitalmarkt ist, dass internes Wissen erst durch Publizität allgemein zugänglich wird. Wichtige Informationen über ein Unternehmen und seine künftige Wertentwicklung werden damit breiter verteilt: Statt einer kleinen Gruppe von Managern haben durch Publizität alle an einem Unternehmen interessierten Gruppen Zugang zu diesem Wissen und können ihre Handlungen daraufhin ausrichten.

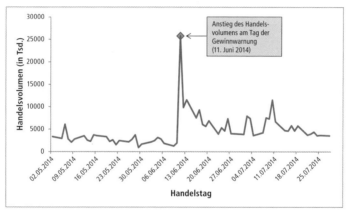

Abbildung 1.3: Handelsvolumen der Lufthansa-Aktie (XETRA) vom 2. Mai 2014 bis 28. Juli 2014 (Daten: Datastream, eigene Darstellung)

Da unter die Unternehmenspublizität offenkundig zahlreiche Aktivitäten der Kommunikation von Unternehmen mit Außenstehenden fallen und die Veröffentlichung des Jahresabschlusses demnach nur eines von zahlreichen „Informationsereignissen" im Jahresverlauf darstellt, soll an dieser Stelle ein kurzer Überblick über die Formen der Unternehmenspublizität gegeben werden, die im Folgenden vertieft werden. Die Unterscheidung erfolgt insbesondere anhand zweier Merkmale:

■ Hinsichtlich der *Freiwilligkeit* der Veröffentlichung ist die gesetzlich vorgeschriebene von der freiwilligen Publizität zu unterscheiden. Die vom deutschen bzw. europäischen Gesetzgeber vorgeschriebene Erstellung und Veröffentlichung eines Jahresabschlusses etwa dient der Umsetzung bestimmter Schutzziele durch den Gesetzgeber und „zwingt" Unternehmen aus diesem Grunde mit hoheitlichen Mitteln zur Publizität, selbst wenn Unternehmen hierin keinen Nutzen sehen mögen. Ganz anders ist der Fall bei der freiwilligen Publizität, etwa der Veröffentlichung eines Nachhaltigkeitsberichts, die Unternehmen aus eigenem Antrieb vornehmen. Hier ist im Regelfall davon auszugehen, dass der wahrgenommene Nutzen der Publizität die Kosten der Erstellung und Veröffentlichung übersteigt und Unternehmen diese Gelegenheit nutzen, sich von Mitbewerbern durch solche Publizität abzuheben.

■ Hinsichtlich der *Regelmäßigkeit* ist die periodisch wiederkehrende von der unregelmäßigen, anlassbezogenen Publizität zu unterscheiden. Zur ersteren zählen im Regelfall die zeitraumbezogenen Berichterstattungsanlässe, also die Veröffentlichung von Jahresabschlüssen sowie Halbjahres- und Quartalsberichten. Charakteristisch hierfür ist, dass die Kapitalmarkteilnehmer einen Bericht erwarten, den genauen Inhalt, also beispielsweise die Höhe des erwirtschafteten Jahresergebnisses, vorab aber nicht kennen. Im Gegensatz hierzu stellt bei der anlassbezogenen Publizität die Veröffentlichung an sich häufig bereits eine Überraschung für den Kapitalmarkt dar, zumindest wenn dieser keine Kenntnis hatte vom Vorliegen solch auslösender Fälle. Zur nichtregelmäßigen, anlassbezogenen Publizität zählt die Verpflichtung zur unverzüglichen Veröffentlichung von Ad-hoc-Mitteilungen, sobald sich kursrelevante Tatsachen im Unternehmen zugetragen haben.

Exkurs 1.1   **Marktreaktion auf Unternehmensnachrichten**

Ein weiteres Beispiel für eine Kapitalmarktreaktion auf Unternehmenspublizität durch Veröffentlichung einer Ad-hoc-Mitteilung ist die Bekanntgabe der Unternehmensstrategie „Vision 2020" durch die Siemens AG am 6. Mai 2014. In dieser Mitteilung gab die Siemens AG bekannt, dass sie ihre Konzernstrukturen zukünftig entlang der Bereiche Elektrifizierung, Automatisierung und Digitalisierung aufstellen wird. In diesen Bereichen sieht Siemens langfristig die größten Wachstumspotenziale. Insgesamt wird im Rahmen der Unternehmensstrategie „Vision 2020" eine weitreichende Neuaufstellung und Verschlankung der bestehenden Strukturen angekündigt. Wie insbesondere im Rahmen einer Analysten-Pressekonferenz am 7. Mai 2014 weiter ausgeführt, erwartet Siemens durch die angekündigten Maßnahmen im Rahmen der „Vision 2020" Ergebniszunahmen durch Produktivitätssteigerungen in Höhe von rund einer Milliarde Euro bis zum Ende des Geschäftsjahres 2016. Obgleich eine neue Konzernstrategie von Analysten und Anlegern erwartet wurde, überraschte insbesondere der in der Analysten-Pressekonferenz angekündigte Umfang des Konzernumbaus. Die Online-Ausgabe der Finanzzeitschrift *Wirtschaftswoche* konstatierte beispielsweise am 7. Mai 2014, dem Tag der Analysten-Pressekonferenz: „Bei Siemens bleibt praktisch kein Stein auf dem anderen." Die Ad-hoc-Mitteilung und insbesondere die Analysten-Pressekonferenz sorgten somit dafür, dass es zu einer „Überraschung" der Adressaten gekommen ist, die das Verhalten im Hinblick auf Kauf-, Halte- oder Verkaufsentscheidungen von Siemens-Aktien beeinflusst hat. Da es sich aus Anlegersicht um eine positive Überraschung handelte, waren nach der Veröffentlichung eine wachsende Nachfrage nach Anteilen und steigende Aktienpreise zu erwarten. →

→ Fortsetzung

Die folgende ▶ Abbildung 1.4 zeigt, dass die Kurse insbesondere am 7. Mai 2014, also dem Tag der Analysten-Pressekonferenz, tatsächlich gestiegen sind. Der Tagesschlusskurs lag um etwa 2 Euro (rund 2 %) über dem des Vortages. Auch das Handelsvolumen war deutlich höher: So wurden am 7. Mai 2014 etwa doppelt so viele Aktien der Siemens AG gehandelt als durchschnittlich an den drei Tagen zuvor.

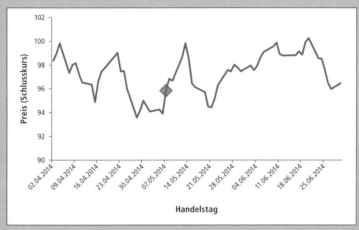

Abbildung 1.4: Kursverlauf der Siemens-Aktie (XETRA) vom 2. April 2014 bis 30. Juni 2014 (Daten: Datastream, eigene Darstellung)

Aufgaben

1. Nennen Sie die wesentlichen Merkmale von Publizität!

2. Fällt Werbung unter den Begriff der Unternehmenspublizität? Begründen Sie Ihre Antwort!

3. Durch welche Handlungen reagieren Anleger auf Signale, die mit der Publizität verbunden sind? Nennen Sie Beispiele!

Weiterführende Literatur Zum Thema „Publizität" können insbesondere die Kurzbeiträge von Kirchner, 2001, und Pellens, 2001, empfohlen werden. Eine umfassendere Diskussion findet sich in Merkt, 2001. Den Zusammenhang zwischen Publizitätssystem und Corporate Governance beleuchten etwa Wüstemann, 2003, sowie Bushman und Smith, 2001. Die erste Studie, in der explizit die Entscheidungs- beziehungsweise Kapitalmarktrelevanz von Rechnungslegungsdaten empirisch untersucht wurde, geht auf Ball und Brown, 1968, zurück.

1.2 Gesetzlich vorgeschriebene Publizität

1.2.1 Vorbemerkung zur rechtlichen Verortung der Publizitätspflichten

> **Lernziele**
>
> ■ Es ist zwischen gesellschafts- und kapitalmarktrechtlichem Anlegerschutz zu unterscheiden.
>
> ■ Die Publizitätsregulierung in Deutschland ist traditionell Gegenstand des Gesellschaftsrechts.

Gesetzliche Vorschriften zur Publizität dienen im Regelfall dem Schutz von Institutionen, etwa dem effizienten Kapitalmarkt, oder von bestimmten Gruppen Unternehmensaußenstehender, etwa den Anlegern. Man spricht hier auch vom Funktionenschutz einerseits, also etwa der Gewährleistung eines funktionierenden Kapitalmarkts, und vom Individualschutz andererseits, also der Wahrung der Interessen von als schutzwürdig erachteten Dritten. Die Vorschriften zur Publizität kapitalmarktorientierter Unternehmen dienen typischerweise dem Anlegerschutz, gewährleisten aber gleichzeitig den Funktionenschutz des Kapitalmarkts. Unter diesen Anlegerschutz fallen bei einem weiten Verständnis alle Regeln, die Rechte von Eigenkapitalgebern (*investor protection* im engeren Sinne) oder von Kreditgebern (*creditor protection*) schützen. Solche Anlegerschutzregeln können in verschiedenen Rechtsquellen verortet sein, etwa im Gesellschafts- oder im Kapitalmarktrecht, im Insolvenz-, Übernahme- oder Wettbewerbsrecht, gegebenenfalls aber auch in Rechnungslegungsstandards und im Bereich der Börsenregulierung.

Traditionell erfolgt die Publizitätsregulierung in Deutschland im Gesellschafts- und Handelsrecht, insbesondere im Aktiengesetz (AktG) und im Handelsgesetzbuch (HGB). Wenn Unternehmen zur Finanzierung auf organisierte Kapitalmärkte zurückgreifen, gewinnt ein weiteres Rechtsgebiet an Bedeutung: das Kapitalmarktrecht. Dieses kann definiert werden als „die Gesamtheit der Gesetzesbestimmungen, Geschäftsbedingungen und anerkannten Standards, die die Organisation eines Kapitalmarkts, die marktbezogenen Dienstleistungen der Banken sowie die marktbezogenen Verhaltenspflichten der Marktteilnehmer oder sonstiger Dritter regeln" (Kümpel, 2004). Das Kapitalmarktrecht, dessen bedeutendste Quelle in Deutschland das Wertpapierhandelsgesetz (WpHG) darstellt, setzt sich sowohl aus privatrechtlichen (zum Beispiel Regelung von Wertpapiergeschäften) als auch öffentlich-rechtlichen Normen (etwa insbesondere Marktaufsicht, Organisation von Wertpapierbörsen) zusammen. Die wichtigsten Regelungsziele bestehen in der rechtlichen Sicherung der Funktionsfähigkeit des Kapitalmarkts und, damit eng zusammenhängend, der Vorgabe von Regelungen, die dem Anlegerschutz dienen.

Kapitalgeber werden typischerweise durch beide Rechtsgebiete geschützt, also sowohl durch Gesellschafts- als auch durch Kapitalmarktrecht: So kann ein Aktionär qua Mitgliedschaft durch das Gesellschaftsrecht sowie als anonymer Marktteilnehmer auch durch das Kapitalmarktrecht geschützt werden. Tatsächlich können beide Rechtsgebiete als gegenseitige Auffangordnungen verstanden werden. Das bedeutet, dass eine starke gesellschaftsrechtliche Regulierung von Publizität es erlaubt, auf eine umfassende kapitalmarktrechtliche Regulierung zu verzichten und umgekehrt. Allerdings ergeben sich durch die Art der Regulierung auch ökonomische Konsequenzen. Legt ein nationaler Gesetzgeber das Gewicht stärker auf gesellschaftsrechtliche Regulierung und baut den allgemeinen Schutz der Eigenkapitalgeber nur schwach aus, werden Kleinaktionäre in diesem Land möglicherweise nicht bereit sein, sich an den Aktienmärkten zu engagieren.

Aufgaben

1. In welchem Rechtsgebiet sind in Deutschland typischerweise die Regeln zu Anlegerschutz und Unternehmenspublizität verortet?

2. Wie ist Kapitalmarktrecht definiert?

3. Warum können Gesellschafts- und Kapitalmarktrecht, im Hinblick auf den Anlegerschutz, als „Auffangordnungen" verstanden werden? Nennen Sie Beispiele!

Weiterführende Literatur Einen guten Überblick über das deutsche Gesellschaftsrecht – auch seine Veränderungen und das Verhältnis zum Kapitalmarktrecht – geben Kübler und Assmann, 2006. Für eine knappe Einführung in das Kapitalmarktrecht kann auf Kümpel, 2004, zurückgegriffen werden. Zetzsche, 2006, liefert aus juristischer Sicht eine umfassende Darstellung der Schutzrechte von Aktionären in börsennotierten Aktiengesellschaften.

1.2.2 Periodische Berichterstattung: Rechnungslegung

Lernziele

■ Rechnungslegung in Form von Einzel- und Konzernabschlüssen und Zwischenberichten ist das wichtigste gesellschaftsrechtliche Publizitätsinstrument.

■ Für kapitalmarktorientierte Unternehmen gelten besonders umfangreiche Aufstellungs- und Veröffentlichungspflichten zur externen Rechnungslegung.

■ In Deutschland können für Einzel- und Konzernabschluss unterschiedliche Rechtsvorschriften gelten.

■ Kapitalmarktorientierte Unternehmen müssen seit 2005 (mit Ausnahmen seit 2007) ihren Konzernabschluss in Übereinstimmung mit den International Financial Reporting Standards (IFRS), den globalen Standards kapitalmarktorientierter Rechnungslegung, veröffentlichen.

■ Die Reformen der deutschen Rechnungslegung werden üblicherweise als Annäherung an das anglo-amerikanische Modell der Rechnungslegung interpretiert.

Das bedeutendste gesellschaftsrechtliche Publizitätsinstrument ist die Rechnungslegung: die jährliche bzw. unterjährige Veröffentlichung von Informationen zur Vermögens-, Finanz- und Ertragslage, in Gestalt von Bilanz, Erfolgsrechnung und fallweise weiteren Instrumenten (Eigenkapitalspiegel, Kapitalflussrechnung). Die Rechnungslegung kann als System der Produktion von Informationen mit Hilfe eines Rechnungswesens verstanden werden, durch das interne Informationen Dritten, also in der Regel außerhalb des Unternehmens stehenden Anspruchsgruppen, nach einheitlichen Vorschriften in regelmäßigen Abständen zugänglich gemacht werden. Es wird daher synonym häufig von *externem Rechnungswesen* gesprochen.

Dem *externen* wird oft das *interne Rechnungswesen* gegenübergestellt. Während für Ersteres explizite Vorschriften, beispielsweise gesetzlicher Natur, existieren, kann Letzteres von Unternehmen prinzipiell frei nach Kriterien der Zweckmäßigkeit gestaltet werden. Der Grund für die Regulierung des externen Rechnungswesens liegt im Kern darin, dass Anspruchsgruppen durch Publizität geschützt werden können. Beispiele dafür sind:

- Kreditgeber, die auf Basis verpflichtend bereitgestellter Informationen besser beurteilen können, inwieweit ein Unternehmen kreditwürdig ist beziehungsweise welches Risiko (und damit welcher Zinssatz) mit einer Kreditgewährung verbunden ist.

- Investoren, die ihre Kauf-, Halte- und Verkaufsentscheidungen auf Basis öffentlich verfügbarer Informationen treffen müssen und dies besser können, wenn ihnen qualitativ hochwertige Informationen zugehen – und sonst gegebenenfalls gar nicht am Aktienmarkt investieren würden.

Die im externen Rechnungswesen vermittelten Informationen sind hauptsächlich, jedoch nicht ausschließlich, quantitativer Natur (siehe ▶ Abbildung 1.5).

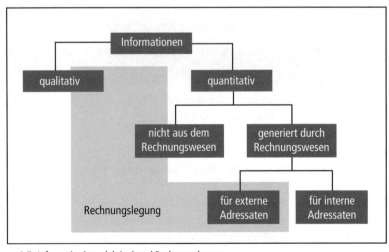

Abbildung 1.5: Information(sproduktion) und Rechnungslegung

Handelsrechtlicher Jahresabschluss (Einzelabschluss) Hinsichtlich der zu erstellenden Abschlüsse wird in der Rechnungslegung zwischen dem Einzelabschluss für *juristische* Einheiten und dem Konzernabschluss für *wirtschaftliche* Einheiten unterschieden. Nur an den Einzelabschluss können Rechtsfolgen wie etwa Ansprüche auf die Ausschüttung von Dividenden anknüpfen. Nach § 242 HGB besteht für jeden Kaufmann die Pflicht zur Erstellung eines solchen (Einzel-)Abschlusses. Zu den Kaufleuten zählen neben dem Einzelkaufmann die Personenhandelsgesellschaften (OHG, KG) sowie Kapitalgesellschaften (insbesondere GmbH und AG). Der Einzelabschluss dient vor allem den Zwecken der Dokumentation und der Zahlungsbemessung; er ist außerdem maßgeblich für die steuerliche Gewinnermittlung.

Bei der Aufstellung und Prüfung des Einzelabschlusses sind rechtsform-, branchen- und größenabhängige Besonderheiten zu beachten (vergleiche zu den Buchführungs- und Offenlegungspflichten auch ▶ Kapitel 2.3). So besteht der Jahresabschluss des Einzelkaufmanns sowie der Personenhandelsgesellschaften lediglich aus Bilanz und Gewinn- und Verlustrechnung (§ 242 HGB). Für Kapitalgesellschaften wird der Jahresabschluss um einen Anhang erweitert; handelt es sich mindestens um eine mittelgroße Kapitalgesellschaft, ist zudem zusätzlich ein Lagebericht aufzustellen (§ 264 HGB). Für mittelgroße und große Kapitalgesellschaften gilt zudem die Pflicht zur Prüfung von Jahresabschluss und Lagebericht durch einen Abschlussprüfer.

Von der Aufstellung zu unterscheiden sind die Veröffentlichung und damit die Publizität des Jahresabschlusses. Diese ist verpflichtend vorzunehmen durch Kapitalgesellschaften, wobei für kleine und mittelgroße Kapitalgesellschaften reduzierte Offenlegungspflichten existieren (§ 327 HGB). Auch Personengesellschaften mit erheblichem Umfang der Geschäftstätigkeit unterliegen der Publizitätspflicht. Ihrer Veröffentlichungspflicht kommen die Unternehmen durch Einreichung der entsprechenden Unterlagen beim Bundesanzeiger nach, der diese wiederum elektronisch der Öffentlichkeit verfügbar macht.

Kapitalmarktorientierte im Sinne von börsennotierten Kapitalgesellschaften gelten stets als große Kapitalgesellschaften und unterliegen somit den umfangreichsten Veröffentlichungspflichten. Darüber hinaus kennt das deutsche Handelsrecht neuerdings ausdrücklich das Konstrukt der „kapitalmarktorientierten Kapitalgesellschaft", die nach § 264d HGB insbesondere dann vorliegt, wenn die Wertpapiere (Aktien, Schuldtitel) eines Unternehmens am geregelten Markt notiert sind, also etwa im Prime Standard oder General Standard an der Frankfurter Wertpapierbörse. Neben den umfangreichen Veröffentlichungspflichten wird für diese kapitalmarktorientierten Kapitalgesellschaften der Jahresabschluss noch erweitert um eine Kapitalflussrechnung sowie einen Eigenkapitalspiegel; außerdem haben die verantwortlichen Unternehmensvertreter schriftlich zu versichern, dass der Abschluss, wie gesetzlich gefordert, das tatsächliche Bild der Vermögens-, Finanz- und Ertragslage widerspiegelt (sogenannter „Bilanzeid"). Zusammenfassend kann damit festgehalten werden, dass für die Rechnungslegung kapitalmarktorientierter Unternehmen die umfangreichsten bzw. strengsten Erstellungs- und Veröffentlichungspflichten gelten. Dies ist Ausdruck der besonderen Schutzwürdigkeit der (Klein-)Anleger solcher Gesellschaften, die typischerweise keinen bevorzugten Zugang zu Unternehmensinformationen haben und daher umfangreich informiert werden sollen, um fundierte Anlageentscheidungen treffen zu können.

Konzernabschluss Aktiengesellschaften, Kommanditgesellschaften auf Aktien sowie sonstige große Unternehmen sind zusätzlich unter Umständen verpflichtet, Konzernabschlüsse zu erstellen. Konzerne setzen sich aus mindestens zwei Unternehmen zusammen, die sich auszeichnen durch (a) rechtliche Selbstständigkeit und (b) ein wirtschaftlich relevantes Machtgefälle (Abhängigkeit). Juristisch gesehen handelt es sich bei der Einheit Konzern um eine Fiktion; sie ist nämlich nur unter ökonomischen Gesichtspunkten eine Einheit, die sich wiederum aus mehreren rechtlich unabhängigen Einheiten zusammensetzt. An der Spitze steht dabei das Mutterunternehmen, das die Befugnisse hat, alle anderen (sogenannten Töchter) zu beherrschen. Diese Beherrschung äußert sich insbesondere durch die Bestimmung der wesentlichen unternehmerischen Entscheidungen auf Ebene der Tochterunternehmen (Investitions-, Finanzierungs-, Personalentscheidungen). Insofern setzt das Mutterunternehmen ein einheitliches Konzerninteresse in den Tochterunternehmen durch, der wirtschaftliche Verbund „Konzern" tritt damit am Markt faktisch wie ein geschlossenes, großes Unternehmen auf.

Der Konzernabschluss hat den Zweck, Konzernaußenstehende über dieses faktisch einheitliche Unternehmen zu informieren, durch Einblicke in die Vermögens-, Finanz- und Ertragslage der wirtschaftlichen Einheit „Konzern". Da dennoch juristisch unabhängige Unternehmen betrachtet werden, können an den Konzernabschluss selbst keine Rechtsfolgen anknüpfen, wie etwa Ausschüttungsansprüche. Insofern haben Konzernabschlüsse primär eine reine Informationsfunktion. Technisch handelt es sich beim Konzernabschluss um die Zusammenfassung („Konsolidierung") des Einzelabschlusses eines Mutterunternehmens mit den Einzelabschlüssen verbundener Unternehmen. Wann genau verbundene Unternehmen in den Konzernabschluss einzubeziehen („konsolidierungspflichtig") sind, hängt von den jeweiligen Rechnungslegungsregeln ab. Nach dem sogenannten „Control-Konzept" (das in der deutschen und internationalen Rechnungslegung zum Tragen kommt) sind all jene Unternehmen in den Konzernabschluss einzubeziehen, auf die das Mutterunternehmen unmittelbar oder mittelbar beherrschenden Einfluss ausübt. Daneben gibt es auch das Kriterium der „einheitlichen Leitung" (gültig etwa in Österreich). Die Zusammenfassung der Einzelabschlüsse zum Konzernabschluss folgt der Fiktion der rechtlichen Einheit; der Konzern ist also so darzustellen, „als ob" es sich um ein einziges Unternehmen handelte. Die entsprechenden Konsolidierungsvorschriften befassen sich daher vornehmlich mit der Eliminierung konzerninterner Kapitalverflechtungen und Schuldverhältnisse sowie interner Umsatzgeschäfte. Das vorliegende Buch behandelt diese Techniken nicht weiter.

Regulierung und Internationalisierung des deutschen Bilanzrechts Traditionell richtet sich die Rechnungslegung in Deutschland nach den Regelungen des Handelsgesetzbuchs (HGB) und den darin zum großen Teil enthaltenen Grundsätzen ordnungsgemäßer Buchführung (GoB). Zudem spielen auch steuerliche Regelungen und deren Auslegung durch die Finanzgerichte eine gewisse Rolle, da Handels- und Steuerrecht eng miteinander verknüpft sind. Dies geschieht durch das sogenannte „Maßgeblichkeitsprinzip", wonach die handelsrechtlichen GoB für die steuerliche Gewinnermittlung relevant sind, solange keine steuerlichen Einzelregelungen existieren. Des Weiteren unterliegt vor allem die Rechnungslegung für Kapitalgesellschaften den europäischen Bestrebungen, vergleichbare Rechnungslegungsvorschriften in den Mitgliedstaaten der Europäischen Union zu entwickeln, um damit zum Ziel eines einheitlichen Kapitalmarkts beizutragen. Diese Bestrebungen haben 1985 zunächst zur Harmonisierung der Rechnungslegung über die 4., 7. und 8. Richtlinie des Rates der EG zur Koordinierung des Gesellschaftsrechts geführt, die seitdem mehrfach verändert wurden und schließlich zur sogenannten „IAS-Verordnung" aus dem Jahre 2002, die – zumindest für die Konzernabschlüsse kapitalmarktorientierter Unternehmen – die Pflicht zur Anwendung der International Financial Reporting Standards (IFRS) vorsieht.

Bei der (traditionellen) deutschen Rechnungslegung handelt es sich um einen Musterfall des kontinental-europäischen Rechnungslegungsmodells: Zwar wird im HGB explizit kein Zweck der Rechnungslegung genannt, sie kann aber allgemein als gläubigerschutzorientiert angesehen werden. Eine solche Rechnungslegung zeichnet sich dadurch aus, dass der Vorsichtsgedanke dominiert: Da an den handelsrechtlichen Gewinn Zahlungen in Form von Ausschüttungen und Steuerzahlungen geknüpft sind, soll auf keinen Fall ein zu hoher Gewinn ermittelt werden. Übermäßige gewinnbasierte Auszahlungen könnten nämlich die Unternehmenssubstanz über Gebühr mindern und somit zu Lasten der Gläubiger das Insolvenzrisiko steigern bzw. die Haftungsmasse im Konkursfall aufzehren. Man kann dieses gläubigerschutzgeprägte Vorsichtsverständnis auch auf die Formel bringen, „der Kaufmann soll sich lieber ein wenig zu arm als zu reich rechnen". Die Information vor allem der Anteilseigner (Kapitalmarktpublizität) spielt in einem solchen Modell eine eher untergeordnete Rolle. Gründe dafür sind darin zu sehen, dass Banken, Staat und Familien als primäre Eigentümer der Unternehmen ihre Rechte auf andere Weise, zum Beispiel durch Kontrolle im Aufsichtsrat, wahren können.

Seit den 1990er-Jahren befindet sich die Rechnungslegung in Deutschland allerdings im Umbruch. Es findet, nach gängiger Auffassung, eine Annäherung an das anglo-amerikanische Rechnungslegungsmodell statt (siehe dazu ▶ Tabelle 1.1[2]). Gründe dafür werden vor allem in der Globalisierung von Güter-, Finanz- und Kapitalmärkten gesehen. So konkurrieren Unternehmen zunehmend weltweit um die knappe Ressource Kapital, was nicht nur eine entsprechende Versorgung von (potenziellen) Anlegern mit qualitativ hochwertiger Unternehmenspublizität nötig macht, sondern es auch erfordert, dass die Abschlüsse von Unternehmen international vergleichbar sind. Diese zunehmende Globalisierung der Kapitalmärkte schlägt sich nieder in der Etablierung der kapitalmarktorientierten International Financial Reporting Standards (IFRS), die spätestens seit 2005 (mit wenigen Ausnahmen, vor allem den USA) den

---

2 Inwieweit diese Behauptung zutreffend ist, soll hier nicht diskutiert werden. Tatsächlich haben sich in den vergangenen Jahren beide Rechnungslegungsmodelle aufeinander zu bewegt, wobei wohl das kontinental-europäische stärkere Veränderung erfahren hat.

globalen Standard und somit quasi die „lingua franca" der Rechnungslegung kapital-marktorientierter Unternehmen darstellen.[3]

Rechnungslegung deutscher Unternehmen nach IFRS Die weltweite Etablierung der IFRS strahlt auf zweierlei Weise aus auf die Rechnungslegung in Deutschland, mittel-bar und unmittelbar. Mittelbar zum einen insofern, als der deutsche Gesetzgeber in der jüngeren Vergangenheit bemüht war, die Vorschriften des HGB informativer aus-zugestalten, etwa durch die Abschaffung von Bilanzierungs- und Bewertungswahl-rechten, aber auch durch die punktuelle Übernahme von IFRS-Vorschriften. Dies führte 2009 zur umfassenden Reform des Handelsbilanzrechts durch das Bilanzrechts-modernisierungsgesetz (BilMoG), das ausdrücklich die Annäherung der Bilanzie-rungsvorschriften für alle Kaufleute an die IFRS zum Ziel hatte. Zum Zweiten sieht die EU-weite „IAS-Verordnung" aus dem Jahre 2002 unmittelbar vor, dass seit 2005 (mit einigen Ausnahmen ab 2007) alle auf einem geregelten Markt notierten Unterneh-men ihre Konzernabschlüsse nach IFRS erstellen müssen. Den Mitgliedsstaaten steht es frei, die Pflicht auf den Einzelabschluss und auf nicht kapitalmarktorientierte Unternehmen auszudehnen.

Tabelle 1.1

Vergleich traditioneller Rechnungslegungsmodelle

	Kontinental-europäisches Rechnungslegungsmodell	Anglo-amerikanisches Rechnungslegungsmodell
Rechtssystem	Hohe gesetzliche Regelungsdichte (code law)	Begrenzte Zahl gesetzlicher Regelun-gen (case law)
Eigentums-struktur	Banken, Staat, Familien als wichtige Eigentümergruppen, die Zugang zu internen Informationen haben (etwa durch Mitgliedschaft im Aufsichtsrat); nur wenige Kleinaktionäre beziehungs-weise Minderheitseigner	Anteilsbesitz weniger stark konzentriert, damit viele Minderheitseigentümer, zudem auch viele institutionelle Investo-ren (etwa: Pensionsfonds)
Grund-prinzipien	Rechnungslegung dient primär der Anspruchsbemessung unter den Neben-bedingungen Gläubigerschutz und Kapi-talerhaltung. Damit zusammenhängend weniger informative Rechnungslegung, die der (unbedingten) Vorsicht folgt und in der stille Reserven gebildet werden.	Darstellung der tatsächlichen Vermö-gens-, Finanz- und Ertragslage (true and fair view); Bereitstellung entscheidungs-nützlicher Informationen, deshalb Ver-meidung der Bildung stiller Reserven
Maßgeblich-keit	Maßgeblichkeit der Handels- für die Steuerbilanz (zum Teil auch umgekehrte Maßgeblichkeit)	Handels- und Steuerbilanz sind weitge-hend unabhängig voneinander.

Darstellung in Anlehnung an Achleitner und Behr, 2003, S. 15

---

3 Zur weltweiten Verbreitung der IFRS vergleiche etwa die Übersicht auf *www.iasplus.com/country/useias.htm.*

Die IAS-Verordnung wurde durch das Bilanzrechtsreformgesetz vom Dezember 2004 in deutsches Recht übernommen. Der deutsche Gesetzgeber bestimmt, dass die Erstellung eines Einzelabschlusses nach IFRS nicht von der Pflicht zur Erstellung eines Einzelabschlusses nach HGB befreit, weil ein IFRS-Abschluss für Zwecke der Ausschüttungs- und Steuerbemessung ungeeignet erscheint. Durch die weiterhin bestehende Pflicht zur Erstellung von HGB-Einzelabschlüssen bleibt die Internationalisierung der Rechnungslegung in Deutschland allein auf den Konzernabschluss bezogen. Hier wird auch nicht börsennotierten Mutterunternehmen die Möglichkeit eingeräumt, wahlweise an Stelle eines HGB-Konzernabschlusses einen Konzernabschluss nach IFRS aufzustellen. Einzelabschlüsse nach IFRS können indes von Unternehmen freiwillig erstellt und veröffentlicht werden, dadurch wird ein Unternehmen aber nicht von der Pflicht entbunden, auch einen Einzelabschluss nach HGB vorzuhalten. Wenn auch (noch) nicht in Deutschland, so findet die Anwendung der IFRS auch im Bereich von Einzelabschlüssen in Europa zunehmend Verbreitung. Nach Auskunft der EU-Kommission (Stand: Juli 2014) ist die Anwendung der IFRS

- in Einzelabschlüssen gelisteter Unternehmen bereits in acht Mitgliedsstaaten verpflichtend, in sechs Mitgliedstaaten ist die Anwendung für bestimmte Unternehmen verpflichtend. In acht Ländern ist die befreiende Erstellung von IFRS-Abschlüssen zumindest erlaubt (teils allerdings mit branchen- oder größenabhängigen Sonderregelungen). Lediglich sechs Ländern bürden damit gelisteten Unternehmen die Pflicht auf, ihre Konzern- und Einzelabschlüsse nach unterschiedlichen Regeln zu erstellen;

- in Einzelabschlüssen sonstiger Unternehmen in zwei Ländern verpflichtend, in zehn Ländern für bestimmte Unternehmen verpflichtend, in weiteren zehn Ländern zumindest für bestimmte Unternehmen gestattet und abermals in sechs Ländern verboten.

▶ Beispiel 1.1 fasst die wichtigsten Rechenwerke in Deutschland und ihre jeweiligen primären Zwecksetzungen zusammen.

Beispiel 1.1: Rechenwerke und ihre (primären) Rechenzwecke in Deutschland

Einzelabschluss: Der Einzelabschluss dient zwar auch der Information, hauptsächlich aber der Anspruchs- bzw. Zahlungsbemessung. Die Regeln für die Erstellung von Einzelabschlüssen deutscher Unternehmen finden sich im Handelsgesetzbuch (HGB). Für Zwecke der Kapitalmarktinformation wurde und wird der Einzelabschluss als eher ungeeignet angesehen.

Steuerbilanz: Die Steuerbilanz dient einem Sonderfall der Zahlungsbemessung – indem sie als Bemessungsgrundlage für Zahlungen an den Fiskus verwendet wird. Die Steuerbilanz ist in Deutschland eng mit dem Einzelabschluss verknüpft. Sie ist aber kein Bestandteil des Jahresabschlusses.　　　　　　　　　　　　　　　　→

Konzernabschluss: Der Konzernabschluss hat keine (gesetzlich festgeschriebene) Zahlungsbemessungsfunktion. Er dient damit ausschließlich der Vermittlung von Informationen, etwa an Investoren, Manager, Gläubiger, Arbeitnehmer und Kunden. Bis 2005 konnten bzw. mussten alle Konzernabschlüsse nach den Regeln des HGB erstellt werden. Von 1998 bis 2004 war es aber börsennotierten Muttergesellschaften erlaubt, ihre Konzernabschlüsse nach internationalen Regeln (IFRS oder US GAAP) offenzulegen. Seit dem Jahr 2005 müssen alle kapitalmarktorientierten Unternehmen in ihren Konzernabschlüssen nach IFRS bilanzieren, weil diese Regeln – für die Kapitalmarktkommunikation – als besser geeignet angesehen werden (für Unternehmen, die vormals nach US GAAP bilanzierten, war eine Übergangsfrist bis 2007 vorgesehen). Nichtkapitalmarktorientierte deutsche Unternehmen dürfen ihre Konzernabschlüsse ebenfalls nach IFRS erstellen; soweit sie davon keinen Gebrauch machen, kommen die deutschen Bilanzierungsvorschriften zur Anwendung, wobei ebenfalls die vom Deutschen Rechnungslegungs Standards Committees (DRSC) entwickelten Deutschen Rechnungslegungs Standards (DRS) zu beachten sind.

Diskussion: Der Einzelabschluss dient der Zahlungsbemessung und die für seine Erstellung anzuwendenden Ansatz- und Bewertungsregeln sind in Deutschland stark durch auszahlungsvermeidende Gewinnermittlungsregeln beeinflusst; der Konzernabschluss dient dagegen primär der Informationsfunktion, weshalb kapitalmarktorientierte Unternehmen bei ihrer Erstellung die für informativer gehaltenen IFRS anwenden müssen. Die Steuerbilanz ist (soweit die Maßgeblichkeit gilt) ein Derivat des Einzelabschlusses. Allerdings sollte die Zuordnung nicht als völlig eindeutig missverstanden werden: Einzelabschlüsse dienen auch der Information, insbesondere im Fall, dass keine Konzernabschlüsse erstellt werden müssen. Doch auch im Falle der Veröffentlichung von Konzernabschlüssen können Einzelabschlüsse *zusätzliche* Informationen enthalten, die für Adressaten relevant sein mögen. Konzernabschlüsse werden zwar nicht direkt zur Bemessung von Steuern und Ausschüttungen verwendet, sie können aber dennoch direkt oder indirekt der Zahlungsbemessung dienen. Ein Beispiel für das Vorliegen einer direkten Zahlungsbemessungsfunktion ist etwa der Fall, dass im Rahmen von Bonusgestaltungen konzerngewinnabhängige Zahlungen an Manager geleistet werden. Der Konzernabschluss kann aber auch einen indirekten Zusammenhang mit der Zahlungsbemessung aufweisen. So mögen etwa Steuerbehörden misstrauisch werden, wenn es zu großen Abweichungen zwischen den ausgewiesenen Erfolgen im Konzernabschluss und im Einzelabschluss eines Mutterunternehmens kommt; eine mögliche Folge sind dann Betriebsprüfungen, die nicht selten zu Steuernachforderungen und -zahlungen führen (Gee, Haller und Nobes, 2010). Ein weiteres Beispiel für eine indirekte Zahlungsbemessungsfunktion ist die faktische Ausschüttungsbemessung auf Basis des Konzernerfolgs: So deuten einige Untersuchungen darauf hin, dass trotz formaler Verknüpfung der Dividendenzahlung mit dem Einzelabschluss eines Mutterunternehmens die Höhe der Ausschüttung faktisch nach dem Konzernergebnis bemessen wird (Pellens, Gassen und Richard, 2003; Goncharov, Werner und Zimmermann, 2009). →

→ **Fortsetzung**

Gleichwohl sei angemerkt, dass sich verschiedene Rechnungszwecke nicht problemlos in einem Abschluss miteinander verbinden lassen. Dies wird besonders deutlich, wenn Abschlüsse der Bemessung von Steuerzahlungen dienen. Es ist dann rational, eine Bilanzpolitik zu betreiben, die auf Steuerminimierung entweder durch den Ausweis möglichst niedriger Ergebnisse oder durch Gewinnglättung zielt; in beiden Fällen ergeben sich negative Folgen für die Informationsfunktion, denn eine bewusst zu negative oder eine geglättete Darstellung der Erfolgslage mit dem Ziel der Steuervermeidung kann dem Rechnungszweck der Informationsvermittlung nur eingeschränkt gerecht werden (vergleiche etwa Atwood, Drake und Myers, 2010).

Segmentberichte Segmentberichte sind üblicherweise Teil des Jahresabschlusses kapitalmarktorientierter Unternehmen. Segmentberichte sind daher nach den Vorschriften der jeweils anzuwendenden Rechnungslegungsstandards zu erstellen und zeichnen sich durch eine besondere Aufarbeitung und Organisation der Rechungslegungsdaten aus. Ihr Ziel ist es, über den Erfolg beziehungsweise Leistungsbeitrag einzelner Geschäftsbereiche zu informieren. Solche Informationen können den Adressaten helfen, die Entwicklungspotenziale und Risiken eines Unternehmens in seinen einzelnen Geschäftsbereichen besser abzuschätzen, als dies mit den hoch aggregierten Daten aus Jahresabschlüssen möglich wäre.

Die zentrale Frage bei der Segmentberichterstattung ist die, nach welchen Kriterien einzelne Geschäftsbereiche voneinander abgegrenzt werden können. Häufig finden sich Segmentierungen nach geografischen oder auch leistungsspezifischen Gesichtspunkten. Grundsätzlich lassen sich zwei Herangehensweisen unterscheiden. Beim *risk and reward approach* werden die Segmente hinsichtlich ähnlicher Risiken und Chancen gebildet. Hier wird auf eine angenommene oder vermeintliche Strukturähnlichkeit abgestellt, etwa wenn Geschäftsbereiche jeweils eigenen Konjunkturzyklen unterliegen. Beim *management approach* folgt dagegen die Bildung der Segmente der Organisationsstruktur des Unternehmens: Als Geschäftsbereich wird demnach ausgewiesen, was auch in der internen Steuerung als Geschäftsbereich angesehen wird. Das hat für die externen Adressaten den Vorteil, dass ihnen solche Informationen bereitgestellt werden, die zugleich auch bei der Unternehmenssteuerung eine wichtige Rolle spielen. Für die IFRS-Abschlüsse ist diese Vorgehensweise nach IFRS 8 verbindlich.

Zwischenberichte Zwischenberichte sind insbesondere Halbjahres- und Quartalsberichte, die zwischen zwei aufeinanderfolgenden Jahresabschlüssen (unterjährig) veröffentlicht werden. Sie dienen primär dazu, den Adressaten zeitnahe Informationen bereitzustellen. Allgemein bestehen Zwischenberichte aus verkürzten Abschlüssen, die sich wiederum aus verkürzten Bilanzen, Gewinn-und-Verlust-Rechnungen und Kapitalflussrechnungen zusammensetzen. Zwischenberichte können grundsätzlich nach zwei unterschiedlichen Konzepten erstellt werden, wobei aber auch eine Synthese beider Ansätze in Frage kommt. Dem ersten Konzept liegt eine integrative Erfolgsermittlung zugrunde. Hier wird angenommen, dass der Jahresabschluss das zentrale Instrument zur Informationsgewinnung des Aktionärs ist. Der Zwischenbericht soll dann eine unterjährige Prognose auf die Information des Jahresabschlusses liefern. Die im Zwischenbericht veröffentlichten Erfolgszahlen orientieren sich daher anteilig am prognostizierten Jahresergebnis. Diesem integrativen Ansatz steht der diskrete Ansatz gegenüber. Hierbei wird das Quartal oder das Halbjahr als eigenständiger Berichtszeitraum betrachtet, in dem es zu spezifischen Ergebnisschwankungen kommen kann. Eine Mischung beider Konzepte ist der kombinierte Ansatz. Dieser greift die Prognosefunktion des integrativen Ansatzes auf und paart sie mit der Darstellung saisonaler Schwankungen, wie im diskreten Ansatz üblicherweise ausgewiesen. Vorschriften zur Ausgestaltung der Zwischenberichte ergeben sich aus dem jeweils anzuwendenden Regelwerk. In den IFRS wird die Zwischenberichterstattung in IAS 34 angesprochen.

Aufgaben

1. Durch welche zentralen Eigenschaften zeichnete sich die traditionelle kontinental-europäische Rechnungslegung aus?

2. Welche zentrale Regelung im Hinblick auf die Internationalisierung der Rechnungslegung verbinden Sie mit der sogenannten „IAS-Verordnung"?

3. Unter welchen Umständen müssen deutsche Unternehmen einen Abschluss nach HGB aufstellen? Für welche Arten von Abschlüssen beziehungsweise Unternehmen gelten die IFRS? Warum?

4. Nennen Sie Beispiele für qualitative Informationen, die Gegenstand der Rechnungslegung sind!

5. Was zeichnet einen Konzern aus? Markieren Sie die richtigen Eigenschaften!

   a. Wie Einzelunternehmen verfügt ein Konzern über eine eigene Rechtspersönlichkeit.

   b. Konzerne sind wirtschaftliche Einheiten.

   c. Ein Konzern kann definiert werden als Verbindung mehrerer rechtlich selbstständiger Unternehmen zu einer wirtschaftlichen Einheit.

   d. Eine Definition, was unter einem Konzern zu verstehen ist, findet sich im Handelsgesetzbuch.

6. Welchen der folgenden Aussagen können Sie zustimmen?

   a. Ein Unternehmen kann statt eines Einzelabschlusses einen Konzernabschluss aufstellen.

   b. Konzernabschlüsse dienen ausschließlich der Information. →

→ Fortsetzung

c. Verschiedene Adressaten der Rechnungslegung können auch verschiedene Interessen bezüglich der Ausgestaltung der Rechnungslegung haben.

d. Kein Unternehmen ist verpflichtet, externe Rechnungslegung zu betreiben.

7. Was ist der Unterschied zwischen Einzel- und Konzernabschluss? Welchen Zwecken dienen diese Rechenwerke primär?

Weiterführende Literatur Einen umfassenden Überblick über das Themengebiet der Konzernbilanzierung geben Busse von Colbe, Ordelheide, Gebhardt und Pellens, 2009, sowie Baetge, Kirsch und Thiele, 2013b, wobei hier jeweils sowohl die nationalen als auch die internationalen Regeln Berücksichtigung finden. Die Erstellung von Jahresabschlüssen nach HGB wird nach wie vor in der Mehrzahl der einschlägigen deutschen Bücher vorgestellt, sodass für dieses Themengebiet nur beispielhaft auf Baetge, Kirsch und Thiele, 2013a, verwiesen sei. Eine anschauliche Darstellung des Bilanzsteuerrechts, auch mit Hinweisen auf die Steuerrelevanz von IFRS-Abschlüssen, liefern etwa Harms und Marx, 2012. Einen vergleichenden Überblick zur Internationalisierung der Rechnungslegung geben Zimmermann, Werner und Volmer, 2008. Für eine weitergehende Darstellung der Zwischenberichterstattung kann auf Alvarez und Wotschofsky, 2003, für die Segmentberichterstattung nach IFRS auf Baetge und Haenelt, 2008, verwiesen werden.

1.2.3 Anlassbezogene Berichterstattung

Lernziele

■ Anlassbezogene Berichterstattung ist vorgeschrieben, wenn spezifische Tatbestände beim jeweiligen Unternehmen vorliegen.

■ Bedeutende Auslöser der gesetzlich vorgeschriebenen anlassbezogenen Publizität sind das Vorliegen von kursrelevanten Tatsachen und Informationen sowie eine Fehlerfeststellung durch die Deutsche Prüfstelle für Rechnungslegung (DPR) oder die Bundesanstalt für Finanzdienstleistungsaufsicht (BaFin).

Die anlassbezogene Publizität erfolgt im Gegensatz zur periodischen Rechnungslegung typischerweise nicht regelmäßig bzw. zu festen Zeitpunkten, sondern fallweise, wenn bestimmte Voraussetzungen vorliegen. Hierbei handelt es sich etwa um das Vorliegen kursrelevanter Informationen, welche die Pflicht zur sogenannten Ad-hoc-Berichterstattung auslösen, oder beispielsweise um Feststellungen von Fehlern in der Rechnungslegung durch die Deutsche Prüfstelle für Rechnungslegung (DPR) oder die Bundesanstalt für Finanzdienstleistungsaufsicht (BaFin). Beide Publizitätsanlässe spielen eine bedeutende Rolle für das laufende Kapitalmarktgeschehen in Deutschland und sollen daher näher betrachtet werden.

Ad-hoc-Publizität Unter einer Ad-hoc-Mitteilung wird die unverzügliche Veröffentlichung interner, potenziell kursrelevanter Informationen verstanden, die im Sinne von § 13 Wertpapierhandelsgesetz (WpHG) Insiderinformationen darstellen. Bei Insiderwissen handelt es sich um Informationen, die der breiten Öffentlichkeit bislang nicht bekannt waren und die im Zusammenhang mit dem Emittenten eines Wertpapiers oder dem Wertpapier selbst stehen. Es wird vermutet, dass das öffentliche Bekanntwerden dieser Informationen Änderungen des Börsen- oder Marktpreises auslösen kann. Aus diesem Grund besteht nach § 15 WpHG die gesetzliche Verpflichtung, solches Wissen unverzüglich bekannt zu geben. Dies bezieht sich auch auf Sachverhalte, deren Eintreten nur mit hinreichender Wahrscheinlichkeit zu erwarten ist.

Eine Berichtspflicht ist häufig etwa mit dem Kauf oder Verkauf von Beteiligungen oder von Unternehmensbereichen oder der Änderung von Dividendenzahlungen verbunden, oft auch mit bedeutenden Vertragsabschlüssen und der Einleitung von Umstrukturierungsmaßnahmen, da hierdurch mitunter große Chancen oder Risiken für die zukünftige Entwicklung eines Unternehmens entstehen. Die Pflicht zur unmittelbaren Veröffentlichung der genannten Sachverhalte dient dem Ziel, Insiderhandel zu unterbinden. Insiderhandel liegt vor, wenn eine Person nicht öffentlich bekannte Informationen (Insiderinformationen) nutzt, um auf deren Grundlage am Markt Käufe oder Verkäufe zu tätigen. Durch die zeitnahe Veröffentlichung soll sichergestellt werden, dass die Informationen allen Interessierten gleichzeitig zur Verfügung stehen und damit Informationsvorsprünge Einzelner vermieden werden. Die somit erwirkte „Gleichbehandlung" sämtlicher Anleger im Hinblick auf die Versorgung mit relevanten Informationen stärkt das Vertrauen in den Kapitalmarkt und stellt sicher, dass insbesondere auch Kleinanleger dem Marktgeschehen nicht aus der Befürchtung fernbleiben, durch besser informierte professionelle Anleger übervorteilt zu werden. Die Veröffentlichungspflicht bewirkt zudem, dass die Informationszeiträume zwischen den Jahresabschlüssen und zusätzlichen Zwischenberichten verkürzt werden und damit eine kontinuierlichere Veröffentlichung wichtiger Informationen erreicht wird. Beispiele für Ad-hoc-Mitteilungen wurden oben in ▶ Kapitel 1.1 geschildert.

Fehlermitteilungen im Rahmen des Enforcement Im Rahmen des zweistufigen deutschen Mechanismus zur Durchsetzung („Enforcement") der Rechnungslegungsvorschriften werden auf Grundlage von stichprobenbasierten und anlassbezogenen Prüfungen der Abschlüsse bestimmter kapitalmarktorientierter Unternehmen Fehler durch die Deutsche Prüfstelle für Rechnungslegung (DPR) oder die Bundesanstalt für Finanzdienstleistungsaufsicht (BaFin) festgestellt. Kommt es zu solchen Fehlerfeststellungen, so wird die BaFin im Regelfall anordnen, dass Unternehmen die festgestellten Beanstandungen sowie die Begründung der Fehlerfeststellung veröffentlichen. Diese Bekanntmachung hat unverzüglich zu geschehen und erfolgt – exakt wie auch bei der Ad-hoc-Publizität – elektronisch über den Bundesanzeiger sowie entweder in einem überregionalen Börsenpflichtblatt oder über ein elektronisches Informationsverbreitungssystem (§ 37q WpHG).

▶ Abbildung 1.6 zeigt ein Beispiel einer im Bundesanzeiger elektronisch veröffentlichten Fehlermitteilung. Die Bundesanstalt für Finanzdienstleistungsaufsicht hat demnach zwei Fehler in dem nach IFRS aufgestellten Konzernabschluss der Euro-Shop AG zum 31.12.2011 festgestellt. Der Umstand, dass die Fehlerfeststellung durch die BaFin erfolgte, kann bedeuten, dass eine Prüfung durch die DPR erfolgte, die Deutsche EuroShop AG aber den Befunden der DPR nicht zustimmte, so dass eine Prüfung durch die BaFin notwendig wurde. Des Weiteren wird mittels dieser Fehlermitteilung der Kapitalmarkt über die Art der Fehler und deren Auswirkung auf die Darstellung der Vermögens-, Finanz- und Ertragslage des EuroShop-Konzerns informiert. Konkret erfahren die Anleger, dass das Konzernergebnis für das Geschäftsjahr 2011 um 8,3 Millionen Euro zu gering ausgewiesen wurde, da die entsprechende Aufwandsbuchung bereits im Vorjahr hätte erfolgen müssen. Des Weiteren werden einige Zahlungszu- und -abflüsse in der Kapitalflussrechnung als fehlerhaft deklariert und insofern eine weniger positive Darstellung der operativen Finanzlage herbeigeführt.

Name	Bereich	Information	V.-Datum
Deutsche EuroShop AG Hamburg	Rechnungslegung/ Finanzberichte	Veröffentlichung nach § 37q Abs. 2 Satz 1 Wertpapierhandelsgesetz (WpHG)	02.04.2013

Deutsche EuroShop AG

Hamburg

Veröffentlichung nach § 37q Abs. 2 Satz 1 Wertpapierhandelsgesetz (WpHG)

Die Bundesanstalt für Finanzdienstleistungsaufsicht (BaFin) hat festgestellt, dass der Konzernabschluss der Deutsche EuroShop AG zum Abschlussstichtag 31.12.2011 fehlerhaft ist:

1. In der Konzern-Gewinn- und Verlustrechnung ist die Position „Bewertungsergebnis" um 8,3 Mio. € zu gering ausgewiesen, weil der Aufwand für einen Unternehmenszusammenschluss im Zusammenhang mit dem Erwerb des „Billstedt-Center Hamburg", der im Geschäftsjahr 2010 zu erfassen gewesen wäre, fälschlicherweise im Geschäftsjahr 2011 erfasst worden ist.

Dies verstößt gegen IFRS 3.53, wonach der Erwerber mit einem Unternehmenszusammenschluss verbundene Kosten als Aufwand in den Perioden zu bilanzieren hat, in denen sie angefallen sind.

2. In der Konzernkapitalflussrechnung 2011 werden im Cashflow aus betrieblicher Tätigkeit Zahlungsmittelzuflüsse in Höhe von 155,2 Mio. € und im Cashflow aus Investitionstätigkeit Zahlungsmittelabflüsse in gleicher Höhe jeweils im Zusammenhang mit dem Erwerb des „Billstedt-Center Hamburg" ausgewiesen, ohne dass in dieser Höhe Zahlungsmittelzu- oder -abflüsse in dieser Periode tatsächlich stattgefunden haben.

Dies verstößt gegen IAS 7.10, wonach die Kapitalflussrechnung nur die tatsächlichen Cashflows der Periode zu enthalten hat.

Abbildung 1.6: Fehlermitteilung der EuroShop AG vom 02.04.2013

Aufgaben

1. Warum sind Unternehmen nicht nur verpflichtet, Jahresabschlüsse zu erstellen, sondern auch, bei Vorliegen von Insiderwissen, Ad-hoc-Mitteilungen zu veröffentlichen?

2. Was spricht für, was gegen ein Insiderhandelsverbot?

3. Warum will der Gesetzgeber, dass der Kapitalmarkt zeitnah von Fehlerfeststellungen durch DPR oder BaFin erfährt?

Weiterführende Literatur Eine gute Übersicht über die Ad-hoc-Publizität aus ökonomischer Sicht gibt immer noch Fülbier, 1998, ebenfalls empfehlenswert ist die Kommentierung zu den verschiedenen Paragraphen des Wertpapierhandelsgesetzes in Assmann und Schneider, 2012. Lesenswert sind auch die kritischen Stellungnahmen zum Verbot des Insiderhandels in Manne, 1966, beziehungsweise Manne, 2005.

1.3 Freiwillige Publizität

Lernziele

■ Unternehmen veröffentlichen freiwillig Informationen, wenn sie den Nutzen aus dieser Publizität höher einschätzen als die resultierenden Kosten.

■ Pro-forma-Ergebnisse werden in zahlreichen Varianten veröffentlicht und können die Erfolgsanalyse und -prognose unterstützen, sollten aber auch mit kritischer Distanz gewürdigt werden.

■ Mit der Berichterstattung über die „unternehmerische Verantwortung" („corporate social responsibility") erschließt die Unternehmenspublizität neue Berichtsdimensionen und informiert im zunehmenden Maße über die Wertschaffung für verschiedene am Unternehmen beteiligte Stakeholder.

Es liegt in der Natur der freiwilligen Publizität, dass diese je nach Unternehmen sehr verschieden ausgeprägt ist im Hinblick auf die Medien der Kommunikation, den Umfang und den Inhalt der Veröffentlichungen. Zudem ist der Übergang von der freiwilligen Berichterstattung über unternehmensbezogene Informationen hin zu den Investor-Relations-Aktivitäten, also der „Vermarktung" des Unternehmens gegenüber gegenwärtigen und potenziellen Investoren, fließend. Gleichwohl haben sich bestimmte Spielarten der freiwilligen Unternehmenspublizität sehr breit am Kapitalmarkt etabliert und stellen somit feste Bestandteile der Kommunikation zahlreicher börsennotierter Unternehmen dar. Hiervon sollen zwei besonders bedeutende Formen näher betrachtet werden, die Veröffentlichung sogenannter „Pro-forma-Ergebnisse" sowie das sogenannte „Corporate Responsibility Reporting".

Pro-forma-Berichterstattung Die Berichterstattung über sogenannte Pro-forma-Ergebnisse nimmt in Zwischenberichten, aber auch im jährlichen Reporting eine besondere Rolle ein. Ziel der Pro-forma-Ergebnisermittlung ist es, den Informationsgehalt des Jahresüberschusses oder einer anderen Ergebnisschicht (zum Beispiel des operativen Ergebnisses) der Gewinn- und Verlustrechnung durch Eliminierung bestimmter Positionen zu steigern. Der Jahresüberschuss wird also „pro forma" dargestellt, also *als ob* bestimmte Transaktionen und Ereignisse nicht stattgefunden hätten bzw. nicht in der Erfolgsgröße erfasst worden wären. Da Anleger Jahresüberschussgrößen verwenden, um künftige Erfolge vorherzusagen, werden bei der Ermittlung von Pro-forma-Ergebnissen typischerweise Erfolgskomponenten eliminiert, die der Natur nach einmalig bzw. nicht wiederkehrend sind, also zum Beispiel Aufwendungen aus der Restrukturierung von Geschäftsbereichen oder Erträge aus der Veräußerung von Teilbetrieben, oder Erfolge, die sich außerhalb des Geschäftszwecks der Unternehmung befinden, also etwa wenn ein Industrieunternehmen erfolgreich mit Wertpapieren spekuliert. Strikt zu unterscheiden ist die Berichterstattung von Pro-forma-Ergebnisgrößen von sogenannten Pro-forma-Darstellungen von Jahresabschlussdaten, wie sie etwa in Folge der Korrektur von Buchungsfehlern früherer Perioden auftreten.

Pro-forma-Ergebnisse sind fester Bestandteil der Kapitalmarktkommunikation börsennotierter Unternehmen und sind etwa in den freiwilligen Teilen des Geschäftsberichts zu finden oder in den Pressemitteilungen, die Unternehmen typischerweise anlässlich der Veröffentlichung, etwa des Konzernabschlusses, herausgeben. In ▶ Beispiel 1.2 wird zur Veranschaulichung die Pro-forma-Berichterstattung der Deutschen Telekom AG betrachtet.

Beispiel 1.2: Pro-forma-Berichterstattung

Die folgende Tabelle zeigt Pro-forma-Kennzahlen der Deutschen Telekom AG, die im Bericht zum Geschäftsjahr 2013 veröffentlicht wurden. Dabei sind aus dem Betriebsergebnis (ermittelt gemäß Rechnungslegungsregeln) die Pro-forma-Kennzahlen EBIT (*Earnings Before Interest and Taxes*), EBITDA (*Earnings Before Interest, Taxes, Depreciation und Amortization*) sowie modifizierte Gewinngrößen wie Konzernüberschuss bereinigt um Sondereinflüsse oder EBITDA bereinigt um Sondereinflüsse hergeleitet worden. Diese Pro-forma-Kennzahlen sind jeweils um bestimmte Aufwandskomponenten bzw. Sondereinflüsse angepasst worden. Bei den Sondereinflüssen handelt es sich etwa um Ergebniseffekte aus Unternehmensübernahmen und ähnlichen Transaktionen, sachbezogenen Restrukturierungen oder Personalrestrukturierungen (siehe Seite 81 des Geschäftsberichts der Deutschen Telekom AG für das Geschäftsjahr 2013). Diese Bereinigungen führen dazu, dass die geprüften IFRS-Ergebnisse erheblich abweichen von den Pro-forma-Ergebnissen. Beispielsweise steigt durch die Pro-forma-Anpassungen der Konzernüberschuss um mehr als das Dreifache, von 0,9 Mrd. EUR auf 2,8 Mrd. EUR.   →

→ **Fortsetzung**

in Mrd. €

		Veränderung zum Vorjahr in %[a]	2013	2012[b]	2011[b]	2010
UMSATZ UND ERGEBNIS						
Umsatzerlöse		3,4	60,1	58,2	58,7	62,4
davon: Inlandsanteil[a]	%	(2,1)	42,2	44,3	44,9	43,7
davon: Auslandsanteil[a]	%	2,1	57,8	55,7	55,1	56,3
Betriebsergebnis (EBIT)		n. a.	4,9	(4,0)	5,6	5,5
Konzernüberschuss/(-fehlbetrag)		n. a.	0,9	(5,4)	0,5	1,7
Konzernüberschuss/(-fehlbetrag) (bereinigt um Sondereinflüsse)		8,6	2,8	2,5	2,9	3,4
EBITDA[c,d]		(12,0)	15,8	18,0	20,0	17,3
EBITDA (bereinigt um Sondereinflüsse)[c,d]		(3,1)	17,4	18,0	18,7	19,5
EBITDA-Marge (bereinigt um Sondereinflüsse)[a]	%	(2,0)	28,9	30,9	31,8	31,2

Pro-forma-Kennzahlen im Geschäftsbericht der Deutschen Telekom AG für das Geschäftsjahr 2013

In der Praxis ist ein hoher Variantenreichtum an Pro-forma-Größen zu beobachten. Unterschieden werden können insbesondere sogenannte „EB-Größen" von „modifizierten Ergebnisgrößen". EB-Größen sind „Earnings Before"-Ergebnisse, für deren Ermittlung ausgehend vom Jahresüberschuss systematisch Ergebniskomponenten wie Steuern (T = Taxes), Zins- bzw. Finanzergebnis (I = Interest), Abschreibungen auf materielle (D = Depreciation) und immaterielle Vermögenswerte (A = Amortisation) abgezogen werden. Die populärsten EB-Größen sind Kennzahlen wie EBITDA oder EBIT, häufig ausgewiesen als Ergebnis je Aktie. EBITDA (*Earnings Before Interest, Taxes, Depreciation and Amortisation*) bezeichnet dabei das Ergebnis eines Unternehmens vor Zinsen, Steuern, Abschreibungen auf Sachanlagen (*Depreciation*) sowie auf immaterielle Vermögenswerte (*Amortisation*), EBIT (*Earnings Before Interest and Taxes*) demnach das Betriebsergebnis vor Zinsen und Steuern. Das Ergebnis je Aktie lässt sich durch Division einer Ergebnisgröße durch die Anzahl der ausgegebenen (Stamm-)Aktien errechnen.

Da die IFRS anders als die HGB-Rechnungslegung keine feste Detailgliederung der Ergebnisrechnung kennen, findet man mitunter EB-Größen auch als Zwischensumme in IFRS-Konzernabschlüssen. EB-Größen sind zudem vergleichsweise präzise definiert und können daher verwendet werden, um die Ertragslage verschiedener Unternehmen zu vergleichen. Diese Vergleichbarkeit ist geringer bei der zweiten Variante der Pro-forma-Ergebnisse, den „modifizierten Ergebnisgrößen". Hierbei handelt es sich nun um Ergebnisgrößen, bei deren Ermittlung Einzelpositionen ausschließlich aufgrund der individuellen Einschätzung des jeweiligen Managements eliminiert werden, beispielsweise Restrukturierungsaufwand, Wertpapiererträge, Rechtskosten etc. Da die Auffassungen, was „nachhaltiger Gewinn" ist, indes von Unternehmen zu Unternehmen unterschiedlich ausgeprägt sind, kann ein so ausgewiesener „Gewinn vor Sondereinflüssen" oder „nachhaltiger EBIT" gerade nicht problemlos zum Vergleich verschiedener Unternehmen herangezogen werden. Auch ist die Ermittlung für Außenstehende häufig schwer nachzuvollziehen oder nachzuprüfen.

Vergleichbarkeit wie auch Nachprüfbarkeit sind insofern bei den EB-Größen größer, während möglicherweise die modifizierten Ergebnisgrößen informativere Einblicke ermöglichen, welche Ergebniskomponenten das Management für nachhaltig hält. Insofern stellt sich die Frage nach dem Nutzen bzw. der Beurteilung der Pro-forma-Berichterstattung aus Sicht der Kapitalmarktinvestoren. In der Tat gibt es durchaus gute Gründe, bei der Bilanzanalyse auf entsprechende Pro-forma-Ergebnisse zu achten: Zum einen könnte der in der Rechnungslegung ausgewiesene Gewinn durchaus erheblich durch Sondereinflüsse „verzerrt" sein. Wird das Ergebnis im Jahresabschluss etwa stark durch Sonder- und Einmaleffekte beeinflusst, ist die Vergleichbarkeit mit Vorperioden erschwert und es wird nicht über die Nachhaltigkeit der ausgewiesenen Ergebnisse informiert. So mag die Kenntlichmachung eines durch hohe Restrukturierungskosten recht niedrigen Jahresergebnisses den Bilanzleser davor bewahren, vorschnell auch für die kommenden Jahre von einer derart niedrigen Profitabilität auszugehen und folglich den Wert der Aktie zu unterschätzen. Zum anderen helfen Kennziffern wie etwa EBIT bei Unternehmensvergleichen, wenn die Unternehmen etwa in unterschiedlichem Umfang Gebrauch von Eigen- und Fremdkapitalfinanzierungen machen. Dies verdeutlicht ein Blick auf die beiden Extremfälle: Ein Unternehmen, das sich zu 100 % durch Eigenkapital finanziert, hat unter sonst gleichen Bedingungen ein höheres Periodenergebnis als ein Unternehmen, das sich zu 100 % über Fremdkapital finanziert, weil in der Rechnungslegung nur die Kosten für Fremdkapital (der Zins) als Aufwand erfasst werden, nicht aber die Kosten für Eigenkapital. Ist ein Analyst nun an der Ertragskraft beider Unternehmen interessiert, sollte er sich diese *vor* Kapitalkosten ansehen, denn EBIT ist, unter sonst gleichen Bedingungen, unabhängig von der Finanzierungsstruktur der Unternehmen. Drittens kann entsprechend – wenn auch weniger überzeugend – argumentiert werden, dass das Periodenergebnis von Unternehmen in unterschiedlichem Maße durch Abschreibungen beeinflusst wird und eine bessere Vergleichbarkeit der Ertragskraft vor Abschreibungen auf materielle (*Depreciation*) und immaterielle (*Amortization*) Vermögenswerte gegeben ist. Dies vor allem auch im Hinblick darauf, dass immaterielles Vermögen häufig nicht planmäßig abgeschrieben werden muss.

Neben ihrem potenziell positiven Beitrag zur Erfolgsanalyse besitzen Pro-forma-Ergebnisse aber auch eine „Schattenseite". Weil es sich um freiwillige und bei den modifizierten Ergebnisgrößen zudem um weitestgehend nicht standardisierte Unternehmenspublizität handelt, mögen Manager diese nutzen, um ihre eigenen Zielsetzungen zu verfolgen. Dies ist insbesondere dann problematisch, wenn Manager Anreize haben, die Ertragslage unangemessen positiv darzustellen. Da etwa regelmäßig vor allem Aufwendungen (insbesondere Zinsen auf Fremdkapital sowie Abschreibungen) bei der Ermittlung von Pro-forma-Ergebnissen herausgerechnet werden, fallen diese typischerweise höher aus als der Jahresüberschuss laut HGB oder IFRS. Es liegt daher nicht fern zu vermuten, dass Unternehmen mitunter gezielt die Aufmerksamkeit auf diese höheren Pro-forma-Ergebnisse lenken. Im Extremfall kann somit im Rahmen der Kapitalmarktkommunikation ein regulärer Verlust mit Hilfe von Pro-forma-Ergebnissen in einen Gewinn „umgedeutet" werden. Anleger sollten daher auf der Hut sein und sich nicht alleine auf die Pro-forma-Ergebnisgrößen verlassen, sondern deren Entwicklung stets auch mit den Ergebnissen der Rechnungslegung vergleichen – und prüfen, ob es sich bei Sondereffekten auch tatsächlich um solche handelt. Zudem sollten sich die Anleger stets die individuellen Berichterstattungsanreize des Unternehmens vergegenwärtigen, um so den Informationsgehalt der Pro-forma-Ergebnisse besser einschätzen zu können.

Corporate Social Responsibility Reporting (CSR) Ein relativ junges Phänomen der freiwilligen Kapitalmarktpublizität ist die Berichterstattung über die „unternehmerische Verantwortung" („corporate social responsibility" bzw. „CSR") bzw. verkürzt „Nachhaltigkeitsberichterstattung", die in den vergangenen Jahren an Bedeutung gewonnen hat. CSR-Reporting steht für das Ansinnen, über die traditionelle Finanzberichterstattung hinaus den Markt nicht nur über die Wertschöpfung für Anteilseigner, also die Steigerung des Unternehmenswerts bzw. die Vermögens-, Finanz- und Ertragslage zu informieren, sondern auch zu dokumentieren, inwieweit das Unternehmen nachhaltig verantwortlich auch im Sinne anderer „Stakeholder" handelt und Wert schafft etwa für Mitarbeiter, Kunden und Lieferanten, vor allem aber auch für die Gesellschaft als Ganzes. Die „Global Reporting Initiative" (GRI), ein privates Gremium, welches freiwillig anzuwendende Standards für das CSR entwickelt, definiert diese Berichterstattung entsprechend als das Ansinnen, die Unternehmensleistung im Hinblick auf das Ziel einer nachhaltigen Entwicklung zu messen, offenzulegen und hierfür Rechenschaft gegenüber internen und externen Stakeholdern abzulegen.

Die unverbindlichen „Guidelines" der GRI haben sich mittlerweile als „Quasi-Standard" der CSR-Berichterstattung etabliert und Unternehmen lassen sich etwa durch Abschlussprüfer bestätigen, dass ihre Nachhaltigkeitsberichte den Vorgaben der GRI entsprechen. Die Guidelines bestehen aus insgesamt 79 Indikatoren zur Bestimmung der Nachhaltigkeitsleistung eines Unternehmens, die sich gemäß der sogenannten „Triple Bottom Line" auf die Bereiche „Ökonomie", „Ökologie" sowie „Gesellschaft" beziehen. Ein CSR-Bericht enthält daher Informationen und Kennziffern zu derart unterschiedlichen Bereichen wie beispielsweise Kundenzufriedenheit, Ergreifen von Antikorruptionsmaßnahmen im Unternehmen, Einhaltung der Menschenrechte, Maßnahmen zur Gewährleistung der Vielfalt in der Arbeitnehmerschaft, Aktivitäten zum Umweltschutz oder detaillierte Daten zu Kohlendioxid- und Schmutzwasseremissionen. Ein Beispiel für eine CSR-Berichterstattung findet sich in ▶ Beispiel 1.3.

Beispiel 1.3: CSR-Berichterstattung bei Volkswagen

Am 6. Mai 2014 veröffentlichte die Volkswagen AG ihren Konzern-Nachhaltigkeitsbericht für das Geschäftsjahr 2013. Auf insgesamt 160 Seiten legt die Volkswagen AG ihre Strategien und Maßnahmen im Bereich Corporate Social Responsibility dar. Wie im CSR-Bericht ausgeführt, folgt die CSR-Berichterstattung der Volkswagen AG im vollem Umfang den aktuellen Leitlinien der Global Reporting Initiative (GRI 3.0). Der nachfolgende Ausschnitt aus dem CSR-Bericht der Volkswagen AG verdeutlicht beispielsweise, welche Rolle das Thema Ressourceneffizienz beim Automobilhersteller spielt (siehe Seite 104 des VW-Nachhaltigkeitsberichts für das Geschäftsjahr 2013): ➔

→ **Fortsetzung**

„Das Thema Ressourceneffizienz rückt beim Volkswagen Konzern in den nächsten Jahren noch stärker in den Fokus. Denn der sparsame Umgang mit Energie und Rohstoffen ist ein großer und weiterhin steigender Beitrag zur Wirtschaftlichkeit. Schon heute bündeln die Standorte der Marke Volkswagen ihre Maßnahmen im Programm ‚Think Blue. Factory'. Es beinhaltet ehrgeizige Maßnahmen und hilft Führungskräften wie Mitarbeitern an den Fertigungsstätten, die Ziele immer vor Augen zu haben. Weitere Konzernmarken folgen diesem Beispiel und haben eigene Konzepte zur Steigerung der Energie- und Ressourceneffizienz und der Mitarbeitersensibilisierung entwickelt (siehe Seite 97). Bis 2018 will der Volkswagen Konzern den spezifischen Bedarf an Energie und Wasser, das Abfallaufkommen sowie die CO_2- und Lösungsmittelemissionen (VOC) pro produzierter Einheit gegenüber 2010 um 25 % reduzieren. Das Ziel gilt für alle Produktionsstandorte des Konzerns und baut auf den allgemeinen ökologischen Anforderungen an die Fertigungsprozesse auf, die in den Umweltgrundsätzen formuliert sind. Die übergreifende Messgröße heißt ‚Umweltentlastung Produktion' (UEP). Bis Ende 2013 hatte wir bereits die Hälfte des Wegs zu unserem Ziel erreicht, die UEP lautete 12,5 %. Der Zwischenstand Ende 2013 gegenüber 2010 für die einzelnen Ziele:

- Energieverbauch: –12,5 %

- CO_2-Verbauch: –19,5 %

- Wasserverbrauch: –4,6 %

- Lösemittelemissionen: –12,3 %

- Abfall zur Beseitigung: –13,8 %.“

Mit der Nachhaltigkeitsberichterstattung erschließt die Kapitalmarktpublizität offenbar in vielen Bereichen Neuland. Dies hat seinen Preis, ist doch die Ermittlung und Prüfung der verschiedenen Daten und Kennziffern mit erheblichem Aufwand verbunden. Gleichwohl ist davon auszugehen, dass es auch in Zukunft für viele Unternehmen rational sein wird, CSR-Berichte zu veröffentlichen. Dies zum einen, da selbst Anleger heutzutage sehr häufig nicht mehr alleine die rein finanzielle Wertschöpfung im Auge haben, sondern eben auch auf verantwortliches Unternehmertum Wert liegen. Dieses veränderte Anlegerverhalten wird auch durch die zunehmende Nachfrage und demnach das wachsende Angebot beispielsweise an „grünen Fonds" dokumentiert. Zum anderen erscheint die CSR-Berichterstattung auch geeignet, Investoren nützliche Informationen über die Ertragsaussichten von Unternehmen über die Finanzberichterstattung hinaus zu geben. Dies dokumentieren einige jüngere empirische Studien, die beispielsweise zeigen, dass CSR-Berichte die Präzision der Ergebnisvorhersagen von Finanzanalysten erhöhen können, und dass Unternehmen, die erstmalig CRS-Berichte veröffentlichen, hierdurch die Kosten der Eigenkapitalfinanzierung senken können. Es spricht also vieles dafür, dass es sich bei CSR-Berichterstattung nicht um ein kurzweiliges „Zeitgeist-Phänomen" handelt, sondern um eine nachhaltige Erweiterung des Facettenreichtums der Unternehmenskommunikation – die voraussichtlich früher oder später auch in der gesetzlich vorgeschriebenen Publizität ihren Niederschlag finden wird.

Aufgaben

1. Wo sehen Sie das Problem, wenn neben dem Periodenergebnis (ermittelt nach feststehenden Rechnungslegungsregeln) auch Pro-Forma-Ergebnisse veröffentlicht werden, für deren Berechnung kein festgelegtes Schema existiert?

2. Inwiefern kann es für Unternehmen rational sein, über Aspekte des Umweltschutzes zu berichten?

3. Diskutieren Sie die Argumente, die für und wider eine gesetzlich verpflichtende Berichterstattung über „corporate social responsibility" sprechen!

Weiterführende Literatur Empirische Befunde zur Pro-forma-Publizität in Deutschland liefern Hitz und Jenniges, 2009. Eine aktuelle Quelle zum Stand der GRI-Leitlinien ist Roloff, 2014. Dhaliwal et al., 2011, und Dhaliwal et al., 2012, befassen sich mit den ökonomischen Konsequenzen der CSR-Berichterstattung.

1.4 Ökonomische Zwecke der Rechnungslegung

Lernziele

- Rechnungslegung stiftet ökonomischen Nutzen, wenn es ihr gelingt, die Folgen asymmetrisch verteilter Informationen zu mindern.

- Rechnungslegung kann auf zwei grundlegende Weisen nützlich sein, indem sie mittels ihrer Informationsfunktion Informationsasymmetrien mindert oder mittels ihrer Anspruchsbemessungsfunktion Größen und Kennziffern zur Verfügung stellt, die zur Verhaltenssteuerung, insbesondere von Managern, verwendet werden können.

Die Frage, wie Rechnungslegung „Wert" für Unternehmen und deren Stakeholder schaffen kann, ist bereits mehrfach angeklungen. Rechnungslegung kann für die Anspruchsgruppen eines Unternehmens auf sehr verschiedene Arten nützlich sein. Wozu sie konkret dienen soll, ergibt sich aus dem spezifischen Zweck der Rechnungslegung nach einem bestimmten System. Mit dem Rechnungslegungszweck ist die Frage angesprochen, welchen Aufgaben und – damit zusammenhängend – welchen Adressaten die Rechnungslegung primär dienen soll. Erst ein tieferes Verständnis der Rechnungszwecke ermöglicht es, die einzelnen Vorschriften zum Ansatz und zur Bewertung von Vermögen und Schulden sowie zur Ermittlung und zum Ausweis des Erfolgs zu verstehen und in der praktischen Anwendung auszulegen und umzusetzen. Grundsätzlich sind zwei Zwecksetzungen zu unterscheiden:

- die Bereitstellung entscheidungsnützlicher Informationen für derzeitige und potenzielle Investoren, Fremdkapitalgeber und weitere Anspruchsgruppen (*Informationsfunktion*);

- die Bereitstellung von Rechnungslegungsgrößen, an die vertragliche oder gesetzliche Ansprüche anknüpfen (*Anspruchsbemessungsfunktion*).

Beide Zwecksetzungen können ihrerseits auf verschiedene Arten konkretisiert sein. Die Informationsfunktion etwa mag sich sehr unterschiedlich auf die Inhalte der Rechnungslegung auswirken, je nachdem, wer informiert werden soll. Gleiches gilt für die Anspruchsbemessung und die Frage, wessen Ansprüche worauf die Rechnungslegung messen soll. Da sich beide Zwecke in unterschiedlicher Ausprägung und Akzentuierung in der HGB-Rechnungslegung wie in den IFRS wiederfinden, sollen sie nun näher betrachtet werden.

Informationsfunktion Aus Sicht der „Informationsökonomie", der ökonomischen Lehre von der Produktion und Verarbeitung von Informationen, dient die Unternehmenspublizität dem Abbau von Informationsasymmetrien. Derart asymmetrische, also ungleich verteilte Informationen, bestehen typischerweise zwischen der Unternehmensleitung und den (außen stehenden) Stakeholder-Gruppen, die ein Interesse an dem Unternehmen haben. Letztere sind vornehmlich solche Adressaten, die von der Unternehmensführung ausgeschlossen sind. Dazu zählen insbesondere die Eigentümer, wenn sie nicht selber die Manager sind, die Fremdkapitalgeber und der Staat/Fiskus. In der Literatur wird in diesem Zusammenhang vielfach von Insidern und Outsidern gesprochen. Naturgemäß sind Manager einer Firma Insider. In Deutschland trifft dies aber auch auf bestimmte Gruppen von Eigentümern zu, nämlich insbesondere auf diejenigen, die große Anteilspakete halten. Diese Eigentümer sind oft im Aufsichtsrat der Unternehmen vertreten, an denen sie beteiligt sind. Damit haben sie Zugang zu internen Informationen und sind dementsprechend weniger stark auf die allgemeine Publizität angewiesen als die Eigner kleinerer Anteile, die ihre Kauf- und Verkaufsentscheidungen auf Basis der öffentlich verfügbaren Informationen treffen müssen.

Rechnungslegung ist geeignet, Informationsasymmetrien abzubauen und somit Außenstehende über wichtige Unternehmenseigenschaften zu informieren, also etwa Investoren über die Vermögens-, Finanz- und Ertragslage. Solch eine Angleichung der Informationsstände von Insidern und Outsidern ist ökonomisch erwünscht, etwa im Sinne des Anlegerschutzes. Denn zum einen ermöglicht die bessere Versorgung von Investoren mit relevanten Unternehmensinformationen, dass diese ihr Kapital dort investieren, wo es die beste Verwendung findet, also die höchste erwartete Rendite für ein bestimmtes Risikoniveau verspricht. Somit ist die Informationsfunktion geeignet, die Allokationsfunktion des Kapitalmarkts zu stärken. Zum anderen stellt die ausreichende Versorgung potenzieller Investoren eine Bedingung für die Bereitstellung von Kapital dar. Denn ein rationaler Investor würde nicht vorschnell einem Unternehmen Geld anvertrauen, dessen finanzielle Verfassung und Zukunftsaussichten nicht ausreichend bekannt sind. Ebenso wünschen Anleger im Anschluss an ihre Investitionsentscheidung regelmäßige Berichte darüber, wie die Manager das ihnen anvertraute Kapital verwendet und verwaltet haben („Rechenschaft").

Vorschriften zur kapitalmarktorientierten Rechnungslegung wie etwa die IFRS zeichnen sich durch eine spezifische Informationsfunktion aus, indem als primärer Adressatenkreis ausdrücklich Anleger, also gegenwärtige und potenzielle Investoren in Eigen- und Fremdkapitaltitel, benannt werden. In den IFRS, aber ebenso etwa in den gleichermaßen kapitalmarktorientierten US-amerikanischen Rechnungslegungsstandards US GAAP, ist daher vom Erfordernis der Entscheidungsnützlichkeit („decision usefulness") die Rede: Die durch Bilanz, Erfolgsrechnung und weitere Instrumente den Anlegern vermittelten Unternehmensinformationen sollen diese dabei unterstützen, die künftig zu erwartenden Unternehmenserfolge und deren Risiko möglichst akkurat zu beurteilen, um fundierte Anlageentscheidungen zu treffen. Die ausschließliche Betonung der Informationsfunktion ist charakteristisch für Vorschriften der kapitalmarktorientierten Rechnungslegung. Aktionäre wie Gläubiger, die Finanztitel an Unternehmen halten, sollen „geschützt" werden, indem sie möglichst umfassend informiert und somit in die Lage versetzt werden, sich selbst zu schützen, etwa durch den Verkauf der Anteile. Offen bleibt an der Stelle, was genau nun informative Rechnungslegung für Kapitalmarktinvestoren ausmacht. Der internationale Regelsetzer – das International Accounting Standards Board (IASB) – etwa geht davon aus, dass solche Rechnungslegungsinformationen potenziell entscheidungsnützlich sind, die zugleich relevant wie vertrauenswürdig sind und sich konkret durch Eigenschaften wie Vergleichbarkeit (im Zeitverlauf und im zwischenbetrieblichen Vergleich), Aktualität, Nachprüfbarkeit und Verständlichkeit auszeichnen. Wie genau diese „qualitativen Eigenschaften" einer entscheidungsnützlichen Rechnungslegung zu verstehen bzw. zu konkretisieren sind, ist mitunter strittig. Wünscht man daher ein objektives Maß der Entscheidungsnützlichkeit, so kann man auf die empirische, also eine beobachtungsgestützte Messung der Informationswirkungen von Rechnungslegung zurückgreifen. Eine Möglichkeit, empirisch Entscheidungsnützlichkeit festzustellen, ist etwa die Betrachtung der Marktreaktionen auf die Veröffentlichung von Rechnungslegungsdaten. In diesem Sinne gibt das in ▶ Abschnitt 1.1 erläuterte Beispiel Anhaltspunkte, dass die Veröffentlichung einer Gewinnwarnung der Deutschen Lufthansa AG für Marktteilnehmer entscheidungsnützliche Informationen enthielt, da es in Folge zu einem markanten Kursrückgang kam.

Anspruchsbemessungsfunktion Wenn Rechnungslegung eine Anspruchsbemessungsfunktion erfüllt, informiert sie ebenfalls. Allerdings nicht primär aus dem Blickwinkel der Entscheidungsnützlichkeit für Kapitalmarktteilnehmer. Die Information ergibt sich vielmehr aus der konkreten Ausprägung von Rechnungslegungsgrößen, an die dann privatrechtliche oder gesetzliche Ansprüche unmittelbar anknüpfen. Die häufigste Anspruchsgrundlage ist der Unternehmenserfolg, der als Maßstab der Wertschöpfung auch ausdrücken kann, was an Außenstehende verteilbar ist. So ist es etwa charakteristisch für das deutsche Handelsrecht, dass der Jahresüberschuss Grundlage ist für die Ansprüche etwa von Aktionären auf Dividendenausschüttungen (Ausschüttungsbemessungsfunktion), während das deutsche Steuerrecht über das Maßgeblichkeitsprinzip die Ansprüche des Fiskus auf erfolgsabhängige Steuern mit der Gewinnermittlung verknüpft.

Neben solchen gesetzlichen Vorgaben können aber auch individuelle privatvertragliche Vereinbarungen die Informationen der Rechnungslegung nutzen, um Ansprüche abzuleiten. Ein Beispiel ist etwa die erfolgsabhängige Vergütung von Managern, bei der typischerweise zumindest ein Teil, der sogenannte Bonus, an einer Erfolgsgröße, etwa Jahresüberschuss oder EBIT, festgemacht wird. Damit werden Anreize für Manager geschaffen, ihre Tätigkeit engagiert und im Sinne des Unternehmenserfolgs und der Anteilseigner auszuüben. So entnimmt man beispielsweise dem Vergütungsbericht des Volkswagen Konzerns, der Teil des Lageberichts ist, dass sich die variable, also leistungsabhängige Vergütung des Vorstands zusammensetzt aus einer langfristigen Komponente („Long Term Incentive") und dem sogenannten Bonus. Zu diesem heißt es: „Der Bonus honoriert eine positive Entwicklung des Volkswagen Konzerns (…) Als Bemessungsgrundlage des Bonus wird der Durchschnitt des Operativen Ergebnisses einschließlich des Anteils des Operativen Ergebnisses in China im Zweijahreszeitraum herangezogen." (Geschäftsbericht VW-Konzern 2013, S. 63). Offenkundig wird mit dieser Vergütungsregelung bezweckt, Anreize für die Steigerung des operativen Ergebnisses, wie es im Konzernabschluss nach IFRS berichtet wird, zu schaffen.

Ein weiteres Beispiel aus der Praxis sind Kreditvertragsklauseln, etwa im Rahmen eines langfristigen Investitionskredits, durch die sich die darlehensgebende Bank etwa ein Kündigungsrecht für den Fall sichert, dass die bilanzielle Verschuldungsquote, also der Anteil des Fremdkapitals am Gesamtkapital, eine bestimmte Schwelle überschreitet. Die Bank nutzt somit Daten der Rechnungslegung als „Risikoindikator", um sich dagegen abzusichern, dass der Darlehensnehmer sich überschuldet und somit das Insolvenz- und Ausfallrisiko steigert.

Während durch die Informationsfunktion Outsider informiert werden, die sich dann selbst etwa durch Wertpapierverkauf („Exit") zu schützen vermögen, verwendet die Anspruchsbemessungsfunktion die Daten der Rechnungslegung, um schützende Maßnahmen auszulösen. So schützt die Ausschüttungsbemessungsfunktion, die höchstens den Gewinn zur Ausschüttung zulässt, Gläubiger davor, dass Eigentümer über Gebühr Entnahmen tätigen und die Unternehmenssubstanz aushöhlen. Die erfolgsabhängige Vergütung schützt etwa Anteilseigner davor, dass Manager das ihnen anvertraute Kapital unrentabel anlegen, indem Manager Anreize erhalten, gewinnbringend zu investieren. Und festgeschriebene Verschuldungsquoten sind wie geschildert in der Lage, Darlehensgeber vor der Entwertung ihrer Ansprüche durch ein Management zu bewahren, welches Verschuldung und Insolvenzrisiko nach oben treibt. Dabei ist nicht gesagt, dass die verschiedenen Ausprägungen der Anspruchsbemessungsfunktionen gleichermaßen durch dieselben Rechnungslegungsvorschriften abgedeckt werden können. Das ist sogar eher unwahrscheinlich. Wahrscheinlich ist hingegen, dass eine eher auf Anspruchsbemessung ausgelegte Rechnungslegung im Gegensatz zur informationsorientierten Rechnungslegung mehr Gewicht legt auf Nachprüfbarkeit, und weniger auf Entscheidungsrelevanz.

Während die IFRS eindeutig durch die Informationsfunktion geprägt werden, dominiert die Anspruchsbemessungsfunktion die Regelungen des Handelsbilanzrechts.

Zahlreiche Unterschiede zwischen den Vorschriften können hierdurch erklärt werden. Vor allem Gläubiger sollen geschützt werden, und zwar indem der Gewinn als „ausschüttbarer" bzw. „entziehbarer" Gewinn verstanden wird. Das Gesellschaftsrecht begrenzt nun die Ausschüttungsansprüche auf den daher eher „vorsichtig" bestimmten Gewinn. So stellt etwa § 57 Abs. 3 AktG fest: „Vor Auflösung der Gesellschaft darf unter die Aktionäre nur der Bilanzgewinn verteilt werden." Gleichzeitig handelt es sich hierbei aber auch um eine anlegerschützende Regelung, da immerhin ein Mindestanspruch der Anteilseigner auf Ausschüttungen festgelegt wird, der an die Gewinnermittlung anknüpft. Wie hoch das ausschüttungsfähige Ergebnis ausfällt und inwiefern somit das Interesse von Gläubigern am Erhalt von Unternehmenssubstanz gegen das Anlegerinteresse an Ausschüttungen abgewogen wird, bestimmen die konkreten Ansatz- und Bewertungsregeln des HGB, vor allem aber die diesen zu Grunde liegenden Grundsätze ordnungsmäßiger Buchführung. Diese sehen eine „objektivierte, vorsichtige (umsatzgebundene und verlustantizipierende) Ermittlung des Gewinns" (Moxter, 1987) vor. Die derart vorsichtsgeprägten Grundsätze ordnungsmäßiger Buchführung strahlen zudem, wie geschildert, über das sogenannte Maßgeblichkeitsprinzip auf die steuerliche Gewinnermittlung aus und prägen damit auch die Ansprüche des Fiskus auf Steuerzahlungen.

Zusammenfassend kann damit festgehalten werden, dass die Rechnungslegung nach IFRS wie das Handelsbilanzrecht den Schutz von Anteilseignern bezwecken. Allerdings stehen nach IFRS Kapitalmarktinvestoren (Eigner und Gläubiger) im Vordergrund, im HGB wiederum sämtliche Gläubiger. Auch wird die Schutzfunktion unterschiedlich umgesetzt, nach IFRS durch die Informationsfunktion, nach HGB durch die Anspruchsbemessungsfunktion. Gläubigerschutz kann insofern auf zwei Arten erreicht werden: als Schutz durch Informationen und als Schutz durch Gestaltung insbesondere von Gewinnermittlungsregeln. Dies lässt sich dann auf die Kapitalgeber eines Unternehmens insgesamt verallgemeinern und als Anlegerschutzfunktion in den Spielarten des Schutzes durch Information und durch auszahlungsvermeidende Gewinnermittlungsregeln auffassen. Die grundlegend unterschiedlichen Varianten des Anteilseignerschutzes nach IFRS wie nach HGB schlagen sich nieder in unterschiedlichen Auffassungen der Gewinnermittlung („periodengerechter Erfolg" versus „entziehbarer" Betrag) und führen auch zu fallweise unterschiedlichen Bewertungen, insbesondere dem höheren Stellenwert von aktuellen Marktwertansätzen („fair values") nach IFRS, dem die strikte Orientierung des HGB an Vergangenheitswerten („historischen Kosten") gegenübersteht.

Insbesondere im Falle des Vorliegens einer Zahlungsbemessungsfunktion der Rechnungslegung wird häufig auch der Gläubigerschutz als eigenständiger Rechnungszweck benannt. Unter der Gläubigerschutzfunktion wird dann meist der Schutz von Gläubigern durch „vorsichtige" Ansatz- und Bewertungsregeln verstanden, die dafür sorgen, dass keine „überhöhten" Gewinne ausgewiesen und ausgeschüttet werden können. Dies schützt Gläubiger, weil diese, anders als die Eigentümer, keinen Vorteil aus „überhöhten" Ausschüttungen ziehen können, sondern im Gegenteil von solchen

Ausschüttungen asymmetrisch betroffen sind, da mit überhöhten Ausschüttungen die Liquidität sinkt und das Insolvenzrisiko steigt.

Aufgaben

1. Wie kann ein Gesetzgeber durch Rechnungslegungsvorschriften versuchen, Aktionäre davor zu schützen, dass Manager das anvertraute Eigenkapital in unrentable Projekte investieren?

2. Inwiefern erscheint eine Bewertung von Vermögenswerten zu Marktwerten („fair values") problematisch, wenn Banken mit Hilfe von Kreditverträgen schützende bilanzielle Verschuldungsklauseln vorsehen?

Weiterführende Literatur Eine grundlegende ökonomische Auseinandersetzung mit den Rechnungslegungszwecken findet man bei Holthausen und Watts, 2001, sowie bei Bushman und Smith, 2001. Zur tradierten Zwecksetzung des deutschen Handelsrechts siehe etwa Moxter, 1987. Auseinandersetzungen mit der Zwecksetzung der kapitalmarktorientierten Rechnungslegung nach IFRS finden sich etwa bei Hitz, 2005, S. 11–16, sowie bei Pelger, 2010.

1.5 Durchsetzung von Rechnungslegungsvorschriften

Lernziele

■ Rechnungslegungsvorschriften können ihre Zwecksetzung nur erfüllen, wenn geeignete Mechanismen und Institutionen existieren, die die Einhaltung der Vorschriften überprüfen und bei Fehlverhalten sanktionieren.

■ Mit der Durchsetzung der Rechnungslegung kapitalmarktorientierter Unternehmen sind unternehmensinterne Organe, Abschlussprüfer und Enforcement-Institutionen betraut.

Regeln und Vorschriften werden nicht von Natur aus eingehalten. Dies gilt etwa für die Vorschriften der Straßenverkehrsordnung, da viele Menschen gerne (zu) schnell fahren oder bei Rot über die Ampel gehen. Um die Einhaltung und damit die Zweckerfüllung von Verkehrsregeln – das sichere Miteinander von Verkehrsmitteln und Fußgängern im Straßenverkehr – zu gewährleisten, werden diese Regeln „durchgesetzt": indem die Einhaltung etwa durch die Verkehrspolizei überprüft wird und es bei Verstößen zu Sanktionen kommt, etwa Geldbußen oder gar Fahrverboten. Die gleiche Logik gilt auch für Vorschriften zur Rechnungslegung und Unternehmenspublizität. Insbesondere die Manager des Unternehmens, die etwa mit dem Jahresabschluss berichten sollen über die Wertschöpfung des Geschäftsjahres, haben häufig Anreize, beispielsweise Vorschriften zur Ermittlung von Umsatzerlösen nicht korrekt anzuwenden, um den Gewinn zu steigern und damit etwa ihren Bonus zu mehren. Um das Anlegerschutzziel der Rechnungslegung zu verwirklichen, bedarf es daher nicht nur geeigneter Vorschriften zur Information oder Anspruchsbemessung, sondern auch Institutionen und Verfahren zur *Durchsetzung* der Vorschriften, um eine fehlerhafte Anwendung aufzudecken und zu sanktionieren – damit die Manager im Idealfall von vornherein Sorge für die ordnungsgemäße Bilanzierung tragen.

Das deutsche Gesellschaftsrecht sieht insgesamt drei Institutionen vor, welche die Durchsetzung der Rechnungslegung zur Aufgabe haben. Dies ist zum einen als unternehmensinternes Gremium der Aufsichtsrat der Aktiengesellschaft. Dieser hat nicht nur die grundsätzliche Aufgabe, den Vorstand zu ernennen und zu überwachen, sondern nach § 111 Abs. 2 AktG auch die spezielle Pflicht, die Ordnungsmäßigkeit des Jahres- und Konzernabschlusses sowie des Lageberichts zu prüfen. Unterstützung erfährt der Aufsichtsrat hierbei mitunter durch die zweite Institution der Durchsetzung, den Abschlussprüfer. Dieser hat den Jahresabschluss mittelgroßer und großer Kapitalgesellschaften sowie den Konzernabschluss sowie den Lagebericht ebenfalls auf Ordnungsmäßigkeit zu prüfen, also insbesondere mithilfe von Stichprobentests sich ein Urteil zu bilden, ob der Abschluss keine wesentlichen Fehler enthält. Seine diesbezügliche Einschätzung teilt der Abschlussprüfer dem Kapitalmarkt in Form des Bestätigungsvermerks („Testat") mit, der uneingeschränkt oder eingeschränkt erfolgt, oder gar versagt werden kann.

Für die kapitalmarktorientierte Rechnungslegung ist zusätzlich die Durchsetzung bzw. das hier so genannte „Enforcement" durch das Zusammenspiel der Deutschen Prüfstelle für Rechnungslegung (DPR) und die Bundesanstalt für Finanzdienstleistungsaufsicht (BaFin) relevant. Die DPR, eine private Institution, wurde in Folge des Bilanzkontrollgesetzes 2004 eingerichtet, um europarechtlichen Vorgaben zur Schaffung von Enforcement-Institutionen zu folgen. Aufgabe der DPR ist es, stichprobenartig sowie im Fall von konkreten Verdachtsmomenten die Abschlüsse und Lageberichte von Unternehmen zu prüfen, die am regulierten Markt notiert sind. Diese Prüfung geschieht unter Ausschluss der Öffentlichkeit und endet mit einer Feststellung, ob nach Auffassung der DPR wesentliche Fehler in der Rechnungslegung vorliegen. In diesem Fall obliegt es dem betroffenen Unternehmen zu entscheiden, ob es den Fehlerbefund teilt. Für diesen Fall verordnet auf der zweiten Stufe des Enforcement-Prozesses die BaFin als Bundesbehörde dann die Veröffentlichung einer entsprechenden Fehlermitteilung. Stimmt das Unternehmen dem Fehlerbefund der DPR indes nicht zu, wird die BaFin eine eigenständige Untersuchung durchführen, an deren Ende sie selbst Fehler feststellen kann, die dann wiederum zur Veröffentlichung angeordnet werden.

Das zentrale Sanktionsinstrument des deutschen Enforcement-Mechanismus ist die von der BaFin durchgesetzte Veröffentlichung der Fehlerfeststellungen. Nicht nur wird damit bezweckt, wesentliche Fehler in der Rechnungslegung aufzudecken und eine Korrektur anzustoßen. Vor allem soll diese sogenannte „adverse Publizität" Sanktionscharakter haben und somit Anreize für das Management setzen, unabsichtliche Fehler ebenso wie bewusste Falschanwendungen im Vorfeld tunlichst zu vermeiden.

Dies ist etwa der Fall, wenn Märkte auf Fehlerfeststellung mit Kursabschlägen reagieren und somit den Wert von Aktien und Aktienoptionen des Managements mindern, oder die Wahrscheinlichkeit erhöhen, dass das Management zur Verantwortung gezogen und ausgetauscht wird. Erste Befunde für den deutschen Kapitalmarkt dokumentieren solche negativen Reaktionen auf die Veröffentlichung von DPR/BaFin-Fehlermitteilungen. Großzahlig angelegte empirische Studien für den europäischen Kapitalmarkt zeigen zudem, dass die Einführung von Enforcement-Institutionen positive Effekte in Form höherer Marktliquidität nach sich zog.

Aufgaben

1. Diskutieren Sie Gründe, warum Banken mitunter von kleinen Kapitalgesellschaften verlangen, deren Jahresabschluss durch einen Abschlussprüfer prüfen zu lassen.

2. Warum hat etwa ein Finanzvorstand ein hohes persönliches Interesse daran, dass die DPR oder BaFin keinen Fehler in der Rechnungslegung feststellen?

Weiterführende Literatur Einen Überblick über die ökonomische Bedeutung der Durchsetzung von Rechnungslegungsvorschriften gibt Hitz, 2014. In dem Beitrag werden außerdem die im deutschen Gesellschaftsrecht verankerten Durchsetzungsinstitutionen näher betrachtet, mit besonderem Augenmerk auf Enforcement-Aktivitäten des zweistufigen DPR/BaFin-Mechanismus. Im Anschluss werden empirische Befunde zur Wirkung des Enforcement in Deutschland und Europa zusammengefasst und gewürdigt. Mit der Identifikation der Markteffekte von Enforcement-Reformen auf Kapitalmärkten, auf denen zu einem ähnlichen Zeitpunkt die IFRS eingeführt wurden, setzen sich Christensen et al., 2013, auseinander. Mit den Kapitalmarktreaktionen auf Fehlerfeststellungen in Deutschland beschäftigen sich Hitz et al., 2012.

1.6 Die Rolle von Anreizen bei der Berichterstattung

Lernziele

■ Informationen der Rechnungslegung scheinen nur objektiv – tatsächlich müssen alle Zahlen hinterfragt werden.

■ Bei der Erstellung von Bilanzen gibt es bilanzpolitische Motivationen, bestimmte Ergebnisse auszuweisen.

■ Rechnungslegung verfolgt den Zweck, dem Kapitalmarkt Informationen bereitzustellen. Der Markt adjustiert aber Informationen – er „glaubt" sie nicht blind.

1.6.1 Anreize zur freiwilligen Publizität und Notwendigkeit der Regulierung

Die in den vorangegangenen Abschnitten beschriebenen Instrumente der vorgeschriebenen und der freiwilligen Publizität nutzen kapitalmarktorientierte Unternehmen im Sinne der Informationsfunktion vor allem, um Informationsasymmetrien abzubauen. Letztere sind wie geschildert problematisch, weil sie eine Ursache für die Fehlleitung von Investitionskapital und im Extremfall Marktversagen sein können. Wenn beispielsweise die Eigentümer eines Unternehmens (hier: die Aktionäre) nicht über das gleiche Wissen verfügen wie diejenigen, die ihr Eigentum verwalten (hier: die Mitglieder der Unternehmensleitung), dann können Letztere auch Maßnahmen ergreifen, die nicht im Interesse der Auftraggeber stehen. Sie könnten, im schlimmsten Fall, die ihnen bereitgestellten Mittel veruntreuen, sie könnten sie aber auch einfach suboptimal im Unternehmen investieren. Dies stellt für die Eigentümer, die ihre Mittel in ein Unternehmen investieren, immer ein Risiko dar. Je höher dieses Risiko ist, desto höher wird auch die Prämie ausfallen, die sie für das Eingehen eines solchen Risikos verlangen (siehe ▶ Beispiel 1.4 für ein Beispiel zur Verdeutlichung). Aus Sicht der Unternehmen, die sich über Eigenkapital finanzieren, handelt es sich dabei um eine Art Entschädigungszahlung an die Eigentümer. Diese steigt mit dem Risiko, das die Anleger mit einer Investition verbinden. Aus Sicht des Unternehmens werden die Zahlungserwartungen der Anleger als (Eigen-)Kapitalkosten zusammengefasst. Wenn die Kapitalkosten nun mit dem Fehlverhaltensrisiko steigen, das Investoren sehen, dann könnten diese irgendwann eine Höhe erreichen, die es aus Sicht des Unternehmens uninteressant werden lässt, Eigenkapital aufzunehmen. Es wäre dann beispielsweise günstiger, sich vollständig über Kredite zu finanzieren. In diesem extremen Fall ließe sich dann von einem Marktversagen auf dem Kapitalmarkt sprechen. Offenbar gibt es ein Interesse daran, dass es nicht zu einem solchen Versagen kommt: Unternehmen wünschen niedrige Kapitalkosten und sollten deshalb alles daransetzen, diese möglichst gering zu halten. Auch der Staat muss aus allokationspolitischen Gründen ein Interesse an einem funktionierenden Kapitalmarkt haben. Gleiches gilt letztlich auch für die Anleger selbst.

Da nun Publizität der Vermittlung internen Wissens an einen anonymen Adressatenkreis dient, kann sie einen Beitrag zur Verkleinerung von Informationsasymmetrien leisten. Durch den Beitrag zur Verringerung der Informationsasymmetrien trägt die Publizität mithin auch zur Verringerung der Kapitalkosten bei. Die Anreize, Publizität zu betreiben, werden umso größer sein, je stärker ein Unternehmen von der Finanzierung über anonyme Kapitalmärkte abhängig ist. Deswegen kann Publizität auch als ein „Korrelat der Marktteilnahme" beschrieben werden (vergleiche Merkt, 2001).

Beispiel 1.4: Eigenkapitalkosten und Publizität: Ein einfaches Beispiel

Student Siggi R. hat zwar ein gut gefülltes Konto, seit er sich ein schickes Auto gekauft hat, weiß er aber nicht mehr recht, was er mit dem vielen Geld noch anfangen soll. Seine Bank zahlt ihm spärliche 2 Prozent Zinsen im Jahr. Siggis Kommilitonen Edzard B. und Gustav C. haben da – unabhängig voneinander – eine Idee, denn beide sind gerade dabei, sich selbstständig zu machen und könnten einen Finanzier gebrauchen. Edzard B. will eine Pizzeria eröffnen, Gustav C., schon immer ein Tüftler, hat ein Patent auf eine Erfindung angemeldet. Siggi R. ist nicht abgeneigt zu investieren, und lässt sich sowohl das Patent als auch den Pizzeria-Plan erläutern. An dem Erfolg des Pizzeria-Plans hat Siggi erhebliche Zweifel, denn in der Straße, in der sich Edzard B. eingemietet hat, gibt es schon drei ähnliche Etablissements. Das Patent des Gustav C. erscheint Siggi dagegen wie eine „Lizenz zum Gelddrucken". Da er es sich nun aber mit keinem der beiden verscherzen möchte, überlässt er beiden jeweils einen Betrag in Höhe von 10.000 EUR. Er überlegt nun, welche Verzinsung er verlangen sollte. Mindestens möchte er von beiden 2 Prozent – denn die zahlt ihm ja auch seine Bank. Er überlegt aber, dass Edzard B. bald pleite sein könnte, denn die Miete für die Pizzeria ist, wie er weiß, sehr hoch. Siggi zieht deshalb in Betracht, dass er das bei Edzard investierte Geld sehr schnell verlieren könnte. Er verlangt deshalb von Edzard einen Risikoaufschlag von 10 Prozentpunkten, bei Gustav dagegen nur einen von 5. Zudem überlegt sich Siggi, dass er nun auch laufende Informationen benötigt, um beurteilen zu können, wie gut sein Geld angelegt ist. Er verlangt deshalb von beiden, ihm Jahresberichte vorzulegen. Siggi verspricht Edzard, die verlangte Verzinsung des investierten Kapitals zu senken, sollte sich herausstellen, dass seine Pizzeria gut läuft.

Wenn Anreize bestehen, Publizität zu betreiben, stellt sich die Frage, ob sich ein Vorschreiben von Offenlegungspflichten nicht erübrigt. In welchem Ausmaß aber freiwillig Publizität betrieben würde, ist unbekannt, denn in praktisch allen Ländern mit entwickelten Kapitalmärkten gibt es auch ein hohes Maß an Publizitätsregeln, deren Befolgen vorgeschrieben ist. Es kann aber zumindest davon ausgegangen werden, dass es nur zur freiwilligen Offenlegung von Informationen kommen wird, wenn der Nutzen aus einer solchen Veröffentlichung die verbundenen Kosten mindestens kompensiert. ▶ Beispiel 1.5 enthält dazu einige Überlegungen.

Beispiel 1.5: Abwägung von Kosten und Nutzen freiwilliger Publizität

Ganz allgemein wird ein rational handelnder Manager Kosten und Nutzen der freiwilligen Publizität abwägen. Dabei wird er vor allem folgende Vor- und Nachteile in Betracht ziehen:

Vorteile: Es kann angenommen werden, dass die Bereitschaft zur freiwilligen Offenlegung von Informationen steigt, wenn Teile der Vergütung der Manager an die Aktienkurse geknüpft sind. Unabhängig von einer solchen Verknüpfung besteht bei einer negativen Entwicklung der Aktienkurse für das Unternehmen die Gefahr einer Übernahme und speziell für die Manager die einer Ablösung.　　　➔

→ Fortsetzung

Diesen Gefahren kann ebenfalls durch ein hohes Publizitätsniveau entgegengewirkt werden. Soweit ein aktiver Markt für Führungskräfte besteht, existieren für die Manager auch Anreize, Informationen zu veröffentlichen, die Rückschlüsse auf ihren Typ (also „gut" statt „schlecht") zulassen. Schließlich bestehen Anreize zu freiwilliger Publizität auch und gerade dann, wenn Kapitalmarkttransaktionen geplant sind, etwa eine Erstemmission (Initial Public Offering, IPO), die Ausgabe von Aktien oder Schuldverschreibungen oder Übernahmen bzw. Fusionen.

Nachteile: Für die Kapitalmarktteilnehmer sind vor allem zukunftsorientierte Informationen von Bedeutung. Diese werden sich aber stets durch einen gewissen Grad an Unsicherheit auszeichnen. Beinhalten die veröffentlichten Informationen Schätzungen, die sich im Zeitablauf als unzutreffend erweisen, kann für den Manager – abhängig von der Gesetzeslage und Rechtsprechung – ein mehr oder minder großes Risiko bestehen, verklagt zu werden und Schadensersatz an diejenigen zu leisten, die im Vertrauen auf diese Schätzung investiert haben. Des Weiteren kann Publizität auch auf Produktmärkten nachteilig sein, weil sie nicht nur den Anlegern, sondern auch den Konkurrenten Informationen verschafft.

Eine verpflichtende Unternehmenspublizität hat vor allem den Vorteil, dass durch ein Erzwingen von Unternehmenspublizität eine Mindestmenge an öffentlich verfügbaren Informationen bereitsteht. Wenn Kapitalmärkte diese Informationen verarbeiten, also „halbstreng" informationseffizient sind (siehe ▶ Beispiel 1.6), dann können auch solche Investoren auf die Preise „vertrauen", die nicht alle öffentlich verfügbaren Informationen kennen, also etwa die Jahresabschlüsse nicht selbst auswerten. Verpflichtende Unternehmenspublizität schützt also auch die Kapitalmarktteilnehmer, die sich ihrer gar nicht direkt bedienen (sogenannte „price protection"). Das Spektrum der verpflichtenden Unternehmenspublizität ist breit. Zu ihr zählen etwa die Register-, Hauptversammlungs- und Insolvenzpublizität, daneben die kapitalmarktrechtlichen Publizitätspflichten, aber auch die Jahresabschlusspublizität.

Beispiel 1.6: Grade der Informationseffizienz

In der Literatur wird üblicherweise zwischen verschiedenen Graden von Informationseffizienz unterschieden, die jeweils einer bestimmten Annahme entsprechen, wie ein Markt Informationen verarbeitet bzw. welche Informationen in den Marktwerten „eingepreist" sind. Demnach gibt es drei Hypothesen über die Markteffizienz:

- *Strenge Informationseffizienz:* Die Marktpreise spiegeln alle Informationen wider, die überhaupt existieren, also etwa auch reines Insiderwissen;

- *Halbstrenge Informationseffizienz:* Die Marktpreise spiegeln alle öffentlich bekannten Informationen wider, also etwa solche, die mit der Rechnungslegung kommuniziert werden, nicht aber beispielsweise Insiderwissen;   **→**

> → **Fortsetzung**
>
> ■ *Schwache Informationseffizienz:* Im aktuellen Marktpreis sind nur die Informationen über vergangene Marktpreise abgebildet, gleichwohl lässt sich aus der Auswertung vergangener Kursverläufe kein Nutzen ziehen, da die Marktpreise einem *random walk* folgen, sich also nicht aus Daten der Vergangenheit extrapolieren lassen.
>
> Der Grad der Informationseffizienz kann sich von Markt zu Markt unterscheiden. Bei entwickelten Kapitalmärkten (etwa in Deutschland) wird üblicherweise von halbstrenger Informationseffizienz ausgegangen.

1.6.2 Bilanzpolitik

Die verschiedenen Publizitätspflichten sorgen für eine Mindestmenge an Informationen über ein Unternehmen. Allerdings kann den Unternehmen nur begrenzt vorgeschrieben werden, *wie* sie interne Informationen bereitstellen, denn praktisch alle Regeln beinhalten Interpretations- und Ermessensspielräume, die es den Unternehmen innerhalb gewisser Grenzen erlauben, ein und denselben ökonomischen Sachverhalt, etwa bestimmtes gewonnenes Wissen oder einen Geschäftsvorfall, auf unterschiedliche Weise über die Publizität abzubilden. Die Feststellung, dass etwa Jahresabschlüsse nach feststehenden, extern vorgegebenen Regeln erstellt werden, sollte deshalb nicht zu der Schlussfolgerung führen, dass diese ein „wahres" oder „objektives" Bild des Unternehmens zeichnen würden. Dies wird unmittelbar deutlich, wenn Wahlrechte bedacht werden, die es den Bilanzierenden überlassen, wie sie bestimmte Sachverhalte darstellen. Die Wahlrechtsausübung erstreckt sich prinzipiell auf alle denkbaren Bilanzierungssachverhalte, bei denen mindestens zwei Möglichkeiten zur Abbildung in der Rechnungslegung bestehen. Zusätzlich zu solchen ausdrücklichen („expliziten") Wahlrechten beinhalten zahlreiche Rechnungslegungsvorschriften implizite Wahlrechte bzw. Möglichkeiten, durch Ausübung von Ermessen etwa die Höhe von Wertansätzen zu beeinflussen. Das ist insbesondere der Fall, wenn die Rechnungslegungsvorschriften Bewertungen erlauben, die auf intersubjektiv kaum nachprüfbaren, internen Schätzungen beruhen. So sehen etwa die IFRS für bestimmte Zeitwerte (*fair value* und Nutzungswert bzw. *value in use*) unter bestimmten Bedingungen eine solche finanzwirtschaftliche Ermittlung vor.

Es kann nun davon ausgegangen werden, dass solche Wahlrechte nicht unabhängig voneinander ausgeübt werden. Vielmehr wird ein Unternehmen generell (und in der Regel wohl auch über Jahre hinweg) einer bestimmten Bilanzpolitik folgen, zu der die jeweiligen Wahlrechtsausübungen „passen". Insofern sind unter Bilanzpolitik zunächst einmal all diejenigen Maßnahmen zu verstehen, die das Management eines Unternehmens ergreift, um innerhalb der gesetzlich erlaubten Spielräume eine erwünschte Darstellung der Vermögens-, Finanz- und Ertragslage zu erreichen. Diese erwünschte Darstellung ist wiederum kein Selbstzweck, sondern kann entsprechend den Rechnungslegungszwecken Informations- und Anspruchsbemessungsziele verfolgen. So kann beispielsweise ein hoher Gewinnausweis angestrebt werden, um den Kapitalmarkt zu einer möglichst hohen Bewertung der Aktie zu bringen (Informationsziel); genauso kann aber ein möglichst niedriger Gewinnausweis angestrebt werden, um etwa den Umfang der Gewinnausschüttungen möglichst gering zu halten, weil liquide Mittel im Unternehmen für neue Investitionen verwendet werden sollen (Anspruchsbemessungsziel).

Nicht nur sind damit die Ziele und Spielarten der Bilanzpolitik vielfältig, sondern auch die dahinter stehenden Motive. So wird womöglich der Begriff der Bilanzpolitik intuitiv mit einem Fehlverhalten des Managements assoziiert, Bilanzpolitik als schädlich für Außenstehende betrachtet. Das kann durchaus der Fall sein, ist aber nicht zwingend. So lässt sich grundsätzlich für eine bestimmte Gruppe an Unternehmens-Outsidern wünschenswerte von schädlicher Bilanzpolitik unterscheiden. Ein Beispiel möge dies verdeutlichen. Man stelle sich ein Unternehmen A vor, welches beabsichtigt, einen Mitbewerber B zu übernehmen. Beide Unternehmen sind an der Börse notiert, so dass sich der Erwerb durch Aktientausch anbietet. Dabei bietet Unternehmen A den Aktionären des Zielunternehmens B für jede Aktie des Unternehmens B eine bestimmte Anzahl eigener Aktien des Unternehmens A an. Das Austauschverhältnis der beiden Aktien richtet sich nach dem Wert des jeweiligen Unternehmens. Will nun das Management des übernehmenden Unternehmens A seine Eigner gut stellen, so mag es im Interesse eben dieser Alt-Eigner sein, wenn im Vorfeld des Übernahmeangebots die Ertragslage des Unternehmens unter Ausschöpfung des bilanzpolitischen Instrumentariums möglichst positiv dargestellt wird, um den Wert des Unternehmens zu steigern und damit ein vorteilhaftes Austauschverhältnis zu erwirken – was effektiv bedeutet, dass die Alt-Eigner des übernehmenden Unternehmens weniger für die Akquisition „zahlen". Vorausgesetzt, diese Bilanzpolitik geht auf, wird also vom Kapitalmarkt nicht durchschaut, so hat sie den Wohlstand der Eigner von A gemehrt und war für diese „positiv", für die Eigner von B hingegen gilt das Gegenteil, sie erfahren finanzielle Nachteile aus dieser Bilanzpolitik, da sie effektiv einen zu niedrigen Preis für ihre Anteile erhalten. Ähnliches gilt etwa, wenn ein Management versucht, das bilanzielle Vermögen möglichst hoch auszuweisen, um zu verhindern, dass die in einem Kreditvertrag festgeschriebene Verschuldungsgrenze überschritten wird. Auch hier stellt das Management die Eigner durch Bilanzpolitik besser, indem es die Rückzahlung oder Neuverhandlung des Darlehens mit der Bank verhindert, was zu Lasten des Kreditgebers geht, der sich einem erhöhten Bonitätsrisiko ausgesetzt sieht. Die Bewertung des Nutzens von Bilanzpolitik ist somit stets kontextabhängig vorzunehmen und aus Sicht der verschiedenen Anspruchsgruppen. Sie hängt zudem stark ab von der Frage, für welche Anspruchsgruppe sich das Management stark macht. Lediglich für den Fall, dass das Management ausschließlich zum eigenen Nutzen Bilanzpolitik betreibt, etwa um erfolgsabhängige Vergütungen zu steigern, lässt sich von vornherein von „schädlicher" oder „opportunistischer" Bilanzpolitik sprechen. Dies aber auch nur, soweit über die Bilanzpolitik keine privaten Informationen über die zukünftigen Aussichten des Unternehmens oder auch Informationen über die Qualität des Managements vermittelt werden.

Das Instrumentarium der Bilanzpolitik ist dabei nicht begrenzt auf das Ausnutzen von Wahlrechten und Ermessensentscheidungen innerhalb des relevanten Regelwerks. Neben dieser buchhalterischen Bilanzpolitik gibt es auch die Möglichkeit der Sachverhaltsgestaltung, also das Ergreifen von unternehmerischen Entscheidungen, die ausschließlich ein bilanzpolitisches Ziel verfolgen. Ein einschlägiges Beispiel hierfür sind etwa Investitionen in Forschung und Entwicklung. Man stelle sich etwa den Vorstand eines Pharmaunternehmens vor, der im Herbst absieht, dass das Gewinnziel zum 31.12. und damit die Analystenprognosen voraussichtlich nicht erfüllt werden, da der Umsatz nicht wie erwartet gesteigert werden konnte. Dieses Management mag nun beschließen, mehrere für den November geplante Testläufe für Medikamente, die sich gegenwärtig im Entwicklungsprozess befinden, auf den Januar zu verschieben, um den damit verbundenen Aufwand für das gegenwärtige Geschäftsjahr „einzusparen" und das Gewinnziel doch noch zu erreichen. Dass eine derart investitionshemmende Bilanzpolitik vermutlich nicht im Interesse sämtlicher Außenstehender ist, dürfte offensichtlich sein.

Die vorstehenden Beispiele haben gezeigt, dass vor allem die Gewinngröße häufig im Mittelpunkt der bilanzpolitischen Anstrengungen steht. Daher sollen hier abschließend die vier verschiedenen Ziele diskutiert werden, die eine gewinnorientierte Bilanzpolitik verfolgen kann:

1. *Maximierung des Gewinns:* Gründe, den Gewinn so hoch wie nach Regelbefolgung gerade noch möglich auszuweisen, können etwa bestehen bei bevorstehenden Unternehmensverkäufen oder -zusammenschlüssen, bei einer bevorstehenden Aufnahme von Eigenkapital über den Kapitalmarkt, bei Verhandlungen über Kreditkonditionen oder auch, wenn Manager am Gewinn beteiligt werden und damit die ihnen zufließenden Zahlungen erhöhen möchten.

2. *Minimierung des Gewinns:* Anreize, den Gewinn so niedrig auszuweisen, wie es die Regeln gerade noch erlauben, können etwa bestehen, wenn an die Gewinngröße Steuerzahlungen geknüpft sind, die auf diese Weise reduziert werden können. Ein weiteres Motiv für Gewinnminimierung wäre die Vermeidung einer „Regulierungsgefahr": So mag etwa im Falle des Bestehens eines natürlichen Monopols (etwa bei Netzbetreibern) ein niedriger Gewinnausweis die aus Unternehmenssicht bestehende Gefahr einer staatlichen Preisregulierung senken. Zuletzt seien Tarifverhandlungen genannt, in deren Vorfeld sich ein Unternehmen möglichst „arm" rechnen will, um einen aus Sicht der Eigner vorteilhaften Abschluss zu erwirken.

3. *Glättung des ausgewiesenen Gewinns:* Wenn etwa Anteilseigner an einem stetigen Dividendenstrom interessiert sind und solche Zahlungen an die Gewinngröße geknüpft sind, kann ein Anreiz darin bestehen, die ausgewiesenen Gewinne im Zeitablauf zu glätten.

4. *Erreichen eines Zielgewinns:* Wenn etwa Analystenschätzungen hinsichtlich des erwarteten Unternehmensgewinns vorliegen, mögen Unternehmen starke Anreize haben, diese auch zu erreichen. Solche Zielgrößen können natürlich auch von der

Unternehmensleitung selbst gesteckt sein. Im Beispiel der Gewinnwarnung durch die Deutsche Lufthansa AG (siehe ▶ Abschnitt 1.1) wurde gezeigt, dass mit der Verfehlung von Analystenerwartungen ein starker negativer Kapitalmarkteffekt verbunden war. Dies deutet darauf hin, dass entsprechende (negative) Marktreaktionen auch in dem Fall zu erwarten wären, wenn solche Zielgrößen nicht erreicht würden.

Die Erläuterungen zu den vier grundlegenden bilanzpolitischen Strategien legen nahe, dass für ihre jeweilige Wahl Berichtsanreize entscheidend sind. Dies ist allerdings ein zweiseitiges Phänomen:

1. *Ebene der Unternehmen beziehungsweise ihrer Manager:* Zunächst werden auf dieser Ebene Anreize bestehen, in einer bestimmten Art zu berichten beziehungsweise eine bestimmte Bilanzpolitik zu betreiben. Dabei spielen die Verträge, die mit den Führungskräften geschlossen werden, eine wichtige Rolle. Sehen diese etwa eine gewinnbasierte Erfolgsbeteiligung für die Vorstandsmitglieder vor, mögen diese Anreize haben, möglichst hohe Gewinne auszuweisen. Es spielen aber auch Verträge des Unternehmens mit anderen Anspruchsgruppen eine Rolle, etwa mit Kreditgebern, oder (implizite) Verträge mit Eigenkapitalgebern. Für einzelne Unternehmen können sich die Berichtsanreize erheblich unterscheiden: So kann etwa ein Unternehmen, das sich hauptsächlich über Bankkredite finanziert, auf eine qualitativ hochwertige Publizität verzichten, wenn den Kreditgebern Zugang zu internen Informationen gewährt wird. Der Jahresabschluss ist dann für die Information des Kapitalmarkts von untergeordneter Bedeutung und seine maßgebliche Rolle mag die der Steuerbemessung sein. In diesem Fall könnte dann eine Gewinnminimierungsstrategie zur Senkung der Steuerlast verfolgt werden. Andererseits könnte ein Unternehmen bestrebt sein, neue Kleinaktionäre zu gewinnen, was einen Anreiz implizieren könnte, möglichst hohe Gewinne auszuweisen. Es ist also nicht für jedes Unternehmen per se klar, welche Berichtsanreize dominieren – was für eine genauere Betrachtung des jeweiligen institutionellen Umfelds spricht.

2. *Ebene der Adressaten:* Die Adressaten der Publizität fassen die offengelegten Informationen als Signale auf. Sie werden dabei (a) versuchen, die grundlegende Art der Berichterstattung (also die Bilanzpolitik) zu „durchschauen", und sie werden (b) prüfen, ob zusätzliche Informationen vermittelt werden. Ein Beispiel hierfür wäre, dass die Adressaten nach Auswertung mehrerer aufeinanderfolgender Jahresabschlüsse erkennen, dass ein Unternehmen die ausgewiesenen Gewinne glättet. Diese weisen dann in allen Jahren eine annähernd gleiche Höhe auf oder wachsen mit einer annähernd konstanten Rate. Fällt der ausgewiesene Gewinn im aktuellen Jahr nun deutlich niedriger aus und gibt es dafür keine plausible Erklärung (etwa: entsprechende Verluste in allen Unternehmen der gleichen Branche), werden die Adressaten dies möglicherweise als ein negatives Signal auffassen, denn offenbar ist das Unternehmen nicht mehr in der Lage, auch nicht mit bilanzpolitischen Mitteln, den erwarteten Gewinn auszuweisen.

Wesentlich für das Verständnis der kapitalmarktorientierten Rechnungslegung ist also, dass es Berichtsanreize gibt, die es zu berücksichtigen gilt, und dass alle offengelegten Informationen vom Kapitalmarkt als Signale in Bezug auf die künftige wirtschaftliche Entwicklung eines Unternehmens interpretiert werden. Dies erfordert unternehmensseitig eine Abwägung, welche Anreize besonders wichtig sind. Adressatenseitig erfordert es Kenntnisse, wie die Jahresabschlüsse zu interpretieren sind, insbesondere also eine genaue Kenntnis der bestehenden Wahlrechte und deren jeweilige Auswirkung auf Gewinn- und Vermögensausweis, darüber hinaus aber auch Informationen über die wahrscheinlichen Berichtsanreize, die in einem Unternehmen existieren. Zusammenfassend lässt sich also sagen, dass jeder Leser von Bilanzen kapitalmarktorientierter Unternehmen gut beraten ist, sich stets Gedanken über die Motivationen derjenigen zu machen, die das Rechenwerk erstellen, gleichzeitig aber auch über diejenigen Gruppen, die Publizität hauptsächlich nachfragen, denn das Angebot hinsichtlich der Qualität der Publizität wird sich stets auch nach der Nachfrage richten. Dies soll nun an einem Beispiel erläutert werden.

Beispiel: Aktivierung von Entwicklungskosten in der Automobilindustrie

In der Finanzpresse wurden die Bilanzierungspraktiken des Volkswagen-Konzerns im Zusammenhang mit der Aktivierung von Entwicklungskosten kritisch beleuchtet.[4] Insbesondere wurde hierbei die Erhöhung der Aktivierungsquote im Jahr 2001 hinterfragt, die in späteren Geschäftsjahren wieder abgesenkt wurde.[5] Zunächst einmal könnte hinter diesem Vorgehen eine bestimmte Auffassung über die ökonomische Realität des Unternehmens stehen. Forschung und Entwicklung verursachen für Unternehmen nicht nur finanzielle Belastungen: Aus der Forschung, vor allem aber aus der Entwicklung, entstehen gerade in Technologieunternehmen Vermögenswerte, also künftige Erfolgschancen. Beispielhaft kann hier auf die Entwicklung von besseren Motoren verwiesen werden, die, nachdem die Entwicklung abgeschlossen wurde, zu höheren Preisen verkauft werden können. Selbst entwickeltes Vermögen trägt damit später zur Erzielung von Zahlungsüberschüssen bei. Grundsätzlich sprechen dann die gleichen Gründe für eine Aktivierung wie bei sonstigen Vermögenswerten: Ein Aufwand sollte nicht zum Zeitpunkt der Zahlung erfasst werden, sondern dem Erfolg über die Dauer der Nutzung zugerechnet werden. Naturgemäß können damit die Aktivierungsquoten, also das Verhältnis der aktivierten zu den gesamten Entwicklungskosten, schwanken. Problematisch ist nun allerdings, dass aus Forschung und Entwicklung nicht notwendigerweise nutzbare Vermögenswerte entstehen. Forschung kann beispielsweise ohne konkrete Zielsetzung erfolgen (Grundlagenforschung). In der IFRS-Rechnungslegung sind deshalb Forschungskosten grundsätzlich nicht aktivierbar, wohl aber Entwicklungskosten, wenn bestimmte Voraussetzungen erfüllt sind. Ob diese Voraussetzungen erfüllt sind, ist für Dritte vielfach schwer nachvollziehbar. Glaubt man den veröffentlichten Zahlen, dann war es im Jahr 2001 bei Volkswagen schlichtweg so, dass ein höherer Anteil der angefallenen Entwicklungskosten vom Management als „erfolgversprechend" angesehen wurde, was zur Erhöhung der Aktivierungsquote führte.

---

4 Vergleiche etwa den Artikel „Hohe Aktivierungsquote bei Entwicklungskosten in der Autoindustrie: VW zeigt heute Gewinne von morgen" im Handelsblatt (Nr. 77, S. 14) vom 22. April 2003.

5 Für eine ausführliche Diskussion der Bilanzierung immaterieller Vermögenswerte siehe ▶ Kapitel 4.2.

Durch die Erhöhung der Aktivierungsquote im Jahr 2001 verminderte sich nun die Belastung des Ergebnisses um den Teil der Aufwendungen, der in der Bilanz angesetzt und damit nicht in der Gewinn-und-Verlust-Rechnung erfasst wurde. Zu einer Ergebnisbelastung werden diese aktivierten Aufwendungen erst in den Folgeperioden, nämlich dann, wenn die entwickelten Produkte verkauft werden. Damit wird das aktuelle Ergebnis entlastet, das künftige belastet. Die Frage ist nun, warum die Aktivierungsquote 2001 erhöht wurde. Natürlich kann es durchaus sein, dass dadurch die ökonomische Realität besser abgebildet wurde. Der Bilanzleser kann dies glauben. Er kann jedoch auch kritisch Motivationen in Betracht ziehen, die das Management zur Ergebnisverbesserung gehabt haben könnte. In der Finanzpresse wurde genau dies getan und gemutmaßt, dass das Veröffentlichen eines besonders hohen Ergebnisses im Jahr 2001 ganz im Interesse des ausscheidenden Vorstandsvorsitzenden *Ferdinand Piëch* lag, der so noch einmal zeigen konnte, in welch gutem (beziehungsweise ertragsstarkem) Zustand er den Konzern hinterließ. Soweit diese Vermutung zutrifft, wurde in diesem Jahr eine gewinnmaximierende Bilanzpolitik verfolgt.

Welche Interpretation der Nutzung eines Spielraums in der Bilanzierung ist nun aber die richtige? Das ist schwer zu sagen. Helfen kann bei solchen Fragen ein Vergleich innerhalb der Branche. Andere Hersteller, wie etwa der deutsche Autobauer *BMW*, aktivierten im selben Jahr deutlich weniger. ▶ Tabelle 1.2 vergleicht VW- und BMW-Konzern anhand einiger Bilanz- und Marktgrößen und zeigt zunächst, dass der VW-Konzern im Jahr 2001, gemessen an seiner Bilanzsumme (oder auch am Eigenkapital), rund doppelt so groß wie der BMW-Konzern war. Werden allerdings die Marktwerte betrachtet, kehren sich die Verhältnisse im betrachteten Jahr um: Der Markt sah den Wert von VW offenbar gerade einmal bei knapp 60 Prozent des Werts von BMW. Überraschend ist auch, dass bei VW die Höhe des ausgewiesenen Eigenkapitals den Marktwert überstiegen hat. Auch bei den Eigenkapitalrenditen schnitt Volkswagen – trotz höheren Ergebnisses – schlechter ab als BMW. Und nur zur Erinnerung: Wäre im Jahr 2001 auf die Erhöhung der Aktivierungsquote verzichtet worden, sähe es für VW vergleichsweise noch „schlechter" aus.

Tabelle 1.2

Vergleich von VW und BMW (2001)

	VW-Konzern	BMW-Konzern
Ergebnis der gewöhnlichen Geschäftstätigkeit (in Mio. €)	4.409	3.242
Eigenkapital (in Mio. €)	23.995	10.770
Immaterielles Vermögen (in Mio. €)	6.596	2.419
Forschungs- und Entwicklungsaufwand (in Mio. €)	2.660	1.663
Bilanzsumme (in Mio. €)	104.424	51.259
Marktwert des Stammkapitals (in Mio. €)	14.225	24.142
Eigenkapitalrentabilität (in %)	12,9	18,5

Da weder Bilanzanalyse noch das Treffen von Investitionsentscheidungen Gegenstand dieses Textes sind, soll das Beispiel vor allem sensibilisieren für Fragen wie die folgenden:

■ Was sagt die Höhe des ausgewiesenen Ergebnisses aus? Ist ein höheres Ergebnis stets besser als ein niedrigeres?

■ Worin bestehen Vor- und Nachteile, aktuelle Ergebnisse zu Lasten künftiger zu verbessern?

■ Wie werden Ergebnis und Eigenkapital überhaupt bestimmt? Sind Ergebnis und Eigenkapital „objektive" beziehungsweise „wahre" Größen, die es nur zu beobachten gilt?

■ Welchen Einfluss haben Rechnungslegungssysteme (insbesondere IFRS und HGB) auf die Messung? Welchen Einfluss können Wahlrechte und Ermessensspielräume innerhalb von Rechnungslegungsregeln auf den Ergebnisausweis haben?

■ Wie können die unterschiedlichen Rechenwerke genutzt werden, um ein umfassendes Bild über die Vermögens-, Finanz- und Ertragslage eines Unternehmens zu zeichnen, das Voraussetzung für das Treffen wirtschaftlicher Entscheidungen auf Basis von Rechnungslegungsinformationen ist?

Eine detaillierte Beantwortung all dieser Fragen griffe dem Text voraus. Es erleichtert aber das Verständnis des Folgenden, wenn gleich zu Beginn klar ist, dass Informationen, die in der Rechnungslegung vermittelt werden, nicht immer eine objektive Realität ausdrücken und mitunter subjektiven Einflüssen unterliegen, bei denen die jeweils vorherrschenden Berichtsanreize eine wichtige Rolle spielen. Größen der Rechnungslegung sind Ergebnis einer Messung und in vielen Fällen kann diese Messung durch Einschätzungen der Realität durch die Bilanzierenden und vielfach auch durch ihre Motivationen beeinflusst sein. Zur Interpretation (und zum Vergleich) von Abschlüssen ist eine Kenntnis der entsprechenden Rechnungslegungsregeln und insbesondere der Wahlrechte und Ermessensspielräume äußerst wichtig.

Aufgaben

1. Ordnen Sie folgende Begriffe entweder dem externen oder dem internen Rechnungswesen zu: (a) Betriebsabrechnungsbogen; (b) Kosten; (c) Ertrag; (d) Kapitalflussrechnung; (e) Kalkulation; (f) IFRS.

2. Diskutieren Sie, welche Wissenswünsche verschiedene Anspruchsgruppen an eine Unternehmung haben! Wie unterscheiden sich diese und gibt es dabei Interessenkonflikte; welche Aussagen zu den Anspruchsgruppen trifft das Rahmenkonzept der IFRS?

3. Könnte es aus Sicht des Unternehmens oder der Manager Gründe dafür geben, nicht alle Informationen zur Verfügung zu stellen? →

→ Fortsetzung

4. Erklären Sie, warum Rechnungslegung reguliert ist!

5. Welchen Zweck verfolgt die externe Rechnungslegung? Wie wird der Zweck der Rechnungslegung in den IFRS präzisiert?

6. Grenzen Sie das externe Rechnungswesen vom internen Rechnungswesen ab!

7. Das externe Rechnungswesen zeichnet sich dadurch aus, dass Unternehmen insbesondere durch gesetzliche Regelungen dazu verpflichtet sind, (interne) Informationen an Außenstehende zu liefern. Durch welche Verfahren beziehungsweise Instanzen wird die Glaubwürdigkeit dieser Informationen sichergestellt?

8. Diskutieren Sie folgende Aussage: „VW hatte 2001 ein Rekordergebnis vermeldet. Zu diesem Ergebnis trug u.a. die Erhöhung der Aktivierungsquote von Entwicklungsaufwendungen bei. Der Abschluss 2001 war der letzte, den der seit 1993 amtierende Vorstandsvorsitzende Ferdinand Piëch vor seinem Ausscheiden 2002 präsentierte." (Handelsblatt Nr. 77, 2003, S. 14).

9. Welchen Einfluss könnte das sogenannte VW-Gesetz auf die Bewertung des VW-Konzerns am Kapitalmarkt gehabt haben? Diskutieren Sie: Gilt das VW-Gesetz heute noch in unveränderter Form?

Weiterführende Literatur Mit der Regulierung von Rechnungslegung setzen sich im deutschsprachigen Schrifttum etwa Feldhoff, 1992, Watrin, 2001, sowie Werner, 2008, umfassend auseinander. Ball, 2001, weist darauf hin, dass Berichtsanreize im internationalen Vergleich variieren. Zum Zusammenhang von Bilanzpolitik und Berichtsanreizen, auch aus empirischer Sicht, kann auf Goncharov, 2005, verwiesen werden. Healy und Palepu, 2001, geben unter anderem einen Überblick über die Vor- und Nachteile freiwilliger Publizität. Die Hypothesen zum Grad der Informationseffizienz werden etwa in Wagenhofer und Ewert, 2007, diskutiert. Bereits Schmidt, 1982, weist darauf hin, dass Rechnungslegung als Informationsproduktion auf „nahezu" effizienten Märkten verstanden werden kann. Bei der Diskussion um die Effizienz von Kapitalmärkten hat auch der Aufsatz von Fama, 1970, weite Beachtung gefunden.

Die Technik des Buchens von Geschäftsvorfällen

2

ÜBERBLICK

2.1 Geld-zu-Geld-Zyklus, Bilanzgleichung und Geschäftsvorfälle

2.1.1 Grundmodell des Geld-zu-Geld-Zyklus

> ## Lernziele
>
> ■ Verständnis des Modells des Geld-zu-Geld-Zyklus
>
> ■ Kenntnis der Bilanzgleichung
>
> ■ Kenntnis der grundlegenden Systematik des Jahresabschlusses

Als Instrument der kapitalmarktorientierten Unternehmenspublizität dient Rechnungslegung der Abbildung von Geschäftsvorfällen mit dem Ziel, den Adressaten Signale über die Entwicklung eines Unternehmens zukommen zu lassen. Zur Darstellung der Rechnungslegungstechnik kann ein sehr einfaches Modell für die Tätigkeit eines Unternehmens eingeführt werden: der Geld-zu-Geld-Zyklus. Ziel der Tätigkeit eines jeden Unternehmens ist demnach die Mehrung von Kapital, das zunächst in Form von Geld durch Anteilseigner und/oder Fremdkapitalgeber zur Verfügung gestellt wird. Im Geld-zu-Geld-Zyklus lassen sich grob zwei Arten von Transformationsprozessen unterscheiden: Handel mit Waren und Produktion von Gütern. Im Grundmodell des Geld-zu-Geld-Zyklus wird nur mit Waren und nur mit Bargeld gehandelt. Über einen gewissen Zeitraum (etwa: Beginn und Ende des Geschäftsjahres) werden dann liquide Mittel (Geld) zunächst in Waren und dann, durch den Verkauf der Waren, in „mehr" liquide Mittel (Geld) transformiert (siehe ▶ Abbildung 2.1). Bei diesem sehr einfachen Modell lassen sich vier Schritte unterscheiden:

1. Das Unternehmen startet mit einem gewissen Bestand an Geld („liquide Mittel").

2. Durch den Einkauf von Waren reduziert sich der anfängliche Bestand an liquiden Mitteln, gleichzeitig steigt der Vorratsbestand.

3. Die Vorräte werden mit Gewinnaufschlag verkauft. Damit fließen dem Unternehmen wieder liquide Mittel zu.

4. Mit diesen liquiden Mitteln können dann weitere Waren beschafft werden, der Prozess beginnt von Neuem.

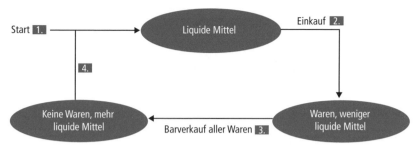

Abbildung 2.1: Grundmodell des Geld-zu-Geld-Zyklus

Dieses Grundmodell gibt den Geschäftsvorfällen eines Handelsunternehmens eine prozessuale Struktur. Um diese in der Buchführung abzubilden, wird auf das Rechenwerk Bilanz, eine Darstellung von Vermögen, Schulden und Eigenkapital des Unternehmens, zurückgegriffen. Dabei sei in diesem einfachen Modell angenommen, dass alle Geschäftsvorfälle innerhalb eines Geschäftsjahres stattfinden.

Bei dem ursprünglich vorhandenen Bestand an liquiden Mitteln handelt es sich um das Vermögen eines Unternehmens. Es ließe sich auch von der Mittelverwendung sprechen, da zur Verfügung gestelltes Geld (Kapital) in dieser Form – eben wieder als Geld – im Unternehmen eingesetzt wird. Diese doppelte Perspektive aus Verwendung und Bereitstellung von Kapital wird mit Hilfe der Bilanzgleichung erfasst. Sie lautet:

Vermögen = Eigenkapital + Fremdkapital oder
Mittelverwendung = Mittelherkunft

Die Bilanz eines Unternehmens (*balance sheet*, neuerdings auch bezeichnet als *statement of financial position*) ist eine Aufstellung der Vermögenswerte (*assets*), der Schulden (*liabilities*) und des Eigenkapitals (*equity*) in Konten- oder Staffelform. Die Aktivseite (bei Kontendarstellung) zeigt, welche Vermögenswerte im Unternehmen vorhanden sind, gibt also Auskunft über die Verwendung der Mittel in Form von Vermögenswerten, wobei vor allem kurzfristig und langfristig verfügbare Vermögenswerte unterschieden werden können. Im Grundmodell des Geld-zu-Geld-Zyklus liegt das Vermögen zu Beginn der Geschäftstätigkeit vollständig in liquiden Mitteln vor – es ist also (noch) nicht in andere Vermögenswerte investiert. Es sei nun angenommen, dass dieses Vermögen zu Beginn des Geld-zu-Geld-Zyklus € 1.000.000 betrage.

Die Passivseite bei Kontendarstellung gibt Auskunft über die Herkunft beziehungsweise die Quellen der Mittel, mit anderen Worten über die Finanzierung der Vermögenswerte, die auf der Aktivseite ausgewiesen werden. Als Finanzierungsformen werden dabei vor allem kurz- und langfristige Schulden sowie Eigenkapital unterschieden. Schulden sind Mittel, die von Fremdkapitalgebern, wie z.B. Banken, aber auch Kunden oder Lieferanten stammen. Das Eigenkapital wurde von den Eigentümern des Unternehmens bereitgestellt. Hinsichtlich der Quellen des Vermögens sei nun angenommen, dass die Eigentümer € 800.000 aus ihrem privaten Vermögen in das Unternehmen eingebracht haben und des Weiteren Fremdkapital in Höhe von € 200.000 zur Verfügung gestellt wurde. Die Bilanz zu Beginn der Geschäftstätigkeit hat also folgendes Aussehen:

Bilanz			
Aktiva (Vermögen)			**Passiva (Finanzierung)**
Zahlungsmittel	1.000.000	Eigenkapital	800.000
		Fremdkapital	200.000
Bilanzsumme	**1.000.000**	**Bilanzsumme**	**1.000.000**

Durch Geschäftsvorfälle, etwa den Kauf von Waren, kommt es nun im Geld-zu-Geld-Zyklus zu Veränderungen in der ursprünglichen Bilanz. Es ist Aufgabe der Bilanz, den wirtschaftlichen Gehalt solcher Transaktionen widerzuspiegeln. Da die Bilanz nur in größeren Zeitabständen erstellt wird (vierteljährlich, halbjährlich, jährlich), die Geschäftsvorfälle aber laufend stattfinden und erfasst werden müssen, werden die Eröffnungsbestände, die den Endbeständen der Ausgangsbilanz entsprechen, in Unterkonten übertragen. Die Veränderungen werden dann in den Unterkonten berücksichtigt und zum nächsten Bilanzstichtag zusammengefügt.

Die Positionen, die auf der Aktivseite der Bilanz stehen (hier: Zahlungsmittel), werden in sogenannte Aktivkonten überführt. Bei einem Aktivkonto handelt es sich um ein Bestandskonto, bei dem Anfangsbestand und Zugänge im Soll und Abgänge im Haben gebucht werden. Der Saldo eines solchen Kontos – hierunter wird die Differenz zwischen allen Soll- und Haben-Einträgen verstanden, die auf der „kleineren" Seite des Kontos eingetragen wird, um beide Seiten in Ausgleich zu bringen – steht daher typischerweise auf der Haben-Seite. Dann nämlich übersteigen Anfangsbestand und Zugänge die Abgänge. Für die Zahlungsmittel im Beispiel ergibt sich folgendes Aktivkonto:

210 Zahlungsmittel (Aktivkonto)			
Soll			**Haben**
Eröffnungsbestand	1.000.000	Abgänge	(...)
Zugänge	(...)	Saldo (= Endbestand)	(...)
Summe		**Summe**	

Das Konto „Zahlungsmittel" hat die Kontonummer 210. Die Kontonummern werden einem unternehmensspezifischen Kontenplan entnommen, einer systematischen Darstellung aller für Buchungen zur Verfügung stehenden Konten.

Exkurs 2.1　Kontenplan

Ein vollständiges Verzeichnis der in einem Unternehmen verwendeten (Unter-) Konten wird als Kontenplan bezeichnet. Ein Unternehmen ist bei der Gestaltung seines Kontenplans grundsätzlich frei, dieser soll aber einen systematischen Aufbau haben und orientiert sich üblicherweise an einem überbetrieblichen – häufig branchenspezifischen – Kontenrahmen. In Deutschland verbreitet ist etwa der Industriekontenrahmen (IKR), aus dem viele Unternehmen durch Anpassung an ihre individuellen Bedürfnisse einen unternehmensspezifischen Kontenplan entwickeln. Jedem Konto ist dabei eine Nummer zugeordnet, die es eindeutig identifiziert. Im Folgenden wird auf einen für die Zwecke dieses Buchs frei definierten Kontenplan zurückgegriffen, der wie folgt aufgebaut ist:

| Nummer und Name des Kontos (mit Untergliederungen) | Bestands-konto | | Erfolgskonto | | | |
| | | | Erfolg (in Gewinn/ Verlust erfasst) | | Sonstiger Erfolg | |
	Aktiv	Passiv	Ertrag	Aufwand	Ertrag	Aufwand
100 Langfristige Vermögenswerte	x					
110 Immaterielle Vermögenswerte	x					
120 Sachanlagen	x					
121 Grundstücke	x					
122 Gebäude	x					
123 Geschäfts- und Betriebsausstattung	x					
124 Technische Anlagen	x					
125 Maschinen und maschinelle Anlagen	x					
1251 Maschinen	x					
1252 Anlage Nr. 1	x					
1253 Anlage Nr. 2	x					
1254 Anlage Nr. 3	x					
126 Fuhrpark	x					
1261 Fuhrpark allgemein	x					
1262 Zugmaschine	x					
1263 Auflieger	x					
127 Anlagen in Herstellung	x					
130 Finanzanlagen	x					
140 Sonstige langfristige Vermögenswerte	x					
150 Kumulierte Abschreibungen		x				
200 Kurzfristige Vermögenswerte	x					
210 Zahlungsmittel und Zahlungsmittel-äquivalente	x					

→

→ Fortsetzung

Nummer und Name des Kontos (mit Untergliederungen)	Bestands-konto		Erfolgskonto			
			Erfolg (in Gewinn/ Verlust erfasst)		Sonstiger Erfolg	
	Aktiv	Passiv	Ertrag	Aufwand	Ertrag	Aufwand
220 Bank	x					
230 Forderungen	x					
231 Forderungen aus Lieferungen und Leistungen	x					
232 Wertberichtigungen (Forderungen)	x					
233 Zinsforderungen	x					
234 Sonstige Forderungen	x					
240 Vorräte	x					
241 Roh-, Hilfs- und Betriebsstoffe	x					
242 Unfertige Erzeugnisse	x					
243 Fertigerzeugnisse	x					
244 Handelswaren	x					
250 Sonstige	x					
251 Geleistete Anzahlungen	x					
252 Versicherungsvorauszahlungen	x					
253 Mietvorauszahlungen	x					
400 Eigenkapital		x				
410 Gezeichnetes Kapital		x				
420 Rücklagen (aus Gewinn/Verlust)		x				
421 Jahresergebnis		x				
422 Einbehaltene frühere Gewinne		x				
423 Sonstige Rücklagen		x				
4231 Satzungsmäßige Rücklagen		x				
4232 Gesetzliche Rücklagen		x				
4233 Andere Rücklagen		x				
430 Rücklagen (aus sonstigem Ergebnis)		x				
431 Neubewertungsrücklage		x				
432 Aus Neubewertungen nach IAS 39		x				
433 Sonstige		x				
440 Kapitalrücklage		x				
500 Langfristige Schulden		x				
510 Rückstellungen		x				
511 Pensionsrückstellungen		x				
512 Sonstige Rückstellungen		x				

→

→ **Fortsetzung**

Nummer und Name des Kontos (mit Untergliederungen)	Bestandskonto		Erfolgskonto			
			Erfolg (in Gewinn/ Verlust erfasst)		Sonstiger Erfolg	
	Aktiv	Passiv	Ertrag	Aufwand	Ertrag	Aufwand
520 Schulden		x				
521 Bankdarlehen		x				
522 Hypotheken		x				
523 Schulden aus Anleihen		x				
524 Lieferantendarlehen		x				
530 Abgrenzungsposten		x				
600 Kurzfristige Schulden		x				
610 Finanzverbindlichkeiten		x				
620 Verbindlichkeiten aus Lieferungen und Leistungen		x				
630 Zinsverbindlichkeiten		x				
640 Lohnverbindlichkeiten		x				
650 Erhaltene Anzahlungen		x				
700 Erträge			x			
710 Umsatzerlöse			x			
720 Sonstige betriebliche Erträge			x			
730 Neubewertungserträge (im Gewinn oder Verlust)			x			
740 Neubewertungserträge im sonstigen Ergebnis					x	
741 Veränderung der Neubewertungsrücklage (nach IAS 16 und IAS 38)					x	
742 Ertrag aus Neubewertung von Available-for-Sale-Finanzinstrumenten					x	
743 Gewinne aus sonstigen erfolgsneutralen Neubewertungen					x	
744 Versicherungsmathematische Gewinne					x	
745 Gewinne aus Währungsumrechnung					x	
750 Bestandserhöhungen			x			
760 Mieterträge			x			
770 Zinserträge			x			
800 Aufwendungen				x		
810 Umsatzkosten				x		
820 Abschreibungen				x		
821 Planmäßige Abschreibungen auf langfristige Vermögenswerte				x		

→

→ Fortsetzung

Nummer und Name des Kontos (mit Untergliederungen)	Bestands-konto		Erfolgskonto			
			Erfolg (in Gewinn/ Verlust erfasst)		Sonstiger Erfolg	
	Aktiv	Passiv	Ertrag	Aufwand	Ertrag	Aufwand
822 Abschreibung wegen Wertminderung				x		
823 Abschreibungen auf Forderungen				x		
830 Betriebliche Aufwendungen			x			
831 Personalaufwand			x			
835 Materialaufwand				x		
840 Bestandsminderungen				x		
850 Finanzierungskosten				x		
851 Zinsaufwand				x		
852 Sonstige Finanzierungskosten				x		
860 Sonstige betriebliche Aufwendungen				x		
861 Instandhaltungsaufwand				x		
862 Energieaufwand				x		
863 Versicherungsaufwand				x		
864 Mietaufwand				x		
865 Aufwand für Rückstellungen				x		
870 Aufwendungen im sonstigen Ergebnis						x
871 Veränderung der Neubewertungs-rücklage (nach IAS 16 und IAS 38)						x
872 Aufwand aus Neubewertung von Available-for-Sale-Finanzinstrumenten						x
873 Verluste aus anderen Neubewertungen						x
874 Versicherungsmathematische Verluste						x
875 Verluste aus Währungsumrechnung						x
880 Neubewertungsaufwendungen (im Gewinn oder Verlust)					x	(x)
900 Gesamtergebnis			x	(x)		
910 Gewinn oder Verlust			x	(x)		
920 Sonstiger Erfolg (OCI)					x	(x)
921 Sonstiger Erfolg (OCI, keine spätere Umgliederung)					x	(x)
922 Sonstiger Erfolg (OCI, mit späterer Umgliederung)					x	(x)

Hinweise: Bei der Erstellung des Abschlusses nimmt das Konto 920 die Salden der Kontengruppen 740 (741 bis 745) und 870 (871–875) auf. Die Salden der restlichen Erfolgskonten (Kontengruppen 710 bis 730 bzw. 750 bis 760 sowie 810 bis 860 und 880) werden am Geschäftsjahresende im Gewinn oder Verlust (Konto 910) erfasst. Die Salden der Konten 910 und 920 werden dann wiederum im Eigenkapital (Konto-gruppe 400) aufgenommen. Dabei wird der Gewinn (Verlust) zunächst im Konto Jahresergebnis (Konto 421) erfasst. Der sonstige Erfolg wird in den einschlägigen Positionen der Kontogruppe 430 aufgenommen.

Entsprechend werden für Eigen- und Fremdkapital Passivkonten gebildet. Auch Passivkonten sind Bestandskonten. Bei ihnen werden spiegelbildlich Anfangsbestand und Zugänge im Haben gebucht, während die Abgänge im Soll erfasst werden. Für das Eigenkapital ergibt sich damit folgendes Passivkonto:

400 Eigenkapital (Passivkonto)			
Soll			**Haben**
Abgänge	(...)	Eröffnungsbestand	800.000
Saldo (= Endbestand)	(...)	Zugänge	(...)
Summe		**Summe**	

Im Modell des einfachen Geld-zu-Geld-Zyklus kommt es zunächst zum Kauf von Handelswaren. Wird dabei angenommen, dass 30.000 Stück Waren zu jeweils € 10 in bar beschafft werden, dann nehmen die Zahlungsmittel um insgesamt € 300.000 ab. Dafür befinden sich nun Handelswaren im Wert von € 300.000 als Vermögenswerte im Bestand. Die Vorräte müssen auf einem neuen Bestandskonto erfasst werden, wobei es sich hier ebenfalls um ein Aktivkonto handelt. Die Konten Zahlungsmittel und Vorräte spiegeln diese Vorgänge wider:

210 Zahlungsmittel (Aktivkonto)			
Soll			**Haben**
Eröffnungsbestand	1.000.000	Abgänge	300.000
Zugänge	0	Saldo (= Endbestand)	(...)
Summe		**Summe**	

244 Handelsware (Aktivkonto)			
Soll			**Haben**
Eröffnungsbestand	0	Abgänge	(...)
Zugänge	300.000	Saldo (= Endbestand)	(...)
Summe		**Summe**	

Im Rechnungswesen werden alle Geschäftsvorfälle – hier der Kauf von Waren – in Form von Buchungssätzen dokumentiert. Bei jedem Geschäftsvorfall sind bei der doppelten Buchführung mindestens zwei Bilanzpositionen betroffen, weshalb im Buchungssatz auch immer mindestens zwei Konten je Buchung aufgerufen werden. Es gilt der Grundsatz, dass keine Buchung ohne Gegenbuchung in gleicher Höhe erfolgen darf. Unter einer Buchung ist eine systemgebundene Kurzanweisung zu verstehen, die unter Nennung der jeweiligen Beträge die grundsätzliche Form „Sollkonto an Habenkonto" hat. Die dabei verwendeten Konten können dem Kontenplan eines Unternehmens entnommen werden, der sich wiederum häufig an einem branchenspezifischen Kontenrahmen orientiert (vergleiche für den in diesem Buch verwendeten Kontenplan ▶ Exkurs 2.1). Veränderungen auf Konten können nur durch Buchungssätze stattfinden. Dabei gelten für Buchungssätze stets die Anforderungen, dass immer ein oder mehrere Konten auf der Soll- und der Habenseite gebucht werden und dass die Summe der gebuchten Beträge auf der Soll- und der Habenseite übereinstimmen müssen. Damit ist gewährleistet, dass zu jeder Zeit die Bilanzgleichung stimmt und die Buchführung als geschlossenes System besteht.

Beim Kauf von Waren sind die beiden Konten Zahlungsmittel und Vorräte betroffen: Die Zahlungsmittel nehmen ab (Buchung beim Aktivkonto im Haben), die Vorräte nehmen zu (Buchung beim Aktivkonto im Soll). Es ergibt sich damit folgender Buchungssatz:

244 Handelswaren	300.000	
an 210 Zahlungsmittel		300.000

Wenn nun die Auswirkungen des Kaufs der Vorräte auf die Bilanz betrachtet werden sollen, müssen die Konten geschlossen werden. Dazu sind jeweils die Salden zu ermitteln, die den jeweiligen Endbeständen in der Bilanz entsprechen. Das Schließen eines Kontos sei beispielhaft am Konto Zahlungsmittel demonstriert:

210 Zahlungsmittel (Aktivkonto)			
Soll			**Haben**
Eröffnungsbestand	1.000.000	Abgänge	300.000
Zugänge	0	Saldo (= Endbestand)	700.000
Summe	**1.000.000**	**Summe**	**1.000.000**

Auf der Verwendungsseite (also der Aktivseite) der Bilanz zeigt sich nach dem Schließen der Konten, dass nach wie vor Eigen- und Fremdkapitalmittel in Höhe von € 1.000.000 bereitstehen, von denen € 700.000 in Zahlungsmittel und € 300.000 in Handelswaren investiert sind. Die Bilanz hat dann folgende Gestalt:

Bilanz			
Aktiva			**Passiva**
Zahlungsmittel	700.000	Eigenkapital	800.000
Handelswaren	300.000	Fremdkapital	200.000
Bilanzsumme	**1.000.000**	**Bilanzsumme**	**1.000.000**

Wird nun die Bilanzsumme *vor* und *nach* dem Kauf der Vorräte verglichen, stellt sich heraus, dass sich nichts geändert hat: Sie beträgt nach wie vor € 1.000.000. Offenbar hat lediglich ein Tausch zwischen zwei Positionen auf der Aktivseite stattgefunden. Bei einem solchen Geschäftsvorfall wird deshalb auch von einem *Aktiv-Tausch* gesprochen.

Bei einem Aktiv-Tausch nimmt (mindestens) ein Aktivposten zu, während gleichzeitig (mindestens) ein anderer abnimmt. Der Kauf von Vorräten gegen Barzahlung führt zu einer Mehrung der Vorräte (Aktivseite) und gleichzeitig zu einer Minderung der Zahlungsmittel (Aktivseite). An der Bilanzsumme ändert sich insgesamt nichts. Dies lässt sich auch durch eine Analyse der Mittelherkunft erklären: Das Unternehmen hat keine neuen Schulden aufgenommen und auch die Eigentümer haben dem Unternehmen keine weiteren Mittel überlassen. Die Passivseite hat sich nicht verändert und deswegen muss auch die Aktivseite eine identische Höhe aufweisen.

Spiegelbildlich zum Aktiv-Tausch gibt es auch Geschäftsvorfälle, die zu einem *Passiv-Tausch* führen. Bei einem Passiv-Tausch nimmt (mindestens) ein Passivposten zu, während gleichzeitig (mindestens) ein anderer abnimmt. An der Bilanzsumme ändert sich auch bei einem Passiv-Tausch nichts. Ein Beispiel hierzu betrifft die Umwandlung von Fremd- in Eigenkapital, etwa, wenn eine kurzfristige Schuld bei einem Lieferanten in Eigenkapital umgewandelt wird, der Lieferant zum Beispiel Miteigentümer des Unternehmens wird. Die Schulden nehmen dann ab, das Eigenkapital um denselben Betrag zu, die Bilanzsumme wiederum bleibt unverändert. Bei der Umwandlung eines Bankdarlehens in Eigenkapital ergibt sich folgender Buchungssatz:

521 Bankdarlehen	Betrag	
an 400 Eigenkapital		Betrag

Unter den Geschäftsvorfällen, die sich auf die Höhe der Bilanzsumme auswirken, werden wiederum zwei Typen unterschieden. Bei der *Aktiv-Passiv-Mehrung* nimmt sowohl auf der Aktiv- als auch der Passivseite (mindestens) ein Posten zu. Es kommt dann zur Bilanzverlängerung. Ein Beispiel hierfür ist die Aufnahme eines Bankkredits: Bei Barauszahlung der Kreditsumme kommt es zu einer Zunahme des Zahlungsmittelbestands (Aktivseite) und gleichzeitig zu einer Zunahme der Schulden (Passivseite). Es ergibt sich folgender Buchungssatz für diese Aktiv-Passiv-Mehrung:

210 Zahlungsmittel	Betrag	
an 521 Bankdarlehen		Betrag

Bei der *Aktiv-Passiv-Minderung* nimmt sowohl auf der Aktiv- als auch der Passivseite jeweils (mindestens) ein Posten ab, es kommt zur Bilanzverkürzung. Ein Beispiel hierfür ist die Begleichung einer Schuld durch Rückzahlung in bar: Die Zahlungsmittel (Aktivseite) nehmen ab, die Schulden (Passivseite) ebenfalls. Der Buchungssatz für dieses Beispiel lautet:

620 Verbindlichkeiten aus Lieferungen und Leistungen	Betrag	
an 210 Zahlungsmittel		Betrag

Im zweiten Schritt des einfachen Geld-zu-Geld-Zyklus werden nun Vorräte verkauft, wodurch dem Unternehmen wieder Zahlungsmittel zufließen. Diese Vorgänge werden nicht unmittelbar in der Bilanz gebucht, sondern als Erfolgsquellen des Geschäfts erfasst. Der Verkauf von Vorräten ist das Geschäftsmodell des Unternehmens. Das

Unternehmen tritt hier mit unmittelbarer Gewinnerzielungsabsicht in den Markt ein, was im Rechnungswesen durch die Erfassung von Erträgen (hier: Umsatzerlösen) dokumentiert wird. Die gleichzeitige Ausbuchung der Vorräte führt zu korrespondierenden Aufwendungen (hier: Umsatzkosten). Auch dies lässt sich mit dem Geschäftsmodell des Unternehmens erklären. Der Einsatz der Waren ist die notwendige Bedingung, um Erträge zu erzielen. Dem Zufluss an Erträgen muss der entsprechende Aufwand gegenübergestellt werden. Erträge und Aufwendungen entstehen aus Aktivitäten mit unmittelbarer Gewinnerzielungsabsicht. Für sich genommen, kann man weder aus dem Einkauf (ohne Verkauf) oder der Kreditaufnahme allein Erfolge schaffen. Daher führen diese Transaktionen zunächst nur zu einer Veränderung der Bilanz. Erfolgswirksame Transaktionen werden in gesonderten Konten gesammelt. Um die Quellen des Erfolgs eines Unternehmens sichtbar zu machen, werden Aufwands- und Ertragsarten in entsprechenden *Erfolgskonten* gesondert ausgewiesen. Dabei werden *Aufwandskonten* und *Ertragskonten* unterschieden. Technisch sind Erfolgskonten Unterkonten des Eigenkapitals, das die Zurverfügungstellung von Mitteln durch die Eigentümer abbildet. Entstehen in einer Periode Erträge, erhöht sich unter sonst gleichen Bedingungen das zur Verfügung gestellte Kapital, entstehen Aufwendungen, vermindert es sich entsprechend. Demnach werden Erträge (Aufwendungen) auf den Erfolgskonten wie Mehrungen (Minderungen) des Eigenkapitals erfasst, sodass die jeweiligen Salden der Fortschreibung des Eigenkapitals dienen.

Es sei nun angenommen, dass die 30.000 Stück Waren im Lager zu einem Preis von jeweils € 12 verkauft werden. Auf dem Ertragskonto „Umsatzerlöse" wird dieser Zufluss nun wie folgt erfasst:

710 Umsatzerlöse (Ertragskonto)			
Soll			**Haben**
Saldo	(...)	Verkauf von Waren	360.000
Summe		**Summe**	

Gleichzeitig führt der Verkauf zu einem Zufluss von Zahlungsmitteln in Höhe von € 360.000. Außerdem gehen Vorräte ab, die einen Einstandspreis von € 10 × 30.000 = € 300.000 hatten, was auf dem Bestandskonto Vorräte zu erfassen ist. Dieser Abgang bei den Vorräten entspricht den Umsatzkosten, also den mit dem Verkauf verbundenen Aufwendungen (die im entsprechenden Konto im Soll zu erfassen sind). Auf dem „Aufwandskonto" Umsatzkosten zeigt sich folgendes Bild:

810 Umsatzkosten (Aufwandskonto)			
Soll			**Haben**
Abgang von Waren	300.000	Saldo	(...)
Summe		**Summe**	

Der Buchungssatz der Verkaufstransaktion, der Umsatzerlöse und Umsatzkosten und die entsprechenden Veränderungen der Bestandskonten erfasst, lautet dann wie folgt:

210 Zahlungsmittel	360.000	
810 Umsatzkosten	300.000	
an 710 Umsatzerlöse		360.000
244 Handelswaren		300.000

Die Erfolgskonten werden üblicherweise am Geschäftsjahresende über das Gewinn-und-Verlust-Konto abgeschlossen. Für den Fall, dass nach dem Ende dieses einfachen Geld-zu-Geld-Zyklus nun auch die Geschäftsperiode des Unternehmens endet, kann so der Periodengewinn ermittelt werden. Das Gewinn-und-Verlust-Konto nimmt nach dem Verkauf folgende Gestalt an:

900 Gewinn-und-Verlust-Konto			
Soll			**Haben**
Umsatzkosten	300.000	Umsatzerlöse	360.000
Saldo (= Gewinn)	60.000		
Summe	**360.000**	**Summe**	**360.000**

Der Saldo des Gewinn-und-Verlust-Kontos wird nun durch folgenden Buchungssatz auf das Eigenkapitalkonto gebucht:

910 Gewinn oder Verlust	60.000	
an 421 Jahresergebnis		60.000

Im Beispiel wurde nun der Zahlungsmittelbestand in Höhe von € 1.000.000 zu Beginn des Geld-zu-Geld-Zyklus in mehr Zahlungsmittel (€ 1.060.000) am Ende des Geld-zu-Geld-Zyklus verwandelt. Im einfachen Modell entspricht der Gewinn der Differenz der Zahlungsmittel am Anfang und Ende des Geld-zu-Geld-Zyklus (hier: € 60.000). Dies ist der Erfolg aus dem Durchlaufen des Zyklus, der sich auch im Gewinn-und-Verlust-Konto ablesen lässt. Er zeigt sich ebenso im Anstieg des Eigenkapitals um € 60.000. Es ergibt sich dadurch folgende Bilanz:

Bilanz			
Aktiva			**Passiva**
Zahlungsmittel	1.060.000	Eigenkapital	860.000
Vorräte (Waren)	0	Fremdkapital	200.000
Bilanzsumme	**1.060.000**	**Bilanzsumme**	**1.060.000**

Diese Überlegungen können nun dadurch erweitert werden, dass das verkaufende Unternehmen statt der bisher bekannten sofortigen Barzahlung seinen Abnehmern eine Zahlungsfrist zur Begleichung der Forderung (Verkauf auf Ziel) einräumt. Ebenso ist denkbar, dass anstelle des einfachen Kaufens und Verkaufens ein Produktionsprozess mit Rohstoffen, unfertigen und fertigen Erzeugnissen eingeführt wird. Diese beiden Sachverhalte werden im Folgenden näher beleuchtet.

2.1.2 Erweiterung um Forderungen und Verbindlichkeiten

Lernziele

■ Erfassung von Käufen und Verkäufen auf Ziel

■ Kenntnis der Konten Forderungen und Verbindlichkeiten

Der zuvor dargestellte einfache Geld-zu-Geld-Zyklus hat für die erbrachte Leistung des Unternehmens (die Lieferung von Handelsware) eine sofortige Barzahlung als Gegenleistung angenommen. In der Regel werden gelieferte Leistungen und Waren allerdings nicht sofort bei Leistungserbringung oder Lieferung bezahlt. So räumen sich Unternehmen gegenseitig Zahlungsfristen ein, die sich in den meisten Fällen auf wenige Wochen beschränken. Dies führt dazu, dass Unternehmen Leistungen am Markt erbringen und zunächst noch keinen Zahlungseingang verbuchen können. In so einem Fall gestatten es die Bilanzierungskonventionen trotzdem, einen Umsatzerlös zu erfassen. Neben den Umsatzerlösen und den Umsatzkosten wird dann eine Forderung aus Lieferung und Leistung erfasst. Bereits im Vorabschnitt war in der Aktiv-Passiv-Mehrung der Fall eingeführt worden, dass Verbindlichkeiten (aus Lieferungen und Leistung) entstehen, wenn das Unternehmen Waren bezieht, die nicht sofort bezahlt werden. Hierbei handelt es sich um den spiegelbildlichen Vorgang. Der Geld-zu-Geld-Zyklus hat unter Berücksichtigung von Forderungen und Verbindlichkeiten folgende Gestalt.

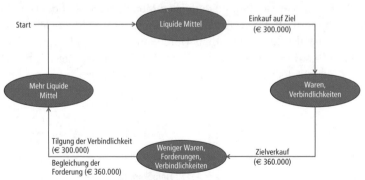

Abbildung 2.2: Geld-zu-Geld-Zyklus mit Forderungen und Verbindlichkeiten

Wenn das Unternehmen seinen Warenkauf durch Vereinbarung eines Zahlungsziels gestaltet, bleibt der Bestand an Zahlungsmitteln (€ 1.000.000) zunächst konstant. Zudem wird eine Verbindlichkeit aus Lieferung und Leistung erfasst. Wie im Grundmodell des Geld-zu-Geld-Zyklus steigt gleichzeitig der Bestand auf dem Konto Handelswaren um € 300.000. Es ergibt sich folgender Buchungssatz für den Wareneinkauf:

244 Handelswaren	300.000	
an 620 Verbindlichkeiten aus Lieferungen und Leistungen		300.000

Für den Warenverkauf sei angenommen, dass das Unternehmen 30.000 Stück der Handelswaren auf Ziel zu einem Verkaufspreis von € 12/Stück verkauft. In diesem Fall wird neben der Erfassung von Umsatzerlösen und Umsatzkosten sowie dem Warenabgang eine Forderung aus Lieferung und Leistung gebucht. Zahlungsmittel fließen in diesem Fall zunächst nicht. Der Buchungssatz zu diesem Geschäftsvorfall hat folgende Form:

231 Forderungen aus Lieferungen und Leistungen	360.000	
810 Umsatzkosten	300.000	
an 710 Umsatzerlöse		360.000
244 Handelswaren		300.000

Wichtig ist hier, dass Einkäufe und Verkäufe von Waren nicht symmetrisch erfasst werden. Einkäufe bereiten die Absatztätigkeit vor, erhöhen die Erfolgspotenziale, führen aber noch nicht zu Erfolgen. Daher werden sie nur in der Bilanz erfasst, entweder als ein Aktiv-Passiv-Tausch oder eine Aktiv-Passiv-Mehrung. Verkäufe hingegen sind mit Erfolgen aus der eigentlichen Unternehmenstätigkeit verbunden. Sie führen zu Umsatzerlösen (als positive Erfolgsbeiträge) und Umsatzkosten (als negative Erfolgsbeiträge). Zusätzlich wird die Veränderung der Bestände in der Bilanz erfasst, in diesem Fall die Erhöhung der Forderungen und die Verminderung des Bestands an Handelswaren. Die Erfassung der Umsatzerlöse und Umsatzkosten ist also unabhängig davon, ob der Verkauf gegen Barzahlung oder auf Ziel erfolgt. In der „neuen" Bilanz würde sich in diesem Fall folgendes Bild zeigen:

Bilanz			
Aktiva			**Passiva**
Zahlungsmittel	1.000.000	Eigenkapital	860.000
Forderungen aus Lieferungen und Leistungen	360.000	Fremdkapital	200.000
		Verbindlichkeiten aus Lieferungen und Leistungen	300.000
Bilanzsumme	**1.360.000**	**Bilanzsumme**	**1.360.000**

In der Buchführung wird für jeden Schuldner ein individuelles Konto eingerichtet, das alle Forderungen aus den Geschäftsbeziehungen mit diesem erfasst. Zur Erstellung von Jahresabschlüssen werden dann die Konten aller Schuldner zu dem Konto „Verbindlichkeiten aus Lieferungen und Leistungen" zusammengefasst. Bei Zahlung werden die gesamten Verbindlichkeiten entsprechend vermindert. Eine solche Tilgungszahlung, z.B. durch Banküberweisung, stellt eine Aktiv-Passiv-Minderung dar und wird folgendermaßen gebucht:

620 Verbindlichkeiten aus Lieferung und Leistungen	300.000	
an 220 Bank		300.000

Das Konto Bank wird durch die Überweisung des Kaufbetrags um € 300.000 gemindert, die zunächst erfasste Verbindlichkeit wird nun ausgebucht, da mit der Zahlung die Schuld beglichen wird. Folglich sinkt der Zahlungsmittelbestand auf dem Bankkonto. Die Zahlung der gekauften Handelswaren kann dabei auch auf ein Datum fallen, das nach dem Weiterverkauf der Waren liegt. In diesem Fall hätte das Unternehmen die Waren bereits weiterverkauft, bevor sie bezahlt sind. Für dieses erweiterte Modell des Geld-zu-Geld-Zyklus sei weiterhin angenommen, dass sich alle Geschäftsvorfälle innerhalb eines Jahres ereignen. Erfolgt also auch der Zahlungseingang für den Warenverkauf auf Ziel in der aktuellen Periode, so ist dieser auf dem Bankkonto zu erfassen und gleichzeitig die Forderung aus Lieferungen und Leistungen auszubuchen. Der um Forderungen und Verbindlichkeiten erweiterte Geld-zu-Geld-Zyklus ist damit abgeschlossen. Der Buchungssatz lautet folgendermaßen:

220 Bank	360.000	
an 231 Forderungen aus Lieferungen und Leistungen		360.000

Neben der Einräumung von Fristen zur Zahlung von Warenlieferungen, die sowohl für Einkauf als auch Verkauf gelten können, kann auch eine Kombination zwischen Barzahlung und Zahlungsziel vereinbart werden. Verkauft ein Unternehmen zum Beispiel Handelswaren im Wert von € 5.000 zum Verkaufspreis von € 8.000 an einen Kunden und räumt diesem für die Hälfte des vereinbarten Preises bei gleichzeitiger Barzahlung der Differenz ein Zahlungsziel ein, so ergibt sich folgender:

231 Forderungen aus Lieferung und Leistungen	4.000	
210 Zahlungsmittel	4.000	
810 Umsatzkosten	5.000	
an 710 Umsatzerlöse		8.000
244 Handelswaren		5.000

Das erweiterte Modell des Geld-zu-Geld-Zyklus hat sich wie das Grundmodell auf den Handel von Waren beschränkt und dieses um Forderungen und Verbindlichkeiten ergänzt. Die meisten Unternehmen stellen jedoch auch eigene Produkte her, die sie später am Markt absetzen. Im folgenden Abschnitt soll nun der Geld-zu-Geld-Zyklus um die Produktion erweitert werden.

Aufgaben

1. Nehmen Sie an, ein Unternehmen kauft in einer Periode 10.000 Stück Handelswaren für je € 21. In der Periode werden 6.000 Stück bar verkauft zu je € 36 und außerdem 4.000 Stück auf Ziel, ebenfalls zu € 36. Berechnen Sie für die Periode (1) Auszahlungen, (2) Einzahlungen, (3) die Veränderung der Zahlungsmittel, (4) die ausgewiesenen Forderungen und (5) den Gewinn.

2. Bitte kreuzen Sie die richtigen Antworten an! Nach dem Geld-zu-Geld-Zyklus beginnt ein Geschäftsvorfall, wenn

   ( ) Geld in das Unternehmen zurückfließt.

   ( ) Geld das Unternehmen verlassen soll.

   ( ) Zahlungsmitteläquivalente eintreffen.

   ( ) Zahlungsmittel bereitgestellt werden.

3. Bitte kreuzen Sie die richtigen Antworten an! Der Geld-zu-Geld-Zyklus ist durch folgenden Ablauf charakterisiert:

   ( ) Geld – Rohstoffe – Neubewertung – Verkauf – mehr Geld

   ( ) Geld – Handelsware – Präsentation – Verkauf – mehr Geld

   ( ) Geld – Ware – Lagerung – Verkauf – mehr Geld

4. Was ist der Unterschied zwischen Zahlungen (Cashflows) und Erträgen beziehungsweise Aufwendungen einer Periode?

Weiterführende Literatur Eine Vielzahl von Werken widmet sich den technischen Aspekten der Buchführung beziehungsweise der Bilanzierung. Beispielhaft kann hier auf Eisele und Knobloch, 2011, oder auf Möller und Hüfner, 2012, verwiesen werden, daneben auch auf Buchner, 2005, der die Darstellung eng mit der handelsrechtlichen Rechnungslegung, also der nach HGB beziehungsweise GoB, verknüpft.

2.1.3 Erweiterung des Geld-zu-Geld-Zyklus um Produktion

Lernziele

■ Buchhalterische Erfassung des Produktionsprozesses

■ Kenntnis von fertigen und unfertigen Erzeugnissen

Analog zu den Unternehmen, die nur Handel mit Waren betreiben, kaufen auch Produktionsunternehmen verschiedene Güter ein und verkaufen anschließend Produkte über den Markt an ihre Kunden. Der Unterschied zwischen Produktions- und Handelsunternehmen liegt darin, dass Produktionsunternehmen die eingekauften Waren ganz oder teilweise in andere Produkte verwandeln. Der Einkauf von Waren unterscheidet sich bei beiden Arten von Unternehmen nicht, sowohl in der Art der Transaktion als auch bei der grundsätzlichen buchhalterischen Erfassung. Ebenso wird der Verkauf in beiden Unternehmen in sehr ähnlicher Weise verbucht. Der wesentliche Unterschied zeigt sich daher im Produktionsprozess, in dem die für den Markt bestimmten Waren hergestellt werden. Während im Handelsunternehmen die eingekauften Güter als Waren bis zum Verkauf ruhen, gehen beim Produktionsunternehmen die eingekauften Leistungen zumindest teilweise in den Herstellungsprozess ein. Der Herstellungsvorgang ist erfolgsneutral; denn Erfolge entstehen, wie auch im Handelsunternehmen, erst bei der Marktabgabe der Leistungen.

Zu den eingekauften Leistungen zählen zunächst die Rohstoffe. Ihr Zustand ist bei Beschaffung „roh", da sie in der Produktion noch weiterverarbeitet werden. Sie sind in der Regel wesentlicher physischer Bestandteil des Endprodukts. Weiterhin werden für die Produktion Hilfsstoffe benötigt, die zwar in das Endprodukt eingehen, daran aber physisch nur einen kleinen Anteil ausmachen. Zudem benötigt eine Produktion häufig auch Betriebsstoffe. Dieses sind Stoffe, die nicht in das Endprodukt eingehen, aber für die Produktion notwendig sind. Zusammenfassend werden diese Stoffe als „Roh-, Hilfs- und Betriebsstoffe" unter den Vorräten in der Bilanz gezeigt. Wenn beispielsweise Tische hergestellt werden, ist der benötigte Rohstoff für die Produktion Holz. Für die Herstellung werden ebenso noch Leim, Nägel oder Schrauben benötigt, die in diesem Fall Hilfsstoffe sind. Als Betriebsstoffe dienen Reinigungsmittel oder Öl als Schmiermittel für die eingesetzten Werkzeuge und Maschinen. Neben den Roh-, Hilfs- und Betriebsstoffen gehen auch weitere Leistungen in die Produktion ein, etwa die erforderliche Arbeitskraft, Kosten für Mieten von Produktionsanlagen oder ggf. für die Bereitstellung von Fremdkapital. Hierbei handelt es sich typischerweise um (zunächst) periodenbezogene Aufwendungen, die allerdings den bilanziellen Wert der produzierten Erzeugnisse genauso erhöhen können wie etwa durch die Einbeziehung von Rohstoffen.

Weitere Unterschiede zwischen Handels- und Produktionsunternehmen ergeben sich bei der bilanziellen Abbildung der Produkte. So gibt es in Handelsunternehmen als Vorräte im Wesentlichen nur die zum Absatz bestimmten Handelswaren. In produzierenden Unternehmen muss bedacht werden, dass es neben Fertigerzeugnissen (die den Produktionsprozess bereits vollständig durchlaufen haben und verkaufsbereit sind) und den Roh-, Hilfs- und Betriebsstoffen auch „unfertige Erzeugnisse" geben kann, die noch nicht alle Produktionsschritte durchlaufen haben.

Abbildung 2.3: Buchhalterische Erfassung von Beschaffung, Produktion und Verkauf

Für Handelswaren liegt in der Regel ein Einkaufspreis vor, der als natürlicher Wertansatz in der Bilanz gewählt werden kann. Im Produktionsunternehmen ist dies komplexer. So müssen bei fertigen und unfertigen Erzeugnissen die anteiligen Anschaffungskosten aller für die Produktion benötigten Güter sowie angefallene Arbeitsleistungen einbezogen werden. Die Summe dieser Bestandteile wird als Herstellungskosten bezeichnet. Herstellungskosten werden benötigt, um den bilanzierten Wert der Erzeugnisse zu bestimmen und um bei Verkauf die entsprechenden Aufwendungen (als Umsatzkosten bzw. Bestandsminderungen) zu buchen. Welche Bestandteile des Produktionsprozesses in die Herstellungskosten einzubeziehen sind, kann je nach angewendeten Bilanzierungsregeln unterschiedlich sein.[1] Grundsätzlich ist jedoch eine Orientierung an der Leitfrage sachgerecht, ob die Güter und Leistungen unmittelbar der Herstellung des Produkts gedient haben. Als Beispiel seien hier Mieten für Verwaltungsgebäude genannt, die der Produktion nur indirekt dienen und daher in der Regel keine Herstellungskosten sein können. Materialkosten, also die Anschaffungskosten für in der Produktion verwendete Roh-, Hilfs- und Betriebsstoffe, sind hingegen immer in die Herstellungskosten einzubeziehen. Im Folgenden soll aber zunächst von dieser Frage abstrahiert werden und auf die buchhalterische Erfassung der Produktion eingegangen werden.

Es sei angenommen, ein Unternehmen kaufe als Rohstoff Holz sowie alle weiteren zur Produktion erforderlichen Hilfs- und Betriebsstoffe zum Preis von € 60.000 gegen Barzahlung. Dieser Einkauf wird wie folgt gebucht:

241 Roh-, Hilfs- und Betriebsstoffe	60.000	
an 210 Zahlungsmittel		60.000

---

1   Die Bestandteile der Herstellungskosten von Vorräten werden in ▶ Kapitel 4.3 näher betrachtet.

Zur Erinnerung: Wie Kauf und Lagerung von Handelswaren ist auch die Produktion von Erzeugnissen erfolgsneutral, das heißt ohne Auswirkung auf die Gewinn- und Verlustrechnung. Der Erfolg darf in beiden Fällen erst bei einer Markttransaktion, also z.B. dem Verkauf der Vorräte erfasst werden. Damit einhergehend darf der korrespondierende Aufwand erst zu diesem Zeitpunkt gebucht werden. Der Produktionsprozess ist also ohne Erfolgswirkung und die eingesetzten Waren und Ausgaben werden den hergestellten Erzeugnissen zugerechnet.

Für die Produktion der Tische benötigt das Unternehmen Personal. Daher hat das Unternehmen zwei Tischler beschäftigt, die aus dem Holz zunächst Tischplatten und Tischbeine herstellen. Anschließend werden die Teile mit Hilfe der Hilfsstoffe zu Tischen zusammengesetzt. Die beiden Tischler erhalten für Ihre Arbeit insgesamt € 6.000. Zur Veranschaulichung der Produktion sei nun angenommen, dass die Hälfte aller zu erstellenden Tische fertig sind und die andere Hälfte noch zusammengesetzt werden muss, vereinfachungshalber sei zudem angenommen, dass wertmäßig 80 % aller Roh-, Hilfs- und Betriebsstoffe aufgebraucht sind. Zudem ist ein Viertel der geplanten Arbeitszeit noch für die Zusammensetzung der Möbelstücke erforderlich. Zunächst werden alle in der Produktion anfallenden Kosten wie Materialverbrauch und Personalkosten als Aufwand erfasst (in Form des Abgangs von Geld in Form von Lohnzahlungen). Gleichzeitig mit dem Abgang von Material- und Geldbeständen entstehen Bestände an fertigen und unfertigen Erzeugnissen. Damit der Prozess erfolgsneutral bleibt und in Form eines Aktivtauschs abgebildet werden kann, entsprechen sich definitorisch die Abgänge und Zugänge. Der Wert der fertigen und unfertigen Erzeugnisse wird also durch die Abgänge der anderen Bestände bestimmt. Im vorliegenden Beispiel sind bei Verwendung des Gesamtkostenverfahrens 80 % der Anschaffungskosten von € 60.000 als Materialaufwand zu erfassen, also € 48.000. Ebenso werden die Lohnkosten der Tischler als Aufwand erfasst. Sie haben bislang 75 % ihrer Tätigkeit geleistet, dies entspricht einem Betrag von € 4.500. Wie sich die erfassten Aufwendungen auf die fertigen und unfertigen Erzeugnisse aufteilen, ist erst im zweiten Schritt von Bedeutung. Gebucht wird dann zunächst wie folgt:

835 Materialaufwand	48.000	
831 Personalaufwand	4.500	
an 241 Roh-, Hilfs- und Betriebsstoffe		48.000
210 Zahlungsmittel		4.500

Anschließend sind die Veränderungen der Bestände an fertigen und unfertigen Erzeugnissen zu erfassen. Dabei werden die zunächst für die Produktion erfassten Aufwendungen durch das Ertragskonto „Bestandserhöhungen" neutralisiert. Das Prinzip der erfolgsneutralen Produktion wird damit gewahrt. Für die Buchung ist nun entscheidend, wie sich die einzelnen Aufwendungen auf die fertigen und unfertigen Erzeugnisse aufteilen. Im Beispiel sind die Hälfte der Tische bereits fertiggestellt, folglich entfällt die Hälfte der gesamten einzusetzenden Roh-, Hilfs- und Betriebsstoffe (€ 30.000) sowie die Hälfte der gesamten einzusetzenden Personalaufwendungen (€ 3.000) auf die fertigen Tische bzw. fertigen Erzeugnisse. Die fertigen Erzeugnisse sind daher mit einem Wert von € 33.000 zu bilanzieren, in gleicher Höhe werden Bestandserhöhungen erfasst. Diese Bestandserhöhungen stellen ein Ertragskonto dar, das die zuvor in der Produktion gebuchten Aufwendungen neutralisiert. Auf die unfertigen Erzeugnisse entfallen die restlichen bisher eingesetzten Roh-, Hilfs- und Betriebsstoffe (€ 48.000 – € 30.000 = € 18.000) sowie die restlichen bisher eingesetzten Personalaufwendungen (€ 4.500 – € 3.000 = € 1.500) in Höhe von insgesamt € 19.500. Als Gegenbuchung dient hier summarisch das Konto „Bestandserhöhungen", das ebenso ein Erfolgskonto darstellt. Folgende Buchungen werden vorgenommen:

243 Fertigerzeugnisse	33.000	
242 Unfertige Erzeugnisse	19.500	
an 750 Bestandserhöhungen		52.500

Es sei angenommen, das Produktionsunternehmen habe dieselben Ausgangsbedingungen wie das Handelsunternehmen aus dem Beispiel in ▶ Kapitel 2.1.2 und verfüge über die gleiche Anfangsbilanz. Eine nun aufgestellte Bilanz würde folgendes Bild aufzeigen:

Bilanz			
Aktiva			**Passiva**
Zahlungsmittel	935.500	Eigenkapital	800.000
Roh-, Hilfs- und Betriebsstoffe	12.000	Bankdarlehen	200.000
Unfertige Erzeugnisse	19.500		
Fertigerzeugnisse	33.000		
Bilanzsumme	**1.000.000**	**Bilanzsumme**	**1.000.000**

Man erkennt im Vergleich zum Handelsunternehmen die Gemeinsamkeit, dass Einkaufs- und Produktionsprozesse zur Umschichtung der Aktivseite geführt haben. Ohne den Absatz der eingekauften oder produzierten Güter entsteht kein Gewinn.

Anschließend werden die restlichen, bisher nur teilweise fertiggestellten Tische hergestellt. Hierfür werden zusätzlich die verbleibenden Roh-, Hilfs- und Betriebsstoffe (€ 12.000) sowie die nicht verwendete Arbeitszeit (€ 1.500) eingesetzt. Hier sei angenommen, dass die Löhne nicht sofort ausgezahlt werden. So entsteht eine Lohnverbindlichkeit anstelle des Abgangs von Beständen. Hier führt die Produktion nicht zu einem Aktivtausch, sondern teilweise zu einer Aktiv-Passiv-Mehrung. Es ergibt sich folgende Buchung für die restliche Produktion:

835 Materialaufwand		12.000	
831 Personalaufwand		1.500	
	an 241 Roh-, Hilfs- und Betriebsstoffe		12.000
	640 Lohnverbindlichkeiten		1.500

Der Produktionsprozess ist somit vollständig abgeschlossen und es liegen keine Roh-, Hilfs- und Betriebsstoffe mehr im Lager. Allerdings erfordert das hier angewendete Gesamtkostenverfahren abermals eine Korrektur des Aufwands für Bestandsmehrungen und -minderungen. Die Bewegungen bei den fertigen und unfertigen Erzeugnissen werden wie folgt erfasst. Die Erfassung der fertigen Produkte erfolgt durch den folgenden Buchungssatz:

243 Fertigerzeugnisse		33.000	
840 Bestandsminderungen		19.500	
	an 750 Bestandserhöhungen		33.000
	242 Unfertige Erzeugnisse		19.500

Die Verkaufstransaktion der hergestellten Erzeugnisse ist nun mit dem Verkauf von Handelswaren in einem Handelsunternehmen vergleichbar. Es ergibt sich hier folgender Buchungssatz, wenn alle Waren zu einem Verkaufspreis von € 80.000 auf Ziel verkauft werden. Der Wert des Bestands an fertigen Erzeugnissen ergibt sich aus den bisherigen Buchungen.

231 Forderungen aus Lieferungen und Leistungen		80.000	
840 Bestandsminderungen		66.000	
	an 710 Umsatzerlöse		80.000
	243 Fertigerzeugnisse		66.000

Ändern sich während oder nach der Produktion die Absatzpreise von Roh-, Hilfs- und Betriebsstoffen oder von fertigen bzw. unfertigen Erzeugnissen, so sind diese Informationen zu Geschäftsjahresende möglicherweise ebenfalls zu berücksichtigen, sofern sich jedenfalls solche Posten im Lager befinden. Gegebenenfalls ist bei gesunkenen Preisen eine Abwertung des Bilanzansatzes vorzunehmen. Diese Fragestellung wird ausführlich in ▶ Kapitel 4.3 behandelt.

2.2 Aufzeichnung von Geschäftsvorfällen in der Buchführung

2.2.1 Kontierung und chronologische Erfassung im Grundbuch

> **Lernziele**
>
> ■ Kenntnis des Buchführungsprozesses
> ■ Aufbau und Struktur von Grundbucheinträgen

Wie bereits bekannt besteht jeder Buchungssatz aus mindestens einer Sollbuchung und mindestens einer Habenbuchung unter Nennung der jeweiligen Konten und Beträge. Das Erkennen buchungspflichtiger Vorgänge ist nicht trivial: Beispielsweise muss auch eine Bestandsverminderung durch Diebstähle erfasst werden, allerdings mag ein solcher Diebstahl zunächst unentdeckt bleiben. Weiterhin ist zu beurteilen, ob ein entdeckter bzw. eingetretener Geschäftsvorfall buchungspflichtig ist. Zum Beispiel stellt die Unterschrift unter den Kaufvertrag für eine Maschine keinen buchungspflichtigen Geschäftsvorfall dar, wohingegen die Lieferung und die Zahlung, sofern sie nicht zusammenfallen, jeweils einzelne buchungspflichtige Geschäftsvorfälle sind. Wann im Einzelnen ein bestimmter Sachverhalt buchungspflichtig ist, wird im Detail durch die anzuwendenden Rechnungslegungsregeln vorgegeben, deren konkrete Ausgestaltung in dieser Hinsicht hier noch ausgeblendet bleiben soll (vergleiche hierzu ▶ Kapitel 3). Liegt ein buchungspflichtiger Geschäftsvorfall vor, so ist ein Eintrag im Grundbuch (*Journal*, *General Ledger*) unter Nennung der betroffenen Konten sowie der Buchungsbeträge vorzunehmen. Um bereits bei der Eintragung Fehler zu vermeiden und diese im Nachhinein schnell identifizierbar zu machen, muss die Aufzeichnung gewissen Anforderungen genügen. So werden zunächst alle Geschäftsvorfälle dokumentiert und die betroffenen Konten benannt, erst anschließend folgt die Eintragung (Buchung) in diese Konten. Daher müssen bereits bei Erfassung im Grundbuch alle Informationen vorhanden sein, die für die spätere Buchung benötigt werden. Zur Identifizierbarkeit der einzelnen Geschäftsvorfälle tragen diese zudem eine Buchungsnummer. Besonders wichtig für eine Eintragung im Grundbuch ist, dass zu jeder Buchung ein Beleg vorliegt. Ansonsten kann eine ordnungsmäßige Buchung nicht stattfinden. Man spricht in diesem Fall auch vom Belegprinzip: Keine Buchung erfolgt ohne Beleg. In der Regel besteht ein Grundbucheintrag aus folgenden Informationen:

■ Fortlaufende Buchungsnummer

■ Datum

■ Belegnummer

■ Buchungstext als Kurzbeschreibung des Geschäftsvorfalls

■ Betroffene Konten (Sollseite)

■ Betroffene Konten (Habenseite)

- Buchungsbeträge (Sollseite)
- Buchungsbeträge (Habenseite)

Im Grundbuch werden alle buchungspflichtigen Geschäftsvorfälle in chronologischer Reihenfolge aufgeführt, eine sachliche Ordnung erfolgt zunächst nicht. Der Buchführungsprozess gliedert sich dabei in die folgenden Schritte:

Abbildung 2.4: Phasen des Buchführungsprozesses

Die Aufnahme von Geschäftsvorfällen in das Grundbuch stellt damit den ersten Schritt der buchhalterischen Erfassung der Unternehmenstätigkeit dar. In einem Beispiel hat ein Unternehmen drei Geschäftsvorfälle vollzogen, die nun gebucht werden sollen. Erstens hat ein Kunde die offene Forderung für zuvor gelieferte Waren zum Preis von € 5.000 durch Überweisung beglichen. Zweitens zahlt das Unternehmen zuvor erhaltene Waren (der Wareneingang wurde bereits gebucht) im Wert von € 8.000 per Banküberweisung. Drittens wird das bei der Hausbank bestehende langfristige Darlehen um einen Betrag von € 9.500 getilgt. Die folgende Abbildung zeigt, wie die Aufzeichnung im Grundbuch aufgebaut ist.

Grundbuch							
Journal			Monat		Blatt		
				Buchungssatz		Betrag	
Nr.	Datum	Beleg-Nr.	Buchungstext	Soll	Haben	Soll	Haben
1	01.01.	BA 144	Forderungseingang Kunde	Bank	Forderung	5.000	5.000
2	02.01.	BA 145	Bezahlung von Waren	Verbindlichkeiten	Bank	8.000	8.000
3	04.01.	BA 146	Tilgung eines Kredits	Bankdarlehen	Bank	9.500	9.500

BA=Bankauszug (Kontoauszug)

2.2.2   Sachliche Zuordnung im Hauptbuch

Die im Grundbuch erfassten Geschäftsvorfälle werden anschließend unter sachlichen Aspekten geordnet und ins Hauptbuch überführt. Hierfür bestehen zwei Alternativen: Die Aufzeichnung in Spaltenform oder die direkte Buchung auf T-Konten. Die Spaltenform ähnelt dem Aufbau des Grundbuchs, allerdings wird für jedes Konto eine eigene Spaltentabelle eröffnet. In der Regel muss ein Hauptbucheintrag folgende Informationen beinhalten:

- Datum
- Belegnummer
- Buchungstext
- Gegenkonto
- Buchungsbetrag (Eintrag auf Soll- oder Habenseite)

Das folgende Bild zeigt einen Hauptbucheintrag in Staffelform für das Konto Bank.

		Hauptbuch			
		Konto: 220 Bank			
				Betrag	
Datum	**Beleg-Nr.**	**Buchungstext**	**Gegenkonto**	**Soll**	**Haben**
01.01	BA 144	Forderungseingang Kunde	Forderungen	5.000	–
02.01	BA 145	Bezahlung von Waren	Verbindlichkeiten	–	8.000
04.01	BA 146	Tilgung eines Kredits	Bankdarlehen		9.500
BA=Bankauszug (Kontoauszug)					

Die bereits in Grund- und Hauptbuch erfassten Veränderungen des Kontos Bank können zur besseren Übersicht auch in der sogenannten T-Kontenform dargestellt werden. Dabei zeigt die gefettete Linie, warum der Begriff des T-Kontos verwendet wird.

Hauptbuch			
220 Bank			
Soll			**Haben**
Eröffnungsbestand	1.000.000		
		Abgänge	
		(2)	8.000
		(3)	9.500
Zugänge			
(1)	5.000	Saldo (= Endbestand)	987.500
Summe		**Summe**	

Der Darstellung des Kontos Bank ist zu entnehmen, dass von einem Eröffnungs-bestand von € 1.000.000 ausgegangen wird. Bei aktiven Bestandskonten wie dem hier betrachteten muss der Eröffnungsbestand immer auf der Soll-Seite des Kontos stehen. Minderungen bzw. Abgänge werden auf der Habenseite gebucht, Mehrungen bzw. Zugänge auf der Sollseite. Für die oben beschriebenen buchungspflichtigen Geschäfts-vorfälle bedeutet dies, dass der Zahlungsmittelbestand des Bankkontos durch Zugänge in Höhe von € 5.000 und Abgänge im Umfang von € 17.500 um insgesamt € 12.500 auf € 987.500 sinkt. Der neue Endbestand wird bei aktiven Bestandskonten als Saldo auf die Haben-Seite unter die Abgänge des jeweiligen Kontos geschrieben.

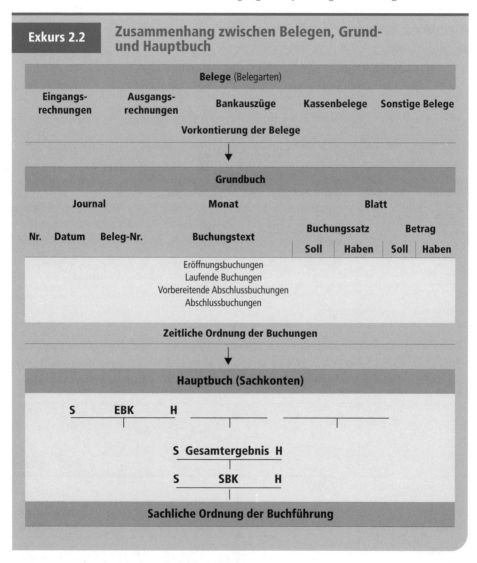

Exkurs 2.2 — **Zusammenhang zwischen Belegen, Grund- und Hauptbuch**

Aufgaben

1. Nehmen Sie an, ein Unternehmen kauft am 29.01.2014 einen neuen Firmenwagen für den Geschäftsführer. Die Anschaffungskosten des Autos belaufen sich auf € 75.000, € 25.000 werden sofort überwiesen. Über den Rest wird ein Zahlungsziel von 90 Tagen vereinbart. Am gleichen Tag werden außerdem Büromaterialien im Wert von € 10.000 geliefert, € 6.000 werden sofort bar bezahlt. Auch hier wird ein Zahlungsziel von 30 Tagen vereinbart. Am 30.01.2014 kauft das Unternehmen noch eine Produktionsmaschine im Wert von € 95.000, € 65.000 werden sofort überwiesen, über den Rest wird ein Zahlungsziel von 30 Tagen vereinbart.

Nehmen Sie die Eintragungen in das Grundbuch vor!

Grundbuch							
Journal			Monat			Blatt	
				Buchungssatz		Betrag	
Nr.	Datum	Beleg-Nr.	Buchungs-text	Soll	Haben	Soll	Haben
15	29.01.	BA 89	Anzahlung Firmenwagen	Fuhrpark	Bank Verbindl. LuL	75.000	25.000 50.000
16	29.01.	BA 90	Anzahlung Büromaterialien	BGA	Bank Verbindl. LuL	10.000	6.000 4.000
17 18	30.01..	BA 91	Anzahlung Maschine	Maschine	Bank Verbindl. LuL	95.000	65.000 30.000

2. In das Hauptbuch sollen folgende Geschäftsvorfälle vom 03.02.2014 erfasst werden. Ein Unternehmen kauft Handelswaren im Wert von € 17.500 ein. Dabei wird der gesamte Betrag überwiesen. Am gleichen Tag begleicht das Unternehmen eine Rechnung in Höhe von € 1.000 in bar. Zusätzlich begleicht ein Kunde eine Rechnung in Höhe von € 500 per Überweisung.

→

→ Fortsetzung

Hauptbuch

Konto: Zahlungsmittel

Datum	Beleg-Nr.	Buchungstext	Gegenkonto	Betrag	
				Soll	Haben
03.02.	BA 95	244 Handelswaren	220 Bank	17.500	17.500
03.02	BA 96	220 Bank	231 Forderungen	500	500
03.02.	BA 97	620 Verbindl. LuL	210 Zahlungsmittel	1.000	1.000

BA=Bankauszug (Kontoauszug)

2.2.3 Unangepasste Saldenbilanz

Zum Ende eines Geschäftsjahres werden zur Erstellung des Rechnungsabschlusses alle Konten abgeschlossen. Dafür muss zunächst der Endbestand (Saldo) eines Kontos ermittelt werden. Die Systematik des Schließens von Konten wurde bereits eingeführt, allerdings empfiehlt sich zum Schließen einer Vielzahl von Konten die sogenannte Arbeitsblattmethode, die den folgenden Arbeitsschritten folgt:

- Erstellung der unangepassten Saldenbilanz
- Vornahme von Anpassungen
- Erstellung der angepassten Saldenbilanz
- Übertragung der Ergebnisse in die Gesamtergebnis- und Bilanz-Spalten des Arbeitsblatts
- Ermittlung des Periodenerfolgs
- Aufstellung des Rechnungsabschlusses

Durch dieses strukturierte Vorgehen sind alle Anpassungen einfach nachvollziehbar und können auf ihre Richtigkeit geprüft werden. Nach jedem Schritt werden die Summen der Spalten gebildet, um die Einhaltung der Bilanzgleichung zu gewährleisten. Es gilt immer folgende Gleichung:

Summe Endbestände Sollseite = Summe Endbestände Habenseite

Daher muss die Summe der Kontostände der (rechten) Habenspalte der Saldenbilanz der Summe der Kontostände der (linken) Sollspalte entsprechen. Bereits hier zeigt sich das erste Bild der Bilanz aus Aktiv- und Passivseite. In der Regel wird die Saldenbilanz am Geschäftsjahresende zur Aufstellung des Jahresabschlusses erstellt, zur Überprüfung der Richtigkeit der Kontostände kann sie aber zu jedem Zeitpunkt des Geschäftsjahres erstellt werden.

Es sei angenommen, ein Unternehmen weist zum 31.12. folgende Salden (Endbestände) seiner Bestandskonten auf: Bank € 1.500, Mietvorauszahlungen € 500,

Maschinen € 4.000, Erhaltene Anzahlungen € 400, Eigenkapital € 2.500, Bankdarlehen € 1.000. Des Weiteren weisen die Erfolgskonten Versicherungsaufwand und Umsatzerlöse einen Saldo von € 900 und € 3.000 auf. Die unangepasste Saldenbilanz hat folgendes Aussehen, wenn hier vereinfachend unterstellt wird, dass nicht zwischen Gewinn oder Verlust und sonstigem Ergebnis unterschieden werden muss:

Konten	Unang. SB		Anpassung		Ang. SB		Gesamt-ergebnis		Bilanz	
	S	H	S	H	S	H	S	H	A	P
220 Bank	1.500									
253 Mietvorauszahlungen	500									
125 Maschinen	4.000									
400 Eigenkapital		2.500								
650 Erhaltene Anzahlungen		400								
521 Bankdarlehen		1.000								
863 Versicherungsaufwand	900									
710 Umsatzerlöse		3.000								
Summe	**6.900**	**6.900**								

2.2.4 Korrekturen der unangepassten Saldenbilanz

Die vorläufige Saldenbilanz enthält die Salden aller Geschäftsvorfälle, die im laufenden Geschäftsjahr über Haupt- und Grundbuch erfasst worden sind. Allerdings können zum Geschäftsjahresende weitere Sachverhalte vorliegen, denen keine direkte Transaktion zuzuordnen ist. Beispielsweise muss für eine Reihe von Vermögenswerten und Schulden geprüft werden, ob der aktuell in der Saldenbilanz erfasste Wert dem zu bilanzierenden Wert entspricht. Welcher Wertansatz zu wählen ist und ob bei einer Abweichung beider Werte eine Korrektur vorzunehmen ist, richtet sich nach den anzuwendenden Bilanzierungsvorschriften.[2] Dabei sind in der Regel weitere Informationen über diese Bilanzposten einzuholen, um eine Aussage über die Höhe des Bilanzansatzes zu treffen. An dieser Stelle soll zunächst nur betrachtet werden, wie im Falle einer Anpassung zu verfahren wäre. Weitere Anpassungen ergeben sich aus der Anpassung der Aufwendungen und Erträge, die nach zeitlichen Gesichtspunkten abzugrenzen sind. So werden typischerweise Zinsen, Mieten oder vertragliche Dauerleistungen für die Periode gebucht, die sich aus den unterliegenden Verträgen ergibt. Wird etwa ein Versicherungsvertrag am 1.10. für ein Jahr abgeschlossen und wird die vorfällig zu zahlende Prämie zunächst vollständig gebucht, obwohl 75 % der Prämie

---

2   Der Frage nach der Bewertung von Vermögenswerten und Schulden widmen sich die ▶ Kapitel 4 und 5.

erst das Folgejahr betreffen (bei Geschäftsjahresende zum 31.12), dann ist am Bilanzstichtag zur periodengerechten Erfolgsermittlung eine Korrekturbuchung erforderlich, mittels derer der Aufwand vermindert und der Forderungscharakter der Vorauszahlung deutlich gemacht wird. Ebenso können Einnahmen, deren zeitliche Zuordnung unklar ist, zunächst erfolgsneutral als Aktiv-Passiv-Mehrung gebucht worden sein.

Die obige unangepasste Saldenbilanz wird nun durch die Erfassung dieser Abgrenzungen und Bewertungsänderungen angepasst. Es sei angenommen, dass Mieterträge aus der Vermietung von Immobilien und Abschreibungen auf die Maschinen, beide im Wert von € 250, noch nicht erfasst wurden. Im Fall der Miete hat das Unternehmen die Zahlung annahmegemäß im Voraus zum 1. Januar erhalten, diese aber noch nicht als Ertrag, sondern erfolgsneutral verbucht. Weiterhin wurden die noch zu zahlenden Zinsen für das Bankdarlehen in Höhe von € 100 bisher nicht berücksichtigt. Diese Sachverhalte sind nun in der angepassten Saldenbilanz zu erfassen.

Um am Geschäftsjahresende von der unangepassten Saldenbilanz zur angepassten Saldenbilanz zu gelangen, sind zuerst die Buchungssätze für die Anpassungsbuchungen aufzustellen. Für die Erfassung der Mieterträge in Höhe von € 250 ist es sinnvoll, zunächst zu betrachten, wie der Zahlungseingang zu Vertragsbeginn gebucht worden ist. Durch den Zahlungseingang stieg das Konto Bank um € 250. Gleichzeitig nahmen damit jedoch auch die Verbindlichkeiten des Unternehmens zu, da die Leistung – in diesem Fall die Überlassung von Immobilien für den vertraglich festgelegten Zeitraum – noch nicht erbracht wurde. Die per Banküberweisung im Voraus gezahlte Miete wird auf das Konto Erhaltene Anzahlungen gebucht. Diese Buchung ist bereits in der unangepassten Saldenbilanz enthalten.

220 Bank	250	
an 650 Erhaltene Anzahlungen		250

Im Zuge der periodengerechten Erfolgsermittlung ist bei der Aufstellung des Jahresabschlusses nun die notwendige Anpassungsbuchung vorzunehmen. Zum Ende der Periode kann die versprochene Leistung – die Überlassung von Immobilien für einen bestimmten Zeitraum – als erbracht angesehen werden. Die Mieterträge können realisiert werden. Dadurch können die erhaltenen Anzahlungen ausgebucht und in Erträge verwandelt (realisiert) werden, was zu folgendem Buchungssatz führt.

650 Erhaltene Anzahlungen	250	
an 760 Mieterträge		250

Für den Fall, dass die Vorauszahlung für einen Mietzeitraum von zwei Jahren geleistet wurde, ist entsprechend nur der Anteil zu realisieren, der auf die abgelaufene Periode entfällt. Im Beispiel wäre das mit € 125 die Hälfte. Um diesen Betrag würden Mieterträge analog zum obigen Buchungssatz erfasst und erhaltene Anzahlungen gemindert. Der Restbetrag der erhaltenen Anzahlungen verbleibt bis zum Ende des Mietzeitraums, in diesem Fall bis zum Ende der Folgeperiode, in der Bilanz und wird anschließend periodengerecht realisiert.

Im zweiten Schritt werden nun die Abschreibungen für die Maschinen erfasst. Der buchhalterische Wert der Maschinen sinkt durch die Abschreibung um € 250. Folglich werden durch Abschreibungen gesunkene Werte von Vermögenswerten erfasst. Abschreibungen können dabei entweder durch technischen Verschleiß bzw. Alterung oder aufgrund von Schäden oder Preisverfällen (wirtschaftlicher Verschleiß) veranlasst sein. Abschreibungen stellen Aufwendungen dar und wirken daher in vollem Umfang gewinnmindernd.

821 Abschreibungen auf langfristige Vermögenswerte	250	
an 125 Maschinen		250

Im vorliegenden Fall sind die Zinsen für die abgelaufene Periode noch zu zahlen. Geht man davon aus, dass die Zinsaufwendungen per Überweisung bezahlt werden, muss der Buchungssatz für die Anpassung der Saldenbilanz daher wie folgt aussehen:

851 Zinsaufwand	100	
an 220 Bank		100

Sofern alle Korrekturen an der vorläufigen Saldenbilanz vorgenommen wurden, kann mit der Ermittlung des Ergebnisses und der Aufstellung der Bilanz fortgefahren werden.

Konten	Unang. SB		Anpassung		Ang. SB		Gesamt-ergebnis		Bilanz	
	S	H	S	H	S	H	S	H	A	P
220 Bank	1.500			100	1.400					
253 Mietvorauszahlungen	500				500					
125 Maschinen	4.000			250	3.750					
400 Eigenkapital		2.500				2.500				
650 Erhaltene Anzahlungen		400	250			150				
521 Bankdarlehen		1.000				1.000				
863 Versicherungsaufwand	900				700					
710 Umsatzerlöse		3.000				3.000				
Summe	**6.900**	**6.900**								
760 Mieterträge				250		250				
820 Abschreibungen			250		250					
851 Zinsaufwand			100		100					
Summe			**600**	**600**	**6.900**	**6.900**				

2.2.5 Aufstellung Rechnungsabschluss und Ermittlung Periodenerfolg

Im vorangegangenen Abschnitt wurden alle Anpassungsbuchungen vorgenommen und die angepasste Saldenbilanz aufgestellt. Im nächsten Schritt können das Gesamtergebnis ermittelt und die Konten der Endbilanz aufgestellt werden. Dazu werden die in der unten stehenden Saldenbilanz aufgeführten Erfolgskonten und die Bestandskonten der Bilanz zugeordnet. Dabei helfen auch die jeweiligen Nummern des Kontenplans, der nach aktiven und passiven Bestands- wie auch Aufwands- und Ertragskonten geordnet ist.

Konten	Unang. SB		Anpassung		Ang. SB		Gesamt-ergebnis		Bilanz	
	S	H	S	H	S	H	S	H	A	P
220 Bank	1.500			100	1.400				1.400	
253 Mietvorauszahlungen	500				500				500	
125 Maschinen	4.000			250	3.750				3.750	
400 Eigenkapital		2.500				2.500				2.500
650 Erhaltene Anzahlungen		400	250			150				150
521 Bankdarlehen		1.000				1.000				1.000
863 Versicherungsaufwand	900				900		900			
710 Umsatzerlöse		3.000				3.000		3.000		
Summe	**6.900**	**6.900**								
760 Mieterträge				250		250		250		
820 Abschreibungen			250		250		250			
851 Zinsaufwand			100		100		100			
Summe							**1.250**	**3.250**	**5.650**	**3.650**
Saldo							**2.000**			**2.000**

Wenn die Saldenbilanz korrekt aufgestellt wurde, entspricht der Saldo der Gesamtergebnisrechnung exakt dem Saldo der Bilanz. In dem vorliegenden Fall beträgt der Gewinn € 2.000 und kann direkt aus der Saldenbilanz abgelesen werden.

Aus der angepassten Saldenbilanz lassen sich nun Bilanz und Gewinn- und Verlustrechnung in T-Kontenform erstellen. Dabei werden die Aufwendungen (Soll) den Erträgen (Haben) der vergangenen Periode gegenübergestellt. Der Saldo von € 2.000 ergibt sich dabei aus der Differenz von Erträgen und Aufwendungen. Sofern die Summe auf der Haben-Seite der Gesamtergebnisrechnung exakt der Summe der Soll-Seite entspricht, wurde der Gesamterfolg des Unternehmens ohne Buchungsfehler ermittelt.

Gesamtergebnis			
Soll			**Haben**
863 Versicherungsaufwand	900	710 Umsatzerlöse	3.000
820 Abschreibung	250	760 Mieterträge	250
851 Zinsaufwand	100		
Saldo (= Periodengewinn)	2.000		
Summe	**3.250**	**Summe**	**3.250**

Der Gewinn von € 2.000 stellt damit die Reinvermögensmehrung des Unternehmens dar: Sofern keine weiteren buchungspflichtigen Ereignisse und Transaktionen vorliegen, steigt das Eigenkapital um € 2.000 und kann entsprechend in der Bilanz erfasst werden:

Bilanz			
Aktiva			**Passiva**
220 Bank	1.400	400 Eigenkapital	4.500
253 Mietvorauszahlungen	500	Davon	
		421 Jahresergebnis	2.000
		521 Bankdarlehen	1.000
125 Maschinen	3.750	650 Erhaltene Anzahlung	150
Bilanzsumme	**5.650**	**Bilanzsumme**	**5.650**

2.3 Buchführungs- und Offenlegungspflichten

Die Veröffentlichung von Unternehmensinformationen ist in Deutschland durch gesetzliche Vorschriften festgelegt, die im Wesentlichen im Handels- bzw. Gesellschaftsrecht verortet sind. Gemäß § 238 Abs. 1 S. 1 HGB ist „[j]eder Kaufmann (…) verpflichtet, Bücher zu führen und in diesen seine Handelsgeschäfte und die Lage seines Vermögens nach den Grundsätzen ordnungsmäßiger Buchführung ersichtlich zu machen". Bei den Grundsätzen ordnungsmäßiger Buchführung (GoB) handelt es sich um einen unbestimmten Rechtsbegriff. Gewinnung und Inhalt der GoB werden in ▶ Kapitel 3 weiter erläutert.

Kaufmann ist, wessen Gewerbebetrieb nach Art und Umfang einen in kaufmännischer Weise eingerichteten Geschäftsbetrieb erfordert (§ 1 Abs.1 HGB). Solche Handelsgewerbe sind in das elektronische Handelsregister einzutragen. Als Kaufleute zählen auch alle Handelsgesellschaften, die zwingend einen Handelsregistereintrag herbeizuführen haben; dies sind als sogenannte „Formkaufleute" Handelsgesellschaften in den Rechtsformen OHG, KG, GmbH, AG und KGa. Weiterhin haben auch sog. „Kann-kaufleute" die Kaufmannseigenschaft. Dazu zählen Kleingewerbetreibende, deren Gewerbe zwar einen in kaufmännischer Weise eingerichteten Geschäftsbetrieb nicht erfordert, die aber freiwillig einen Handelsregistereintrag herbeigeführt haben, ferner auch land- und forstwirtschaftliche Betriebe, die vom Wahlrecht Gebrauch gemacht haben, einen Handelsregistereintrag herbeizuführen.

Unternehmen können sich in Deutschland zunächst hinsichtlich ihrer Rechtsform unterscheiden. Dies hat zum einen Auswirkungen auf die Beziehungen innerhalb des Unternehmens und zwischen den Gesellschaftern und zum anderen auf die rechtlichen Beziehungen zur Unternehmensumwelt. Im deutschen bzw. europäischen Recht sind eine Vielzahl unterschiedlicher Rechtsformen erlaubt, von denen die wichtigsten im Folgenden kurz vorgestellt werden sollen. Grundsätzlich kann dabei zwischen Einzelunternehmen, Personengesellschaften und Kapitalgesellschaften unterschieden werden.

Einzelunternehmen lassen sich formlos gründen, allerdings trägt bei ihnen der Gründer als natürliche Person das alleinige Geschäftsrisiko und haftet auch mit seinem Privatvermögen unbeschränkt für die Tätigkeit des Unternehmens. Dafür wird das Einzelunternehmen nur vom Gründer geführt, der dadurch weitreichende Entscheidungskompetenzen in allen Bereichen des Unternehmens besitzt. Problematisch ist für Einzelunternehmen die Aufnahme von zusätzlichem Kapital. So ist es nur begrenzt möglich, Eigenkapital zu beschaffen, und das Unternehmen muss sich durch Bankdarlehen oder weitere Eigenmittel des Unternehmers finanzieren. Einzig die Aufnahme eines stillen Gesellschafters, der zwar beteiligt, aber im Außenverhältnis nicht erkennbar ist, stellt eine Möglichkeit der Eigenkapitalbeschaffung dar. Dieses Instrument steht jedoch auch allen anderen Rechtsformen zu.

Personengesellschaften erweitern die Idee des Einzelunternehmens um weitere Eigentümer. Als bedeutendste Personengesellschaften gelten die offene Handelsgesellschaft (OHG) und die Kommanditgesellschaft (KG), die im Folgenden kurz dargestellt werden. Weiterhin bestehen die Rechtsformen Gesellschaft bürgerlichen Rechts (GbR) und Partnerschaftsgesellschaften. Die Gründung der OHG geschieht durch einen Gesellschaftervertrag, der alle Rechte und Pflichten der Gesellschafter festlegt. In diesem sind auch die Höhe der Beteiligung sowie die Mitbestimmungsrechte und die Höhe des Anteils am Unternehmenserfolg definiert. In der Regel werden die Gesellschafter mit abgegrenzten Entscheidungskompetenzen in einzelnen Unternehmensbereichen ausgestattet, für Grundsatzentscheidungen ist die Mehrheit aller Gesellschafter erforderlich. Dadurch sind Wechsel der Gesellschafter relativ selten und die Führungsstrukturen in diesen Unternehmen recht konstant. Ähnlich wie bei Einzelunternehmen haften auch bei der OHG alle Gesellschafter unbeschränkt mit ihrem Privatvermögen.

Die KG wird, ebenso wie die OHG, durch einen Gesellschaftervertrag gegründet. Hinsichtlich der Struktur der Gesellschafter gibt es jedoch einen entscheidenden Unterschied. So bestehen mit den Komplementären und den Kommanditisten zwei Gruppen von Gesellschaftern, die sich insbesondere hinsichtlich Entscheidungskompetenz und Haftungsumfang unterscheiden. Die Komplementäre haben das Recht zur Führung des Unternehmens, sind aber im Gegenzug für ihr Unternehmen mit ihrem Privatvermögen in unbeschränkter Höhe haftbar. Kommanditisten können nur maximal bis zur Höhe ihres eingelegten Kapitals haftbar gemacht werden, dafür haben sie jedoch nur Mitspracherechte bei Grundsatzentscheidungen des Unternehmens. Über die Geschäfte haben die Komplementäre den Kommanditisten in regelmäßigen Abständen zu berichten, diese können ebenso Einsicht in die Bücher des Unternehmens nehmen. Der wesentliche Unterschied der KG im Vergleich zur OHG liegt also darin, dass die Haftung einzelner Gesellschafter beschränkt ist. Dies führt auch dazu, dass durch die Aufnahme weiterer Gesellschafter leichter Eigenkapital akquiriert werden kann. Bei der KG zeigt sich bereits, dass aufgrund von gewählten Gesellschafterstrukturen eine Berichterstattung über die Geschäftsentwicklung sowohl innerhalb als auch außerhalb der Gesellschaft erforderlich wird. Die Dokumentation der Geschäftsvorfälle wird also mit zunehmend komplexer Rechtsform wichtiger.

Kapitalgesellschaften unterscheiden sich im Wesentlichen von Personengesellschaft durch die eigenständige, von den Personen der Unternehmer abgelöste Existenz und eine Begrenzung der Haftung. So bilden Kapitalgesellschaften nach Gründung durch Gesellschaftervertrag eine eigenständige juristische Person, die Gesellschaftsvermögen besitzt. Dieses dient als Haftungsmasse; das Privatvermögen der Gesellschafter bleibt im Haftungsfall unberührt. Die wichtigsten Kapitalgesellschaften sind die Gesellschaft mit beschränkter Haftung (GmbH) und die Aktiengesellschaft (AG). Daneben bestehen die Rechtsformen der Genossenschaften, Kommanditgesellschaften auf Aktien (KGaA), GmbH & Co. KG und AG & Co. KG sowie europäische Gesellschaften. Die GmbH & Co. KG und AG & Co. KG stellen Konstrukte einer Kommanditgesellschaft dar, in denen der Komplementär eine Kapitalgesellschaft darstellt. Dadurch beschränkt sich die Haftung ebenso auf das eingebrachte Vermögen und die Gesellschaften werden als Kapitalgesellschaften deklariert.

Die Gründung einer GmbH erfolgt durch Gesellschaftervertrag bei einer Mindestausstattung mit Stammkapital von € 25.000. Wie der Name bereits sagt, ist die Haftung auf das Vermögen der Gesellschaft beschränkt und betrifft das Vermögen der Gesellschafter nicht. Sie besitzt eine eigene Rechtspersönlichkeit und findet ihre eigenen rechtlichen Grundlagen im GmbH-Gesetz. Das GmbH-Gesetz schreibt unter anderem verschiedene Organe zur Unternehmensführung vor, die erforderlich sind, weil eine GmbH eine Vielzahl von Gesellschaftern aufnehmen kann. Organe sind die Geschäftsführung, die durch eine oder mehrere Personen gestellt werden kann und die Unternehmenstätigkeit der GmbH leitet. Gesellschafter können, aber müssen nicht Teil der Geschäftsführung sein. Zudem muss jede GmbH eine Gesellschafterversammlung berufen, in der alle Gesellschafter vertreten sind. Diese trifft die Grundsatzentscheidungen über die Geschicke des Unternehmens und bestellt die Geschäftsführung. Eine GmbH kann zudem einen Aufsichtsrat bestimmen, der eine Kontrollfunktion über die Geschäftsführer übernimmt. Insgesamt hat die GmbH bessere Möglichkeiten zur Akquirierung von Kapital, da sich ihre Anteile einfacher veräußern lassen als bei Personengesellschaften. Insbesondere, wenn die Geschäftsführung nicht durch Gesellschafter gestellt wird, ergeben sich jedoch Abstimmungs- und Koordinationsfragen zwischen beiden Parteien. Je größer die Anzahl der Gesellschafter, desto wichtiger ist in der Regel die Bedeutung der Buchführung und die Bereitstellung von Informationen über die Geschäfte der Gesellschaft. Die Geschäftsführung hat daher gegenüber Gesellschaftern und Gesellschafterversammlung sowie weiteren externen Adressaten Rechenschaft über ihre Tätigkeit abzulegen.

In der Regel sind Großunternehmen Aktiengesellschaften, die auch über eine eigene Rechtspersönlichkeit verfügen. Die Anteilseigner heißen Aktionäre und sind über das Grundkapital an der Gesellschaft beteiligt. Ähnlich der GmbH ist bei Gründung einer AG ein Grundkapital in Höhe von € 50.000 durch die Gesellschafter bereitzustellen. Die Haftung beschränkt sich hier ebenfalls auf die Höhe der geleisteten Einlage und berührt nicht das Privatvermögen der Gesellschafter. In Aktiengesellschaften bestehen immer die drei Organe Vorstand, Hauptversammlung und Aufsichtsrat. Der Vorstand führt die Geschäfte des Unternehmens und wird in den meisten Fällen nicht durch einen Gesellschafter gestellt. Die Hauptversammlung dient als Gremium, das Grundsatzentscheidungen über die AG trifft und durch die Aktionäre gebildet wird. Als Kontrollgremium fungiert in einer AG der Aufsichtsrat, der den Vorstand benennt und überwacht. Er setzt sich zusammen aus Vertretern der Aktionäre und im Mitbestimmungsfall Vertretern der Arbeitnehmer, wobei die Aktionärsvertreter faktisch die Stimmrechtsmehrheit besitzen. Oftmals zeigt sich in der Aktionärsstruktur von Aktiengesellschaften ein Nebeneinander von wenigen Großaktionären und einer Vielzahl von Kleinaktionären mit geringer Beteiligungshöhe. Die Aktiengesellschaften haben die besten Möglichkeiten zur Akquirierung von Kapital und können an geordneten Kapitalmärkten teilnehmen. Dafür ergibt sich ein hoher Aufwand zur Überwachung und Beurteilung der Vorstände durch die Gesellschafter. Diese sind zum großen Teil auf veröffentlichte Informationen der Unternehmen angewiesen, um eine Entscheidung über Halten, Kaufen oder Verkaufen der Anteile zu treffen.

Die Pflicht zur Veröffentlichung von Unternehmensinformationen hängt also hauptsächlich von der Rechtsform ab, vor allem da sie sich im Hinblick auf Haftung und auftretende Koordinationsprobleme deutlich unterscheiden. So sind nach § 241a HGB Einzelkaufleute, die bestimmte Schwellenwerte für Umsatzerlöse und Jahresüberschuss nicht überschreiten, von der Buchführungspflicht und der Aufstellung eines Inventars befreit. Dieses sind Umsatzerlöse von € 500.000 und ein Periodengewinn in Höhe von € 50.000. Für Personengesellschaften gelten keine weiteren Unterscheidungen nach Größenkriterien, es sei denn, ihre Geschäftstätigkeit weist einen erheblichen Umfang auf. Dieser wird nach Kriterien des Publizitätsgesetzes bemessen. Ein erheblicher Umfang der Geschäftstätigkeit liegt vor bei einer Bilanzsumme von mehr als € 65 Mio., Umsatzerlösen von mehr als € 130 Mio. und einer Mitarbeiterzahl von mehr als 5.000. Von diesen Kriterien müssen mindestens zwei in drei aufeinanderfolgenden Geschäftsjahren überschritten werden. In diesem Fall werden Personengesellschaften wie große Kapitalgesellschaften behandelt.

Für Kapitalgesellschaften existieren Größenklassen, die den Umfang der Berichtspflichten bestimmen. Nach diesen bestehen größenabhängige Erleichterungen für Kapitalgesellschaften und Personengesellschaften ohne natürliche Person als persönlich haftenden Gesellschafter (etwa die GmbH & Co. KG), die es kleineren Unternehmen erlauben, nur Teile des Jahresabschlusses (z.B. keine Gewinn-und-Verlust-Rechnung oder eine verkürzte Bilanz) zu veröffentlichen. Sie betreffen ebenso die Pflicht der Prüfung des Jahresabschlusses durch einen Wirtschaftsprüfer. Grundsätzlich lassen sich die Kapitalgesellschaften in vier Größenklassen unterscheiden. Dies sind in aufsteigender Größe: Kleinstkapitalgesellschaften, kleine Kapitalgesellschaften, mittlere Kapitalgesellschaften und große Kapitalgesellschaften. Als Größenmerkmale gelten dabei nach § 267 HGB die Bilanzsumme, die Höhe der Umsatzerlöse sowie die Anzahl der durchschnittlich im Geschäftsjahr beschäftigten Mitarbeiter. Um die Stetigkeit der Zuordnung zu einer Größenklasse zu gewährleisten, muss ein Wechsel erst bei zweimaligem Unter- bzw. Überschreiten von zwei der drei Größenkriterien stattfinden. Nimmt eine Kapitalgesellschaft am Kapitalmarkt teil, d.h., werden von ihr ausgegebene Wertpapiere an einem geregelten Markt gehandelt oder wird ihr Handel beabsichtigt, so ist sie in jedem Fall als große Kapitalgesellschaft einzuordnen. Die Einteilung der Unternehmen in eine der Größenklassen zieht Konsequenzen in den folgenden Bereichen nach sich:

- Aufstellungspflichten
- Offenlegungspflichten
  - Umfang der Pflichtangaben in Anhang und Lagebericht
  - Gliederung des Jahresabschlusses
- Prüfung des Jahresabschlusses durch einen Wirtschaftsprüfer
- Frist zur Aufstellung des Jahresabschlusses

Die folgende Tabelle zeigt die Einteilungskriterien und Pflichten der einzelnen Größenklassen.

Tabelle 2.1

Größenklassen von Unternehmen

	Kleinst- kapitalgesell- schaft	Kleine Kapitalgesell- schaft	Mittelgroße Kapitalgesell- schaft	Große Kapitalgesell- schaft
Mindestens zwei der folgenden drei Größenmerkmale müssen an zwei aufeinanderfolgenden Geschäftsjahren über- oder unterschritten werden.				
Bilanzsumme in €	< 350.000	< 4.840.000	< 19.250.000	> 19.250.000
Umsatz in €	< 700.000	< 9.680.000	< 38.500.000	> 38.500.000
Arbeitnehmer im Jahresdurchschnitt	< 10	< 50	< 250	> 250
Auswirkungen für Publizität und Prüfung des Jahresabschlusses				
Prüfungspflicht	Keine	Keine	x	x
Offenlegungspflicht:				
Bilanz			x	x
GuV	Keine Pflicht	Keine Pflicht	x	x
Anhang	Keine Pflicht	Pflicht § 326 HGB	Pflicht § 327HGB	x

Aufgaben

1. Ordnen Sie folgende Unternehmen einer Größenklasse zu. Gehen Sie, sofern nicht anders angegeben, davon aus, dass die Werte in den vorherigen Jahren ähnlich hoch waren.

  a. Die Meyer AG hat im Geschäftsjahr 201X einen Umsatz von € 32.000.000 erwirtschaftet und weist eine Bilanzsumme von € 14.500.000 auf.

  b. Würstchenlieferant Schwarz hat im letzten Jahr in seiner GmbH im Durchschnitt 400 Arbeitnehmer beschäftigt und einen Umsatz von € 11.350.000 erzielt. Die Bilanz weist eine Summe von € 18.000.000 auf.

  c. Die Bilanzsumme des börsennotierten Sportartikelherstellers Zeus entspricht einem Wert i. H. v. € 16.250.000. Der Umsatz beträgt aufgrund eines Einbruchs der Nachfrage lediglich € 7.500.000. Im Schnitt waren 780 Angestellte beschäftigt.

  d. Steffens GmbH & Co. KG produziert computergesteuerte Rasenmäher. Die Geschäfte laufen gut und so machte das Unternehmen einen Rekordumsatz von € 45.000.000 im letzten Jahr. Das liegt rund € 30.000.000 über den bisher üblichen Umsätzen. Auch die Mitarbeiterzahl stieg rasant an um knapp 900 im Durchschnitt auf 1.100.

  e. Die Beck OHG ist seit Jahren Marktführer in der Produktion von Fahrrädern. Dieses Jahr schaffte das Unternehmen erneut einen Umsatz von € 176.000.000 und wies eine Bilanzsumme von knapp € 80.000.000 auf.

  f. Die Brandt GmbH hat sich auf die Produktion von Rauchmeldern spezialisiert. Die Bilanzsumme im Jahr 2011 entsprach € 12.000.000, der Umsatz betrug € 17.000.000. Das Geschäftsjahr 2012 verlief ähnlich gut. Die Bilanz wies einen Wert von knapp € 10.500.000 auf und das Unternehmen machte einen Umsatz von € 18.500.000. Im Jahre 2013 liefen die Geschäfte schlecht und der Umsatz fiel auf die Hälfte. Aufgrund des Nachfrageeinbruchs musste die Brandt GmbH viele Mitarbeiter entlassen. So fiel auch diese Anzahl von 320 auf 240.

2. Welche Gründe sprechen dafür, größenabhängige Erleichterungen im Hinblick auf die Offenlegungsvorschriften vorzusehen. Welche Probleme könnten damit verbunden sein?

Konzeptionelle Grundlagen

3

ÜBERBLICK

3.1 Rechnungslegungsregeln in Deutschland

3.1.1 International Financial Reporting Standards (IFRS)

Lernziele

- Die IFRS werden von einem internationalen Standardsetter, dem IASB, entwickelt und haben das Ziel, vor allem Kapitalmarktteilnehmern entscheidungsnützliche Informationen zur Verfügung zu stellen.

- Die Ziele, konzeptionelle Grundlagen und Prinzipien der IFRS sind in einem Rahmenkonzept niedergelegt, das aber keinen verpflichtenden Standard darstellt. Die Regeln selbst sind in Form von einzelnen Standards und Interpretationen gefasst.

- In Europa werden die jeweiligen Standards durch den sogenannten Endorsement-Prozess auf Ebene der EU in geltendes Recht überführt und sind dann in Deutschland anzuwenden.

Vorbemerkung Dieses Buch beschreibt die Bilanzierung kapitalmarktorientierter deutscher Unternehmen. Diese müssen ihre konsolidierten Abschlüsse nach IFRS erstellen, während sie nach wie vor verpflichtet sind, Einzelabschlüsse nach HGB zu erstellen. Das Buch folgt der Idee, dass die Bilanzierungslogik kapitalmarktorientierter Unternehmen primär durch Aspekte der Kapitalmarktkommunikation getrieben ist, die Rechnungslegung nach IFRS damit im Vordergrund steht. Daher wird die Schilderung der Grundlagen und Vorschriften der IFRS fokussiert. Allerdings werden im Buch auch die maßgeblichen Abweichungen nach HGB beschrieben, sodass ein vollständiger Überblick über die Rechnungslegung kapitalmarktorientierter Unternehmen in Deutschland vermittelt wird.

IASB-Standardsetting und europäischer Endorsement-Prozess Das International Accounting Standards Board (IASB) ist der für die Ausgestaltung der IFRS-Rechnungslegung zuständige Standardsetter. Das IASB verfolgt das Ziel, im öffentlichen Interesse einheitliche und verständliche Standards hoher Qualität zu entwickeln, die weltweite Verbreitung und Durchsetzbarkeit erlangen. Die Rechnungslegung auf Basis der IFRS soll vornehmlich den Teilnehmern auf Kapitalmärkten, also insbesondere Eigen-, aber auch Fremdkapitalgebern helfen, wirtschaftliche Entscheidungen bezüglich der bilanzierenden Unternehmen zu treffen. Dabei arbeitet das IASB mit nationalen Standardsettern zusammen und wirkt darauf hin, eine weitgehende Übereinstimmung zwischen nationalen und internationalen Standards herzustellen. Die explizite Formulierung der Ziele des IASB findet sich im ▶ Exkurs 3.1: „Zielsetzung des IASB".

Gegründet wurde das IASB im Jahr 2001 von der IASC Foundation (IASCF), einer Stiftung privaten Rechts mit Sitz in Delaware, USA. Die Foundation überwacht die Arbeit des IASB und ist zudem für dessen Finanzierung zuständig; das IASB entwickelt die Rechnungslegungsstandards. Seine Vorgängerinstitution war das International Accounting Standards Committee (IASC), das im Jahr 1973 in London von den Berufsverbänden der Wirtschaftsprüfer aus zehn Ländern (Australien, Deutschland, Frankreich, Großbritannien, Irland, Japan, Kanada, Mexiko, Niederlande, USA) gegründet worden war. Die zum Teil noch gültigen Standards des IASC tragen die Bezeichnung International Accounting Standard (IAS); die vom IASB neu erstellten Standards werden als IFRS bezeichnet. Wichtige noch gültige IAS sind etwa IAS 2 zum Vorratsvermögen oder IAS 16 zum Anlagevermögen. Zusammen mit den vom International Financial Reporting Interpretations Committee (IFRIC) herausgegebenen Interpretationen bilden sie die „Rechnungslegung nach IFRS".

| Exkurs 3.1 | Zielsetzung des IASB |

Angaben zur Zielsetzung des IASB finden sich im Vorwort zu den IFRS. Dort heißt es: „Die Zielsetzung des IASB ist, (a) im öffentlichen Interesse einen einzigen Satz an hochwertigen, verständlichen und durchsetzbaren globalen Rechnungslegungsstandards zu entwickeln, die hochwertige, transparente und vergleichbare Informationen in Abschlüssen und sonstigen Rechnungslegungsinstrumenten erfordern, um die Teilnehmer der verschiedenen weltweiten Kapitalmärkte und andere Informationsadressaten beim Treffen wirtschaftlicher Entscheidungen zu unterstützen; (b) die Nutzung und strenge Anwendung dieser Standards zu fördern und (c) aktiv mit nationalen Rechnungslegungsgremien zusammenzuarbeiten, um eine Konvergenz der nationalen Rechnungslegungsstandards und der IFRS zu hochwertigen Lösungen zu erreichen." *(Quelle: Vorwort zu den IFRS)*

Auf europäischer Ebene gewinnen die IFRS durch den sogenannten Endorsement-Prozess Rechtsverbindlichkeit. In diesem Verfahren wird von der Europäischen Kommission geprüft, ob ein Standard des IASB (a) gegen den „true and fair view" und die Regulierungen der EU-Rechnungslegung aus der 4. und 7. Richtlinie verstößt, (b) im gemeinsamen europäischen öffentlichen Interesse steht und (c) den Kriterien der Verständlichkeit, Relevanz, Verlässlichkeit sowie Vergleichbarkeit genügt. Zur Erfüllung dieser Aufgabe bedient sich die Europäische Kommission weiterer Gremien. Der Prozess startet mit der Aufforderung der Kommission an die European Financial Reporting Advisory Group (EFRAG), eine Empfehlung zum Endorsement eines neuen Standards abzugeben.[1] Diese Empfehlung basiert maßgeblich auf technischer Expertise. Auf Basis dieser Empfehlung verabschiedet die Kommission einen ersten Entwurf der Übernahmeentscheidung, die den Mitgliedsstaaten und dem Europäischen Parlament zugeleitet wird. Im Anschluss erfolgt eine Diskussion der Empfehlung im Accounting Regulatory Committee (ARC), das von der Kommission geleitet wird und sich aus Vertretern der Mitgliedsstaaten zusammensetzt. In diesem Gremium geht es primär um die politischen Wirkungen eines Standards, die bei der Beurteilung durch

---

1 EFRAG ist eine private Organisation, die von den wichtigsten von der Rechnungslegung betroffenen Parteien, namentlich Nutzern und Erstellern von Abschlüssen sowie den Berufsständen, geschaffen wurde und in ihrer Arbeit von den nationalen Standardsettern unterstützt wird.

die EFRAG, wenn überhaupt, eine untergeordnete Rolle spielen. Wenn das ARC für die Annahme eines Standards votiert, folgt die formale Übernahmeentscheidung der Kommission und eine Veröffentlichung in allen offiziellen Sprachen im Amtsblatt der EU. Wie etwa der Prozess der Übernahme von IAS 39 gezeigt hat, kann der private Standardsetter durch das Endorsement-Verfahren durchaus unter Druck geraten: Zwar wurde im Rahmen einer EU-Verordnung, durch die im Jahr 2003 die bis dahin erschienenen Standards und Interpretationen in der gesamten EU Rechtsverbindlichkeit erlangten, der eigentliche Text des IAS 39 nicht geändert (diese Selbstbeschränkung legte sich die Kommission auf), es kam aber zu einer nicht vollständigen Inkraftsetzung, die eine spätere Überarbeitung des Standards durch das IASB nach sich zog.

Durch das Endorsement-Verfahren sichern sich Nationalstaaten und damit die politisch Verantwortlichen – mittelbar über die Institutionen der EU – Einfluss auf die inhaltliche Ausgestaltung der Rechnungslegungsregeln. Praktisch besteht ein Veto-Recht gegen unerwünschte Standards, die nicht im öffentlichen Interesse stehen. Der Endorsement-Prozess versetzt somit die Politik erst in die Lage, ihrer Verantwortung gerecht werden zu können; zudem trägt er auch zur Erhöhung der Legitimität und Verbindlichkeit der privat gesetzten Regeln bei. Problematisch kann diese politische Einflussnahme freilich dann werden, wenn das öffentliche Interesse eher Partikularinteressen reflektiert oder wenn europäische Nationalstaaten unterschiedliche Zielsetzungen verfolgen.

Auch das IASB bemüht sich um möglichst frühzeitige Anerkennung der Standards. Dazu bedient es sich eines normierten und transparenten gestuften Normsetzungsprozesses (*IASB Due Process*). Auf der ersten Stufe dieses Prozesses verhandelt und beschließt das IASB, welche Themen auf die Agenda zu setzen sind. Seit 2012 führt das IASB im dreijährigen Turnus eine sogenannte „Agenda Consultation" durch, bei der die interessierte Fachöffentlichkeit befragt wird, welche Themen und Projekte mit welcher Dringlichkeit durch das IASB behandelt werden sollten. Auf der zweiten Stufe entscheidet das IASB, ob für ein Projekt weitere Standardsetter, insbesondere das US-amerikanische FASB, hinzugezogen werden sollen und leitet gegebenenfalls die erforderlichen Schritte für eine Kooperation ein. Auf dritter Stufe veröffentlicht das IASB ein Diskussionspapier zu dem betreffenden Sachverhalt, das dann mit einer Einladung zur Kommentierung verbunden ist. Charakteristisch für das Diskussionspapier ist, dass hier verschiedene Möglichkeiten, einen bestimmten Rechnungslegungssachverhalt zu behandeln, aufgezeigt und hinsichtlich der Vor- und Nachteile bzw. der Erfüllung des Ziels entscheidungsnützlicher Berichterstattung beurteilt werden. In der Kommentierungsphase, die in der Regel 120 Tage dauert, ist es allen Interessierten möglich, Kommentare zu äußern. Diese werden ausgewertet, bevor in Stufe 4 ein Standardentwurf (*exposure draft*) veröffentlicht wird, in dem auch die Entscheidung der IASB-Mitglieder dokumentiert ist, aus welchen Gründen man sich nun für eine bestimmte Regelungsalternative entschieden hat. Nach einer neuerlichen Kommentierungsphase und Auswertung der Rückmeldungen finden im IASB abschließende Beratungen und eine Abstimmung über den Standard statt. Erreicht dieser eine qualifizierte Mehrheit der IASB-Mitglieder, wird der Standard veröffentlicht. Die letzte

Stufe widmet sich der Qualitätssicherung, die Treffen mit interessierten Parteien beinhaltet, um unerwartete Effekte und Probleme eines neuen Standards zu identifizieren. Neuerdings werden zudem sogenannte „post implementation reviews" durchgeführt, Bestandsaufnahmen, die einige Jahre nach Einführung eines Standards durchgeführt werden und untersuchen, inwiefern die Neuregelung die damit bezweckten Ziele erreicht hat oder aber gegebenenfalls Überarbeitungen bzw. Anpassungen erforderlich sind.

Grundlagen der IFRS-Rechnungslegung nach Rahmenkonzept   Die Zielsetzung eines Abschlusses nach IFRS besteht darin, einem breiten Kreis von Adressaten, vornehmlich aber den derzeitigen und potenziellen Investoren (Kapitalgebern), entscheidungsrelevante Informationen bereitzustellen. Der technisch gebräuchliche Begriff dazu ist *decision usefulness*. Entscheidungsrelevante Informationen sollen durch die Vermittlung eines den tatsächlichen Verhältnissen entsprechenden Bilds der Vermögens-, Finanz- und Ertragslage des Unternehmens bereitgestellt werden (siehe ▶ Exkurs 3.2: „Zielsetzung eines Jahresabschlusses nach IFRS"). Ein Abschluss nach IFRS besteht dabei mindestens aus einer Bilanz, einer Gesamtergebnisrechnung, einer Übersicht über die Veränderungen des Eigenkapitals in der Berichtsperiode, einer Kapitalflussrechnung sowie einem Anhang, der über die Bilanzierungs- und Bewertungsmethoden informiert und einzelne Positionen erläutert.[2]

Exkurs 3.2	**Zielsetzung eines Jahresabschlusses nach IFRS**

Angaben zur Zielsetzung eines Jahresabschlusses nach IFRS finden sich in IAS 1. Dort heißt es: „Die Zielsetzung eines Abschlusses für allgemeine Zwecke ist es, Informationen über die Vermögens-, Finanz- und Ertragslage und die Cashflows eines Unternehmens bereitzustellen, die für eine breite Palette von Adressaten nützlich sind, um wirtschaftliche Entscheidungen zu treffen. Ein Abschluss zeigt ebenfalls die Ergebnisse der Verwaltung des dem Management anvertrauten Vermögens. Um diese Zielsetzung zu erfüllen, stellt ein Abschluss Informationen über: (a) Vermögenswerte; (b) Schulden; (c) Eigenkapital; (d) Erträge und Aufwendungen, einschließlich Gewinne und Verluste; (e) sonstige Änderungen des Eigenkapitals und (f) Cashflows eines Unternehmens zur Verfügung. Diese Informationen helfen den Adressaten zusammen mit den anderen Informationen im Anhang, die künftigen Cashflows des Unternehmens sowie insbesondere deren Zeitpunkt und Sicherheit des Entstehens vorauszusagen." (IAS 1.7, zitiert im Wortlaut der Veröffentlichung durch die EU-Kommission)

Die allgemeinen Ziele, Annahmen und Grundprinzipien der Rechnungslegung nach IFRS sind vor allem im Rahmenkonzept (RK) und in IAS 1 festgeschrieben. Beim Rahmenkonzept handelt es sich jedoch nicht um einen Standard, denn es will keine Ant-

---

2   Das deutsche Recht sieht zusätzlich noch die Veröffentlichung eines Lageberichts vor.

worten auf konkrete Bilanzierungs- oder Offenlegungsfragen liefern.[3] Vielmehr stellt das Rahmenkonzept den gedanklichen Überbau bzw. konzeptionellen Rahmen der IFRS-Rechnungslegung dar, mithin eine Art „Rechnungslegungsverfassung". Es soll insbesondere

- der konsistenten Entwicklung neuer Standards sowie der Überarbeitung existierender dienen;

- das IASB bei den Bemühungen um eine Harmonisierung der Rechnungslegung unterstützen, insbesondere, um im Hinblick auf bestimmte Ziele der Rechnungslegung Wahlrechte einzuschränken;

- nationalen Standardsettern bei der (Fort-)Entwicklung nationaler Standards helfen;

- den Bilanzierenden eine Hilfestellung bei der Anwendung der IFRS sein, insbesondere was die Behandlung von Sachverhalten betrifft, die nicht oder nicht eindeutig in bestehenden Standards geregelt sind;

- Wirtschaftsprüfern bei der Meinungsbildung helfen, wenn unklar ist, ob bestimmte Bilanzierungsgepflogenheiten ihrer Klienten mit den IFRS in Einklang stehen;

- die Bilanzadressaten bei der Interpretation von Abschlüssen nach IFRS unterstützen;

- all diejenigen mit Informationen versorgen, die sich einen Eindruck über die Arbeit des IASB verschaffen wollen.

Das Rahmenkonzept befindet sich derzeit in Überarbeitung. Dabei wird mit dem amerikanischen Standardsetter kooperiert, um das Ziel zu erreichen, dass die US-amerikanischen und die internationalen Rechnungslegungsregeln auf den gleichen konzeptionellen Grundannahmen basieren. Damit soll ein Beitrag zur weltweiten Harmonisierung der Rechnungslegung geleistet werden. Das „neue" Rahmenkonzept besteht aus vier Kapiteln, das erste Kapitel („Die Zielsetzung der Rechnungslegung für allgemeine Zwecke") und das dritte Kapitel („Qualitative Anforderungen an nützliche Finanzinformationen") sind bereits erneuert. Das zweite Kapitel („Das berichtende Unternehmen") ist noch offen, das Kapitel 4 („Das Rahmenkonzept (1989): der verbleibende Text") enthält alle noch nicht überarbeiteten Teile des „alten" Frameworks von 1989. Bis zur Fertigstellung und Verabschiedung des finalen, runderneuerten Rahmenkonzepts bleiben also wesentliche Teile des „alten" Rahmenkonzepts noch in Kraft.

Das erste Kapitel verdeutlicht zunächst noch einmal die Zielsetzung der Rechnungslegung nach IFRS, Informationen über das berichtende Unternehmen zur Verfügung zu stellen, die für bestehende und potenzielle Investoren, Kreditgeber und andere Gläubiger nützlich sind, um Entscheidungen für die Bereitstellung von Ressourcen an das Unternehmen zu treffen (OB2-OB11). Es wird außerdem auf die zentrale Rolle des Prinzips der Periodenabgrenzung hingewiesen, nach dem Geschäftsvorfällen und andere

---

3   Damit haben die allgemeinen Aussagen in IAS 1 („Darstellung des Abschlusses") größere Bedeutung, die – zumindest teilweise – die Ausführungen des Rahmenkonzepts wiederholen.

Ereignisse einer Periode nach ihrer wirtschaftlichen Zugehörigkeit zugeordnet werden, auch wenn die verbundenen Zahlungsflüsse in andere Perioden fallen (OB 17).

Der Schwerpunkt des dritten Kapitels liegt auf der Darstellung der qualitativen Anforderungen an nützliche Abschlussinformationen. Es werden dabei zwei Arten qualitativer Anforderungen unterschieden und zwar grundlegende und weiterführende. Die fundamentalen qualitativen Anforderungen sind die Relevanz (*relevance*) und die Glaubwürdigkeit der Darstellung (*faithful representation*).

- Informationen gelten dann als relevant, wenn sie geeignet sind, die wirtschaftlichen Entscheidungen der Adressaten zu beeinflussen. Es handelt sich hierbei um eine wichtige Anforderung an Informationen im Abschluss. Allerdings ist nur schwer zu entscheiden, ob bestimmte Sachverhalte für die Adressaten relevant sind oder nicht. Zu prüfen ist deshalb zunächst, ob ein Sachverhalt wesentlich (*material*) ist. Als wesentlich sind Sachverhalte einzuschätzen, deren Weglassen oder fehlerhafte Darstellung geeignet wäre, die Adressaten der Rechnungslegung zu anderen wirtschaftlichen Entscheidungen zu verleiten. Unbedeutende Sachverhalte können nach diesem Grundsatz vernachlässigt werden, soweit dadurch die Aussagekraft des Abschlusses nicht beeinträchtigt wird.

- Die Relevanz der Rechnungslegung wird auch durch das Ausmaß der Glaubwürdigkeit der vermittelten Informationen beeinflusst. Perfekte Glaubwürdigkeit wird durch Vollständigkeit, Neutralität und Fehlerfreiheit erreicht. Vollständigkeit besagt dabei, dass ein Abschluss alle erforderlichen Informationen enthält, um Adressaten die Beurteilung der wirtschaftlichen Lage zu erlauben. Die Forderung nach Neutralität bedeutet, dass ein Abschluss frei von verzerrenden Einflüssen sein soll. So soll etwa eine zu positive (oder auch zu pessimistische) Darstellung der wirtschaftlichen Lage vermieden werden. Fehlerfreiheit ist nicht mit Genauigkeit zu verwechseln. Ausdrücklich erlaubt das Rahmenkonzept auch Schätzungen (die sich zu einem späteren Zeitpunkt ggf. als falsch erweisen können), allerdings muss bei der Ermittlung ein ausreichendes Maß an Sorgfalt an den Tag gelegt werden. Fehlerfreiheit lässt sich damit implizit als Sorgfaltspflicht bei der Erstellung eines Abschlusses auffassen.

Zu beachten ist, dass die glaubwürdige Darstellung kein Selbstzweck ist, weil sie nicht alleine sichert, dass auch relevante Informationen vermittelt werden. Informationen in einem Abschluss müssen nach dem Rahmenkonzept demnach relevant *und* verlässlich sein. Die Nützlichkeit von relevanten und glaubwürdigen Informationen kann dann durch die Beachtung der „weiterführenden" qualitativen Anforderungen noch erhöht werden.

- Durch die Forderung nach Vergleichbarkeit sollen Adressaten in die Lage versetzt werden, (a) den aktuellen Abschluss eines bestimmten Unternehmens mit früheren Abschlüssen desselben Unternehmens sinnvoll vergleichen zu können, ferner auch (b) zu einem bestimmten Zeitpunkt Vergleiche zwischen verschiedenen Unternehmen anstellen zu können. Zur Erreichung dieses Ziels trägt die Stetigkeit in der Bilanzierung bei. Demnach sind einmal angewendete Bilanzierungs- und Bewertungsmethoden offenzulegen und grundsätzlich auch beizubehalten.

- Ein relevanter und glaubwürdiger Abschluss zeichnet sich dadurch aus, dass die in ihm enthaltenen Informationen darstellen, was sie vorgeben darzustellen. Daher sind die vermittelten Informationen durch sachverständige und unabhängige Beobachter nachprüfbar. Dies ist insbesondere bei Schätzungen schwierig. Nachprüfbarkeit wird in diesem Fall durch Offenlegung der angewandten Methoden und Prämissen erreicht.

- Gefordert wird auch Zeitnähe bei der Informationsvermittlung, auch wenn durch eine längere Bearbeitungsdauer hochwertigere Informationen bereitgestellt werden könnten. Dadurch soll eine Entscheidungsrelevanz der Rechnungslegung gesichert werden; denn mit Abschlüssen ist nur dann ein Informationswert verbunden, wenn sie neue, dem Markt bislang unbekannte Informationen enthalten.

- Nach dem Grundsatz der Verständlichkeit sollen Informationen so aufbereitet sein, dass sie von einem fachkundigen Leser nachvollzogen werden können. Der Grundsatz darf aber kein Vorwand sein, über schwer verständliche Zusammenhänge nicht zu berichten.

Die weiterführenden qualitativen Eigenschaften der Rechnungslegung sollen möglichst maximal erreicht werden. Zu beachten ist allerdings, dass ein Abschluss, der die vier weiterführenden qualitativen Anforderungen erfüllt, nicht notwendigerweise relevant und glaubwürdig ist. Damit wird der unterstützende Charakter der weiterführenden Annahmen deutlich: Ihre Beachtung erhöht die Nützlichkeit von relevanten und glaubwürdigen Abschlüssen, kann sie aber alleine nicht erreichen.

Werden die qualitativen Anforderungen des Rahmenkonzepts und die Standards mit den zugehörigen Interpretationen[4] eingehalten, führt das im Regelfall zu einem Abschluss, der das widerspiegelt, was im Allgemeinen als Vermittlung eines den tatsächlichen Verhältnissen entsprechenden Bildes verstanden wird. Dies wird auch als *fair presentation* beziehungsweise als Befolgung eines *true and fair view* bezeichnet.

Im Einzelfall mag der Bilanzersteller zu der Auffassung gelangen, das Befolgen eines Standards oder einer Interpretation führe nicht zu einer zutreffenden Darstellung der Vermögens-, Finanz- und Ertragslage im Abschluss. Das Befolgen der Regeln wäre dann nicht im Interesse der Adressaten. In solchen Fällen gestattet IAS 1, von den jeweiligen Regeln abzuweichen, die dazu führen würden, dass die Vermögens-, Finanz- und Ertragslage des Unternehmens unzutreffend dargestellt würde (siehe ▶ Exkurs 3.3: „Overriding Principle"). Eine Rechnungslegungsregel, die es gestattet, andere Regeln zu brechen, wird in der Literatur als *overriding principle* bezeichnet. Eine solche Regel birgt eine gewisse Missbrauchsgefahr; denn für die Adressaten ist schwer nachprüfbar, ob die Anwendung der Regeln tatsächlich zu einer verzerrten Darstellung der Vermögens-, Finanz- und Ertragslage geführt hätte oder ob die Bilanzersteller von den betreffenden Regeln abweichen, weil sie zu einer unvorteilhaften Darstellung geführt hätten. Das beschriebene *overriding principle* erhöht damit das

---

4   Dabei handelt es sich um die Verlautbarungen des International Financial Reporting Interpretations Committee (IFRIC), die ebenfalls Bestandteil der IFRS sind.

Risiko opportunistischen Verhaltens durch die Manager und stellt ein Einfallstor der Gestaltung von Rechnungslegung nach Wünschen der Bilanzierenden dar. Die Anwendung des Prinzips soll deshalb nicht zum Regelfall werden. Darauf weist auch IAS 1 hin, wenn von „äußerst seltenen Fällen" gesprochen wird, in denen ein Abweichen von den Regeln erforderlich sein könnte.

Exkurs 3.3   Overriding Principle

Ein Befolgen der geltenden Standards und Interpretationen wird nach Auffassung des IASB in nahezu allen Fällen zu Abschlüssen führen, die ein den tatsächlichen Verhältnissen entsprechendes Bild der Vermögens-, Finanz- und Ertragslage eines Unternehmens zeichnen. Die Spielräume für Bilanzierende, ein Nichtbefolgen der Standards mit einem *overriding principle* zu rechtfertigen, sind damit sehr klein. Die praktische Bedeutung ist entsprechend als extrem gering einzuschätzen. Tatsächlich lassen sich kaum Anwendungsfälle identifizieren, in denen Unternehmen in ihren Finanzberichten das Nichtbefolgen von Standards mit einem Verweis auf ein *overriding principle* rechtfertigen. Bekannt ist aber das Beispiel der Deutschen Post AG, die 2006 ihre Umtauschanleihe auf Aktien der Postbank AG vorzeitig kündigte. Bei der Umtauschanleihe hatte die Deutsche Post AG als Anleiheschuldnerin das Recht, die Anleihe jederzeit gegen eine vorbestimmte Anzahl an Postbank-Aktien zu tauschen. Bei der Bewertung des Wandlungsrechts aus der Umtauschanleihe wurde jedoch nicht auf Marktdaten zurückgegriffen; stattdessen erfolgte die Bewertung auf Grundlage der thesaurierten Gewinne der Postbank AG.

Als Begründung heißt es im Geschäftsbericht 2006: „Hätte die Deutsche Post AG das Wandlungsrecht gemäß IAS [IFRS] als Fremdkapitalderivat bewertet, wäre im Geschäftsjahr 2005 eine zusätzliche aufwandswirksame Verbindlichkeit in Höhe von 239 Mio. € zu bilden gewesen. Diese hätte im Geschäftsjahr 2006 ertragswirksam aufgelöst werden müssen. Der Veräußerungserfolg wäre damit um 239 Mio. € angestiegen." Diese Bilanzierungsfolge hätte nach Ansicht des Unternehmens nicht zur Vermittlung eines den tatsächlichen Verhältnissen entsprechenden Bildes der Vermögens-, Finanz- und Ertragslage eines Unternehmens geführt, weshalb eine andere Darstellungsweise gewählt wurde.

(Quelle: Konzernabschluss 2006 der Deutsche Post AG, S. 111 und S. 114)

Mit der schrittweisen Entwicklung von Standards können die IFRS für ein bestimmtes Bilanzierungsproblem möglicherweise keine explizite Lösung vorgeben. Die wirtschaftliche Entwicklung kann schneller verlaufen als der Standardsetzungsprozess. In einem solchen Fall muss zunächst geprüft werden, ob es in den bestehenden Standards und Interpretationen Lösungsvorschläge für ähnlich gelagerte Fälle gibt. Ist dies nicht der Fall, muss geprüft werden, ob sich aus den Darstellungen im Rahmenkonzept eine Lösung ableiten lässt. Ferner ist es möglich, auf Verlautbarungen anderer Standardsetter zurückzugreifen, zumindest dann, wenn die korrespondierenden Standards ein ähnliches Rahmenkonzept wie die IFRS aufweisen. Mit dieser Regelung in IAS 8 (siehe ▶ Exkurs 3.4: „Verweis auf Normen anderer Standardsetter") öffnen sich die IFRS einer weiteren Harmonisierung der Rechnungslegung, insbesondere mit den amerikanischen US GAAP, in denen die Anzahl detaillierter Lösungen für Bilanzierungsprobleme weitaus größer ist als in den IFRS.

Exkurs 3.4   **Verweis auf Normen anderer Standardsetter**

Wenn die IFRS keine Regelungen für bestimmte Geschäftsvorfälle oder sonstige Ereignisse vorhalten, muss das Management entscheiden, welche Bilanzierungs- und Bewertungsmethoden in solchen Fällen anzuwenden sind. IAS 8 enthält dazu einige Leitlinien. Dort heißt es: „Bei seiner Entscheidungsfindung (...) hat das Management (...) zu berücksichtigen: (a) die Anforderungen und Anwendungsleitlinien in Standards und Interpretationen, die ähnliche und verwandte Fragen behandeln; (b) die im Rahmenkonzept enthaltenen Definitionen, Erfassungskriterien und Bewertungskonzepte für Vermögenswerte, Schulden, Erträge und Aufwendungen. Bei seiner Entscheidungsfindung (...) kann das Management außerdem die jüngsten Verlautbarungen anderer Standardsetter, die ein ähnliches konzeptionelles Rahmenkonzept zur Entwicklung von Bilanzierungs- und Bewertungsmethoden einsetzen, sowie sonstige Rechnungslegungs-Verlautbarungen und anerkannte Branchenpraktiken berücksichtigen (...)." *(IAS 8.10-12, zitiert im Wortlaut der Veröffentlichung durch die EU-Kommission)*

Auch wenn ein Rahmenkonzept der IFRS besteht, sind die IFRS im Kern fallbasiert (kasuistisch) aufgebaut. Jeweils ein konkreter Standard regelt, wie ein bestimmter Sachverhalt bilanziert wird. Die Bilanzierung einer Immobilie, in der sich das Verwaltungsgebäude eines Unternehmens befindet, ergibt sich etwa aus IAS 16. Erhält das Unternehmen zur Beschaffung eine Subvention, greift IAS 22. Wird es irgendwann nicht mehr benötigt und soll verkauft werden, greift IFRS 5. Ist das Gebäude allerdings im Rahmen eines Finanzierungsleasing-Verhältnisses zugegangen, ist IAS 17 zu beachten. Soweit das Gebäude nicht Verwaltungszwecken, sondern der Erzielung von Mieteinnahmen dient, handelt es sich um eine Finanzinvestition, die nach IAS 40 zu bilanzieren ist. Wird sie für einen Dritten gefertigt, könnte es sich auch um einen Fertigungsauftrag nach IAS 11 handeln. Handelt das Unternehmen mit einer Vielzahl von Immobilien und hat diese daher nur kurzfristig im eigenen Bestand, mag es auch ein Vorratsgegenstand nach IAS 2 sein. Für viele Sachverhalte ist es damit keineswegs trivial, zu entscheiden, welcher Standard greift. ▶ Abbildung 3.1 gibt einen Überblick über die Standards, die für bestimmte Bilanzpositionen einschlägig sind. Die bei Drucklegung dieses Buchs noch nicht verpflichtend anzuwendenden Standards sind durch eckige Klammern kenntlich gemacht.

Standards zu Ansatz und Bewertung in der Bilanz			
AKTIVA		**PASSIVA**	
Sachanlagen	IAS 16	Eigenkapital	IAS 1 IAS 32
Finanzinvestitionen (Immobilien)	IAS 40	Minderheitenanteile	IFRS 10
Immaterielle Vermögenswerte	IAS 38		
Finanzielle Vermögenswerte	IAS 32 IAS 39 [IFRS 9]	Rückstellungen (incl. Pensionsverpflichtungen)	IAS 19 IAS 37
Finanzanlagen	IAS 28	Finanzielle Verbindlichkeiten	IAS 32 IAS 39 IFRS 9
Biologische Vermögenswerte	IAS 41		
Vermögenswerte für Exploration und Evaluierung	IFRS 6	Sonstige Verbindlichkeiten	Framework IAS 39 IFRS 9
Vorräte	IAS 2		
Forderungen	IAS 39 [IFRS 9]	Steuerschulden und passive latente Steuern	IAS 12
Zahlungsmittel	IAS 39 [IFRS 9]		
Steuerforderungen und aktive latente Steuern	IAS 12		
Zur Veräußerung gehaltene Vermögenswerte	IFRS 5		

Abbildung 3.1: Zuordnung von einschlägigen IFRS zu wichtigen Bilanzpositionen

Neben dem Rahmenkonzept gibt es nur eine begrenzte Anzahl von Standards, die sich mit übergeordneten Themen beschäftigen. Hierzu zählt der recht frische Standard IFRS 13, der generelle Leitlinien zur Ermittlung von beizulegenden Zeitwerten (*fair values*) enthält, einem Bewertungsmaßstab, der sich in vielen Standards wiederfindet. ▶ Abbildung 3.2 gibt einen Überblick über Standards, die allgemeine Bilanzierungsthemen ansprechen. Dabei werden Standards unterschieden, die sich primär mit Ausweisfragen beschäftigen, solche, die sich der periodengerechten Erfassung von Aufwendungen und Erträgen widmen, Standards für Sondersachverhalte (etwa Leasing- oder Versicherungsverträge) und Standards, die im Zusammenhang mit Konzernabschlüssen eine Rolle spielen.

Übergeordnete Themen					
Ausweis und Präsentation	Allgemein	IAS 1	**Sondersachverhalte**	Leasing als Kauf oder Miete	IAS 17
	Kapitalflussrechnung	IAS 7		Bilanzierung von Versicherungsverträgen	IFRS 4
	Ergebnis je Aktie	IAS 33		Ereignisse nach dem Bilanzstichtag	IAS 10
	Angaben zu Finanzinstrumenten	IFRS 7		Bewertungsthemen	
	Zwischenberichte	IAS 34		Fair Value	IFRS 13
	Segmentberichterstattung	IFRS 8		Stetigkeit, Anpassungen durch Fehler und Schätzungen	IAS 8
	Erstmalige Anwendung der IFRS	IFRS 1			
Erfassung von Erfolgen (Aufwand und Ertrag)	Erlöse allgemein	IAS 18 [IFRS 15]		Währungsumrechnung	IAS 21
	Fertigungsaufträge	IAS 11 [IFRS 15]	**Konzernthemen**	Unternehmenszusammenschlüsse	IFRS 3
	Zuwendungen	IAS 20		Konsolidierte Abschlüsse	IFRS 10
	Regulatorische Abgrenzungsposten	[IFRS 14]			
	Erfassung von Wertminderungen	IAS 36		Gemeinsame Aktivitäten	IFRS 11
	Fremdkapitalkosten	IAS 23			
	Aufwand aus aktienbasierter Vergütung	IFRS 2			

Abbildung 3.2: IFRS zu übergeordneten Themen

Aufgaben

1. Nennen Sie die Hauptaufgaben des IASB-Rahmenkonzepts!

2. Recherchieren Sie, welche Grundlagen der IFRS-Rechnungslegung in IAS 1 beschrieben werden? Wie verhalten sie sich zu den Angaben im Rahmenkonzept?

3. Erlaubt der Hinweis auf bestimmte Anforderungen im Rahmenkonzept, von Bestimmungen in einem bestimmten IAS oder IFRS abzuweichen?

4. Benennen Sie die Schritte im IASB *Due Process*!

5. Warum könnten bestimmte Standards des IASB nicht im europäischen „öffentlichen Interesse" liegen? Diskutieren Sie!

6. Warum soll eine Ausgewogenheit zwischen den qualitativen Anforderungen herrschen?

7. Bei welchen Informationen könnte die Erstellung „kostspieliger" sein als der Nutzen, den die Adressaten aus ihnen ziehen? Nennen Sie Beispiele!

8. Versuchen Sie ein Beispiel zu finden, in dem es einen Unterschied zwischen einer wirtschaftlichen und einer rein rechtlichen Betrachtungsweise geben könnte.

9. Wie würden Sie als Abschlussprüfer darauf reagieren, wenn Ihnen ein Klient erklären würde, er weiche aufgrund des *overriding principle* von einem bestimmten Standard ab und bilanziere nach Maßgabe des Rahmenkonzepts?

10. Welche Bedingungen werden für Normen genannt, auf die nach IAS 8.10 zurückgegriffen werden kann?

Weiterführende Literatur Das Endorsement-Verfahren wird etwa in Luthardt, 2012, detailliert beschrieben und gewürdigt. Der *true and fair view* als *overriding principle* wird etwa von Nobes, 1993, Alexander und Archer, 2003, sowie von Alexander und Jermakowicz, 2006, diskutiert.

3.1.2 Handelsgesetzbuch und Grundsätze ordnungsmäßiger Buchführung

Lernziele

■ Die deutsche Rechnungslegung erfolgt auf Basis von Regelungen im Handelsgesetzbuch, die auch auf die Grundsätze ordnungsmäßiger Buchführung (GoB) verweisen.

■ Die deutsche Rechnungslegung zeichnet sich durch eine vorsichtige Gewinnermittlung aus, sie ist zudem stärker prinzipienorientiert.

Grundsätze ordnungsmäßiger Buchführung

Die Rechnungslegung auf Grundlage des Handelsgesetzbuchs (HGB) und unter Beachtung der Grundsätze ordnungsmäßiger Buchführung ist geprägt durch die Leitidee des Gläubigerschutzes. Dieser wird durch eine vorsichtige, ausschüttungsbegrenzende Gewinnermittlung verwirklicht. Das HGB verpflichtet – mit einigen Ausnahmen – jeden Kaufmann, Bücher zu führen, in denen die Handelsgeschäfte und die Lage des Vermögens ersichtlich zu machen sind. Dabei gilt die sogenannte Generalnorm des § 243 Abs. 1: „Der Jahresabschluss ist nach den Grundsätzen ordnungsmäßiger Buchführung aufzustellen".

Die Grundsätze ordnungsmäßiger Buchführung (GoB) besagen, wie Buchhaltung, Inventar und Jahresabschluss zweckmäßig zu gestalten sind. Die GoB haben drei wichtige Aufgaben: Erstens soll ihre Anwendung zu einer gläubiger- und anteilseignerschützenden Gewinnermittlung bzw. Bilanzierung führen. Zweitens verknüpfen sie über das Maßgeblichkeitsprinzip das Handels- und Steuerrecht. Drittens dienen sie dazu, alle vom Gesetzgeber nicht ausdrücklich geregelten Sachverhalte aufzufangen. Die GoB sind nur teilweise im Gesetz niedergelegt („kodifiziert") und dort mitunter nur vage gefasst. So verlangt § 252 Abs. 1 Nr. 4 etwa, dass Gewinne nur zu berücksichtigen sind, „wenn sie am Abschlussstichtag realisiert sind" – ohne indes zu konkretisieren, wann dieses „Realisationsprinzip" erfüllt ist. Insofern bedürfen die GoB der Auslegung und Konkretisierung. Prinzipiell können GoB entweder aus allgemeinen Prinzipien (deduktiv) entwickelt werden oder (induktiv) durch Beobachtung der Praxis entstehen.

Induktive Entstehung: Vorschläge für GoB können (theoretisch) durch die Orientierung an guter Praxis entstehen. In der Tat haben viele Rechnungslegungsregeln ihren Ursprung in der guten kaufmännischen Praxis. Das gilt etwa für das Entstehen der Konzernrechnungslegung. Dies setzt aber voraus, dass sich im Zeitablauf überhaupt eine Praxis herausbildet – und bis dahin eine Vielzahl unterschiedlicher Praktiken zumindest nicht unzulässig ist. Die Vielfalt solcher Praktiken würde indes die Vergleichbarkeit von Jahresabschlüssen erheblich einschränken, was gegen diesen Ansatz spricht. Allerdings kann auch dann von einer induktiven Ermittlung gesprochen werden, wenn Verlautbarungen berufsständischer Vereinigungen oder professioneller

Standardsetter Eingang in Recht und Gesetz finden. Für die deutschen GoB wird allerdings die Idee der induktiven Ermittlung bereits seit den 1960er-Jahren abgelehnt.

Deduktive Ableitung: Nach dieser – in Deutschland insbesondere durch die Arbeiten von *Adolf Moxter* etablierten und durch die Rechtsprechung des Bundesfinanzhofs (BFH) geübten – Methode werden GoB aus den Aufgaben und Zwecken der Rechnungslegung entwickelt. Wenn der Zweck eines Abschlusses etwa den Gläubigerschutz umfasst, so kann daraus die Notwendigkeit einer vorsichtigen Bilanzierung abgeleitet werden. Mit Verweis auf Vorsicht wird dann wiederum, beispielsweise, eine ratierliche Gewinnrealisierung bei langlaufenden Projekten (Fertigungsaufträgen) ausgeschlossen. Problematisch bei einer deduktiven Ableitung ist indes, dass die obersten Aufgaben und Zwecke der Rechnungslegung in Konflikt stehen können und dass es auch unterschiedliche Auffassungen etwa dahingehend geben kann, was genau eine Gewinnermittlung ausmacht, die einerseits Gläubiger vor übermäßigen Ausschüttungen von Mitteln aus dem Unternehmen schützt und andererseits Eignern eine Mindestausschüttung sichern soll. Eine vermittelnde Perspektive nimmt die *teleologische Entstehung* der GoB ein. Demnach sollen GoB so entwickelt werden, dass eine Praxis entsteht, die im Einklang mit den entsprechenden gesetzlichen Zwecken steht. Diese Perspektive betont den Normcharakter der GoB in besonderer Form und bringt damit die politische Rolle der Regelungen zur Geltung. Für die Rechnungslegungsregeln bedeutet dies eine Orientierung der Anbieter von Lösungsideen an den Vorgaben der Politik, die gesetzlich niedergelegt sind.

Die maßgeblichen gesetzlichen Bilanzierungsvorschriften enthält das dritte Buch des HGB („Handelsbücher"), das wiederum aus sechs Abschnitten besteht. Der erste enthält die Vorschriften für alle Kaufleute, der zweite ergänzende Vorschriften für Kapitalgesellschaften sowie die Vorschriften für Konzerne. Hier sind ferner Prüfungs- und Publizitätspflichten für Kapitalgesellschaften und Konzerne geregelt. Der dritte Abschnitt enthält ergänzende Vorschriften für eingetragene Genossenschaften, der vierte solche für Unternehmen bestimmter Geschäftszweige (etwa Kreditinstitute und Versicherungen). Der fünfte Abschnitt enthält die Vorschriften für ein privates Rechnungslegungsgremium, der sechste solche für die Prüfstelle für Rechnungslegung.

Die Grundsätze ordnungsmäßiger Buchführung finden sich nicht in Gesetzen, sondern sind über verschiedene Quellen verstreut. Sie sind damit einerseits unübersichtlicher als die Standards, bei denen Regelungen zusammengefasst sind. Andererseits sind sie offener für die Beteiligung von Betroffenen, die außerhalb des Gesetzgebungs- oder Standardsetzungsverfahrens stehen. Üblicherweise werden die GoB in Rahmengrundsätze, Abgrenzungsgrundsätze und sonstige Grundsätze unterteilt. Abgrenzungsgrundsätze legen fest, ob ein bestimmter Sachverhalt in einer bestimmten Abrechnungsperiode erfasst werden soll. Folgende Kriterien haben dabei besondere Bedeutung:

Grundsatz der Periodisierung: Aufwendungen und Erträge sind unabhängig von den Zeitpunkten der zu ihnen gehörenden Zahlungen zu berücksichtigen, also zu periodisieren. Das Realisationsprinzip, die Abgrenzung nach der Sache und nach der Zeit sowie das Imparitätsprinzip konkretisieren die nach GoB akzeptierte periodengerechte Erfolgsermittlung.

Realisationsprinzip: Gewinn entsteht, wenn er realisiert ist. Zur Konkretisierung dieser zunächst zirkulären Definition orientieren sich die GoB an den Regelungen im Privatrecht. Verlangt wird für die Realisation der Übergang von Chancen und Risiken auf einen Käufer. Erst dann etwa darf ein Umsatz gebucht werden. Nach HGB ist damit weitgehend ausgeschlossen, bloß „realisierbare" Erfolge als Ertrag zu erfassen. Chancen nur zu haben, reicht also nicht aus; man muss sie in „reale" Tatsachen umsetzen („realisieren"). Der Zahlungseingang spielt dabei keine Rolle. Ein Umsatzerlös wird etwa auch erfolgswirksam erfasst, wenn Waren auf Ziel verkauft werden, der Zahlungseingang also erst zu einem späteren Zeitpunkt – eventuell gar in einer späteren Abrechnungsperiode – erfolgt. Erfolgt der Zahlungseingang vor dem Übergang der Chancen und Risiken werden erfolgsneutral Verbindlichkeiten in Form von Vorauszahlungen eingebucht.

Abgrenzung nach der Sache und nach der Zeit: Unabhängig vom Zeitpunkt von Zahlungen sind einer Periode alle Vorgänge als Aufwand oder Ertrag zuzurechnen, die nach sachlichen oder zeitlichen Kriterien zu dieser Periode gehören. Dies bezieht sich insbesondere auf die Erfassung von Aufwendungen. Der Verkauf von fertigen Erzeugnissen aus dem Vorratsbestand löst nach dem Gesichtspunkt der sachlichen Zugehörigkeit die Erfassung eines Aufwands aus, nämlich der Erfassung der entsprechenden Umsatzkosten. Die Zuordnung von Aufwand zu Perioden kann auch unter zeitlichen Aspekten vorgenommen werden. So ist etwa der Preis für die Aufnahme von Fremdkapital, der Zins, in aller Regel ein Aufwand, der durch Verstreichen von Zeit entsteht und damit der oder den Perioden zuzurechnen ist, in denen eine entsprechende Verbindlichkeit besteht. Dies gilt auch für den Fall, in dem die Zahlung erst für den Zeitpunkt der Endfälligkeit vorgesehen ist. Ähnliches gilt für Mieten oder Versicherungsprämien.

Imparitätsprinzip: Positive und negative Entwicklung sind ungleich, eben imparitätisch zu behandeln. Negative Entwicklungen erfasst man bei Bekanntwerden, positive zum Zeitpunkt des Übergangs von Chancen und Risiken. Das Imparitätsprinzip steht damit in unmittelbarem Zusammenhang mit dem Vorsichtsprinzip.

Ergänzend dazu sind folgende Grundsätze zu beachten:

Kontinuität: Der Grundsatz sichert materiell die Vergleichbarkeit von Abschlüssen über die Zeit, insbesondere durch Stetigkeit im Hinblick auf Ausübung von Bewertungs- und Bilanzierungswahlrechten sowie die Gliederung von Bilanz, GuV und Anhang; eine formelle Kontinuität besteht in der Identität zwischen den Bilanzen am Ende des einen und Beginn des nächsten Geschäftsjahres.

Vorsicht: Nach § 252 Abs. 1 Nr. 4 HGB ist „vorsichtig zu bewerten, namentlich sind alle vorhersehbaren Risiken und Verluste, die bis zum Abschlussstichtag entstanden sind, zu berücksichtigen (...); Gewinne sind nur zu berücksichtigen, wenn sie am Abschlussstichtag realisiert sind." Das Vorsichtsprinzip darf aber nicht dazu führen, systematisch und ohne Abwägung von Chancen und Risiken Vermögenswerte unterzubewerten. Ein Grundsatz „der Kaufmann rechnet sich eher arm als reich" gilt nur in engen Grenzen, etwa wenn bei Unsicherheit nicht der wahrscheinliche Wert, sondern ein pessimistischerer gewählt wird.

Annahme der Unternehmensfortführung: Bei der Bewertung ist von der Fortführung der Unternehmenstätigkeit auszugehen, sofern dem nicht tatsächliche oder rechtliche Gründe entgegenstehen (§ 252 Abs. 1 Nr. 2 HGB).

Grundsatz der Wesentlichkeit: Unwesentliche Informationen dürfen vernachlässigt, verkürzt oder verdichtet werden.

Zusätzlich verlangen die Rahmengrundsätze, einen Abschluss nach bestem Wissen und Gewissen und ohne Irreführungen zu erstellen. Der Abschluss muss im Hinblick auf die Vornahme von Schätzungen und Ausübung subjektiven Ermessens ferner frei von Willkür sein. Im Hinblick auf den Ausweis muss der Abschluss die Sachverhalte klar in angemessener und ausreichender Tiefe darstellen und dazu einer sinnvollen und leicht erfassbaren Ordnung folgen. Der Abschluss muss vollständig in dem Sinne sein, dass er alle bis zum Bilanzstichtag angefallenen Geschäftsvorfälle enthält, inklusive solcher, die nicht direkt als Geschäftsvorfall erkennbar waren, etwa den Schwund von Vorratsgegenständen, ein Fallen von Marktwerten unter Einstandspreise oder das Entstehen neuer Risiken. Nach dem Grundsatz der Einzelbewertung sind alle Vermögenswerte und Schulden einzeln und unabhängig voneinander zu erfassen und zu bewerten. Saldierungen sind grundsätzlich unzulässig.

Zudem gibt es einige Dokumentationsgrundsätze. Nach dem Belegprinzip darf es keine Buchungen ohne Beleg geben, das Rechnungswesen ist systematisch aufzubauen, es muss ein internes Kontrollsystem vorliegen und alle Aufzeichnungen müssen verständlich sein.

Die Grundsätze stellen Prinzipien dar, die an der einen oder anderen Stelle durchaus in der Bilanzierungspraxis durchbrochen sein können. Die Durchbrechung – etwa die Saldierung gleichartiger Vermögensgegenstände des Vorratsvermögens aus Vereinfachungsgründen – muss aber wieder allgemein akzeptiert sein und ist zu begründen. Einzelne Unternehmen können also nicht beliebig von den GoB abweichen.

Einblicksnorm für Kapitalgesellschaften: *true and fair view*

Neben der prägenden Geltung der GoB für den Jahresabschluss sämtlicher Einzelkaufleute, Personenhandels- und Kapitalgesellschaften kennt das Handelsrecht noch eine zweite Generalnorm. Während die GoB mit der gläubigerschützenden Gewinnermittlung die Ausschüttungsbemessungsfunktion des Jahresabschlusses fokussieren, schafft der § 264 Abs. 2 S. 1 HGB speziell für Kapitalgesellschaften zusätzlich eine Einblicksnorm, die wiederum die Informationsfunktion betont: „Der Jahresabschluss der Kapitalgesellschaft hat unter Beachtung der Grundsätze ordnungsmäßiger Buchführung *ein den tatsächlichen Verhältnissen entsprechendes Bild der Vermögens-, Finanz- und Ertragslage der Kapitalgesellschaft zu vermitteln.*" Das zu vermittelnde Bild wird auch in Anlehnung an die angloamerikanische Bilanzierung, der diese Einblicksnorm entspringt, als *true and fair view* bezeichnet. Dahinter steht die Zielsetzung, den Jahresabschluss auch informativ auszugestalten und etwa Anteilseigner zweckmäßig zu informieren. Indes ist dem Gesetzeswortlaut zu entnehmen, dass das Bild des Unternehmens „unter Beachtung der GoB" zu vermitteln sei. Nach herrschender Auffassung wird der *true and fair view* daher nach der sogenannten „Abkopplungsthese" verstanden. Demnach sind Gewinnermittlung und Informationsfunktion voneinander abgekoppelt: Während Bilanz sowie Gewinn-und-Verlust-Rechnung durch die GoB und das Ziel der gläubigerschützenden Gewinnermittlung geprägt sind, hat der Anhang die Aufgabe, über die Vermögens-, Finanz- und Ertragslage zu informieren. Dies geschieht, indem der Anhang etwa detailliert über die Zusammensetzung des Vermögens, über die Fristigkeit von Verbindlichkeiten oder über die Natur des außerordentlichen Ergebnisses informiert. Zudem soll der Anhang ausdrücklich Korrekturen bzw. zusätzliche Angaben vornehmen, wenn Bilanz und Gewinn-und-Verlust-Rechnung kein zutreffendes Bild der Lage zeichnen (§ 264 Abs. 2 S. 2). Hier wäre etwa an das Beispiel der Langfristfertigung zu denken. Zwar verbietet es das Realisationsprinzip grundsätzlich, bei mehrjährigen Fertigungsprozessen (etwa von Kraftwerken, Flugzeugen, Kreuzfahrtschiffen) vor Fertigstellung und Abnahme Umsätze zu erfassen; die Aufgabe des Anhangs ist dann, über die entsprechend verzerrte Ertragslage zu informieren und die Adressaten der Rechnungslegung beispielsweise über den Auftragsbestand, den Fertigungsfortschritt und die voraussichtliche Fertigstellung der Produkte zu unterrichten.

Fortentwicklung des Handelsbilanzrechts

Die letzte grundlegende Reform hat die HGB-Rechnungslegung durch das Bilanzrechtsmodernisierungsgesetz (BilMoG) aus dem Jahr 2009 erfahren. Mit der Reform zielte der Gesetzgeber auf eine Weiterentwicklung – und in Teilen auch eine grundlegende Veränderung – der Rechnungslegung nach HGB/GoB. Nach Wunsch des Gesetzgebers soll die deutsche Rechnungslegung eine wettbewerbsfähige Alternative zur Bilanzierung nach IFRS darstellen. Gleichwohl hat sich das HGB durch die BilMoG-Reformen an vielen Stellen deutlich an die IFRS angenähert. Insbesondere wurden die Möglichkeiten zur Bildung von Rückstellungen begrenzt. Die Abschaffung der umgekehrten Maßgeblichkeit sollte den Informationswert von Abschlüssen erhöhen, weil sich dadurch eine deutliche Abschwächung der steuerlichen Effekte auf die handelsrechtliche Rechnungslegung ergibt. Für Finanzinstrumente im Handelsbestand von Kreditinstituten sowie auch für Vermögenswerte im Bereich des Planvermögens im Zusammenhang mit Pensionsverpflichtungen wurde der Ansatz von Vermögenswerten zum beizulegenden Zeitwert auch über den historischen Einstandspreisen hinaus gestattet, was einer kleinen Revolution im Bereich der handelsrechtlichen Bewertungsvorschriften gleich kommt. Genau hier findet sich die Durchbrechung des Realisations- und Vorsichtsprinzips ganz deutlich. Ferner wurde eine weitgehende Angleichung der Ansatz- und Bewertungsvorschriften für Kaufleute an die Vorschriften für Kapitalgesellschaften vorgenommen.

EXTRAS ONLINE

Aufgaben

1. Diskutieren Sie, wie Grundsätze ordnungsmäßiger Buchführung entstehen!

2. Welche Prinzipien leiten die Rechnungslegungsregeln nach HGB?

3. Vergleichen Sie die leitenden Prinzipien von HGB und IFRS. Wo finden Sie Unterschiede, wo Gemeinsamkeiten?

4. Vergleichen Sie den Entstehungsprozess von GoB und IFRS. Welche Variante erscheint Ihnen vorzugswürdig?

5. Warum hat der deutsche Gesetzgeber die handelsrechtliche Rechnungslegung 2009 modernisiert? Wie beurteilen Sie die Modernisierung?

6. Welche Bedeutung hat das Vorsichtsprinzip in der Rechnungslegung nach HGB? Wie ist es ausgestaltet?

3.2 Grundlagen zu Ansatz und Bewertung

3.2.1 Ansatz

Lernziele

■ In der Bilanzierung stellt sich zunächst die Frage des Ansatzes. Hier ist zu klären, ob und an welcher Stelle ein Sachverhalt in der Bilanz zu erfassen ist.

■ Für eine Abbildung in der Bilanz müssen sowohl die Definitions- als auch die Ansatzkriterien erfüllt sein.

In der Rechnungslegung stellen sich drei Grundprobleme. Erstens ist die Frage zu beantworten, welche Sachverhalte in einem Abschluss einer bestimmten Periode zu erfassen sind (*Ansatz*) bzw. wie die Existenz des Sachverhalts nachgewiesen werden kann. Zweitens stellt sich im Falle eines erstmaligen Ansatzes die Frage, wie der Sachverhalt zu bewerten ist (*Erstbewertung*). Drittens stellt sich in allen Fällen, in denen sich der Sachverhalt auf mehr als eine Periode auswirkt, die Frage der Bewertung in den folgenden Perioden (*Folgebewertung*). ▶ Abbildung 3.3 gibt einen Überblick über Ansatz, Erst- und Folgebewertungsmöglichkeiten von Sachverhalten, die in der Bilanz erfasst werden.

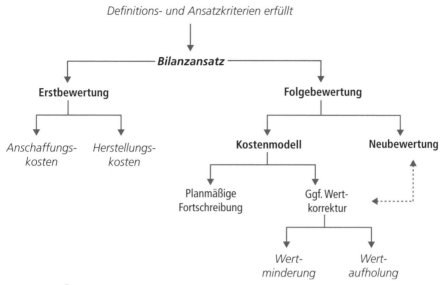

Abbildung 3.3: Übersicht über die Erst- und Folgebewertung

Die Voraussetzung für einen Ansatz von Vermögenswerten und Schulden in der Bilanz ist, dass die einschlägigen Definitions- und Ansatzkriterien erfüllt sind. Ein *Vermögenswert* ist im IFRS-Rahmenkonzept definiert als „eine Ressource, die aufgrund von Ereignissen der Vergangenheit in der Verfügungsmacht des Unternehmens steht und von der erwartet wird, dass dem Unternehmen aus ihr künftiger wirtschaftlicher Nutzen zufließt." Definitionen im Rahmenkonzept sind unverbindlich, demnach sind die jeweils konkreten Definitionskriterien in den einzelnen Standards entscheidend. Da das Rahmenkonzept aber eine konsistente Entwicklung der Standards gewährleisten soll, überrascht nicht, dass die Definitionen in den Standards die Definitionen im Rahmenkonzept sehr häufig nahezu vollständig übernehmen und sachverhaltsspezifisch ergänzen. Das Zutreffen der entsprechenden Definitionskriterien ist aber nur die notwendige und noch keine hinreichende Bedingung für eine bilanzielle Erfassung. Ein Vermögenswert ist nach Rahmenkonzept in der Bilanz dann und nur dann anzusetzen, wenn auch wahrscheinlich ist, dass der aus ihm zu ziehende künftige wirtschaftliche Nutzen dem Unternehmen tatsächlich zufließen wird (auch diese allgemeinen Ansatzkriterien werden in den einzelnen Standards sachverhaltsspezifisch ergänzt). Unter „wahrscheinlich" ist dabei zu verstehen, dass der Zufluss des wirtschaftlichen Nutzens eher wahrscheinlich als unwahrscheinlich sein muss. Dies kann als Erfordernis einer Mindestwahrscheinlichkeit der Vereinnahmung in Höhe von mindestens 50 Prozent interpretiert werden. Zusätzlich müssen auch die Anschaffungs- beziehungsweise Herstellungskosten – oder ein anderer Wert, der den erwarteten Nutzen approximiert – verlässlich ermittelt werden können. Soweit jedenfalls das Rahmenkonzept mit seinen allgemeinen Hinweisen. In der Rechnungslegung nach HGB/GoB gibt es keine derart präzise niedergelegte Definition, auch wenn die Tatbestände denen der IFRS im Wesentlichen entsprechen (siehe hierzu ▶ Exkurs 3.5: „Bilanzansatz nach HGB").

Die Ansatzkriterien können wiederum in den Standards näher konkretisiert werden. So sieht etwa IAS 38 zahlreiche Ansatzverbote vor, auch wenn die Ansatzkriterien im Einzelfall erfüllt sein dürfen. Dies ist etwa der Fall bei bestimmten selbst geschaffenen immateriellen Vermögenswerten, zum Beispiel Marken, die nicht als Vermögenswert in der Bilanz erfasst werden dürfen (vergleiche hierzu insbesondere auch ▶ Kapitel 4.2). Weiterhin gelten für bestimmte Arten von Vermögenswerten spezielle Ansatzkriterien, die die hier genannten allgemeinen einschränken. Beispielhaft kann auf diejenigen immateriellen Vermögenswerte verwiesen werden, die aus Entwicklungsaktivitäten entstehen und nur angesetzt werden dürfen, wenn weitere Ansatzkriterien erfüllt sind.

Analog zu den Vermögenswerten sind *Schulden* im Rahmenkonzept definiert als „gegenwärtige Verpflichtung des Unternehmens, die aus Ereignissen der Vergangenheit entsteht und deren Erfüllung für das Unternehmen erwartungsgemäß mit einem Abfluss von Ressourcen mit wirtschaftlichem Nutzen verbunden ist". Diese allgemeine Definition findet sich in ähnlicher Form in vielen konkreten Standards wieder, etwa in IAS 37 im Zusammenhang mit der Bilanzierung von Rückstellungen (vergleiche hierzu auch ▶ Kapitel 5.3). Wiederum werden auch die Schulden nur angesetzt, wenn neben den Definitions- auch die Ansatzkriterien erfüllt sind. Schulden werden in der Bilanz nur angesetzt, wenn wahrscheinlich ist, dass sich aus der Erfüllung der gegenwärtigen Verpflichtung ein direkter Abfluss von Ressourcen ergibt, die wirtschaftlichen Nutzen verkörpern und dieser Abfluss auch verlässlich bewertet werden kann (Ansatzkriterien). Schulden umfassen neben Verbindlichkeiten, bei denen Höhe und Abflusszeitpunkt genau bestimmt werden können, damit auch Rückstellungen, bei denen mindestens eine Komponente nicht exakt bestimmt werden kann. Ist ein Unternehmen etwa gesetzlich verpflichtet, Fehler an abgesetzten Produkten zu beheben, so ist zum Zeitpunkt des Verkaufs eines Produkts noch unklar, ob und wenn ja in welcher Höhe künftig Ressourcen zur Behebung eines solchen Fehlers abfließen werden. Mit dem Umsatzvorgang wird aber eine Verpflichtung eingegangen, solche Fehler zu beheben. Dabei spielt es für einen Ansatz als Schuld grundsätzlich keine Rolle, ob es sich um eine gesetzlich bindende, eine vertragliche oder eine aus Geschäftsusancen heraus abgeleitete künftige Verpflichtung handelt. Entscheidend ist, ob die Ansatzkriterien erfüllt sind, also der Erfüllungsbetrag verlässlich ermittelt werden kann und der Ressourcenabfluss wahrscheinlich ist. Auch hier ist die Übereinstimmung mit der Rechnungslegung nach HGB/GoB beträchtlich.

Das *Eigenkapital* ergibt sich rechnerisch als Differenz zwischen den gesamten Vermögenswerten und Schulden eines Unternehmens. Es ist damit eine Restgröße und wird nicht gesondert bewertet. Dies muss auch so sein: Da sich die Aktiv- und Passivseite der Bilanz stets entsprechen, können bei drei Bestandteilen, Vermögenswerte, Schulden und Eigenkapital, nur für zwei Bestandteile genaue Regeln angegeben werden. Der dritte Bestandteil errechnet sich aus der Bilanzgleichung. Das Eigenkapital ist also als Residualgröße definiert, wobei sich eigenständige Definitions- und Ansatzkriterien für das Eigenkapital nicht nur erübrigen, sondern aus rechnerischer Sicht auch verbieten.

Exkurs 3.5	Bilanzansatz nach HGB

Nach HGB zählen die als Anlage- oder Umlaufvermögen klassifizierten Vermögensgegenstände, das Eigenkapital, die Schulden sowie die Rechnungsabgrenzungsposten zu den gesondert auszuweisenden Inhalten der Bilanz (§ 247 Abs. 1 HGB). Anders als die IFRS beinhaltet das Gesetz selbst keine Definitionen dieser Begriffe. Aus den GoB lassen sich aber die Kriterien für diese Positionen ableiten. Nach dem Vollständigkeitsgebot sind alle Vermögensgegenstände und Schulden zu erfassen, wobei die Vermögensgegenstände, die dauerhaft dem Geschäftsbetrieb dienen sollen, als Anlagevermögen ausgewiesen werden (§ 247 Abs. 2 HGB). Eingeschränkt wird der vollständige Ausweis von *Vermögensgegenständen* durch konkrete Bilanzierungsverbote (etwa nach § 248 Abs. 2 HGB für Kundenlisten oder Marken). Auch wird – durchaus plausibel im Hinblick auf den Gläubigerschutz – die Frage nach der möglichen Verwertbarkeit der Vermögensgegenstände aufgeworfen, typischerweise konkretisiert als Forderung nach mindestens abstrakt bestehender Einzelveräußerbarkeit. Diese Einzelveräußerbarkeit stellt in der Regel strengere Anforderungen an das Vorliegen eines Vermögensgegenstands als der Nutzenzufluss aus den IFRS. Ein Sonderfall sind die auf der Aktivseite zu erfassenden Abgrenzungsposten, die genau wie ihre Pendants auf der Passivseite Hilfsmittel darstellen, um eine periodengerechte Bilanzierung zu erreichen. Auszahlungen für selbst geschaffene immaterielle Vermögensgegenstände des Anlagevermögens können aktiviert werden; andernfalls sind sie in der Periode ihres Anfallens als Aufwand zu erfassen (§ 248 Abs. 2 S. 1 HGB). Auszahlungen für Forschungstätigkeiten, selbst geschaffene Marken, Drucktitel, Verlagsrechte, Kundenlisten oder vergleichbare immaterielle Vermögensgegenstände des Anlagevermögens sind dagegen stets Aufwand der Periode, in der sie anfallen (§ 248 Abs. 2 S. 2 HGB).

Die Erfassung von *Schulden* setzt eine Leistungsverpflichtung gegenüber Dritten voraus, aus der sich das Unternehmen nicht entziehen kann. Eine Schuld kann wirtschaftlich oder rechtlich verursacht sein. Wird beispielsweise im üblichen Geschäftsverkehr die Erfüllung einer Leistungsverpflichtung erwartet, ohne dass darauf ein rechtlicher Anspruch bestünde, so wird dennoch eine Schuld erfasst. Soweit bei einer Schuld dem Grunde oder der Höhe nach Unsicherheiten bestehen, wird von einer Rückstellung gesprochen. Rückstellungen werden in der Regel abermals nur für (mögliche) Verpflichtungen gegenüber Dritten gebildet. Auch hier ist die Übereinstimmung zu den IFRS groß. Eine wichtige Abweichung ist das Bestehen sogenannter Aufwandsverpflichtungen, bei denen die Verpflichtung nicht gegenüber einem Dritten besteht. Diese konnten bis zur Bilanzrechtsreform in erheblichem Umfang passiviert werden. Das BilMoG hat die Möglichkeiten zur Bildung von Aufwandsrückstellungen erheblich eingeschränkt. Ein verbliebenes Beispiel sind nach § 249 HGB Rückstellungen für im Geschäftsjahr unterlassene Aufwendungen für Instandhaltungen, die im folgenden Geschäftsjahr innerhalb von drei Monaten nachgeholt werden. Auch auf der Passivseite sind nach § 250 Abs. 2 HGB Abgrenzungsposten als eigenständige Bilanzposition zu erfassen.

Aufgaben

1. Definieren Sie Vermögenswerte und Schulden nach IFRS! Nennen Sie Beispiele.

2. Warum müssen sowohl Ansatz- als auch Definitionskriterien für einen Bilanzansatz erfüllt sein?

3. Benennen Sie Bilanzierungsverbote! Warum werden Bilanzierungsverbote ausgesprochen?

4. Vergleichen Sie die Aktivierungs- und Passivierungsregeln von HGB und IFRS!

5. Rechnungsabgrenzungsposten sind keine Kategorie der IFRS. Wie werden diese Sachverhalte nach IFRS bilanziert?

6. Nennen Sie Beispiele für rechtliche und wirtschaftliche Verpflichtungen, die zu Verbindlichkeiten oder Rückstellungen führen!

3.2.2 Erstbewertung

Lernziele

■ Die Erstbewertung folgt typischerweise einem pagatorischen Wertverständnis.

■ Auf der Aktivseite entsprechen die Wertansätze typischerweise dem Wert der Zahlungsmittel oder Zahlungsmitteläquivalente, die im Austausch für die Anschaffung oder Herstellung eines Vermögenswerts gegeben wurden.

■ Auf der Passivseite entsprechen die Wertansätze dem Betrag, den man erhalten hat oder den man zur Ablösung der Schuld aufzubringen hätte.

Wenn die Definitions- und Ansatzkriterien erstmalig erfüllt sind, muss ein Vermögenswert beziehungsweise eine Schuld (neu) in der Bilanz erfasst werden. Dabei stellt sich die Frage, mit welchem Wert die entsprechende Position erstmalig anzusetzen ist. Dieser Vorgang wird als Erstbewertung bezeichnet.

Im Rahmenkonzept werden einige Wertansätze genannt, die zur Bewertung in Frage kommen. Dabei handelt es sich um Tages-, Veräußerungs- und Barwerte (siehe ▶ Tabelle 3.1). Zentraler Wertmaßstab in den IFRS sind, wie auch in der Rechnungslegung nach HGB/GoB, die historischen Kosten. Dies gilt insbesondere für die Erstbewertung von Vermögenswerten und Schulden, die, von Sonderfällen abgesehen, praktisch immer zu historischen Kosten erfolgt (vergleiche zum Beispiel IAS 16.15). Zum Zeitpunkt der Anschaffung entsprechen die „historischen" Kosten freilich einem Marktwert, also einem Tages-, Veräußerungs- oder Barwert. Da es sich um einen Beschaffungsvorgang handelt, liegt die Verwendung eines Tageswerts nahe.

Abgesehen von der allgemeinen Definition im Rahmenkonzept finden sich in den IFRS keine allgemeinen Leitlinien zur Berechnung der historischen Kosten. Die Vorschriften, die sich in den einzelnen Standards finden, sind aber weitgehend konsistent. Dies erlaubt an dieser Stelle die Darstellung einiger Grundsätze bei ihrer Ermittlung. Voraussetzung für eine Erstbewertung ist stets, dass die einschlägigen Definitions- und Ansatzkriterien für einen Vermögenswert beziehungsweise eine Schuld erfüllt sind. Soweit es sich um einen Vermögenswert handelt, ist zu prüfen, ob dieser von Dritten erworben oder selbst erstellt wurde.

Tabelle 3.1

Zentrale Wertmaßstäbe für Vermögenswerte und Schulden

	bei Vermögenswerten	bei Schulden
Historische Kosten (hier: Anschaffungskosten)	Betrag der entrichteten Zahlungsmittel oder Zahlungsmitteläquivalente beziehungsweise beizulegender Zeitwert der Gegenleistung zum Zeitpunkt des Erwerbs.	Betrag der Zahlungsmittel, der im Austausch für die Verpflichtung erhalten wurde, beziehungsweise Betrag, der für eine Tilgung der Schuld im normalen Geschäftsverlauf aufgewendet werden müsste.
Tageswert	Betrag der Zahlungsmittel, die für Beschaffung eines entsprechenden Vermögenswerts zum gegenwärtigen Zeitpunkt bezahlt werden müssten.	Betrag der Zahlungsmittel, die gezahlt werden müssten, um die Schuld zum gegenwärtigen Zeitpunkt zu begleichen.
Veräußerungswert beziehungsweise Erfüllungsbetrag	Betrag der Zahlungsmittel, die erzielt werden könnten, wenn der Vermögenswert zum gegenwärtigen Zeitpunkt im normalen Geschäftsverlauf verkauft würde.	Betrag der Zahlungsmittel, die erwartungsgemäß gezahlt werden müssten, um die Schuld im normalen Geschäftsverlauf zu begleichen.
Barwert	Barwert des künftigen Nettomittelzuflusses, der mit dem Vermögenswert erwartungsgemäß im normalen Geschäftsverlauf erzielt wird.	Barwert des künftigen Nettomittelabflusses, der erwartungsgemäß im normalen Geschäftsverlauf für eine Erfüllung der Schuld erforderlich ist.

Bei einem Erwerb setzen sich die Anschaffungskosten vor allem aus dem Kaufpreis und eventuellen Anschaffungsnebenkosten zusammen, von deren Summe die Anschaffungskostenminderungen abzuziehen sind. Unter die Anschaffungsnebenkosten fallen etwa Einfuhrzölle und nicht erstattungsfähige Steuerzahlungen, außerdem Transport- und Verbringungskosten. Auch sonstige Kosten, die dem Vermögenswert insofern direkt zurechenbar sind, als dass sie ihn für die bestimmungsgemäße Verwendung vorbereiten, gehören hierzu. Darüber hinaus sind den Anschaffungskosten in einigen Fällen auch die erstmalig geschätzten Abbruchs- und Wiederherstellungskosten des Standorts sowie Finanzierungskosten zuzurechnen. Bei den *Anschaffungskostenminderungen*, die vom Kaufpreis abzuziehen sind, wird es sich in aller Regel um Rabatte, Boni oder Skonti handeln.

Wird ein Vermögenswert selbst erstellt und erfüllt er die Definitions- und Ansatzkriterien eines Vermögenswerts, so gestaltet sich die Ermittlung eines Wertansatzes schwieriger als im Fall des Kaufs von Dritten. Die historischen Kosten sind dann die Herstellungskosten. Diese beinhalten grundsätzlich alle Kosten, die den produzierten Einheiten zuzurechnen sind. Dazu zählen neben den direkt zurechenbaren Einzelkosten auch die variablen und fixen Gemeinkosten, auch wenn Gemeinkosten den Produktionseinheiten nur durch die Anwendung einer Rechenvorschrift zugeordnet werden können. (zu diesen und weiteren der im Folgenden verwendeten Begriffe siehe ▶ Tabelle 3.2). Die einzubeziehenden Kosten betreffen auch den produktionsbezogenen Verwaltungsbereich. Vertriebskosten dürfen nicht einbezogen werden. Während die Einbeziehungsverbote in der Rechnungslegung nach IFRS und HGB/GoB sehr ähnlich sind, werden die Gebote in den IFRS strikter formuliert (siehe auch ▶ Exkurs 3.6: „Erstbewertungsgrundsätze nach HGB").

Die Rechenvorschriften zur Zuordnung von Gemeinkosten müssen bestimmten Anforderungen genügen. Die Zurechnung von Gemeinkosten ist dabei im Vollkostenprinzip begründet. Fixe Kosten werden nur im Umfang eines normalen Beschäftigungsgrads zugerechnet. Dies soll vermeiden, dass den erzeugten Vermögenswerten bei einer schwachen Auslastung der Produktion höhere Gemeinkosten zugerechnet werden als es bei einer normalen Auslastung der Fall wäre. In Perioden mit besonders hohen Produktionsvolumina mindert sich allerdings der Fixkosten-Anteil der einzelnen Produktionseinheit, so dass die Vorräte nicht über den Herstellungskosten bewertet werden. Vertriebskosten und allgemeine Verwaltungskosten, die zu den (fixen) Gemeinkosten zählen, dürfen nicht den Herstellungskosten zugerechnet werden.

Tabelle 3.2
Definition von Begriffen im Zusammenhang mit Herstellungskosten

Begriff	Definition
I Grundlagen	
Kosten	Bewerteter sachzielbezogener Leistungsverzehr einer Periode. Unterschieden werden Einzel- und Gemein- sowie fixe und variable Kosten. Fixe Kosten fallen unabhängig vom Beschäftigungsgrad (zeitraumbezogen) an, variable schwanken mit der Beschäftigung.
Vollkostenrechnung	Kostenrechnungssystem, bei dem die gesamten fixen und variablen Kosten auf Kostenträgereinheiten (hier: selbst erstellte Vermögenswerte) verteilt werden.

                        →

	→ Fortsetzung
Begriff	**Definition**
Teilkostenrechnung	Kostenrechnungssystem, bei dem nur ein Teil der gesamten Kosten (nämlich in der Regel nur die variablen) den Kostenträgereinheiten (hier: den selbst erstellten Vermögenswerten) zugerechnet wird. Teilkostenrechnungssysteme sind auch auf Basis von Einzelkosten möglich.
II Bestandteile der Herstellungskosten	
Einzelkosten	Kosten, die den selbst erstellten Vermögenswerten direkt zugerechnet werden können, zum Beispiel Material(einzel)kosten.
Gemeinkosten	Kosten, die den selbst erstellten Vermögenswerten nicht direkt zugerechnet werden können, die aber mit deren Erstellung in enger Verbindung stehen und ihnen deshalb nach dem Verursachungsprinzip zugerechnet werden sollten. Es kann sich dabei um fixe und variable Gemeinkosten handeln.

Auch Fremdkapitalkosten können Teil der Anschaffungs- oder Herstellungskosten werden. Fremdkapitalkosten sind aber nur unter bestimmten Bedingungen zu aktivieren, und zwar dann, wenn es sich um einen (dafür) qualifizierten Vermögenswert handelt. Qualifizierte Vermögenswerte zeichnen sich dadurch aus, dass ein „beträchtlicher Zeitraum" erforderlich ist, um sie in den beabsichtigten Zustand zu versetzen, sie also gebrauchs- oder verkaufsfähig zu machen. Zu denken ist hier etwa an Anlagen oder Gebäude in Herstellung. Im Einzelfall kann es sich aber auch bei bestimmten Erzeugnissen der Produktion um qualifizierte Vermögenswerte handeln, etwa hochwertige Weine, die vor dem Verkauf einen mehrjährigen Reifungsprozess durchlaufen. Bei Vermögenswerten aus Serien- oder Massenfertigung wird es sich dagegen nicht um qualifizierte Vermögenswerte handeln.

Zu den aktivierungsfähigen Fremdkapitalkosten zählen Zinszahlungen sowie sonstige Kosten, die im Zusammenhang mit der Aufnahme von Fremdkapital anfallen, beispielsweise ein Disagio. Zu berücksichtigen sind auch sonstige Nebenkosten, die mit der Kreditaufnahme in Verbindung stehen, beispielsweise Vermittlungsgebühren oder Provisionen. Soweit Fremdkapitalkosten aktiviert werden, steigen die Anschaffungs- oder Herstellungskosten der qualifizierten Vermögenswerte um genau diesen Betrag. Die Idee dabei ist, dass es sich bei Fremdkapitalkosten ebenfalls um Kosten handelt, die mit der Beschaffung bestimmter Vermögenswerte in unmittelbarer Verbindung stehen und diesen daher direkt zugerechnet werden können. Soweit ein Unternehmen für die Beschaffung oder Herstellung qualifizierter Vermögenswerte kein Fremdkapital aufnimmt, dürfen Kapitalkosten nicht aktiviert werden. Die Bereitstellung von Eigenkapital verursacht keine zahlungswirksamen Kosten, sondern nur Gewinnerwartungen (Opportunitätskosten). Dass eine Aktivierung von Fremdkapitalkosten gefordert, dagegen eine Aktivierung von Eigenkapitalkosten verboten ist, kann durch das pagatorische Wertverständnis erklärt werden, das im externen Rechnungswesen vorherrscht. ▶ Exkurs 4.2 verdeutlicht die Ermittlung aktivierbarer Fremdkapitalkosten.

Exkurs 3.6 **Erstbewertungsgrundsätze nach HGB**

Werden *Vermögensgegenstände* des Anlage- und Umlaufvermögens von Dritten beschafft und erstmals erfasst, sind sie mit Anschaffungskosten zu erfassen. Wesentliche Komponenten der Anschaffungskosten sind der Anschaffungspreis, die Anschaffungsnebenkosten, Anschaffungskostenminderungen und ggf. nachträgliche Anschaffungskosten (§ 255 Abs. 1 HGB). Selbst erstellte Vermögensgegenstände des Anlage- und Umlaufvermögens werden mit Herstellungskosten erfasst. Dazu gehören die Einzelkosten der Herstellung, variable Gemeinkosten und – hier besteht ein Wahlrecht – ggf. Teile der fixen Gemeinkosten, soweit sie auf den Zeitraum der Herstellung entfallen, etwa anteilige Kosten der allgemeinen Verwaltung. Einbeziehungsverbote bestehen für Forschungs- und Vertriebskosten. Fremdkapitalkosten sind allgemein nicht in die Herstellungskosten einzubeziehen. Es besteht allerdings ein Wahlrecht für den Fall, dass sich die Fremdkapitalkosten der Herstellung eines Vermögensgegenstands eindeutig zuordnen lassen (§ 255 Abs. 2 HGB). *Verbindlichkeiten* werden zum Erfüllungsbetrag (= Rückzahlungsbetrag) angesetzt. *Rückstellungen* sind in Höhe des nach vernünftiger kaufmännischer Beurteilung notwendigen Erfüllungsbetrags anzusetzen. Liegt die Erfüllung einer per Rückstellung erfassten Verbindlichkeit mehr als ein Jahr in der Zukunft, ist der Erfüllungsbarwert anzusetzen, wozu nach § 253 Abs. 2 HGB der durchschnittliche Marktzinssatz der vergangenen sieben Geschäftsjahre zu nutzen ist. Dieser Zinssatz wird von der Deutschen Bundesbank ermittelt und monatlich bekanntgegeben.

Aufgaben

1. Was versteht man unter fixen beziehungsweise variablen Produktionsgemeinkosten? Nennen Sie Beispiele.

2. Was versteht man unter Einzelkosten, Materialeinzelkosten, Fertigungseinzelkosten, Sondereinzelkosten der Fertigung und Sondereinzelkosten des Vertriebs? Nennen Sie Beispiele.

3. Welche Gründe sprechen dafür, Produktionsgemeinkosten in die Herstellungskosten einzubeziehen?

4. Nennen Sie Gründe, die für oder gegen die Aktivierung von Fremdkapitalkosten sprechen! →

→ **Fortsetzung**

5. Was sind Eigenkapitalkosten – und warum dürfen sie, anders als Fremdkapitalkosten, nicht in die historischen Kosten qualifizierter Vermögenswerte eingehen?

6. Welche Kostenkategorien werden in IAS 16 für den Wertmaßstab historische
Kosten für Vermögenswerte unterschieden? Wie werden die historischen
Kosten bei den unterschiedlichen Kostenkategorien ermittelt?

Weiterführende Literatur Zu den kostenrechnerischen Fragen ist Möller, Zimmermann und Hüfner, 2005, zur Vertiefung geeignet.

3.2.3 Folgebewertung

Lernziele

■ Die Folgebewertung knüpft entweder an die ursprünglichen Wertansätze an oder man bewertet bei der Erstellung des Abschlusses die Bilanzpositionen neu.

■ Werden Wertansätze auf Basis einer bestimmten Methode fortgeführt, muss regelmäßig überprüft werden, ob die Methode sachgerechte Ergebnisse liefert (Werthaltigkeitstest).

■ Die Neubewertungsmethode ist nur für eine begrenzte Anzahl von Bilanzpositionen zulässig.

Unternehmen können sich in einem bestimmten Rahmen entscheiden, ob sie die erstmalig ermittelten Wertansätze methodenorientiert fortführen oder den Wertansatz
regelmäßig neu ermitteln wollen. Ein Beispiel für die methodenorientierte Fortführung ist die (planmäßige) Abschreibung. Der hier festgelegte Abschreibungsplan
bestimmt, welche Wertansätze über die Nutzungsdauer eines Vermögenswerts gelten
sollen. Da diese Vorgehensweise an den Anschaffungs- oder Herstellungskosten
anknüpft, wird auch vom Kostenmodell gesprochen. Das Kostenmodell kann auch
Wertansätze ermitteln, die der Wirklichkeit nicht entsprechen – etwa, weil die
ursprünglichen Annahmen fehlerhaft waren. Daher erfordert seine Anwendung eine
Kontrolle in Form von Werthaltigkeitstests. Alternativ können Unternehmen eine
Neubewertungsmethode wählen, in der die Wertansätze von externen Quellen bezogen werden, etwa durch Marktpreise. Ein Rückgriff auf Vorjahreswerte wie auch die
Überprüfung der Methode im Rahmen von Werthaltigkeitstests erfolgt bei einer jähr-
lichen Neubewertung nicht.

Bewertung zu historischen Kosten Beim Kostenmodell bleiben die historischen
(Anschaffungs- oder Herstellungs-) Kosten der Ankerpunkt für die Folgebewertung.
Die historischen Kosten werden beim Kostenmodell fortgeschrieben, wobei der Buch-
wert der Vorperiode zum Bilanzstichtag jeweils um einen bereits beim Zugang des

Vermögenswerts festgelegten Betrag gemindert wird. Dieser Vorgang wird als planmäßige Abschreibung bezeichnet. Die lineare Abschreibung ist das einfachste Verfahren der planmäßigen Abschreibung. So könnte im Beispiel des Kaufs einer Maschine am Ende der Periode 1 festgelegt werden, dass sie vier Jahre genutzt werden soll. Wird nun geschätzt, dass die Maschine am Ende von Periode 5 für € 12.000 verkauft werden kann, wird der Buchwert durch Abschreibung in jeder Periode um € 2.500 (€ 10.000 ÷ 4 Jahre) vermindert. Der Buchwert am Ende der Periode 2 würde folglich nicht mehr € 22.000 (historische Kosten), sondern € 19.500 (€ 22.000 − € 2.500) betragen. Fällt nun am Ende des Jahres 2 deren Marktwert auf € 18.000, wäre der methodenbasierte Bilanzansatz von € 19.500 nicht voll werthaltig. Das Kostenmodell erfordert daher die Durchführung sogenannter Wertminderungstests. Wenn Anzeichen vorliegen, dass der buchmäßige Ansatz zu Werthaltigkeitsproblemen führen kann, wird geprüft, ob eine Wertminderung (nach deutscher Terminologie: außerplanmäßige Abschreibung) zu erfassen ist. Im vorliegenden Fall wären also am Ende der Periode 2 € 2.500 planmäßig und € 1.500 außerplanmäßig abzuschreiben. Planmäßige und außerplanmäßige Abschreibungen werden zunächst erfolgswirksam erfasst. Bei den Abschreibungen handelt es sich grundsätzlich um Aufwendungen, die den Gewinn einer Periode schmälern. Am Ende der Periode 2 könnte also wie folgt gebucht werden:

821 Abschreibungen auf langfristige Vermögenswerte	2.500	
822 Abschreibung wegen Wertminderung	1.500	
an 1251 Maschinen		4.000

Abschreibungen müssen allerdings nicht immer zu einer unmittelbaren Schmälerung des Gewinns führen. Dies ist beim Beispiel der Maschine evident, denn diese dient der Herstellung von fertigen Erzeugnissen (also Vorräten). In diesem Fall erfassen die Abschreibungen die Wertabgabe im Nutzungsprozess und mögen den Wert der unfertigen oder fertigen Erzeugnisse um den planmäßigen Abschreibungsbetrag erhöhen. Wie beim Kauf von Waren, bei dem Zahlungsmittel in Güter umgeschichtet wurden, werden dann durch die planmäßigen Abschreibungen Vermögenswerte des Anlagevermögens in Vermögenswerte des Umlaufvermögens umgeschichtet. Wie im ersten Fall erfolgt dies auch hier letztlich erfolgsneutral, denn es handelt sich in der Summe um einen Aktivtausch. Die Gewinnschmälerung tritt dann ein, wenn die fertigen Erzeugnisse verkauft werden und den Umsatzerlösen dann die Umsatzkosten, welche die planmäßigen Abschreibungen enthalten, zugeordnet werden. Deswegen muss im Beispiel der obige Buchungsansatz um den folgenden korrigiert werden:

243 Fertigerzeugnisse	2.500	
an 821 Abschreibungen		2.500

Im Ergebnis vermindert sich der Wert der Spezialmaschine um € 4.000, wobei € 2.500 dem Aktivposten „Erzeugnisse" zugeordnet werden (Aktivtausch) und € 1.500 erfolgswirksam erfasst werden.

Werthaltigkeitstests (*impairment*) Der Wert nichtfinanzieller Vermögenswerte, die zu fortgeführten Anschaffungskosten folgebewertet werden, kann durch interne oder externe Einflüsse so stark sinken, dass eine Bilanzierung zu planmäßig fortgeführten Anschaffungs- oder Herstellungskosten nicht mehr angemessen ist. In einem solchen Fall muss die eingetretene Wertminderung bei der Fortschreibung berücksichtigt werden. Ein Unternehmen hat deshalb nach IAS 36 an jedem Bilanzstichtag zu prüfen, ob Anhaltspunkte für eine Wertminderung von Vermögenswerten vorliegen.[5] Bei der Prüfung, ob eine Wertminderung vorliegt, sind externe und interne Informationsquellen zu berücksichtigen. Externe Hinweise können etwa Veränderungen im technischen, marktbezogenen, ökonomischen oder gesetzlichen Umfeld sein, durch die sich das ursprünglich erwartete Potenzial eines Vermögenswerts, Zahlungsmittelüberschüsse zu generieren, signifikant verändert. Zu den internen Hinweisen gehört etwa die Kenntnis, dass der Vermögenswert überaltet ist oder physische Schäden aufweist. Liegen entsprechende Indikatoren vor, muss der erzielbare Betrag des (oder der) entsprechenden Vermögenswerte(s) ermittelt und mit dem Restbuchwert verglichen werden. Strenger sind die Regeln bei bestimmten Vermögenswerten, bei denen eine größere Unsicherheit der Wertansätze vermutet wird: Bei noch nicht betriebsbereiten immateriellen Vermögenswerten, solchen mit unbegrenzter Nutzungsdauer und einem eventuell vorhandenen Goodwill ist die Werthaltigkeit stets, ebenfalls durch Ermittlung des erzielbaren Betrags, zu prüfen.

Der *erzielbare Betrag* entspricht dem höheren Betrag aus *beizulegendem Zeitwert nach Verkaufskosten* und *Nutzungswert*. Der *beizulegende Zeitwert nach Verkaufskosten*, in früheren Versionen von IAS 36 als Nettoveräußerungspreis bezeichnet, ist der Betrag, der durch den Verkauf eines Vermögenswerts in einer Transaktion zu Marktbedingungen zwischen sachverständigen, vertragswilligen Parteien nach Abzug der Veräußerungskosten erzielt werden könnte. Grundlagen für die Ermittlung des beizulegenden Zeitwerts sind beispielsweise abgeschlossene Kaufverträge, Marktpreise oder die bestmögliche Schätzung. Der *Nutzungswert* entspricht dem Barwert der geschätzten künftigen Netto-Cashflows, die aus der fortgesetzten Nutzung eines Vermögenswerts und seinem Abgang am Ende seiner Nutzungsdauer erwartet werden. Der Zahlungsstrom muss auf Basis vernünftiger Annahmen geschätzt beziehungsweise ermittelt werden. Der zugrunde gelegte Zinssatz für die Diskontierung muss die gegenwärtigen Marktbewertungen über den Zinseffekt und die spezifischen Risiken des Vermögenswerts widerspiegeln. Risiken werden dabei nur einmal, entweder in den Cashflows oder im Diskontierungssatz, erfasst. Sollte es nicht möglich sein, den erzielbaren Betrag für einen einzelnen Vermögenswert zu ermitteln, ist vom Unterneh-

---

5 Die im Folgenden dargestellten Regeln des IAS 36 sind grundsätzlich nicht anzuwenden bei der Bilanzierung von Vorräten, Vermögenswerten, die aus Fertigungsaufträgen entstanden sind, latenten Steueransprüchen, finanziellen Vermögenswerten, die in den Anwendungsbereich von IAS 39 fallen, als Finanzinvestitionen gehaltenen Immobilien sowie bestimmten biologischen Vermögenswerten sowie bestimmten Vermögenswerten gemäß IFRS 4 und IFRS 5. Für die genannten Vermögenswerte bestehen eigenständige Regelungen zur Erfassung eventueller Wertminderungen.

men der erzielbare Betrag der dem Vermögenswert übergeordneten zahlungsmittel-generierenden Einheit zu bestimmen.

Liegt nun der erzielbare Betrag unter dem Buchwert, so ist eine außerplanmäßige Abschreibung auf den erzielbaren Betrag vorzunehmen. Der Buchwert wird also vermindert und in Höhe der Differenz zum planmäßigen Buchwert erfolgt die Buchung eines Aufwands in der Gewinn-und-Verlust-Rechnung. Dieser wird bisweilen als außerordentlicher Aufwand bezeichnet, ist jedoch dem operativen Ergebnis zuzurechnen. Nach Erfassung des Wertminderungsaufwands ist der Abschreibungs- beziehungsweise Amortisationsaufwand[6] eines Vermögenswerts in künftigen Perioden anzupassen.

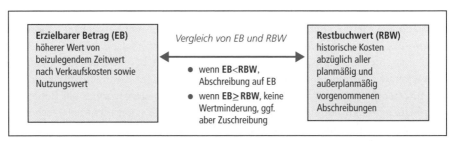

Abbildung 3.4: Schematische Darstellung eines Wertminderungstests

In späteren Perioden kann der Grund für eine erfasste Wertminderung bei einem Vermögenswert entfallen. Daher hat das Unternehmen – ebenfalls nach IAS 36 – an jedem Bilanzstichtag Anhaltspunkte zu prüfen, ob der Wertminderungsaufwand, der für einen Vermögenswert in früheren Jahren erfasst wurde, nicht länger fortbesteht oder sich vermindert hat. Falls dies der Fall ist, muss nun auf den erzielbaren Betrag zugeschrieben werden (siehe ebenfalls ▶ Abbildung 3.4). Eine Wertaufholung führt zum einen zur Erfassung eines Ertrags in der Gewinn-und-Verlust-Rechnung, zum anderen zur Erhöhung des entsprechenden Buchwerts. Die fortgeführten historischen Kosten, die sich ohne Wertminderung ergeben hätten, dürfen dabei niemals überschritten werden. Hierin liegt ein wesentlicher Unterschied zur Neubewertungsmethode.

▶ Abbildung 3.5 verdeutlicht diesen Sachverhalt. Angenommen sei, dass in t_0 ein Vermögenswert beschafft und zu Anschaffungskosten ($AK_{t=0}$) aktiviert wird. Der Vermögenswert soll über seine Nutzungsdauer (also bis t_N) linear auf seinen Restwert ($RW_{t=N}$) abgeschrieben werden. Der ursprünglich geplante Verlauf der Buchwerte ist in der Abbildung durch die gefettete rote Linie dargestellt. In Periode t_2 stellt sich nun heraus, dass eine Wertminderung eingetreten ist. Der Buchwert muss also durch Erfassung eines Wertminderungsaufwands auf den erzielbaren Betrag $EB_{t=2}$ vermindert werden. Die Abschreibungen der künftigen Perioden sind dann anzupassen. Wenn der Restwert (vereinfachungsgemäß) gleich bleibt – was zum Beispiel sein kann, wenn zu seiner Schätzung der Schrottwert angesetzt wird – ergibt sich der neue Verlauf der Buchwerte durch die gestrichelte rote Linie.

---

6   Bei immateriellen Vermögenswerten wird anstelle von Abschreibungen häufig von Amortisation gesprochen.

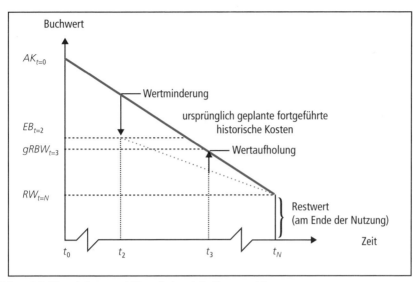

Abbildung 3.5: Wertminderung und Wertaufholung beim Kostenmodell

In Periode t_3 entfallen die Gründe, die zu der Erfassung der Wertminderung in t_2 geführt haben. Es muss nun eine Wertaufholung vorgenommen werden, wobei grundsätzlich auf den erzielbaren Betrag in t_3 zuzuschreiben ist. Dabei kann jedoch nicht der ursprünglich geplante Restbuchwert ($gRBW_{t=3}$) überschritten werden, der auf der gefetteten roten Linie liegt – selbst, wenn der erzielbare Betrag darüber liegt. Wird etwa angenommen, dass $EB_{t=3} = EB_{t=2}$, dann darf nicht auf $EB_{t=2}$ zugeschrieben werden, weil $EB_{t=2} > gRBW_{t=3}$. Die Anschaffungskostenobergrenze gilt im Kostenmodell unbedingt.

Bewertung zu beizulegenden Zeitwerten (*fair values*) Beim Neubewertungsmodell handelt es sich um ein alternatives Folgebewertungsverfahren, das für bestimmte Vermögenswerte und Schulden zulässig ist. Nach dem Neubewertungsmodell entspricht der Bilanzansatz im Zeitpunkt der Neubewertung dem beizulegenden Zeitwert (*fair value*) eines Vermögenswerts oder einer Schuld.[7] Der beizulegende Zeitwert stellt als Terminus des Rechnungswesens einen spezifischen Bewertungsmaßstab dar, der insbesondere in der kapitalmarktorientierten Rechnungslegung nach IFRS seit den 1990er-Jahren bei der Folgebewertung zunehmende Verbreitung findet. Zunächst im Anwendungsbereich auf die Bewertung ausgewählter Finanzinstrumente sowie die bilanzielle Abbildung von Sicherungsgeschäften beschränkt, wurde das „fair value accounting" innerhalb der IFRS auch auf weitere, nicht-finanzielle Positionen ausgeweitet und es wird bisweilen auch als identitätsprägendes Charakteristikum der IFRS aufgefasst. Konzeptionell betrachtet handelt es sich beim beizulegenden Zeitwert um einen Marktwert, der die Wertvorstellungen einer Vielzahl von Marktteilnehmern im hypothetischen Zustand des Marktgleichgewichts widerspiegelt. Idealerweise können

---

7 Rechnungslegung unter Verwendung beizulegender Zeitwerte für Bewertungszwecke wird in der Literatur auch als *fair value accounting* bezeichnet.

solche Marktwerte beobachtet werden. Denkbar ist auch die Ausfüllung des Wertkonzepts durch einen *potenziellen* Marktpreis, wie er sich in einer hypothetischen Transaktion zwischen Marktteilnehmern unter idealisierten Bedingungen am Bewertungsstichtag ergäbe. IFRS 13 definiert den beizulegenden Zeitwert entsprechend einheitlich als den „Preis, der im Zuge eines geordneten Geschäftsvorfalls unter Marktteilnehmern am Bemessungsstichtag beim Verkauf eines Vermögenswerts erhalten würde oder bei Übertragung einer Schuld zu zahlen wäre". Fingiert wird also eine Transaktion auf dem Hauptmarkt bzw. dem vorteilhaftesten Markt für das Bewertungsobjekt zwischen sachverständigen, voneinander unabhängigen Marktteilnehmern, die zu ihrer Preisfindung nur auf öffentlich zugängliche Daten zurückgreifen können. Der beizulegende Zeitwert kann jedoch auch vom Transaktionspreis abweichen und muss dann anderweitig ermittelt werden.

Aus der Konzeption des *fair value* heraus ergibt sich eine Ermittlungsmethodik, die beobachtbaren, qualitativ hochwertigen Marktpreisen den Vorrang vor subjektiven Schätzwerten einräumt. Die *Fair-value*-Hierarchie, die in drei Stufen eingeteilt wird, reflektiert dies im Vorrang marktpreisbasierter Ermittlung, des sogenannten „marking-to-market" (vergleiche ▶ Tabelle 3.3). In welcher Hierarchie ein Finanzinstrument einzuordnen ist, hängt dabei nicht vom Finanzinstrument selbst, sondern von den in die Ermittlung des beizulegenden Zeitwerts eingehenden Inputfaktoren ab. Demnach ist auf der ersten Stufe zunächst zu prüfen, ob zum Bewertungsstichtag eine Preisnotierung auf einem aktiven Markt für einen identischen Vermögenswert oder eine Schuld vorliegt. Das Vorliegen eines aktiven Markts ist hierbei durch das Auftreten von Transaktionen mit einer Häufigkeit und einem Volumen gekennzeichnet, die zur Bereitstellung fortlaufender Preisinformationen führen. Sind für die zu bewertende Position keine Marktpreise verfügbar oder werden diese nicht an einem aktiven Markt festgestellt, so ist auf der zweiten Stufe zu prüfen, ob Preisinformationen in der erforderlichen Qualität für Märkte vorliegen, auf denen ähnliche Güter gehandelt werden, die dann als beste Indikation des *fair value* dienen. So lässt sich zum Beispiel durch einen variabel verzinslichen Kredit und einen Zinsswap der Preis für einen festverzinslichen Kredit approximativ abbilden. Erst wenn auch die Suche nach geeigneten Marktpreissubstituten scheitert, ist in letzter Instanz die marktpreisbasierte Ermittlung aufzugeben und stattdessen der beizulegende Zeitwert anhand von finanzmathematischen Bewertungskalkülen zu bestimmen. Ziel dieses sogenannten „marking-to-model" ist es, auf Grundlage ökonomischer Bewertungsmodelle (Discounted-Cash-Flow-(DCF-)Ansatz, Capital Asset Pricing Model (CAPM, Optionspreistheorie) einen potenziellen Preis zu bestimmen, wie er sich auf einem aktiven Markt eingestellt hätte – der fair value wird gewissermaßen simuliert. Ausgefüllt wird diese modellbasierte Bestimmung im Regelfall durch Barwertkalküle, welche die der Position zurechenbaren, prognostizierten zukünftigen Zahlungsüberschüsse zur Alternativrendite einer risikoäquivalenten Investition abzinsen. Sowohl bei der Bestimmung der Zähler- als auch der Nennergröße des Barwertkalküls ist dabei stets von einer Marktperspektive auszugehen.

Tabelle 3.3

Ermittlung von Fair Values

Ermittlung nach …	Erläuterung
Level 1	Preisnotierung auf einem aktiven Markt für identische Vermögenswerte bzw. Schulden (etwa: Aktienkurs am Bewertungsstichtag)
Level 2	Andere direkt oder indirekt beobachtbare Preise als nach Level 1 (z.B. Preisnotierung auf einem aktiven Markt für ähnliche Vermögenswerte/Schulden oder Preisnotierung auf einem nichtaktiven Markt für identische Vermögenswerte bzw. Schulden)
Level 3	Bewertung auf Basis nichtbeobachtbarer Input-Variablen (z.B. Bestimmung des fair value einer zahlungsmittelgenerierenden Einheit durch Prognose der zugehörigen Zahlungsströme durch das Unternehmen selbst)

Die Methodik der Neubewertung kann anhand eines einfachen Beispiels durch Gegenüberstellung mit dem Kostenmodell verdeutlicht werden. So wird am Ende der Periode 1 ein Vermögenswert für € 120 angeschafft, der über fünf weitere Perioden im Unternehmen verbleiben soll und am Ende der Periode 6 einen erwarteten Restwert von € 20 hat. ▶ Tabelle 3.4 zeigt zunächst die Folgebewertung zu planmäßig fortgeführten Anschaffungskosten, wobei eine lineare Abschreibung unterstellt wird. In jeder Periode der Nutzung wird erfolgswirksam eine Abschreibung von € 20 vorgenommen; der Restbuchwert reduziert sich ebenfalls um diesen Betrag, sodass am Ende der Nutzung ein Restwert von € 20 erreicht wird.

Tabelle 3.4

Beispiel zur Neubewertungsmethode (Teil 1)

Periode	1	2	3	4	5	6
Kostenmodell						
Historische Kosten	120	–	–	–	–	–
Abschreibung (Aufwand)		20	20	20	20	20
Fortgeführte historische Kosten		100	80	60	40	20

Soll nun alternativ das Neubewertungsmodell zur Folgebewertung herangezogen werden, müssen insbesondere folgende Kriterien geprüft werden:

- *Zulässigkeit:* Die Anwendung des Neubewertungsmodells ist nicht für alle Bilanzpositionen zulässig. Die Anwendungsbereiche sind allerdings nach IFRS im Vergleich zu anderen Rechnungslegungssystemen relativ breit, wobei zum Teil eine Wahlmöglichkeit zwischen dem Kosten- und dem Neubewertungsmodell existiert. Optional zulässig ist die Neubewertung beispielsweise bei der Bewertung des Sachanlagevermögens (IAS 16) wie auch bei der Bewertung immaterieller Vermögenswerte (IAS 38) sowie der Bewertung von Finanzinvestitionen gem. IAS 40. Sie ist zudem bei der Bewertung zahlreicher Finanzinstrumente (IAS 39 bzw. IFRS 9) vorgeschrieben. Falls eine Anwendung der Neubewertungsmethode gestattet ist, muss das Wahlrecht für ganze Gruppen ähnlicher Bewertungsobjekte identisch ausgeübt werden. Diese Vorschrift soll den Spielraum für Bilanzpolitik einschränken, da der Bilanzierende sich nicht auf die für ihn vorteilhaften Sachverhalte beschränken kann, worunter etwa die ausschließliche Neubewertung solcher Vermögenswerte fiele, von denen angenommen wird, dass sie im Wert steigen.

- *Verfügbarkeit zuverlässiger beizulegender Zeitwerte:* Eine Anwendung der Neubewertungsmethode setzt die zuverlässige Ermittlung der beizulegenden Zeitwerte voraus. Beim beizulegenden Zeitwert handelt es sich nicht um einen eindeutigen, eigenständigen Wertmaßstab, vielmehr wird er je nach Sachlage beziehungsweise Verfügbarkeit durch unterschiedliche Werte ausgefüllt.

- *Intervall der Neubewertung:* Neubewertungen müssen nicht notwendigerweise zu jedem Bilanzstichtag vorgenommen werden. Für bestimmte Vermögenswerte und Schulden mag es ausreichend sein, Neubewertungen in größeren Zeitintervallen vorzunehmen, beispielsweise alle drei bis vier Jahre. In diesen Fällen kommt es üblicherweise zu einer Kombination aus Abschreibung beziehungsweise Fortschreibung historischer Kosten und Neubewertung (dazu ausführlicher ▶ Kapitel 4.1.2). Bis zur jeweils nächsten Neubewertung werden bei Vermögenswerten die fortgeführten historischen Kosten über ein geeignetes Abschreibungsverfahren ermittelt. In den Perioden zwischen den Neubewertungen kann auch ein Bedarf nach Wertminderungen oder -aufholungen gemäß IAS 36 entstehen, wobei dann zusätzlich auch die jeweiligen Vorschriften des Standards, nach dem die Neubewertung gestattet ist, zu berücksichtigen sind.

- *Erfolgswirksamkeit der Neubewertung:* Der beizulegende Zeitwert eines Vermögenswerts (einer Schuld) kann im Zeitablauf auch steigen (fallen), insbesondere auch über (unter) die historischen Kosten. Durch die Neubewertung wird der höhere wirtschaftliche Nutzen bilanziell erfasst. Die Frage ist, ob diese Erfassung erfolgswirksam oder erfolgsneutral erfolgen soll. Im ersten Fall würde eine entsprechende Wertsteigerung einen im Gewinn oder Verlust zu erfassenden Ertrag darstellen. Im zweiten Fall wird die Wertsteigerung über das sonstige Ergebnis in einem Unterkonto des Eigenkapitals (in der sogenannten Neubewertungsrücklage) erfasst; es findet also eine Bilanzverlängerung statt, die keinen Einfluss auf den Periodengewinn (wohl aber das sonstige Ergebnis) hat.

Es sei nun angenommen, dass der Vermögenswert aus dem Eingangsbeispiel nicht nach dem Kosten-, sondern nach dem Neubewertungsmodell folgebewertet werden soll. Wird ferner angenommen, dass die Anwendung des Neubewertungsmodells in diesem Fall zulässig ist, beizulegende Zeitwerte zuverlässig ermittelt werden können und die Neubewertung zu jedem Bilanzstichtag erfolgt, dann wird am Ende jeder Periode in der Bilanz der beizulegende Zeitwert des Vermögenswerts erfasst (siehe ▶ Tabelle 3.5). Eine planmäßige Fortschreibung über ein Abschreibungsverfahren und die Prüfung auf eventuelle Wertminderungen kann entsprechend entfallen.

						Tabelle 3.5
Beispiel zur Neubewertungsmethode (Teil 2)						
Periode	**1**	**2**	**3**	**4**	**5**	**6**
Kostenmodell						
Historische Kosten	120	–	–	–	–	–
Abschreibung (Aufwand)		20	20	20	20	20
Fortgeführte historische Kosten		100	80	60	40	20
Neubewertungsmodell						
Beizulegender Zeitwert (in €)	120	140	80	90	50	20
Differenz zur Vorperiode		+ 20	– 60	+ 10	– 40	– 30

Im Beispiel steigt der beizulegende Zeitwert von € 120 am Ende der Periode 1 auf € 140 am Ende der Periode 2. Die Frage ist nun, wie diese Differenz zu behandeln ist. Spiegelbildlich zur Abschreibung im Kostenmodell könnten die € 20 nun erfolgswirksam in der Gewinn-und-Verlust-Rechnung erfasst werden. Es wäre dann wie folgt zu buchen:

100 Langfristiger Vermögenswert	20	
an 730 Neubewertungsertrag (im Gewinn oder Verlust)		20

Eine erfolgswirksame Erfassung erweckt den Eindruck, dass positive Wertänderungen am ruhenden Vermögen genauso eine Quelle des Erfolgs sein können wie beispielsweise die Umsätze eines Unternehmens. Dies wird in der Literatur bisweilen kritisch gesehen: Wenn nämlich die Bilanzadressaten etwa die Leistungen des Managements daran beurteilen möchten, ob der Gewinn gesteigert wurde, stellt sich im vorliegenden Fall die Frage, ob eine solche Wertsteigerung tatsächlich auf die Leistungen des Managements zurückzuführen ist oder ob es sich eher um eine zufällige Schwankung handelt. Letzteres könnte zu dem Schluss führen, dass positive Wertänderungen nicht im Gewinn oder Verlust erfasst werden sollten. Zur erfolgswirksamen Behandlung gibt es daher die Alternative der erfolgsneutralen Erfassung. In diesem Fall nimmt ein Unterkonto des Eigenkapitalkontos, die Neubewertungsrücklage, die im sonstigen Ergebnis erfassten Neubewertungserträge auf. Dies erlaubt eine buchmäßige Erfassung des gestiegenen beizulegenden Zeitwerts des Vermögenswerts. Der Buchungssatz könnte dann etwa wie folgt lauten:

100 Langfristiger Vermögenswert	20	
an 741 Neubewertungsertrag (im sonstigen Ergebnis)		20

Am Geschäftsjahresende werden die kumulierten Neubewertungserträge in die Neubewertungsrücklage überführt. Die einzelnen IFRS, die eine Anwendung des Neubewertungsmodells vorschreiben oder gestatten, unterscheiden sich insbesondere im Hinblick auf die erfolgswirksame oder erfolgsneutrale Behandlung der Differenzen, die sich bei einer Neubewertung zum vorherigen Bilanzansatz ergeben. Auf Details zur Neubewertungsmethode wird daher im Zusammenhang mit ausgewählten Bilanzierungsproblemen in ▶ Kapitel 4 näher einzugehen sein.

Abschließend bleibt zu klären, warum die Anwendung der Neubewertungsmethode in einzelnen Standards überhaupt geboten oder als Alternative zum Kostenmodell zulässig ist. Grundsätzlich ist die Antwort in der Zielsetzung der IFRS zu sehen, mit der zutreffenden Darstellung der Vermögens-, Finanz- und Ertragslage Investoren und anderen Adressaten entscheidungsrelevante Daten bereitzustellen. Das IASB geht offenbar davon aus, dass ein Ansatz von Vermögenswerten und Schulden zum beizulegenden Zeitwert in vielen Fällen für die externen Adressaten informativer (beziehungsweise entscheidungsnützlicher) ist als der Ausweis zu fortgeführten historischen Kosten. Dies wird immer dann der Fall sein, wenn die historischen Kosten den ökonomischen Wert eines Sachverhalts nur unzutreffend abbilden. Steigt etwa der Wert eines Aktienpakets über die Anschaffungskosten, dürfte diese Wertsteigerung nach dem Kostenmodell nicht bilanziell erfasst werden. Wird hingegen der beizulegende Zeitwert angesetzt, der auf dem Marktwert des Aktienpakets basiert, so dürfte relativ offensichtlich sein, dass der Vermögensausweis im Hinblick auf die Marktwerte zutreffender wird. Gleichzeitig schränkt die regelmäßige Neubewertung auch die Möglichkeiten einer opportunistischen Bildung und Auflösung stiller Reserven, etwa durch Verkäufe von Aktienpaketen, die im Wert gestiegen sind, erheblich ein. Die Bildung stiller Reserven ist eng mit der Bewertung zu (fortgeführten) historischen Kosten verbunden und für (externe) Adressaten der Rechnungslegung nur schwer zu erkennen. Intuitiv entspricht das durchaus einer Verbesserung der Informationslage. Mit der Offenlegung stiller Reserven könnte auch eine bessere Beurteilung der Leistungen des Managements erfolgen, soweit diese auf Daten des Jahresabschlusses erfolgt. Insgesamt könnte sich dann die Vergleichbarkeit von Ergebnissen inner- wie zwischenbetrieblich verbessern. Fraglich ist jedoch, inwieweit qualitative Anforderungen an den Abschluss, insbesondere die Forderung nach Zuverlässigkeit, verletzt werden und ob Ergebnisgrößen möglicherweise durch eher zufällige Schwankungen von Marktpreisen verzerrt werden könnten. Letztere Punkte haben eine kontroverse Debatte um die Anwendung des Neubewertungsmodells ausgelöst, die durch die globale Finanzkrise, die im Jahr 2007 begann, weiter angeheizt wurde. Darin geht es vor allem um die Folgen, die ein *fair value accounting* für die Ermittlung der Periodengewinne hat. Grundlagen der Erfolgsmessung sind Gegenstand des folgenden Kapitels.

Exkurs 3.7	Folgebewertung nach HGB

Die Folgebewertung ist in § 253 HGB geregelt. Demnach sind die Anschaffungs- und Herstellungskosten auch in der Folgebewertung die Höchstgrenze für den Bilanzansatz. Im *Anlagevermögen* sind die Anschaffungs- oder Herstellungskosten durch planmäßige Abschreibung auf die Perioden ihrer Nutzung zu verteilen (§ 253 Abs. 3 S. 1 f. HGB). Die angewandte Abschreibungsmethode liegt im Ermessen des Unternehmens, ist aber stetig beizubehalten, wenn dem nicht besondere Gründe entgegen stehen (§ 252 Abs. 1 Nr. 6 HGB). Bei voraussichtlich dauerhafter Wertminderung sind nach § 253 Abs. 3 S. 3 HGB außerplanmäßige Abschreibungen auf Gegenstände des Anlagevermögens vorzunehmen; bei Finanzanlagen können außerplanmäßige Abschreibungen auch bei voraussichtlich nicht dauerhaften Wertminderungen erfolgen. Abzuschreiben ist auf den beizulegenden Zeitwert, der unter den planmäßig fortgeschriebenen Anschaffungs- oder Herstellungskosten liegt. Entfällt der Grund der Wertminderung, besteht grundsätzlich eine Zuschreibungspflicht (§ 253 Abs. 5 S. 1 HGB). Die einzige Ausnahme besteht für einen entgeltlich erworbenen Geschäfts- oder Firmenwert. Hier ist ein niedrigerer Wertansatz beizubehalten. Gegenstände des *Umlaufvermögens* sind auf den niedrigeren Wert abzuschreiben, der sich aus einem Börsen- oder Marktpreis am Abschlussstichtag ergibt, soweit dieser unter den Anschaffungs- oder Herstellungskosten liegt (§ 253 Abs. 4 HGB). Nach dem strengen Niederstwertprinzip ist im Umlaufvermögen auch dann außerplanmäßig abzuschreiben, wenn die Wertminderung nicht dauerhafter Natur ist. Auch beim Umlaufvermögen besteht nach einer erfassten Wertminderung Zuschreibungspflicht auf die fortgeführten Anschaffungs- oder Herstellungskosten, wenn der Grund für die Wertminderung entfällt. *Verbindlichkeiten* bleiben auch in der Folgebewertung zum Erfüllungsbetrag (= Rückzahlungsbetrag) angesetzt (§ 253 Abs. 1 HGB). Der Erfüllungsbetrag, gegebenenfalls abgezinst, ist ebenso der Wertansatz für *Rückstellungen*. Dabei sind diese jedes Jahr neu zu bewerten.

Aufgaben

1. Was ist der zentrale Unterschied zwischen der Folgebewertung nach dem Kosten- und dem Neubewertungsmodell?

2. Was geschieht in einer Periode, in der ein Vermögenswert folgebewertet werden soll, seine Definitions- und/oder Ansatzkriterien aber nicht mehr erfüllt sind?

Weiterführende Literatur Zu Wertmaßstäben, die in der Folgebewertung eine Rolle spielen, vergleiche Hitz, 2005.

3.3 Grundlagen zur Erfolgsmessung

> ### Lernziele
>
> ■ Die IFRS haben einen relativ weiten Erfolgsbegriff, der über den des HGB deutlich hinausgeht. Entsprechend handelt es sich bei Aufwendungen und Erträgen um alle Sachverhalte, die in einem Geschäftsjahr das Eigenkapital erhöhen (soweit es sich jedenfalls nicht um Transaktionen mit den Eigentümern handelt).
>
> ■ Aufwendungen und Erträge sind in der Periode zu erfassen, in der es zu einer Abnahme oder Zunahme wirtschaftlichen Nutzens kommt. Aufwendungen werden typischerweise den Erträgen sachlich zugeordnet. Bei bestimmten Aufwendungen kommt eine zeitliche Zuordnung in Frage.
>
> ■ Bisweilen werden „erfolgswirksame" von „erfolgsneutralen" Aufwendungen und Erträgen unterschieden. Dabei handelt es sich bei den „erfolgswirksamen" Aufwendungen und Erträge um diejenigen, die in der klassischen Gewinn-und-Verlust-Rechnung erfasst werden. Das IASB selbst verwendet diese Begrifflichkeit nicht.

Der Erfolg einer Abrechnungsperiode ergibt sich aus den verrechneten Erträgen und Aufwendungen, die periodengerecht zu ermitteln sind. Erträge sind im Rahmenkonzept allgemein definiert als Zunahme des wirtschaftlichen Nutzens in der Bilanzierungsperiode in Form von Zuflüssen oder Erhöhungen von Vermögenswerten oder einer Abnahme von Schulden, die zu einer Erhöhung des Eigenkapitals führen, welche nicht auf eine Einlage der Anteilseigner zurückzuführen ist. Erträge sind in der Periode zu erfassen, in der es zu einer Zunahme des künftigen wirtschaftlichen Nutzens in Verbindung mit einer Zunahme bei einem Vermögenswert oder einer Abnahme bei einer Schuld gekommen ist, die verlässlich ermittelt werden kann.

Das Rahmenkonzept definiert Aufwendungen allgemein als Abnahme des wirtschaftlichen Nutzens in der Bilanzierungsperiode in Form von Abflüssen oder Verminderungen von Vermögenswerten oder einer Erhöhung von Schulden, die zu einer Abnahme des Eigenkapitals führen, welche nicht auf Ausschüttungen an die Anteilseigner zurückzuführen ist. Aufwendungen werden in der Periode erfasst, in der es zu einer Abnahme des künftigen wirtschaftlichen Nutzens in Verbindung mit einer Abnahme bei einem Vermögenswert oder einer Zunahme bei einer Schuld gekommen ist, die verlässlich ermittelt werden kann. Typischerweise werden Aufwendungen gleichzeitig mit den zugehörigen Erträgen erfasst (sachliches Matching). Die Erfassung von Aufwand kann auch aus zeitlichen Gesichtspunkten in einer bestimmten Abrechnungsperiode vorgenommen werden (zeitliches Matching).

Alle Erträge und Aufwendungen werden in der Gesamterfolgsrechnung erfasst. Diese besteht aus zwei Teilen, da das IASB zwei Schichten des Erfolgs unterscheidet: In einem ersten Teil, der auch ein separater Abschlussbestandteil sein kann, wird der Gewinn oder Verlust (*net income)* einer Periode bestimmt. Die bei der Berechnung des Gewinns oder Verlusts (*net income)* berücksichtigten Aufwendungen und Erträge werden bisweilen auch als „erfolgswirksam" erfasste Aufwendungen und Erträge bezeichnet (*through profit and loss*). In einem zweiten Teil wird zum Gewinn oder Verlust (*net income*) das sonstige Ergebnis (*other comprehensive income (OCI)*) hinzugerechnet. Beide Erfolgsschichten, Gewinn oder Verlust (*net income*) und sonstiges Ergebnis (*other comprehensive income*), ergeben gemeinsam das Gesamtergebnis (*comprehensive income*). Die Aufwendungen und Erträge, die in das sonstige Ergebnis eingehen, werden daher auch vor allem in der Praxis als „erfolgsneutral" erfasste Aufwendungen und Erträge bezeichnet. Dies bedeutet konkret „erfolgsneutral in Bezug auf das *net income*", denn in Bezug auf das Gesamtergebnis sind Buchungen in das OCI durchaus erfolgswirksam. Die IFRS unterscheiden daher terminologisch nicht zwischen Aufwendungen und Erträgen, die im Gewinn oder Verlust (*net income*) oder im sonstigen Ergebnis (*other comprehensive income*) erfasst werden.

| Exkurs 3.8 | Aufwands- und Ertragserfassung nach HGB |

Aufwendungen und Erträge sind nach HGB unabhängig vom Anfall der entsprechenden Zahlungen zu erfassen, es ist also ein periodengerechter Erfolg zu ermitteln (§ 252 Abs. 1 S. 5 HGB). Aufwendungen sind allgemein in der Periode zu erfassen, zu der sie der Sache oder der Zeit nach gehören. Erträge sind zu erfassen, wenn sie als realisiert gelten. Ein Ertrag aus einem Umsatz gilt als realisiert, wenn die wesentlichen Chancen und Risiken übergegangen sind; das ist typischerweise zum Zeitpunkt von Lieferung und Leistung der geschuldeten Güter oder Dienstleistungen der Fall. Auch die vorsichtige Bewertung nach § 252 Abs. 4 HGB wirkt sich auf die Erfolgsmessung nach HGB aus.

3.4 Inhalt und Zusammenhang von Abschlussbestandteilen am Beispiel eines IFRS-Abschlusses

Lernziele

■ Ein vollständiger Jahresabschluss nach IFRS besteht aus fünf Bestandteilen: einer Bilanz, einer Gesamtergebnisrechnung, einer Eigenkapitalveränderungsrechnung, einer Kapitalflussrechnung und einem Anhang.

■ Zwischen den zahlenmäßigen Rechenwerken eines Abschlusses bestehen rechentechnische Beziehungen.

Ein vollständiger Jahresabschluss nach IFRS besteht aus einer Bilanz, einer Gesamtergebnisrechnung, einer Eigenkapitalveränderungsrechnung, einer Kapitalflussrechnung und einem Anhang. Spezifische Gliederungsschemata für die Abschlusselemente sehen die IFRS nicht vor, allerdings gewisse Mindestbestandteile. Auch hat die Unterteilung von operativen Tätigkeiten, Investitions- sowie Finanzierungsaktivitäten eine gewisse Geläufigkeit in den verschiedenen Abschlussbestandteilen. Die qualitativen Anforderungen sind grundsätzlich bei der Erstellung aller Abschlussbestandteile zu berücksichtigen. Die Rechenwerke eines Abschlusses sind technisch miteinander verbunden. Werden die Bilanzen aufeinanderfolgender Berichtsperioden verglichen, so erklärt die Gewinn-und-Verlust-Rechnung (als Teil der Gesamtergebnisrechnung) den erfolgswirksamen Teil der Eigenkapitaländerung. Die Kapitalflussrechnung gibt dagegen Auskunft über die Veränderung des bilanziellen Zahlungsmittelbestands in zwei aufeinanderfolgenden Perioden und damit einen Überblick über die Finanzlage bzw. Liquidität eines Unternehmens. Die folgenden Ausführungen verdeutlichen, wie die einzelnen Abschlussbestandteile miteinander verbunden sind.

In der Bilanz gleicht das Vermögen (V) der Summe von Schulden (S) und Eigenkapital (EK) im Zeitpunkt t, dem Abschlussstichtag:

(1) $\quad V_t = EK_t + S_t$

Für die Bilanzen zweier aufeinanderfolgender Abrechnungsperioden gilt, dass sich das Eigenkapital im Zeitpunkt t ergibt als das Eigenkapital zum Ende der Vorperiode ($t–1$), abzüglich der Nettoausschüttungen an die Eigner und zuzüglich des erwirtschafteten Gewinns. Die Nettoausschüttungen an die Eigner setzen sich zusammen aus etwaigen Dividendenausschüttungen (DIV) und Kapitalerhöhungen (KE); der erwirtschaftete Gewinn, das Gesamtergebnis nach IFRS, setzt sich zusammen aus dem Gewinn oder Verlust (*net income, PE*) und dem sonstigen Ergebnis (*other comprehensive income, SE*):

(2) $\quad EK_t = EK_{t-1} + KE_t - DIV_t + PE_t + SE_t.$

Wird Gleichung (1) umgestellt und das Eigenkapital in Gleichung (2) jeweils durch die Differenz aus Vermögen (V) und Schulden (S) ersetzt, ergibt sich:

(3) $\quad PE_t + SE_t + KE_t - DIV_t = (V_t - S_t) - (V_{t-1} - S_{t-1}).$

In den Vermögenswerten (V) sind auch Zahlungsmittel (C) enthalten, die vom sonstigen Vermögen (SV) getrennt werden können. Gleichung (3) lässt sich demnach schreiben als:

(4) $\quad PE_t + SE_t + KE_t - DIV_t = (C_t + SV_t - S_t) - (C_{t-1} + SV_{t-1} - S_{t-1})$

beziehungsweise allgemein als

(5) $\quad PE_t + SE_t + KE_t - DIV_t = \Delta C \pm \Delta SV \pm \Delta S.$

Da es sich in Gleichung (5) sowohl beim sonstigen Vermögen als auch bei den Schulden jeweils um die Veränderung schwebender Posten (SP) handelt und bei der Veränderung der Position Zahlungsmittel um den Netto-Cashflow (CF) einer Periode, lässt sich auch kurz schreiben:

(6) $\quad PE_t + SE_t + KE_t - DIV_t = CF_t \pm \Delta SP_{t,t-1}.$

Die Gleichung ist für das Verständnis des Inhalts und des Zusammenhangs zwischen Abschlussbestandteilen von großer Bedeutung, wie die folgende Diskussion zeigen wird. In der Gleichung spiegeln sich nämlich alle Rechenwerke wider: Die Gewinn-und-Verlust-Rechnung berichtet über den Gewinn oder Verlust, also PE. Die Gesamterfolgsrechnung berichtet über PE und SE. Die Eigenkapitalveränderungsrechnung berichtet über die gesamte linke Seite der Gleichung, insbesondere aber auch über *KE* und *DIV*. Die Kapitalflussrechnung berichtet über CF und die Bilanz insbesondere über die schwebenden Posten (SP).

Bilanz Die Bilanz stellt Vermögenswerte und Schulden zu einem bestimmten Zeitpunkt gegenüber. Die Bilanz informiert damit über die in einem Unternehmen vorhandenen Vermögenswerte, die Verschuldung, die Finanzierungsstruktur und die Schuldendeckungsfähigkeit durch die vorhandenen Vermögenswerte. Das Eigenkapital ergibt sich laut Gleichung (1) als Differenz von Vermögenswerten und Schulden.

In der Bilanz werden typischerweise viele Arten von Vermögenswerten und Schulden unterschieden. Die IFRS schreiben keine bestimmte Gliederung vor. Die in einer Bilanz mindestens auszuweisenden Posten können IAS 1.54 entnommen werden. Weitere Posten sind auszuweisen, wenn dies für die Darstellung der Vermögens- und Finanzlage relevant ist. Die in der Bilanz darzustellenden Vermögenswerte und Schulden werden in kurz- oder langfristige unterteilt. Ein Vermögenswert wird als langfristig klassifiziert, wenn es sich nicht um Zahlungsmittel beziehungsweise Zahlungsmitteläquivalente handelt und wenn er nicht zu Handelszwecken gehalten wird beziehungsweise seine Realisation oder sein Abgang nicht innerhalb des normalen Verlaufs des Geschäftszyklus (beziehungsweise innerhalb von zwölf Monaten nach dem Bilanzstichtag) erwartet wird. Schulden werden entsprechend als kurzfristig klassifiziert, wenn ihre Tilgung innerhalb des gewöhnlichen Verlaufs des Geschäftszyklus des Unternehmens (beziehungsweise innerhalb von zwölf Monaten nach dem Bilanzstichtag) erwartet wird beziehungsweise sie primär für Handelszwecke gehalten werden, und als langfristig, wenn sie länger gehalten werden. ▶ Kapitel 4 und ▶ Kapitel 5 beschäftigen sich mit der Vermögensmessung in der Bilanz.

Im Folgenden ist zur Veranschaulichung die Bilanz der Mologen AG aus dem Geschäftsbericht 2013 wiedergegeben. Die Mologen AG ist ein Biotechnologie-Unternehmen, das neue Medikamente erforscht und klinisch entwickelt. Das Unternehmen ist in Deutschland beheimatet und an der Frankfurter Wertpapierbörse notiert.

Die Bilanzsumme der Mologen AG hatte in 2013 insgesamt € 15.937 Tsd. betragen. Nur ein sehr kleiner Teil der *Vermögenswerte* (€ 457 Tsd.) ist langfristiger Natur, an diesen haben die immateriellen Vermögenswerte einen relativ großen Anteil. Mehr als 95 Prozent der kurzfristigen Vermögenswerte zählen zum Zahlungsmittelbestand oder stellen Geldanlagen mit einer Laufzeit von über drei Monaten dar. Langfristige *Schulden* existieren praktisch gar nicht. Der unter den langfristigen Schulden ausgewiesene Abgrenzungsposten ist auf eine Zuwendung der öffentlichen Hand zurückzuführen, demnach also eher bilanzierungstechnischer Natur (vergleiche dazu auch die Ausführungen in ▶ Kapitel 5.4.1). Offenbar finanziert sich das Unternehmen weitgehend über *Eigenkapital*: Die Eigenkapitalquote liegt bei über 90 Prozent. Zu beachten ist in diesem Zusammenhang aber, dass das Unternehmen in der Vergangenheit hohe Verluste angesammelt hat. In den kumulierten Verlusten (insgesamt € 67.157 Tsd.) steckt auch ein *Verlust* aus dem aktuellen Geschäftsjahr in Höhe von € 10.828 Tsd. Dieser ergibt sich auch als Differenz der kumulierten Verluste aus dem aktuellen und dem vorherigen Geschäftsjahr. Würde das Unternehmen in Zukunft weiter Verluste in Höhe des aktuellen Fehlbetrags erwirtschaften, wäre das Eigenkapital innerhalb von zwei Jahren vollständig aufgezehrt. Weiterhin lässt sich aus der Bilanz auch die Veränderung des *Zahlungsmittelbestands* ermitteln. Hierfür ist ausschließlich die Position „Zahlungsmittel und Zahlungsmitteläquivalente" relevant. Die Veränderung von € 23.777 Tsd. auf € 8.765 Tsd. entspricht einem Netto-Cashflow der Periode von € −15.012 Tsd.

Bilanz der Mologen AG
nach IFRS zum 31. Dezember 2013

In Tausend Euro	31.12.2013	31.12.2012	01.01.2012
AKTIVA			
Langfristige Vermögenswerte	457	1.328	1.523
Sachanlagen	220	178	134
Immaterielle Vermögenswerte	237	1.147	1.385
Sonstige langfristige Vermögenswerte	0	3	4
Kurzfristige Vermögenswerte	15.480	24.457	8.308
Zahlungsmittel und Zahlungsmitteläquivalente	8.765	23.777	5.476
Geldanlagen mit einer Laufzeit über drei Monate	6.000	0	2.000
Forderungen aus Lieferungen und Leistungen	0	3	6
Vorräte	33	21	33
Sonstige kurzfristige Vermögenswerte	675	612	756
Ertragsteuerforderungen	7	44	37
Summe	**15.937**	**25.785**	**9.831**
PASSIVA			
Langfristige Schulden	10	9	11
Abgrenzungsposten	10	9	11
Kurzfristige Schulden	943	882	1.109
Schulden aus Lieferungen und Leistungen	554	483	737
Sonstige kurzfristige Schulden und Abgrenzungsposten	370	398	369
Verbindlichkeiten gegenüber Kreditinstituten	19	1	3
Eigenkapital	14.984	24.894	8.711
Gezeichnetes Kapital	15.420	15.412	12.459
Kapitalerträge	66.721	65.811	44.595
Kumulierte Verluste	-67.157	-56.329	-48.343
Summe	**15.937**	**25.785**	**9.831**

Quelle: Geschäftsbericht der Mologen AG, S. 48 (veränderte Darstellung)

Eigenkapitalveränderungsrechnung Die Eigenkapitalveränderungsrechnung erklärt, wie und warum sich das Eigenkapital im abgelaufenen Geschäftsjahr verändert hat. Sie enthält also die Aggregate PE_t und SE_t sowie Informationen über etwaige Transaktionen mit den Eigentümern, also auch über KE_t und DIV_t in Gleichung (6). Die gesamte Eigenkapitalveränderung entspricht deshalb der Summe aus Netto-Cashflow und der gesamten Veränderung der sonstigen Vermögenswerte. Buchhalterisch ergeben sich Änderungen des Eigenkapitals in diesem Zeitraum ausschließlich durch die in der folgenden Tabelle genannten Gründe:

		Tabelle 3.6

Gründe für Eigenkapitalveränderungen im Geschäftsjahr

Eigenkapital am Ende der Vorperiode

±	Gesamt-ergebnis	Gewinn oder Verlust (Periodenergebnis)	+	Im Gewinn erfasster Ertrag
			–	Im Gewinn erfasster Aufwand
		Sonstiges Ergebnis	+	Im sonstigen Ergebnis erfasster Ertrag
			–	Im sonstigen Ergebnis erfasster Aufwand
±	Effekt aus Transaktionen mit den Eigentümern		+	Einlagen (z.B. aus Kapitalerhöhung)
			–	Ausschüttungen (z.B. durch Dividende)

= Eigenkapital am Ende der Periode

Die *Transaktionen mit den Eigentümern* betreffen im Wesentlichen Ausschüttungen, insbesondere in Form von Dividenden, aber auch Einzahlungen der Eigentümer, etwa im Rahmen einer Kapitalerhöhung. Die konkrete Form der Eigenkapitalveränderungsrechnung ist nicht standardisiert. IAS 1 enthält aber einige Hinweise und Mindestgliederungsvorschriften. Zu berücksichtigen sind dabei insbesondere folgende Punkte:

- Die Eigenkapitalveränderungsrechnung muss das Gesamtergebnis der Periode ausweisen. Hiermit wird deutlich, dass die Eigenkapitalveränderungsrechnung die Gesamterfolgsrechnung ergänzt und erweitert. Die auf Minderheiten entfallenden Erfolgsanteile sind hierbei getrennt auszuweisen.[8]

- Für jeden Bestandteil des Eigenkapitals – darunter fallen unter anderem Positionen wie gezeichnetes Kapital, Kapital-, Gewinn-, Währungsumrechnungs- oder Neubewertungsrücklage – muss eine Überleitung vom Buchwert der Vorperiode auf den aktuellen Buchwert erfolgen. Gesondert anzugeben ist dabei, ob (a) die Veränderung einer Position in der Berichtsperiode zur Erfassung eines Gewinns/Verlusts oder (b) eines Bestandteils des sonstigen Ergebnisses (OCI) geführt hat oder ob (c) die Veränderung auf Transaktionen mit den Eigentümern zurückzuführen ist.

- Eine Änderung von Rechnungslegungsmethoden oder eine Berichtigung von Fehlern kann, soweit durchführbar, auch eine rückwirkende Anpassung des ausgewiesenen Eigenkapitals erfordern. Üblicherweise werden solche Vorgänge durch Anpassung des Anfangsbestands der Gewinnrücklagen erfasst, es können aber auch Anpassungen anderer Positionen im Eigenkapital erforderlich werden. Soweit das der Fall ist, muss für jeden Posten des Eigenkapitals der Anpassungsbetrag

---

8   Solche Anteile beziehen sich auf konsolidierte Tochtergesellschaften, an denen, neben dem Mutterunternehmen, weitere Anteilseigner beteiligt sind. Letztere haben auch Ansprüche auf einen Teil des Nettovermögens beziehungsweise auf einen Teil des Gewinns. Auf Minderheitenanteile soll hier nicht näher eingegangen werden, da es sich im Wesentlichen um ein Konsolidierungsphänomen handelt.

(getrennt) angegeben werden, der durch Anpassung von Rechnungslegungsmethoden oder Fehlerkorrekturen zu erfassen war.

■ Die Eigenkapitalveränderungsrechnung kann zudem Auskunft über die in der Berichtsperiode insgesamt und je Anteil gezahlten Dividenden geben. Alternativ kann diese Information, die ein Abschluss zwingend enthalten muss, auch im Anhang ausgewiesen werden.

Die Eigenkapitalveränderungsrechnung schließt damit die Lücke im Hinblick auf die Nettovermögensänderung, die nach der Gesamterfolgsrechnung verbleibt. Sie bezieht sich damit im Wesentlichen auf eine Berichterstattung über Transaktionen mit den Eigentümern, die weder im Perioden- noch im Gesamterfolg berücksichtigt werden. Sie informiert darüber hinaus aber auch und gerade über den Einfluss, den die Veränderung von Rechnungslegungsmethoden sowie die Berichtigung von Fehlern auf den Eigenkapitalausweis haben. Im Folgenden ist zur Veranschaulichung die Eigenkapitalveränderungsrechnung der Mologen AG aus dem Geschäftsbericht 2013 wiedergegeben:

Eigenkapitalveränderungsrechnung der Mologen AG
nach IFRS für den Zeitraum vom 1. Januar bis zum 31. Dezember 2013

Alle Angaben in Tausend Euro	Gezeichnetes Kapital		Kapitalrücklage	Kumulierte Verluste	Eigenkapital
	Anzahl Stammaktien	Grundkapital			
Stand zum 31.12.2011	12.459.275	12.459	44.595	-48.343	8.711
Kapitalerhöhung gegen Bareinlage	2.889.819	2.890	20.019		22.909
Ausübung von Aktienoptionen	63.355	63	390		453
Werte der von den Mitarbeitern geleisteten Dienste (laut IFRS 2)			807		807
Jahresfehlbetrag				-7.986	-7.986
Stand zum 31.12.2012	15.412.449	15.412	65.811	-56.329	24.894
Kapitalerhöhung gegen Bareinlage			-35		-35
Ausübung von Aktienoptionen	7.063	7	36		43
Werte der von den Mitarbeitern geleisteten Dienste (laut IFRS 2)			909		909
Jahresfehlbetrag				-10.828	-10.828
Rundung		1			1
Stand zum 31.12.2013	15.419.512	15.420	66.721	-67.157	14.984

Quelle: Geschäftsbericht der Mologen AG, S. 51 (veränderte Darstellung)

Die Eigenkapitalveränderungsrechnung der Mologen gibt in den Zeilen die Veränderung der in den Spalten angegebenen Eigenkapitalpositionen im Zeitverlauf wieder. Im Geschäftsjahr hat sich das *gezeichnete Kapital* durch Ausübung „echter" Aktienoptionen erhöht (vergleiche dazu auch ▶ Kapitel 5.1.3). Die Aktienoptionen wurden mit jungen Aktien aus einer bedingten Kapitalerhöhung bedient, dadurch ergibt sich ein Zuwachs des gezeichneten Kapitals. Gleichzeitig erhöht auch der mit der Gewährung von Aktienoptionen verbundene Aufwand die *Kapitalrücklage* (der kumulierte Personalaufwand beträgt am Geschäftsjahresende € 909 Tsd.). Ansonsten hat sich die Kapitalrücklage um € 1 Tsd. erhöht, was laut Angaben im Anhang auf Ausgabe von Bezugsaktien abzüglich der Kosten für die Kapitalbeschaffung zurückzuführen ist. Der aktuelle Fehlbetrag erhöhte die kumulierten Verluste.

Gesamterfolgsrechnung Die Gesamterfolgsrechnung beinhaltet die im Geschäftsjahr erfassten Erträge und Aufwendungen und erklärt damit die Veränderung des bilanziellen Eigenkapitals durch alle Geschäftsvorfälle des Geschäftsjahres, die sich auf die Höhe des Eigenkapitals auswirken, aber keine Transaktionen mit den Eigentümern darstellen.

Wie auch aus Gleichung (6) ersichtlich, setzt sich das Gesamtergebnis aus zwei Komponenten zusammen:

Gesamtergebnis = Periodenergebnis (Gewinn oder Verlust) + sonstiges Ergebnis

Welche Sachverhalte innerhalb des *Gesamtergebnisses* im Periodenergebnis (der klassischen Gewinn-und-Verlust-Rechnung) und welche im sonstigen Ergebnis (*other comprehensive income, OCI*) erfasst werden, regeln im Detail die verschiedenen Rechnungslegungsstandards, über deren Konsistenz sich in dieser Frage streiten lässt. Demnach geht die Mehrzahl der Sachverhalte, die im *OCI* und nicht im *net income* erfasst werden, auf Neubewertungen zurück. Hierzu zählen beispielsweise die Schwankungen des beizulegenden Zeitwerts (*fair value*) von bestimmten Finanzinstrumenten, die nach IAS 39 als „zur Veräußerung gehalten" klassifiziert werden, Neubewertungserfolge bei optionaler Anwendung der Bewertung zum *fair value* für Sachanlagevermögen nach IAS 16 oder auch gemäß IAS 19 derjenige Anteil an der Veränderung der Höhe der Pensionsrückstellungen, der auf eine Modifikation der zugrunde liegenden versicherungsmathematischen Annahmen (Lebenserwartung der Arbeitnehmer, erwartete Gehaltsanstiege, langfristige Zinssätze etc.) zurückgeht. Details zu diesen Vorschriften finden sich im ▶ Abschnitt „Neubewertungsmodell" auf S. 175 (IAS 16) und den Kapiteln ▶ 4.3 (IAS 39) und ▶ 5.4 (IAS 19). Da all diesen Anwendungsfällen gemein ist, dass die im *OCI* erfassten Erträge und Aufwendungen im Zeitverlauf stark schwanken und schwer vorhersehbar sind, kann die Klassifizierung im *OCI* als Versuch des IASB gewertet werden, die Prognoseeignung des Periodenergebnisses (*net income*) zu stärken.

Bisweilen werden die vormals im sonstigen Ergebnis erfassten Beträge umgegliedert, sie werden dann im Periodenergebnis erfasst. Umgliederungsbeträge entstehen etwa nach IAS 21 beim Verkauf eines ausländischen Geschäftsbetriebs. Dieser Vorgang wird auch als *recycling* bezeichnet. Bisweilen ist ein *recycling* auch ausgeschlossen. Dies betrifft etwa die Neubewertung von Sachanlagen nach IAS 16. Die Summe aller nichteigentümerbezogenen Ein- und Auszahlungen der Totalperiode[9] entspricht dann nicht mehr der Summe aller Periodenergebnisse, was auch als *dirty surplus accounting* oder Durchbrechung des Kongruenzprinzips bezeichnet wird.

Für die Aufstellung der Gesamtergebnisrechnung besteht ein Wahlrecht. Sie kann in einer einzigen Gesamtergebnisrechnung (*single statement approach*) oder in zwei direkt aufeinanderfolgenden Rechnungen (*two statement approach*), der Gewinn-und-Verlust-Rechnung und der Überleitungsrechnung zum Gesamtergebnis mit dem Aus-

---

9   Hierunter wird typischerweise die „Lebensdauer" des Unternehmens verstanden.

weis des sonstigen Ergebnisses (OCI), dargestellt werden. ▶ Kapitel 6 beschäftigt sich ausführlicher mit der Gesamterfolgsrechnung.

Im Folgenden ist zur Veranschaulichung die Erfolgsrechnung der Mologen AG aus dem Geschäftsbericht 2013 wiedergegeben. Diese entspricht einer klassischen Gewinn-und-Verlust-Rechnung, da die Mologen AG kein sonstiges Ergebnis ausweist:

Gesamtergebnisrechnung der Mologen AG
nach IFRS für den Zeitraum vom 1. Januar bis zum 31. Dezember 2013

In Tausend Euro	01.01.-31.12.2013	01.01.-31.12.2012
Umsatzerlöse	227	60
Sonstige betriebliche Erträge	10	271
Materialaufwand	-2.904	-1.763
Personalaufwand	-4.364	-3.561
Abschreibungen	-1.014	-311
Sonstige betriebliche Aufwendungen	-2.813	-2.735
Betriebsergebnis	**-10.858**	**-8.039**
Finanzierungsaufwendungen	-1	-2
Finanzierungserträge	31	55
Jahresergebnis vor Steuern	**-10.828**	**-7.986**
Jahresfehlbetrag/Gesamtergebnis	**-10.828**	**-7.986**

Quelle: Geschäftsbericht der Mologen AG, S. 49 (veränderte Darstellung)

Die Erfolgsrechnung der Mologen AG folgt dem Gesamtkostenverfahren, bei dem nach der Angabe der Umsatzerlöse kostenartenorientiert vorgegangen wird. Die Alternative wäre das Umsatzkostenverfahren, das von den Umsatzerlösen die Umsatzkosten in Abzug bringt, um die Bruttomarge zu berechnen. Im vorliegenden Fall ist es nicht möglich, einen Rückschluss über die Marge bei den abgesetzten Produkten zu ziehen. Die *Umsatzerlöse* sind im Vergleich zum Vorjahr deutlich gestiegen. Allerdings findet sich im Anhang die Aussage, dass die Umsatzerlöse „zum Teil auf Einmaleffekte zurückzuführen" sind und Schwankungen unterliegen. Unter den *sonstigen betrieblichen Erträgen* wurden in den vergangenen Jahren etwa eingeworbene Fördermittel verbucht, für die laut Anhang keine Rückzahlungsrisiken ersichtlich sind. Die aktuellen sonstigen betrieblichen Erträge setzen sich laut Anhang aus periodenfremden (€ 4 Tsd.) und sonstigen betrieblichen Erträgen (€ 6 Tsd.) zusammen, zu denen sich keine weitergehenden Informationen finden. Der Personalaufwand ist die größte Aufwandsposition. Der *Personalaufwand* resultiert aus Löhnen und Gehältern (€ 3.031 Tsd.), sozialen Abgaben (€ 424 Tsd.) sowie Aufwand für gewährte Aktienoptionen (€ 909 Tsd.). Die Mologen AG beschäftigt exklusive der Vorstände (drei Personen) und Mitarbeiter in Elternzeit im Jahresdurchschnitt 51 Mitarbeiter. Die meisten davon werden im Bereich Forschung und Entwicklung eingesetzt. Der *Materialaufwand* besteht schwerpunktmäßig aus von Dritten bezogenen Leistungen (€ 2.113 Tsd.), der Rest entfällt auf Roh-, Hilfs- und Betriebsstoffe. Der gesamte Materialaufwand ist im Vergleich zum Vorjahr deutlich gestiegen. Die *Abschreibungen* setzen sich aus planmäßigen und außerplanmäßigen (Wertminderungen) zusammen. Die Abschreibungen erfolgen linear über die Zeit. Sie beginnen im Monat des Zugangs bzw. im Monat des Nutzungsbeginns. Die für die Abschreibungen unterstellte gewöhnliche Nutzungsdauer beträgt zwischen drei und zehn Jahren für Software, Technologien, Patente, Lizenzen, sonstige Rechte, technische Anlagen), zwischen drei und 14 Jahren für Betriebs- und Geschäftsausstattung. Die planmäßigen Abschreibungen hatten im Geschäftsjahr € 343 Tsd. betragen, hinzu kommt eine Wertminderung auf einen immateriellen Vermögenswert in Höhe von € 671 Tsd., der laut Anhang aufgrund „einer im Berichtsjahr getroffenen strategischen Entscheidung nicht mehr verwendet wird". Der damit verbundene Sondereffekt schlägt sich auch in einem deutlichen Rückgang der Höhe der in der Bilanz ausgewiesenen immateriellen Vermögenswerte nieder. Zu den *sonstigen betrieblichen Aufwendungen* in Höhe von € 2.813 Tsd. haben laut Anhang Rechts- und Beratungskosten, Patentkosten, Reisekosten, Verwaltungskosten, Raumkosten, Kosten für Marketing und Investor Relations, Personalnebenkosten, Instandhaltung und übrige Kosten beigetragen. Das *Betriebsergebnis* fasst die vorgenannten Positionen zusammen. Das Betriebsergebnis wird durch das *Finanzergebnis* adjustiert, das dem Saldo aus Zinserträgen (für Finanzguthaben) sowie Zinsaufwendungen entspricht. Es ergibt sich insgesamt der schon aus der Bilanz bekannte Jahresfehlbetrag von € 10.828 Tsd., der das Eigenkapital schmälert.

Kapitalflussrechnung Typischerweise interessieren sich die Abschlussadressaten nicht nur für das Ergebnis, sondern auch für die Liquiditätslage eines Unternehmens. Über diese informiert die Kapitalflussrechnung. Unternehmen benötigen Zahlungsmittel unter anderem zur Durchführung ihrer operativen Tätigkeiten, zur Erfüllung ihrer finanziellen Verpflichtungen, zur Tätigung zukünftiger Investitionen ohne Rückgriff auf externe Finanzierungsquellen sowie zur Zahlung von Dividenden an Eigentümer. Mangelnde Liquidität ist ein Grund für eine Unternehmensinsolvenz. Die absolute Höhe der Liquidität (am Geschäftsjahresende) kann der Bilanz entnommen werden. Der Zahlungsmittelbestand entspricht den verfügbaren Zahlungsmitteln und Zahlungsmitteläquivalenten (den kurzfristig kündbaren Einlagen). Damit lässt sich auch der gesamte Netto-Cashflow einer Periode – also die Veränderung des Zahlungsmittelbestands – durch Vergleich der Bilanzen zweier aufeinanderfolgender Jahre bestimmen. Es gilt:

$$\text{Netto-Cashflow (Periode)} = \text{Zahlungsmittelbestand (Periodenende)} \\ - \text{Zahlungsmittelbestand (Periodenbeginn)}$$

Die Kapitalflussrechnung ist also nicht erforderlich, um den Netto-Cashflow zu bestimmen. Ihr Zweck liegt vielmehr darin, zu erklären, warum sich der Zahlungsmittelbestand verändert hat. Dabei wird die Veränderung des Zahlungsmittelbestands durch drei unterschiedliche Aktivitäten bewirkt:

- *betriebliche Tätigkeiten*, die etwa zu Einzahlungen aus dem Verkauf von Produkten und Dienstleistungen oder zu Auszahlungen an das eigene Personal führen;

- *Investitionstätigkeiten*, die etwa zu Auszahlungen durch den Kauf von materiellen und immateriellen Vermögenswerten oder zu Einzahlungen aus dem Verkauf ausgedienter Maschinen führen;

■ *Finanzierungstätigkeiten*, die etwa zu Einzahlungen aus Kapitalerhöhungen oder zu Auszahlungen im Zusammenhang mit der Tilgung von Schulden führen.

Hinsichtlich der Ermittlung der Zahlungsüberschüsse gilt, dass diese für Investitions- und Finanzierungstätigkeiten immer direkt auszuweisen sind. Für den Cashflow aus betrieblicher Tätigkeit gilt hingegen ein Wahlrecht, diesen direkt durch Aufzeichnung der entsprechenden Zahlungen zu ermitteln. Aus wirtschaftlichen Gründen entscheidet sich indes in der Praxis der große Teil der Unternehmen für die zweite Variante, den Cashflow indirekt zu ermitteln, indem ausgehend vom Periodenergebnis zahlungsunwirksame Bestandteile (zum Beispiel Abschreibungen oder Änderungen der Rückstellungen) herausgerechnet werden.

▶ Kapitel 7 beschäftigt sich ausführlicher mit der Kapitalflussrechnung. Für die Mologen AG hatte die Kapitalflussrechnung die folgende Gestalt:

Kapitalflussrechnung der Mologen AG
nach IFRS für den Zeitraum vom 1. Januar bis zum 31. Dezember 2013

In Tausend Euro	01.01.-31.12.2013	01.01.-31.12.2012
Cashflow aus betrieblicher Tätigkeit		
Jahresfehlbetrag vor Steuern	-10.828	-7.986
Abschreibungen auf das Anlagevermögen	1.014	311
Gewinn aus Abgang von Gegenständen des Anlagevermögens	-1	-2
Sonstige zahlungsunwirksame Aufwendungen und Erträge	914	805
"Veränderung der Forderungen aus Lieferungen und Leistungen, der Vorräte sowie anderer Aktiva"	-32	153
Veränderung der Schulden sowie anderer Passiva	64	-227
Für betriebliche Tätigkeit eingesetzte Zahlungsmittel	**-8.869**	**-6.946**
Cashflow aus Investitionstätigkeit		
"Einzahlungen aus Abgängen von Gegenständen des Sachanlagevermögens"	1	2
Auszahlungen für Investitionen in das Sachanlagevermögen	-121	-98
Auszahlungen für Investitionen in das immaterielle Anlagevermögen	-25	-19
"Einzahlungen/Auszahlungen aufgrund von Finanzmittelanlagen im Rahmen der kurzfristigen Finanzdisposition (Festgeldanlage mit Laufzeit von über drei Monaten)"	-6.000	2.000
Für Investitionstätigkeit eingesetzte Nettozahlungsmittel	**-6.145**	**1.885**
Cashflow aus Finanzierungstätigkeit		
Einzahlungssaldo aus Eigenkapitalzuführung	8	23.362
Für Finanzierungstätigkeit eingesetzte Nettozahlungsmittel	**8**	**23.362**
Fremdwährungseffekt auf den Zahlungsmittelbestand	-6	0
Netto-Cashflow	**-15.012**	**18.301**

Quelle: Geschäftsbericht der Mologen AG, S. 50 (veränderte Darstellung)

Die aus der Bilanz bekannte Veränderung der Zahlungsmittel und Zahlungsmitteläquivalente entspricht dem in der letzten Zeile der Kapitalflussrechnung angegebenen *Netto-Cashflow* von € –15.012 Tsd. Die Zahlungsmittelzuflüsse *aus betrieblicher Tätigkeit* der Mologen AG liegen weit unterhalb der Zahlungsmittelabflüsse aus dem operativen Geschäft. Das Unternehmen hat dadurch (noch) nicht die für reife Unternehmen typische Situation erreicht, dass mit den betrieblichen Tätigkeiten ein Zahlungsmittelüberschuss erwirtschaftet wird, der für Investitionen, Tilgung von Schulden bzw. Ausschüttungen an die Anteilseigner genutzt werden kann. Der Cashflow aus betrieblicher Tätigkeit wird nach der indirekten Methode ermittelt. Ausgangspunkt ist der Jahresfehlbetrag (€ 10.828 Tsd.), dem beispielsweise die Abschreibungen wieder hinzugerechnet werden, weil diese als Aufwand das betriebliche Ergebnis geschmälert haben, ohne mit dem Abgang von Zahlungsmitteln verbunden gewesen zu sein. Der negative Cashflow aus *Investitionstätigkeit* deutet darauf hin, dass das Unternehmen weiterhin investiert, obwohl es keine positiven Zahlungsmittelüberschüsse mit operativen Tätigkeiten erzielt. Am stärksten zu Buche schlägt allerdings eine Auszahlung für eine Finanzmittelanlage im Rahmen der kurzfristigen Finanzdisposition (€ –6.000 Tsd.), womit also keine Investition in das eigentliche Kerngeschäft verbunden ist. Solche Investitionen liegen allerdings auch vor: In das Sachanlagevermögen wurden € 121 Tsd. investiert, in das immaterielle Vermögen € 25 Tsd. Durch *Finanzierungstätigkeit* wird ein positiver Zahlungsmittelzufluss von € 8 Tsd. erwirtschaftet. Hierbei handelt es sich um den Einzahlungssaldo aus Eigenkapitalzuführung, also der Ausübung der Aktienoptionen. Zu berücksichtigen ist hinsichtlich des bilanziellen Ausweises der Zahlungsmittel auch ein *Fremdwährungseffekt*, der dadurch entsteht, dass sich der Umrechnungskurs für Devisen im Bestand verändert haben kann. Dieser Effekt reduziert den Zahlungsmittelbestand im Vergleich zum Vorjahr um € 6 Tsd. Damit ist nun die gesamte Veränderung des Zahlungsmittelbestands in der Abrechnungsperiode erklärt.

Anhang Der Anhang ist kein Rechenwerk im eigentlichen Sinne, vielmehr ist seine Hauptaufgabe, die Rechenwerke Bilanz, Gesamterfolgsrechnung, Eigenkapitalveränderungsrechnung und Kapitalflussrechnung zu erläutern, zu entlasten und zu ergänzen. Damit trägt der Anhang zur Erhöhung der Entscheidungsnützlichkeit und zur Vermittlung eines *true and fair view* bei:

- Die *Erläuterungsfunktion* erfüllt der Anhang durch die Beschreibung maßgeblicher Bilanzierungs- und Bewertungsmethoden, die bei der Erstellung des Abschlusses Anwendung gefunden haben. Hierunter fällt beispielsweise die Darstellung, welche Wahlrechte wie ausgeübt worden sind, aber auch Schilderungen zur Vorgehensweise bei der Ermittlung von Wertansätzen und Abschreibungen.

- Die *Entlastungsfunktion* nimmt der Anhang wahr, indem er die Rechenwerke von Detailinformationen entlastet und somit deren komprimierte Darstellung erlaubt. So gestattet es IAS 1 etwa, Aufgliederungen einzelner bilanzieller Positionen (zum Beispiel Sachanlagevermögen, immaterielles Vermögen), aber auch von Komponenten der Gewinn-und-Verlust-Rechnung (etwa ein „sonstiges betriebliches Ergebnis") in den Anhang zu verschieben.

- Schließlich erfüllt der Anhang eine *Ergänzungsfunktion*, weil er die zahlenmäßigen Rechenwerke durch Zusatzinformationen, beispielsweise zu Marktwerten von gehaltenen Finanzinstrumenten oder zu Ausgaben für Leistungen von Wirtschaftsprüfungsgesellschaften, ergänzt.

Exkurs 3.9	**Besonderheiten nach HGB**

Welche Bestandteile zwingend zu einem vollständigen Abschluss gehören, ist abhängig von der Unternehmensgröße und der Frage, ob ein Unternehmen für Finanzierungszwecke den organisierten Kapitalmarkt in Anspruch nimmt. Insbesondere kann die Offenlegung einer Bilanz, einer Gewinn-und-Verlustrechnung, eines Anhangs, eines Lageberichts, einer Kapitalflussrechnung, einer Eigenkapitalveränderungsrechnung und eines Gewinnverwendungsvorschlags gefordert sein. Das HGB gibt in § 247 HGB vor, dass eine Bilanz Anlagevermögen, Umlaufvermögen, Eigenkapital und Schulden sowie Abgrenzungsposten gesondert und hinreichend aufgegliedert darstellen soll. Ferner gibt § 266 HGB ein volles Schema der Gliederung einer Bilanz vor und definiert auch ein verkürztes Schema, das gemäß Offenlegungspflichten für kleinere Unternehmen in Betracht kommen kann. Tiefere Untergliederungen sind stets möglich. Für den Anhang schließlich wird im Handelsrecht als zusätzliche vierte Funktion eine „Korrekturfunktion" diskutiert. Diese besagt, dass der Anhang Verzerrungen des Informationsgehalts der Rechenwerke, etwa aufgrund des Vorsichtsprinzips, korrigiert bzw. „heilt", indem geeignete Zusatzinformationen gegeben werden, damit der Jahresabschluss insgesamt das geforderte zutreffende Bild der Vermögens-, Finanz- und Ertragslage vermittelt.   →

→ Fortsetzung

AKTIVSEITE	PASSIVSEITE
A. Anlagevermögen	**A. Eigenkapital**
I. Immaterielle Vermögensgegenstände	I. Gezeichnetes Kapital
1. Selbst geschaffene gewerbliche Schutzrechte etc.	II. Kapitalrücklage
2. Entgeltlich erworbene Konzessionen etc.	III. Gewinnrücklagen
3. Geschäfts- oder Firmenwert	1. Gesetzliche Rücklage
4. Geleistete Anzahlungen	
	2. Rücklage für Anteile an einem herrschenden Unternehmen
II. Sachanlagen	3. Satzungsmäßige Rücklagen
1. Grundstücke etc.	4. Andere Gewinnrücklagen
2. Technische Anlagen und Maschinen	IV. Gewinn-/ Verlustvortrag oder Bilanzgewinn/ -verlust
3. Andere Anlagen, Betriebs- und Geschäftsausstattung	V. Jahresüberschuss / -fehlbetrag
4. Geleistete Anzahlungen und Anlagen in Bau	**B. Rückstellungen**
III. Finanzanlagen	1. Pensionsrückstellungen
1. Anteile an verbundenen Unternehmen	2. Steuerrückstellungen
2. Ausleihungen an verbundene Unternehmen	3. Sonstige Rückstellungen
3. Beteiligungen	**C. Verbindlichkeiten**
4. Ausleihungen an Unt. an denen Beteiligungen bestehen	1. Anleihen
5. Wertpapiere des Anlagevermögens	2. Verbindlichkeiten gegenüber Kreditinstituten
6. Sonstige Ausleihungen	3. Erhaltene Anzahlungen auf Bestellungen
B. Umlaufvermögen	4. Verbindlichkeiten aus Lieferungen und Leistungen
I. Vorräte	5. Verbindlichkeiten aus Annahme gezogener / eigener Wechsel
1. Roh-, Hilfs- und Betriebsstoffe	6. Verbindlichkeiten ggü. verbundenen Unternehmen
2. Unfertige Erzeugnisse und Leistungen	7. Verb. ggü. Unt., mit denen Beteiligungsverhältnis besteht
3. Fertige Erzeugnisse und Leistungen	8. Sonstige Verbindlichkeiten
4. Geleistete Anzahlungen	**D. Rechnungsabgrenzungsposten**
II. Forderungen und sonstige Vermögensgegenstände	**E. Passive latente Steuern**
1. Forderungen aus Lieferungen und Leistungen	
2. Forderungen gegen verbundene Unternehmen	
3. Forderungen gegen Unt., mit denen Beteiligungsverhältnis besteht	
III. Wertpapiere	
1. Anteile an verbundenen Unternehmen	
2. Sonstige	
IV. Kassenbestand, Bundesbankguthaben	
C. Rechnungsabgrenzungsposten	
D. Aktive latente Steuern	
E. Aktiver Unterschiedsbetrag aus der Vermögensverrechnung	

Anmerkung: Das verkürzte Schema ergibt sich aus den nur mit Buchstaben und römischen Ziffern bezeichneten Posten

→

149

→ **Fortsetzung**

§ 275 HGB definiert entsprechend die Gestalt einer Gewinn-und-Verlust-Rechnung.

Gliederung nach dem Gesamtkostenverfahren		Gliederung nach dem Umsatzkostenverfahren	
1	Umsatzerlöse	1	Umsatzerlöse
2	+/- Bestandsveränderung (fertige/unfertige Erzeugnisse)	2	- Herstellungskosten zur Erzielung der U.-erlöse
3	+ Andere aktivierte Eigenleistungen	3	= Bruttoergebnis vom Umsatz
4	+ Sonstige betriebliche Erträge	4	- Vertriebskosten
5	- Materialaufwand	5	- Allgemeine Verwaltungskosten
6	= Rohertrag	6	+ Sonstige betriebliche Erträge
7	- Personalaufwand	7	= Rohertrag
8	- Abschreibungen		
9	- Sonstige betriebliche Aufwendungen	8	- Sonstige betriebliche Aufwendungen
10	+ Erträge aus Beteiligungen	9	+ Erträge aus Beteiligungen
11	+ Erträge aus anderen Wertpapieren und Ausleihungen	10	+ Erträge aus and. Wertpapieren und Ausleihungen
12	+ Sonstige Zinsen und ähnliche Erträge	11	+ Sonstige Zinsen und ähnliche Erträge
13	- Abschreibungen auf Finanzanlagen	12	- Abschreibungen auf Finanzanlagen
14	- Zinsen und ähnliche Aufwendungen	13	- Zinsen und ähnliche Aufwendungen
15	= Ergebnis der gewöhnlichen Geschäftstätigkeit	14	= Ergebnis der gewöhnlichen Geschäftstätigkeit
16	+ Außerordentliche Erträge	15	+ Außerordentliche Erträge
17	- Außerordentliche Aufwendungen	16	- Außerordentliche Aufwendungen
18	= Außerordentliches Ergebnis	17	= Außerordentliches Ergebnis
19	- Steuern vom Einkommen und Ertrag	18	- Steuern vom Einkommen und Ertrag
20	- Sonstige Steuern	19	- Sonstige Steuern
21	= Jahresüberschuss / -fehlbetrag	20	= Jahresüberschuss / -fehlbetrag

§ 276 erlaubt bestimmten Unternehmen, die Posten 1 bis 5 (nach Gesamtkostenverfahren) bzw. die Posten 1 bis 3 und 6 (nach Umsatzkostenverfahren) unter der Bezeichnung "Rohergebnis" zusammenzufassen. Kleinstkapitalgesellschaften brauchen nur die folgenden Positionen zu zeigen: Umsatzerlöse, sonstige Erträge, Materialaufwand, Personalaufwand, Abschreibungen, sonstige Aufwendungen, Steuern, Jahresüberschuss bzw. -fehlbetrag.

Abbildung 3.6: Gliederung einer Gewinn-und-Verlust-Rechnung nach HGB nach Umsatzkosten- oder Gesamtkostenverfahren

EXTRAS ONLINE

Aufgaben

1. Recherchieren Sie: Unter welchen Umständen führt nach IAS 8 die Änderung einer Rechnungslegungsmethode zur Pflicht einer rückwirkenden Anwendung? Warum hat eine solche rückwirkende Anwendung Einfluss auf das Eigenkapital und wie ist die daraus resultierende Eigenkapitaländerung zu erfassen?

2. Ist die Eigenkapitalveränderungsrechnung aus Ihrer Sicht ein wichtiger Bestandteil eines Jahresabschlusses? Warum könnte die Eigenkapitalveränderungsrechnung aus Sicht der Investoren entscheidungsnützliche Informationen enthalten?

Weiterführende Literatur   Bischof und Molzahn, 2008, geben einen knappen Überblick über die Neufassung des IAS 1 in Bezug auf die Darstellung des Abschlusses. Die Autoren gehen auch explizit auf die Konsequenzen für die Eigenkapitalveränderungsrechnung ein. Für eine Diskussion der Gesamterfolgsrechnung kann auf Zimmermann und Volmer, 2006, verwiesen werden. Nach wie vor bestehende Probleme bei der Kapitalflussrechnung zeigen Haller, Groß und Rauscher, 2014, auf.

Darstellung der Vermögenslage: Aktiva

ÜBERBLICK

4

4.1 Sachanlagevermögen

4.1.1 Definition, Ansatz und Erstbewertung

> ## Lernziele
>
> ■ Sachanlagen dienen langfristig der Herstellung oder der Lieferung von Gütern und Dienstleistungen an Dritte oder für eigene Verwaltungszwecke und verbleiben regelmäßig länger als eine Rechnungsperiode im Unternehmen.
>
> ■ Eine Sachanlage ist nach IAS 16 als Vermögenswert anzusetzen (zu aktivieren), wenn es wahrscheinlich ist, dass dem Unternehmen ein mit ihr verbundener künftiger wirtschaftlicher Nutzen zufließen wird und ihre Anschaffungs- oder Herstellungskosten verlässlich ermittelt werden können.
>
> ■ Die Erstbewertung erfolgt zu historischen Kosten, wobei auch nachträgliche Anschaffungsbeziehungsweise Herstellungskosten aktivierungsfähig sind.

Sachanlagen sind definiert als materielle Vermögenswerte, die für Zwecke der Herstellung oder der Lieferung von Gütern und Dienstleistungen, zur Vermietung an Dritte oder für Verwaltungszwecke gehalten werden. Zum Sachanlagevermögen gehören etwa Grund und Boden, Gebäude, maschinelle Anlagen, der Fuhrpark sowie die Betriebs- und Geschäftsausstattung. Als langfristige Vermögenswerte verbleiben Sachanlagen regelmäßig länger als eine Periode im Unternehmen. Eine Sachanlage ist nach IAS 16 als Vermögenswert anzusetzen, wenn es wahrscheinlich ist, dass dem Unternehmen ein mit ihm verbundener künftiger wirtschaftlicher Nutzen zufließen wird und seine Anschaffungs- oder Herstellungskosten verlässlich ermittelt werden können. Die genannten Kriterien entsprechen den allgemeinen Ansatzregeln im Rahmenkonzept.

Die Erstbewertung von Sachanlagen erfolgt zu Anschaffungs- oder Herstellungskosten. Die Anschaffungskosten umfassen den Anschaffungspreis zuzüglich aller direkt zurechenbaren Kosten, die anfallen, um den Vermögenswert in betriebsbereiten Zustand zu versetzen und abzüglich von Anschaffungspreisminderungen wie Rabatten, Boni oder Skonti. Direkt zurechenbare Kosten sind zum Beispiel Kosten der Standortvorbereitung, Kosten der Lieferung und Verbringung, Montagekosten, Honorare (bspw. für Architekten oder Ingenieure), geschätzte Kosten für den Abbruch und das Abräumen des Vermögenswerts sowie die Wiederherstellung des Standorts (Letzteres unter Beachtung von IAS 37).

| Exkurs 4.1 | **Beispiel zur Ermittlung von Anschaffungskosten** |

Sachverhalt: Die Brauerei AG erwirbt am 1. Juni 2014 eine Abfüllmaschine zum Preis von € 70.000. Für den Transport wendet die Brauerei AG € 6.000 auf, für die Inbetriebnahme der Maschine € 500. Bei Zahlung innerhalb von sieben Tagen ist ein Skontoabzug von 2,5 Prozent (auf den Anschaffungspreis) gestattet.

Fragen: Wie hoch sind die Anschaffungskosten bei Zahlung innerhalb von sieben Tagen? Wie hoch sind die Anschaffungskosten dagegen, wenn erst nach elf Tagen bezahlt wird?

Lösung:

Position	Zahlung (7 Tage)	Zahlung (> 7 Tage)
Kaufpreis	70.000	70.000
+ Anschaffungsnebenkosten	6.500	6.500
− Anschaffungskostenminderungen	− (0,025 × 70.000)	0
= Anschaffungskosten	**74.750**	**76.500**

In Betracht kommt zudem die Aktivierung nachträglicher Anschaffungskosten. Nachträgliche Anschaffungskosten fallen an, wenn die Sachanlage durch zusätzliche Ausgaben verbessert wird, also wenn sich etwa die Kapazität erhöht oder die Lebensdauer der Anlage verlängert. Reguläre Wartungskosten gehören dagegen in der Regel nicht hierzu; sie sind sofort erfolgswirksam in der Periode zu erfassen, in der sie anfallen. IAS 16 nennt einige explizite Einbeziehungsverbote in die Anschaffungs- beziehungsweise Herstellungskosten von Sachanlagen. Demnach dürfen beispielsweise Kosten für die Eröffnung neuer Betriebsstätten, für die Einführung neuer Produkte (einschließlich Kosten für Werbung und Verkaufsförderung) sowie Verwaltungs- und andere Gemeinkosten nicht einbezogen werden. Bei qualifizierten Vermögenswerten kommt nach IAS 23 auch die Einbeziehung von Fremdkapitalkosten in Betracht. Hierbei handelt es sich um solche Vermögenswerte, bei denen ein „beträchtlicher Zeitraum" erforderlich ist, um sie in den beabsichtigten Zustand zu versetzen, sie also gebrauchs- oder verkaufsfähig zu machen. Zu den aktivierungsfähigen Fremdkapitalkosten zählen Zinszahlungen und sonstige Kosten, die im Zusammenhang mit der Aufnahme von Fremdkapital anfielen bzw. in Verbindung stehen, beispielsweise Disagios, Vermittlungsgebühren oder Provisionen. Soweit Fremdkapitalkosten aktiviert werden, steigen die Anschaffungs- oder Herstellungskosten der qualifizierten Vermögenswerte um genau diesen Betrag. Bei Stilllegung oder Abgang sind Sachanlagen aus der Bilanz auszubuchen; entstehende Gewinne oder Verluste sind dann erfolgswirksam zu erfassen.

Exkurs 4.2   Aktivierung von Fremdkapitalkosten

Sachverhalt: Es sei angenommen, dass die Samsson AG eine neue Produktionshalle baut. Die Erstellung erstreckt sich über drei Jahre, also einen relativ langen Zeitraum. Zu Beginn des aktuellen Jahres beliefen sich die aktivierten Herstellungskosten auf € 40 Millionen. Am Jahresende weist das entsprechende Konto aktivierte Herstellungskosten in Höhe von € 60 Millionen aus. Die Samsson AG nutzt ein Darlehen in Höhe von € 30 Millionen, das eigens zur Finanzierung des Bauvorhabens aufgenommen wurde. Die Zinsen für dieses Darlehen liegen bei 10 Prozent. Des Weiteren finanziert sich die Samsson AG über Anleihen, die im Durchschnitt mit 8 Prozent verzinst werden. Die gesamten Zinszahlungen des aktuellen Jahres belaufen sich auf € 8,6 Millionen.

Fragen: Wie hoch sind die Zinsen des aktuellen Jahres, die am Jahresende zu kapitalisieren sind. Wie lautet der zugehörige Buchungssatz?

Lösung: Für die Berechnung der aktivierungsfähigen Fremdkapitalkosten ist zunächst das im Bauprojekt durchschnittlich gebundene Kapital zu bestimmen. Am Anfang des Jahres waren € 40 Millionen aktiviert, am Ende € 60 Millionen. Der im Jahr durchschnittlich aktivierte Betrag beläuft sich also auf

$$(\text{€ 40 Mio.} + \text{€ 60 Mio.}) \times 0{,}5 = \text{€ 50 Mio.}$$

Auf diesen Betrag bezieht sich die Berechnung der aktivierungsfähigen Zinsen. Zunächst sind alle Fremdkapitalmittel zu berücksichtigen, die *eigens* für das entsprechende Projekt aufgenommen wurden, hier also das Darlehen in Höhe von € 30 Millionen, das sich zu 10 Prozent verzinst. Die Differenz zum durchschnittlich aktivierten Betrag beträgt dann noch € 20 Millionen. Für diese € 20 Millionen können Zinsaufwendungen aus der allgemeinen Fremdfinanzierung aktiviert werden, die sich im Beispiel durchschnittlich mit 8 Prozent verzinsen. Die aktivierungsfähigen Fremdkapitalkosten belaufen sich also insgesamt auf:

Finanzierungsquelle	Anteil	Zinsaufwand
Darlehen	30 Mio. zu 10 %	3,0 Mio.
Anleihen	+ 20 Mio. zu 8 %	1,6 Mio.
Gesamt	**= 50 Mio.**	**4,6 Mio.**

Die gesamten Zinszahlungen der Periode betragen laut Sachverhalt € 8,6 Millionen. Davon sind gemäß der Berechnung € 4,6 Millionen zu aktivieren. Diese € 4,6 Millionen werden damit nicht in der Gewinn-und-Verlust-Rechnung erfasst, sondern in der Bilanz aktiviert. Wird nun angenommen, dass die gesamten Zinsforderungen am Jahresende per Banküberweisung bezahlt werden, ergibt sich folgender Buchungssatz: →

	→ **Fortsetzung**
127 Anlagen in Herstellung	4.600.000
851 Zinsaufwand	4.000.000
an 220 Bank	8.600.000

Aufgaben

1. Die Köhler AG kauft eine neue Fertigungsanlage für die Produktion von CD-Hüllen. Der Kaufpreis der Fertigungsanlage beträgt € 35.000. Bei Zahlung des Kaufpreises innerhalb von zehn Tagen wird ein Skonto von 3 Prozent gewährt. Für die Installation der Anlage werden vom Hersteller zwei Mitarbeiter gestellt, die von der Köhler AG noch zusätzlich zu bezahlen sind. Für die Installation benötigen die Mitarbeiter drei Tage. Der Tagessatz pro Mitarbeiter beträgt € 400.

a. Wie hoch sind die Anschaffungskosten, wenn die Köhler AG innerhalb von zehn Tagen den Kaufpreis zahlt?

b. Wie hoch sind die Anschaffungskosten, wenn die Köhler AG den Kaufpreis erst nach Ablauf von zehn Tagen zahlt?

2. Die Köhler AG benötigt des Weiteren eine Maschine zum Einschweißen der CDs. Hierbei ist der Vorstand zu dem Schluss gekommen, dass die eigene Herstellung der Maschine für das Unternehmen günstiger ist als der Kauf der Maschine. Bei der Herstellung werden insgesamt Materialien im Wert von € 24.000 verbraucht. Für die Herstellung werden zwei Facharbeiter (€ 120/Tag) und ein Ingenieur (€ 210/Tag) benötigt. Aufgrund eines anfänglich nicht bemerkten Konstruktionsfehlers wurden Materialien im Wert von € 4.000 zunächst verbaut, mussten jedoch wieder entfernt werden und wurden danach unbrauchbar. Nach einer Bauzeit von 30 Tagen ist die Maschine fertiggestellt. Vor Inbetriebnahme ist noch die Abnahme der Maschine vom TÜV notwendig. Der Rechnungsbetrag hierfür beläuft sich auf € 1.800. In welcher Höhe sind die Herstellungskosten dieser Maschine in der Bilanz auszuweisen?

Weiterführende Literatur Eine Übersicht über die Bilanzierung des Sachanlagevermögens nach IFRS gibt Tanski, 2005.

4.1.2 Folgebewertung

Kostenmodell

Lernziele

■ Die Folgebewertung von Sachanlagevermögen kann zu fortgeführten historischen Kosten (Kostenmodell) oder zum beizulegenden Zeitwert (Neubewertungsmodell) erfolgen.

■ Das Kostenmodell verwendet als Ankerpunkt die historischen Kosten, die planmäßig fortgeschrieben werden.

■ Die planmäßig fortgeführten historischen Kosten werden über ein Abschreibungsverfahren ermittelt. Die zeitlich-lineare, nutzungsabhängige, geometrisch-degressive und digitale Abschreibung (oder auch Mischungen) sind gängige Beispiele für solche Verfahren. Die Verfahren führen in den Perioden der Nutzung zu unterschiedlichen Restbuchwerten und Abschreibungsbeträgen und haben unterschiedliche Erfolgswirkungen.

Die Folgebewertung kann gemäß IAS 16 entweder nach dem Kosten- oder dem Neubewertungsmodell vorgenommen werden. Bei Anwendung des Kostenmodells wird bei den Wertansätzen in den Perioden nach dem Zugang eines Vermögenswerts von fortgeführten Anschaffungs- oder Herstellungskosten gesprochen. Diese entsprechen in jeder Periode der Differenz aus den historischen Kosten und den im Zeitablauf verrechneten planmäßigen und außerplanmäßigen Abschreibungen. Unter der planmäßigen Abschreibung eines Vermögenswerts versteht man die Verteilung des Abschreibungsvolumens entweder über die geplante Nutzungsdauer oder über ein geplantes Nutzungspotenzial auf einer systematischen Grundlage. Das Abschreibungsvolumen entspricht (zum Beispiel gemäß Definition in IAS 16) der Differenz aus Anschaffungs- oder Herstellungskosten und dem erwarteten Restwert eines Vermögenswerts. Die Nutzungsdauer beziehungsweise das Nutzungspotenzial gibt an, wie lange beziehungsweise in welcher Höhe in einem Unternehmen Nutzen aus einem Vermögenswert gezogen werden kann oder soll. Dabei spielt die Lebensdauer eines Vermögenswerts eine wichtige Rolle, die beispielsweise durch physischen Verschleiß, technische Überholung sowie rechtliche oder ähnliche Nutzungsbeschränkungen beeinflusst wird.

Die systematische Grundlage für die Verteilung des Abschreibungsvolumens liefert das Abschreibungsverfahren. Bei Abschreibungsverfahren handelt es sich um mathematische Vorschriften, die angeben, wie das Abschreibungsvolumen über die Nutzungsdauer beziehungsweise das Nutzungspotenzial zu verteilen ist. Die Abschreibungsmethode soll so gewählt werden, dass sich der Nutzenverlauf des Vermögenswerts in der Bilanz möglichst gut widerspiegelt. In IAS 16 wird darauf verwiesen, dass damit grundsätzlich eine Vielzahl von Abschreibungsverfahren in Betracht kommt. Beispielhaft werden hier die drei häufigsten Abschreibungsverfahren benannt, nämlich erstens die (zeitlich) lineare Abschreibung, zweitens die degressive und drittens die leistungsabhängige Abschreibung. Bei der degressiven Abschreibung kann zudem zwischen geometrisch-degressiven und arithmetisch-degressiven Verfahren unterschieden werden. In der Praxis finden auch Mischungen einzelner Abschreibungsverfahren Anwendung.

Die zeitlich-lineare und die leistungsabhängige Abschreibung sind sich strukturell sehr ähnlich (siehe ▶ Exkurs 4.3: „Zeitlich-lineare und leistungsabhängige Abschreibung"). Bei der zeitlich-linearen Abschreibung wird das Abschreibungsvolumen (die Zählergröße) auf die Zeiteinheiten (Nennergröße) der geplanten Nutzung verteilt, die üblicherweise in Jahren gemessen wird. Bei der leistungsabhängigen Abschreibung enthält die Nennergröße nicht die Jahre, sondern das in Leistungseinheiten gemessene geplante Nutzungspotenzial, das mit dem Vermögenswert verbunden ist. Die Zählergröße setzt sich zusammen aus dem Abschreibungsvolumen, das mit den „verbrauchten" Leistungsmengen der jeweiligen Periode zu multiplizieren ist.

Exkurs 4.3   **Zeitlich-lineare und leistungsabhängige Abschreibung**

Zeitlich-lineare Abschreibung:

$$\text{Formel: } a_t = \frac{(K - RW_N)}{N} \quad mit \quad t = 1, ..., N,$$

wobei:

a_t Abschreibungsbetrag in Periode t

K Anschaffungs- oder Herstellungskosten

RW_N Restwert nach Ende der Nutzungsdauer N

N Nutzungsdauer N

t Periode

Leistungsabhängige Abschreibung:

$$\text{Formel: } a_t = \frac{(K - RW_N) \times l_t}{L} \quad mit \quad t = 1, ..., N,$$

wobei:

a_t Abschreibungsbetrag in Periode t

l_t Leistungsmenge in Periode t

L Gesamtleistungsmenge über gesamte Nutzungsdauer

Während die zeitlich-lineare Abschreibung den großen Vorteil der Einfachheit hat, liegt ihr Nachteil darin, den Wertverschleiß eines Vermögenswerts unter Umständen den einzelnen Perioden nicht adäquat zuzurechnen. Die leistungsabhängige Abschreibung hat hier Vorteile, da die in den einzelnen Perioden erfassten Abschreibungsbeträge abhängig von den tatsächlich „verbrauchten" Leistungseinheiten sind. Gleichwohl könnte der Marktwert eines Vermögenswerts in den ersten Jahren seiner Nutzung sehr viel stärker im Wert sinken, als dies selbst durch die leistungsabhängige Abschreibung abgebildet wird. Zu denken ist hier etwa an die Wertentwicklung von Kraftfahrzeugen, deren Verkaufswert in den ersten Jahren der Nutzung sehr viel stärker fällt als in den Folgejahren. Ähnliche Wertverläufe lassen sich bei zahlreichen weiteren nichtfinanziellen Vermögenswerten beobachten und können am besten durch degressive Abschreibungsverfahren erfasst werden.

Bei degressiven Abschreibungsverfahren werden die Anschaffungs- oder Herstellungskosten mittels im Zeitablauf sinkender Abschreibungsbeträge auf die Perioden der Nutzung verteilt. Dabei sinkt der Buchwert in den ersten Nutzungsperioden stärker und demgemäß ist auch der Periodenaufwand in den ersten Perioden unter sonst gleichen Bedingungen höher. Unter den degressiven Abschreibungsverfahren können vor allem geometrisch-degressive und arithmetisch-degressive unterschieden werden. Erstere zeichnen sich dadurch aus, dass mittels eines festgelegten (konstanten) Abschreibungsprozentsatzes s vom (Rest-)Buchwert abgeschrieben wird (siehe ▶ Exkurs 4.4: „Geometrisch-degressive Abschreibung").

Exkurs 4.4 — Geometrisch-degressive Abschreibung

Formel: $a_t = s \times RBW_{t-1}$ mit $s = const.$; $t = 1, ..., N$; $RBW_0 = K$,

wobei:

s — konstanter Abschreibungssatz (zum Beispiel 10 Prozent bzw. $s = 0.10$)

RBW_{t-1} — Restbuchwert der Vorperiode

K — Historische Kosten

Wenn auf einen bestimmten Restwert am Ende der Nutzungsdauer RW_N ($\neq 0$) abgeschrieben werden soll, so kann s gemäß folgender Formel bestimmt werden:

$$s = 1 - \sqrt[n]{\frac{RW_N}{K}},$$

wobei:

RW_N — Restwert ($\neq 0$), gegebenenfalls „Erinnerungsposten" (= € 1)

n — Perioden der Restnutzung

K — Anschaffungs- oder Herstellungskosten

Bei der arithmetisch-degressiven Abschreibung fallen die jährlichen Abschreibungsbeträge jeweils um denselben Degressionsbetrag. Ein Beispiel für ein arithmetisch-degressives Abschreibungsverfahren ist die digitale Abschreibung (siehe ▶ Exkurs 4.5

„Digitale Abschreibung"). Hierbei wird das gesamte Abschreibungsvolumen mit einem Faktor multipliziert, der in jeder Periode um den gleichen Betrag sinkt.

Exkurs 4.5   **Digitale Abschreibung**

$$\text{Formel: } a_t = d_t \times AV \text{ , wobei } d_t = \frac{N+1-t}{0{,}5N(N+1)},$$

mit

a_t Abschreibungsbetrag in Periode t

t Periode, für die der Abschreibungsbetrag ermittelt werden soll

AV Abschreibungsvolumen (historische Kosten – Restwert)

N (gesamte) Nutzungsdauer

d_t Degressionsfaktor in Periode t

Unabhängig davon, welches Abschreibungsverfahren gewählt wird, gelten einige allgemeine Leitlinien, die zu beachten sind. So beginnt die Abschreibung grundsätzlich in dem Monat, in dem ein Vermögenswert zugeht. Zwar ist die Erfassung von Abschreibungen bei einem Erwerb oder einer Veräußerung eines Vermögenswerts zwischen zwei Bilanzstichtagen nicht eindeutig in den IFRS geregelt, allerdings lassen sich hier zwei Verfahrensweisen rechtfertigen. Zum einen kann in einem solchen Fall eine pauschalierte Ganzjahresabschreibung im Jahr des Zugangs des Vermögenswerts erfolgen, wobei dann im Jahr seines Abgangs keine Abschreibung mehr vorzunehmen ist. Zum anderen kann auch eine Halbjahresabschreibung sowohl im Jahr des Zu- als auch des Abgangs des Vermögenswerts erfolgen. Beide Varianten setzen allerdings voraus, dass der betreffende Vermögenswert zu einer relativ homogenen Gruppe von Vermögenswerten gehört, bei der regelmäßige Zu- und Abgänge zu verzeichnen sind. Zudem ist generell die Stetigkeit der gewählten Abschreibungsmethode zu beachten. Eine gewählte Abschreibungsmethode ist demnach grundsätzlich beizubehalten. Es kann jedoch Gründe geben, die einen Wechsel rechtfertigen. So ist ein Wechsel der Abschreibungsmethode zulässig, wenn sich der erwartete Abschreibungsverlauf wesentlich ändert. Wird ein Wechsel der Abschreibungsmethode vorgenommen, so ist dies als eine Änderung von Schätzungen im Sinne von IAS 8 anzusehen und durch Korrektur des Abschreibungsaufwands für die laufende und für die kommenden Perioden zu berücksichtigen (siehe ▶ Exkurs 4.6 „Beispiel zu IAS 8 aus dem Geschäftsbericht 2012 der Deutschen Telekom"). Alle Prämissen, die im Zusammenhang mit der Abschreibung stehen, sind periodisch auf ihre Gültigkeit zu prüfen. Der ermittelte Abschreibungsbetrag in einer Periode ist in dem Umfang als Aufwand zu erfassen, in dem er nicht Bestandteil der Herstellungskosten eines anderen Vermögenswerts wird. Abschreibungen dienen damit der periodengerechten Gewinnermittlung.

Exkurs 4.6	Beispiel zu IAS 16 aus dem Geschäftsbericht 2012 der Deutschen Telekom

Die Deutsche Telekom schreibt Sachanlagen mit bestimmbarer Nutzungsdauer planmäßig und linear ab. Besteht ein Vermögenswert aus mehreren Bestandteilen mit unterschiedlicher Nutzungsdauer, werden die einzelnen wesentlichen Bestandteile über ihre individuellen Nutzungsdauern abgeschrieben. Mindestens an jedem Jahresabschlussstichtag wird geprüft, ob die ursprünglich geplanten Nutzungsdauern beibehalten werden können und ob die Abschreibungsmethoden weiterhin angemessen sind. Ähnliche Prüfungen nimmt die Deutsche Telekom auch in Bezug auf die Restbuchwerte, Nutzungsdauern und Abschreibungsmethoden der Sachanlagen vor. Im Jahresabschluss heißt es dazu: „Die Nutzungsdauern und die Abschreibungsmethode der Vermögenswerte werden mindestens an jedem Jahresabschlussstichtag überprüft; wenn die Erwartungen von den bisherigen Schätzungen abweichen, werden die entsprechenden Änderungen gemäß IAS 8 als Änderungen von Schätzungen bilanziert."

(Quelle: Konzernabschluss der Deutschen Telekom 2012, S. 206)

Für die buchungstechnische Behandlung von Abschreibungen gibt es zwei verschiedene Möglichkeiten. Nach der direkten Methode reduzieren Abschreibungen den Buchwert eines Vermögenswerts (hier: von Sachanlagen) direkt; in der Bilanz wird also stets der Restbuchwert angesetzt. Hierbei wird nach folgendem Muster gebucht:

821 Planmäßige Abschreibungen auf langfristige Vermögenswerte		Betrag
	an 120 Sachanlagen	Betrag

Bei der indirekten Methode reduziert der Abschreibungsaufwand den Buchwert des entsprechenden Vermögenswerts nur indirekt, da ein Korrekturkonto (Kumulierte Abschreibungen) angesprochen wird. In der Bilanz bleibt also der Vermögenswert mit seinen historischen Kosten ausgewiesen, zusätzlich werden die kumulierten Abschreibungen angesetzt. Der Restbuchwert ergibt sich durch Saldierung beider Positionen. Bei dem Konto „Kumulierte Abschreibungen" handelt es sich um ein Passivkonto, es wird aber stets mit umgekehrtem Vorzeichen als ein Konto auf der Aktivseite geführt, das die brutto (also zu ihren ursprünglichen Anschaffungs- oder Herstellungskosten) ausgewiesenen Vermögenswerte korrigiert. Gebucht wird wie folgt:

821 Planmäßige Abschreibungen auf langfristige Vermögenswerte		Betrag
	an 150 Kumulierte Abschreibungen	Betrag

Die in diesem Kapitel beschriebenen Abschreibungsverfahren sollen nun anhand eines einfachen Beispiels dargestellt werden. Dazu sei angenommen, dass am 1. Januar 20X1 für € 200.000 ein Lkw gekauft wurde. Der Lkw soll über fünf Jahre genutzt werden, seine gesamte Laufleistung beträgt laut Hersteller 600.000 km. Es sollen nun die Abschreibungsbeträge und Restbuchwerte in den einzelnen Perioden nach unterschiedlichen Abschreibungsverfahren ermittelt werden.

Lineare Abschreibung Zunächst ist der Abschreibungsbetrag zu ermitteln, der sich als Differenz aus Anschaffungskosten und Restwert ergibt. Wird hier von einem Restwert von 0 am Ende der Nutzungsdauer ausgegangen, entspricht das Abschreibungsvolumen den Anschaffungskosten. Das Abschreibungsvolumen ist nun linear auf die fünf Perioden der Nutzung zu verteilen. Gemäß der Formel aus ▶ Exkurs 4.3 „Zeitlich-lineare und leistungsabhängige Abschreibung" ergibt sich für alle Perioden:

$$a_t = \frac{(K - RW_N)}{N} = \frac{(€\,200.000 - 0)}{5} = €\,40.000$$

Die Buchungssätze in jeder Periode lauten nach (1) direkter und (2) indirekter Methode:

(1)	821 Planmäßige Abschreibungen auf langfristige Vermögenswerte	40.000	
	an 1261 Fuhrpark (allgemein)		40.000

(2)	821 Planmäßige Abschreibungen auf langfristige Vermögenswerte	40.000	
	an 150 Kumulierte Abschreibungen		40.000

Leistungsabhängige Abschreibung Bei der leistungsabhängigen Abschreibung variieren nun, im Gegensatz zur zeitlich-linearen Abschreibung, die Abschreibungsbeträge in den einzelnen Perioden mit den anteilig verzehrten Leistungsmengen, die im vorliegenden Fall den jeweiligen Kilometerleistungen der einzelnen Perioden bezogen auf die gesamte Laufleistung von 600.000 Kilometern entsprechen. Es sei hier unterstellt, dass die Laufleistungen 45.000 km in 20X1, 160.000 km in 20X2, 200.000 km in 20X3, 75.000 km in 20X4 und 120.000 km in 20X5 betragen. Gemäß der Formel in ▶ Exkurs 4.3 „Zeitlich-lineare und leistungsabhängige Abschreibung" betragen die Abschreibungen für das Jahr 20X1 (beziehungsweise Periode 1):

$$a_1 = \frac{(K - RW_N) \times l_1}{L} = \frac{(200.000 - 0) \times 45.000}{600.000} = 15.000$$

▶ Tabelle 4.1 gibt die Ergebnisse für die einzelnen Perioden der Nutzung wieder:

Tabelle 4.1

Beispiel zur leistungsabhängigen Abschreibung (Werte teils gerundet)

Jahr	20X1	20X2	20X3	20X4	20X5	Summe
Periode	1	2	3	4	5	–
Laufleistung in km	45.000	160.000	200.000	75.000	120.000	600.000
l_t/L	0,0750	0,2667	0,3333	0,1250	0,2000	1,0000
Abschreibung in €	15.000	53.333	66.667	25.000	40.000	200.000

Geometrisch-degressive Abschreibung Bei der geometrisch-degressiven Abschreibung wird der Abschreibungsbetrag der Periode t berechnet, indem der Restbuchwert der Periode $t-1$ mit einem konstanten Abschreibungssatz s multipliziert wird. Der Abschreibungssatz wird dabei entweder so vorgegeben, dass er den Wertverzehr zutreffend abbildet, oder er wird in Abhängigkeit des Restwerts des Vermögenswerts am Ende der Nutzungsdauer berechnet. Im vorliegenden Fall sei davon ausgegangen, dass der Abschreibungssatz $s = 0,25$ beträgt. Dieser konstante Faktor ist nun in der ersten Periode der Nutzung mit den Anschaffungskosten und in den folgenden Perioden mit den jeweiligen Restbuchwerten zu multiplizieren, um auf den Abschreibungsbetrag der jeweiligen Periode zu kommen. Dazu sind jeweils auch immer die Restbuchwerte zu ermitteln. ▶ Tabelle 4.2 zeigt die Entwicklung der Restbuchwerte und Abschreibungsbeträge in den einzelnen Perioden. Bei Betrachtung der Abschreibungsbeträge für die einzelnen Perioden wird deutlich, dass die Abschreibungsbeträge von Periode zu Periode fallen, wobei dieser Effekt zu Beginn der Abschreibung besonders deutlich ist. Die Verwendung eines gegebenen s führt in der Regel – und so auch im Beispiel – nicht dazu, dass der Vermögenswert über die Nutzungsdauer vollständig abgeschrieben wird. In der Praxis sind deshalb häufig Abschreibungspläne zu finden, in denen zunächst geometrisch-degressiv und in späteren Perioden zeitlich-linear (gegebenenfalls auf einen Restwert) abgeschrieben wird.

Tabelle 4.2

Abschreibungsbeträge bei geometrisch-degressiver Abschreibung mit $s = 0,25$ (gerundet)

Jahr	20X1	20X2	20X3	20X4	20X5
Periode	1	2	3	4	5
Restbuchwert vor Abschreibung (in €)	200.000	150.000	112.500	84.375	63.281
Abschreibungsbetrag der Periode (in €)	50.000	37.500	28.125	21.094	15.820

Kombination aus zeitlich-linearer und geometrisch-degressiver Abschreibung Der Lkw soll nun in den ersten beiden Perioden geometrisch-degressiv auf € 128.000 abgeschrieben werden, danach über die restliche Nutzungsdauer zeitlich-linear auf einen Restwert von € 0. Im Gegensatz zum vorigen Beispiel muss nun zunächst der konstante Abschreibungssatz s für die ersten beiden Perioden ermittelt werden. Dazu ist die Formel aus ▶ Exkurs 4.4 „Geometrisch-degressive Abschreibung" zu verwenden:

$$s = 1 - \sqrt[n]{\frac{RW_N}{K}} = 1 - \sqrt[2]{\frac{128.000}{200.000}} = 1 - \sqrt[2]{0,64} = 0,2$$

Für die ersten beiden Jahre (20X1 und 20X2) wird also mit einem $s = 0,2$ abgeschrieben, sodass der Restwert zu Beginn des dritten Jahres (20X3) € 128.000 beträgt. Der Lkw wird dann noch drei Jahre genutzt und vollständig abgeschrieben, sodass sich folgende Abschreibungsbeträge für die Jahre 20X3 bis 20X5 ergeben:

$$a_{t=3,\dots,5} = \frac{(128.000 - 0)}{3} \approx 42.667$$

Der gesamte Abschreibungsverlauf ist in ▶ Tabelle 4.3 wiedergegeben.

Tabelle 4.3

Kombinierte Abschreibung (gerundet)

Jahr	20X1	20X2	20X3	20X4	20X5
Periode	1	2	3	4	5
Abschreibungsverfahren	degressiv	degressiv	linear	linear	linear
Restbuchwert vor Abschreibung (in €)	200.000	160.000	128.000	85.333	42.666
Abschreibung (gerundet in €)	40.000	32.000	42.667	42.667	42.666
Restbuchwert nach Abschreibung (in €)	160.000	128.000	85.333	42.666	0

Digitale Abschreibung Der Lkw soll nun nach dem Verfahren der digitalen Abschreibung arithmetisch-degressiv über die Nutzungsdauer abgeschrieben werden. Anders als bei der geometrisch-degressiven Abschreibung, bei der s ein konstanter Faktor ist, variiert bei der arithmetisch-degressiven Abschreibung der Degressionsfaktor d_t. Er sinkt in jeder Periode um den jeweils gleichen Betrag – und mit ihm auch die Abschreibungsbeträge. Für jede Periode ist also zunächst d_t zu bestimmen. Die Ermittlung sei beispielhaft für Periode 1 gemäß der Formel in ▶ Exkurs 4.5 „Digitale Abschreibung" gezeigt. Die gesamte Nutzungsdauer N beträgt 5 Perioden, die aktuelle Periode t ist 1. d_1 ergibt sich dann zu:

$$d_1 = \frac{N+1-t}{0,5N(N+1)} = \frac{5+1-1}{0,5 \times 5 \times (5+1)} = \frac{5}{15} = \frac{1}{3}$$

und der Abschreibungsbetrag der ersten Periode zu:

$$a_1 = d_1 \times AV = \frac{1}{3} \times 200.000 \approx 66.667$$

Anzumerken ist, dass der Degressionsfaktor d_t in jeder Periode mit dem ursprünglichen Abschreibungsvolumen – hier: den Anschaffungskosten – multipliziert wird, um den jeweiligen Abschreibungsbetrag zu erhalten. Dadurch ergibt sich eine arithmetische Reihe. Das Verfahren wird durch tabellarische Schreibweise und hier insbesondere durch Einfügen einer „Hilfsspalte" übersichtlicher und erlaubt eine Berechnung auch ohne Formelkenntnis (siehe ▶ Tabelle 4.4). In der Hilfsspalte werden zunächst einfach die Perioden in umgekehrter Reihenfolge notiert (beziehungsweise die jeweilige Restnutzungsdauer zu Beginn der Periode). Dann ist die Summe dieser Spalte zu berechnen, die im ▶ Beispiel 15 beträgt. Der Degressionsfaktor d_t ergibt sich nun jeweils durch Division des Hilfsspaltenwerts mit der Gesamtsumme der Hilfsspalte, also für die erste Periode als 5/15 = 1/3. Bei genauer Betrachtung zeigt sich, dass d_t in jeder Periode um 1/15 sinkt, die Abschreibungsbeträge damit um jeweils 1/15 × € 200.000 = € 13.333 (gerundet).

					Tabelle 4.4
Digitale Abschreibung (gerundet)					
Periode	**Hilfs-spalte**	d_t	**Abschreibungs-volumen (in €)**	**Abschreibungs-betrag (in €)**	**Restbuchwert nach Abschreibung (in €)**
1	5	0.33	200.000	66.667	133.333
2	4	0.27	200.000	53.333	80.000
3	3	0.20	200.000	40.000	40.000
4	2	0.13	200.000	26.667	13.333
5	1	0.07	200.000	13.333	0
Summe	**15**	**1.00**	–	**200.000**	–

▶ Tabelle 4.5 vergleicht die Abschreibungsbeträge und Restbuchwerte in jeder Periode bei Anwendung der verschiedenen Verfahren. Es wird deutlich, dass sich die Wahl des Abschreibungsverfahrens deutlich auf die in der Bilanz ausgewiesenen Restbuchwerte sowie über die unterschiedlichen Abschreibungsbeträge auch auf den Periodenerfolg auswirkt.

Tabelle 4.5

Vergleich der Abschreibungsverfahren (alle Angaben in €, teils gerundet)

Jahr (Periode)	20X1 (1)	20X2 (2)	20X3 (3)	20X4 (4)	20X5 (5)	Summe
Zeitlich-lineare Abschreibung						
Abschreibungsbetrag	40.000	40.000	40.000	40.000	40.000	200.000
Restbuchwert (nach Abschreibung)	160.000	120.000	80.000	40.000	0	
Leistungsabhängige Abschreibung						
Abschreibungsbetrag	15.000	53.333	66.667	25.000	40.000	200.000
Restbuchwert (nach Abschreibung)	185.000	131.667	65.000	40.000	0	
Geometrisch-degressive Abschreibung ($s = 0{,}25$)						
Abschreibungsbetrag	50.000	37.500	28.125	21.094	15.820	152.539
Restbuchwert (nach Abschreibung)	150.000	112.500	84.375	63.281	47.461	
Erst geometrisch-degressive, dann lineare Abschreibung						
Abschreibungsbetrag	40.000	32.000	42.667	42.667	42.666	200.000
Restbuchwert (nach Abschreibung)	160.000	128.000	85.333	42.666	0	
Digitale Abschreibung						
Abschreibungsbetrag	66.667	53.333	40.000	26.667	13.333	200.000
Restbuchwert (nach Abschreibung)	133.333	80.000	40.000	13.333	0	

Da die Anwendung des Kostenmodells mit der Verpflichtung verbunden ist, Wertminderungstests durchzuführen, bedeutet dies, dass die Anwendung eines Abschreibungsverfahrens, das Buchwerte generiert, die wesentlich über Marktpreis oder Nutzungswert des entsprechenden Vermögenswerts liegen, sehr wahrscheinlich außerplanmäßige Wertberichtigungen nach unten auslösen wird. Von daher ist es nicht nur geboten, sondern auch einfacher, gleich ein Abschreibungsverfahren zu wählen, das den Wertverlauf zutreffend abbildet. ▸ Exkurs 4.7 enthält abschließend noch einige Hinweise zur Verbreitung der verschiedenen Abschreibungsverfahren in Deutschland.

| Exkurs 4.7 | **Verbreitung der Abschreibungsverfahren unter den DAX-30-Unternehmen** |

In Deutschland dominierten lange Zeit degressive Abschreibungsverfahren, deren Anwendung hauptsächlich steuerlich motiviert war, denn eine zeitliche Vorverlagerung von Aufwand führt zu einer Steuerbarwertminimierung, also zu einer Verschiebung von Steuerzahlungen in zukünftige Perioden. In Konzernabschlüssen spielen solche Erwägungen (heute) keine Rolle mehr, denn weder sind Konzernabschlüsse steuerlich relevant noch ist die Übertragung steuerlich motivierter Wahlrechtsausübungen im Einzelabschluss auf den Konzernabschluss erlaubt. Die lineare Abschreibung, wie international üblich, findet daher auch in Deutschland zunehmende Verbreitung. Um einen Eindruck über die Verbreitung der Abschreibungsverfahren zu geben, finden sich im Folgenden Daten zu 23 bzw. 25 DAX-30-Unternehmen. Für die Auswertung wurden die Jahre 2006, 2009 und 2012 zugrunde gelegt, Versicherungen und Finanzdienstleister wurden aus der Stichprobe ausgeschlossen. Ausgewertet wurden zudem nur die Abschreibungen auf das Sachanlagevermögen. Die Auswertung zeigt, dass im Jahr 2006 87,5 Prozent und im Jahr 2009 88,5 Prozent der Unternehmen ihr Sachanlagevermögen linear abgeschrieben haben; im Jahr 2012 waren es 96,15 Prozent.

Abschreibungsverfahren	2006	2009	2012
Linear	21	23	25
Degressiv-linear	1	2	0
Degressiv	0	0	0
Leistungsabhängig	2	1	1
Summe	**24[a]**	**26[a]**	**26[a]**

[a] Im Jahr 2006, 2009 und 2012 sind es trotz der Summe von 24 respektive 26 lediglich 23 bzw. 25 Unternehmen, die untersucht wurden. Die Bayer AG schreibt jedoch das Sachanlagevermögen sowohl linear als auch nutzungsbedingt ab und wurde daher doppelt aufgenommen.

Bei der Folgebewertung nach dem Kostenmodell muss grundsätzlich jeder Teil einer Sachanlage, der im Verhältnis zum Gesamtwert einen erheblichen Teil ausmacht, gesondert ausgewiesen und abgeschrieben werden (*component approach*). Ein solches Vorgehen ist immer dann erforderlich, wenn sich Nutzungsdauern und Wertentwicklungen der einzelnen Komponenten deutlich unterscheiden. Als Beispiel hierfür sind die Triebwerke eines Flugzeugs zu nennen, die einem anderen Abschreibungsverlauf folgen als der Rest des Flugzeugs. Bestandteile gleicher Abschreibungsart und Nutzungsdauer dürfen zusammengefasst werden.

| Exkurs 4.8 | **Abschreibung von Sachanlagen gemäß Komponentenansatz** |

Sachverhalt: Die Alpen-Trans AG bietet u.a. Zugfahrten durch die Alpen mit sog. AlpTrans-Loks an. Bei den AlpTrans-Loks handelt es sich um acht elektrische Lokomotiven (E-Loks) der Baureihe 126. Die Alpen-Trans AG ist aufgrund der Eisenbahn-Bau- und Betriebsordnung verpflichtet, spätestens nach sechs Jahren eine große Revision der E-Loks durchführen zu lassen. Die Revision umfasst die Inspektion, die Wartung und – je nach Befund – Instandhaltung und Aufarbeitung der Komponenten entsprechend den Vorgaben der Hersteller. Die Revisionsausgaben betragen für die E-Loks erfahrungsgemäß durchschnittlich € 0,6 Mio. je Lok. Zusätzlich zu den großen Revisionen werden unterjährig verschiedene Reparatur- und Instandhaltungsmaßnahmen an den Loks durchgeführt. Die E-Loks wurden am 1.1.20X0 erworben. Die geschätzte Nutzungsdauer einer E-Lok beträgt 24 Jahre. Eine E-Lok kann gemäß der Auskunft der Alpen-Trans AG in die in der Tabelle unten wiedergegebenen Komponenten zerlegt werden.

Komponente	Geschätzte Anschaffungskosten (in Mio. €)
Drehgestell mit Radsätzen	0,5
Lokkasten	0,7
Transformator	0,9
Stromrichter	0,4
Steuergeräte	0,6
Hilfsbetriebsumrichter	0,5
Summe Anschaffungskosten	**3,6**

Die Komponenten werden grundsätzlich alle sechs Jahre während der Revision vollständig ausgebaut, gewartet und wieder eingebaut. Es erfolgt kein Ersatz. Ihre Nutzungsdauer ist also mit der der E-Loks als Ganzes identisch. Hiervon ausgenommen sind die Transformatoren. Diese werden erwartungsgemäß nach zwölf Jahren durch neue ersetzt. Sie werden während der Revision nicht gewartet. Für den Ansatz und die Bewertung der Loks ist unzweifelhaft auf IAS 16 (Sachanlagevermögen) zurückzugreifen. Gesucht ist nach dem Ansatz des Sachverhalts zum Bilanzstichtag am 31.12.20X1, wobei von einem vernachlässigbaren Restwert und einer gleichmäßigen Nutzung der Loks ausgegangen sei.

Lösung: Die Transformatoren sind aufgrund ihres bedeutsamen Werts (25 % = 0,9/ 3,6) sowie der von den übrigen Komponenten unterschiedlichen Nutzungsdauer (zwölf Jahre) getrennt abzuschreiben. Die Revision ist als sechsjähriges Nutzungsrecht zu interpretieren und ebenfalls aufgrund ihres Werts (ca. 17 % = 0,6/3,6) sowie der abweichenden Nutzungsdauer von sechs Jahren gesondert abzuschreiben. Die übrigen Komponenten werden gemeinsam über 24 Jahre (Nutzungsdauer einer Lok) abgeschrieben. →

→ Fortsetzung

	AK	ND	AfA p.a.	RBW (in Mio. €)
Transformatoren	0,9	12	0,075	$0,9 - 2 \times 0,075 = 0,75$
Übrige Komponenten	2,1	24	0,0875	$2,1 - 2 \times 0,0875 = 1,925$
Revisionskosten	0,6	6	0,1	$0,6 - 2 \times 0,1 = 0,4$
Summe	**3,6**		**0,255**	**3,075**

AK – Anschaffungskosten, **ND** – Nutzungsdauer, **AfA p.a.** – jährliche Abschreibung, **RBW** – Restbuchwert

Hinweis: Gemäß des Sachverhalts sind die Revisionskosten der E-Loks im Sinne von IAS 16.14 aus den Anschaffungskosten der Loks herauszurechnen und gesondert über eine Nutzungsdauer von sechs Jahren abzuschreiben. Sinn und Zweck der Revision ist es gerade, die Komponenten der Loks derart zu überarbeiten, um den weiteren Betrieb der Lok zu gewährleisten. Die durch die Revision entstandenen Kosten sind dann erneut gesondert zu aktivieren und abzuschreiben.

Aufgaben

1. Warum werden Abschreibungen erfolgswirksam erfasst?

2. Was passiert, wenn ein Vermögenswert planmäßig linear über fünf Jahre abgeschrieben werden soll, dieser aber am Ende des zweiten Jahres der Nutzung wegen eines Totalschadens außer Dienst gestellt wird?

3. Erklären Sie die Formel für die lineare Abschreibung! Warum ist der Restwert im Zähler abzuziehen?

4. Welcher Grund könnte dafür sprechen, die Anschaffungs- beziehungsweise Herstellungskosten eines Vermögenswerts nicht direkt um die (kumulierten) Abschreibungen zu reduzieren, sondern ein Konto „kumulierte Abschreibungen" als „Speicher" für die Abschreibungen zu nutzen?

5. Die GS AG erwirbt zum 01. Januar 20X1 ein Lagerhaus, zu dem auch ein Grundstück und Garagen gehören, für insgesamt € 10 Millionen. Hiervon entfallen € 5 Millionen auf das Grundstück, das keiner planmäßigen Wertminderung unterliegt, und € 4,5 Millionen auf das Lagerhaus, das aufgrund seiner soliden Bauweise eine voraussichtliche Nutzungsdauer von 50 Jahren aufweist. € 0,5 Millionen entfallen ferner auf die Garagen, die voraussichtlich 25 Jahre genutzt werden können. Es werden Folgebewertungen nach dem Kostenmodell vorgenommen und es wird linear abgeschrieben. Buchen Sie: **→**

→ Fortsetzung

a. Die Beschaffung beziehungsweise Aktivierung des Vermögenswerts (es wird per Banküberweisung gezahlt);

b. Die Abschreibung am Jahresende (linear, direkt).

6. Welche Abschreibungsmethoden kennen Sie? Was kennzeichnet die jeweiligen Abschreibungsmethoden?

7. Die Schröder AG kauft einen neuen Firmenwagen für den Geschäftsführer zu einem Preis von € 50.000. Es ist geplant, den Wagen nach sechs Jahren zu einem Preis von € 14.000 wieder zu verkaufen. Der Wagen wird in diesen sechs Jahren voraussichtlich 150.000 km zurücklegen.

a. Geben Sie die Abschreibungsbeträge für die ersten drei Jahre nach der linearen Abschreibungsmethode an!

b. Geben Sie die Abschreibungsbeträge für die ersten drei Jahre nach der geometrisch-degressiven Abschreibungsmethode an!

c. Geben Sie die Abschreibungsbeträge für die ersten drei Jahre nach der leistungsabhängigen Abschreibungsmethode an. Gehen Sie hierbei davon aus, dass der Wagen folgende Entfernungen zurücklegt: Jahr 1: 15.000 km; Jahr 2: 32.000 km; Jahr 3: 23.000 km!

d. Ermitteln Sie die Abschreibungsbeträge nach der digitalen Methode!

8. Die Welse AG stellt hochwertige Holzzäune her. Für die Bearbeitung des Holzes wurde am 01.01.20X1 eine Spezialmaschine zu einem Kaufpreis von € 45.000 angeschafft. Um die Maschine installieren zu können, fielen Kosten in Höhe von € 3.500 an. Bei dem Kauf wurde ein Skonto von 2 Prozent bei Zahlung innerhalb von zwei Wochen vereinbart, den die Welse AG auch in Anspruch nimmt. Die Welse AG beabsichtigt, die Maschine für acht Jahre zu nutzen. Danach soll die Maschine vollständig abgeschrieben sein, der Restwert beträgt € 0.

a. Berechnen Sie die Buchwerte und die Abschreibungsbeträge für die einzelnen Jahre, die sich bei Anwendung der digitalen Abschreibungsmethode ergeben!

b. Wie hoch wäre der jährliche lineare Abschreibungsbetrag?

9. Die Meier-Tanzreisen AG hat Anfang 20X1 einen neuen Reisebus für Fernreisen angeschafft. Der Kaufpreis hierfür belief sich auf € 160.000. Um auch zukünftig die gesetzlichen Auflagen erfüllen zu können, wurden Anfang 20X6 bei allen Sitzen Sicherheitsgurte eingebaut. Die Kosten hierfür beliefen sich auf € 11.500. Das Unternehmen hat beim Kauf des Busses geplant, diesen insgesamt zehn Jahre zu nutzen und ihn dann für € 35.000 zu verkaufen. →

> **→ Fortsetzung**
>
> Am Ende des achten Jahres sah sich das Unternehmen aufgrund sinkender Reisebuchungen jedoch gezwungen, den Bus zu verkaufen. Da dieser noch in gutem Zustand war, konnte die Meier-Tanzreisen AG einen Verkaufserlös von € 68.000 erzielen. Der Bus wird über die gesamte Nutzungsdauer linear abgeschrieben. Geben Sie den Buchungssatz an für:
>
> a. Den Einbau der Sicherheitsgurte.
>
> b. Die Abschreibung zum 31.12.20X6.
>
> c. Den Verkauf am Ende des achten Jahres.

Weiterführende Literatur Eine empirische Analyse der Bewertungspraxis von Sachanlagevermögen in Deutschland liefern Müller, Wobbe und Reinke, 2008.

Wertminderung

Lernziele

- Die Anwendung des Kostenmodells geht stets mit der Pflicht einher, zu prüfen, ob Wertminderungen eingetreten sind, die dazu führen, dass die planmäßig fortgeführten historischen Kosten einen zu hohen Bilanzansatz darstellen.

- Dabei ist stets IAS 36 zu beachten, wonach eine erfolgswirksame Wertminderung vorzunehmen ist, wenn der erzielbare Betrag unter dem Restbuchwert liegt.

- Spätere Wertaufholungen kommen grundsätzlich in Frage, dürfen aber zu keinem höheren Wert als den ursprünglich geplanten fortgeführten historischen Kosten führen.

Bei der Fortschreibung zu fortgeführten Anschaffungs- beziehungsweise Herstellungskosten sind die Nutzungsdauer und Abschreibungsmethode periodisch auf ihre Angemessenheit zu prüfen. Die Vornahme von Wertminderungstests bei Sachanlagen soll anhand eines Beispiels erläutert werden. Die Ricke AG habe Anfang 20X1 eine Sattelzugmaschine für € 230.000 und einen Sattelauflieger mit Spezialausstattung für € 170.000 zu dem Zweck erworben, diese an Dritte zu vermieten. Beide werden nach dem Komponentenansatz (siehe hierzu ▶ Kapitel 4.1.1) getrennt aktiviert und über fünf Jahre nach der digitalen Methode (arithmetisch-degressiv) jeweils auf einen Restwert von 0 abgeschrieben. Die beiden Vermögenswerte wurden Anfang 20X1 beschafft, also Ende 20X2 zwei Jahre genutzt. Gemäß der Formel für die digitale Abschreibung ergeben sich folgende Abschreibungsbeträge (in €):

Jahr	Abschreibung Zugmaschine	Abschreibung Auflieger
20X1	76.667	56.667
20X2	61.333	45.333
Summe	**138.000**	**102.000**

Der Restbuchwert der Zugmaschine beträgt also am Ende des Jahres 20X2 € 92.000, der des Aufliegers € 68.000. Aus internen Berichten geht 20X2 hervor, dass die Zugmaschine einen physischen Schaden hat, der einer Behebung bedarf und außerdem die Möglichkeit seiner Vermietung dauerhaft einschränkt. Durch das Vorliegen eines solchen internen Anzeichens muss das Unternehmen einen Wertminderungstest durchführen. Dabei muss der Restbuchwert mit dem erzielbaren Betrag verglichen werden. Letzterer ist definiert als höherer Betrag von beizulegendem Zeitwert nach Verkaufskosten und Nutzungswert. Das Problem bei der Ermittlung des Nutzungswerts ist, dass die Ricke AG stets Zugmaschine und Auflieger gemeinsam vermietet. Demnach können Zugmaschine und Aufleger Zahlungsmittelzuflüsse aus Vermietung nicht getrennt zugeordnet werden – es liegt also eine zahlungsmittelgenerierende Einheit vor. Bei dieser ist zu prüfen, ob die Summe der Restbuchwerte der einzelnen Komponenten (hier: € 92.000 + € 68.000 = € 160.000) den erzielbaren Betrag übersteigt. Das Unternehmen ermittelt Ende 20X2 einen beizulegenden Zeitwert nach Verkaufskosten des gesamten Gespanns von € 152.000. Nun ist der Nutzungswert der zahlungsmittelgenerierenden Einheit zu berechnen. Bei einer weiteren Nutzung erwartet die Ricke AG folgende Zahlungsströme (in €) aus Vermietung und Unterhalt des Gespanns:

Jahr	Einzahlungen	Auszahlungen
20X3	152.000	97.000
20X4	192.000	134.000
20X5	173.000	104.000

Zur Berechnung des Nutzungswerts unterstellt die Ricke AG einen Zinssatz von 10 Prozent, mit dem die Netto-Cashflows der einzelnen Perioden zu diskontieren sind. Der Nutzungswert der zahlungsmittelgenerierenden Einheit entspricht der Summe der diskontierten Einzahlungsüberschüsse der Perioden. Die Berechnung ist ▶ Tabelle 4.6 zu entnehmen.

<table>
<tr><td colspan="5" align="right">Tabelle 4.6</td></tr>
</table>

Berechnung des Nutzungswertes (Beispiel)

Jahr	Einzahlungen	Auszahlungen	Netto-Cashflow	Barwert 20X3
20X3	152.000	97.000	55.000	50.000*
20X4	192.000	134.000	58.000	47.934**
20X5	173.000	104.000	69.000	51.841***
Summe	–	–	–	**149.775******

Erläuterungen:

$$* \ \frac{55.000}{(1+0,10)^1} = 50.000; \quad ** \ \frac{58.000}{(1+0,10)^2} \approx 47.934; \quad *** \ \frac{69.000}{(1+0,10)^3} \approx 51.841;$$

$$**** \ 50.000 + 47.934 + 51.841 = 149.775$$

Da der erzielbare Betrag der höhere Wert von Nutzungs- und beizulegendem Zeitwert nach Verkaufskosten ist, nimmt er hier also einen Wert von € 152.000 an. Dieser Wert ist nun mit dem Restbuchwert (€ 160.000) zu vergleichen, der den erzielbaren Betrag um € 8.000 übersteigt. Um diesen Betrag ist der Buchwert erfolgswirksam zu vermindern. Problematisch ist im vorliegenden Fall aber, dass Sattelschlepper und -auflieger getrennt aktiviert wurden. Es entsteht nun die Frage, bei welchem Vermögenswert die Wertminderung erfasst werden soll. IAS 36 schreibt hier ein zweistufiges Verfahren vor. Zunächst ist der „Buchwert jeglichen Geschäfts- oder Firmenwertes, der der zahlungsmittelgenerierenden Einheit ... zugeordnet ist", erfolgswirksam zu reduzieren. Ist damit der Abschreibungsbedarf noch nicht gedeckt, sind auf der zweiten Stufe anteilig die „Vermögenswerte der Einheit auf Basis der Buchwerte jedes einzelnen Vermögenswertes der Einheit" erfolgswirksam zu vermindern. Da sich keine Hinweise darauf finden, dass die Ricke AG der zahlungsmittelgenerierenden Einheit einen Geschäfts- oder Firmenwert zugeordnet hat, wird die Wertminderung nach Stufe 2 behandelt. Der Wertminderungsaufwand (insgesamt € 8.000) für die Zugmaschine bemisst sich demnach nach dem anteiligen Buchwert, den die Zugmaschine an dem der zahlungsmittelgenerierenden Einheit ausmacht, beträgt also:

$$8.000 \times (92.000 \div 160.000) = € \ 8.000 \times 0,575 = € \ 4.600.$$

Für den Auflieger beträgt der Wertminderungsaufwand damit:

$$8.000 \times (68.000 \div 160.000) = € \ 8.000 \times 0,425 = € \ 3.400.$$

Gebucht wird nach der direkten Methode dann wie folgt:

822 Abschreibung wegen Wertminderung	8.000	
an 1262 Zugmaschine		4.600
an 1263 Auflieger		3.400

Bei Erfassung der Wertminderung ist nach IAS 36 aber stets zu beachten, dass diese nicht dazu führen darf, dass Komponenten einer zahlungsmittelgenerierenden Einheit auf einen Wert sinken, der (a) kleiner als null, (b) kleiner als der beizulegende Zeitwert nach Verkaufskosten der Komponente ist oder (c) unter dem Nutzungswert der Komponente liegt. Vor der Vornahme der Wertminderung sind deshalb die Beträge zu ermitteln, die von den jeweiligen Komponenten maximal abgeschrieben werden können. Diese sind mit den vorgesehenen Abschreibungsbeträgen zu vergleichen, die den Komponenten auf Basis ihres jeweiligen Anteils an der zahlungsmittelgenerierenden Einheit zugeordnet werden. Übersteigt der für eine Komponente vorgesehene Abschreibungsbetrag den maximal zulässigen, ist die Differenz auf andere Komponenten zu verteilen, bei denen der maximale Abschreibungsbetrag noch nicht ausgeschöpft wurde. Im vorliegenden Fall kann eine entsprechende Prüfung unterbleiben, da weder der beizulegende Zeitwert noch der Nutzungswert der einzelnen Komponenten bekannt ist.

Aufgaben

1. Skizzieren Sie kurz den Inhalt von IAS 36! Warum ist IAS 36 nicht auf Vorräte anzuwenden?

2. Welche Schritte sind bei einem Wertminderungstest zu durchlaufen? Gehen Sie insbesondere auf die Ermittlung des erzielbaren Betrags ein! Wie erklären Sie sich, dass auf den höheren Betrag von beizulegendem Zeitwert nach Verkaufskosten und Nutzungswert abgeschrieben werden soll – und nicht auf den niedrigeren?

3. Die Wohnungsservice AG besitzt einen Wohnblock am Stadtrand. Dieses Gebäude hat sie Anfang 20X1 zu einem Kaufpreis von € 10 Millionen gekauft. Das Gebäude sollte 15 Jahre genutzt werden, wobei die Wohnungsservice AG einen Restwert von € 1 Million am Ende der Nutzung erwartet. Die Abschreibung erfolgt linear. Die Mieterträge aus diesem Gebäude belaufen sich jährlich auf € 400.000. Anfang 2X11 erfährt die Wohnungsservice AG, dass die benachbarten Grünflächen noch dieses Jahr als Gewerbegebiet freigegeben werden sollen. Die Wohnungsservice AG erwartet daher, dass der Marktwert ihres Gebäudes auf 60 Prozent des derzeitigen Buchwerts sinkt. Außerdem kann das Mietniveau nicht mehr gehalten werden und die zu erwartenden Mieteinkünfte reduzieren sich auf € 300.000. Der erwartete Restwert am Ende der Nutzungszeit wird nun auf € 600.000 geschätzt. Der momentane Marktzins liegt bei 8 Prozent.

   a. Ermitteln Sie den erzielbaren Betrag. Wie hoch ist die Wertminderung des Gebäudes und wann wird sie erfasst?

   b. Wie wird die Abschreibung auf den neuen Buchwert erfasst?

   c. Mit welchem Betrag wird das Gebäude nach der Wertminderung jährlich abgeschrieben? →

→ Fortsetzung

4. Die Flachland AG besitzt ein Grundstück, das zum 31.12.20X5 unter dem Sachanlagevermögen mit den historischen Anschaffungskosten von € 2,4 Millionen aktiviert ist. Ende 20X6 hat das Unternehmen ein Gutachten über den aktuellen Marktwert des Grundstücks anfertigen lassen. Hierbei wurde der Marktwert des Grundstücks auf € 3,5 Millionen geschätzt. 20X7 stellt sich heraus, dass das Nachbargrundstück mit Schadstoffen belastet ist und der Marktwert des Grundstücks der Flachland AG deshalb auf 60 Prozent des 20X6 vom Gutachter ermittelten Marktwerts sinkt. Zum 31.12.20X5 weist das Unternehmen langfristige Vermögenswerte in Höhe von € 5,5 Millionen aus, worunter auch eine Spezialmaschine mit einem Buchwert von € 1,32 Millionen fällt. Diese Maschine wurde Anfang 20X0 angeschafft und mit Anschaffungskosten von € 1,8 Millionen in die Bilanz aufgenommen. Die Nutzungsdauer beträgt 15 Jahre und der Restwert nach der Nutzungsdauer wird auf € 600.000 geschätzt. Die Abschreibung erfolgt linear. Das Unternehmen hat eine Marktanalyse in Auftrag gegeben. Aus dieser Analyse geht hervor, dass diese Maschine Ende 20X6 einen Marktwert von € 1,6 Millionen hat. Auf der Passivseite weist das Unternehmen 20X5 Eigenkapital in Höhe von € 3,2 Millionen und Fremdkapital in Höhe von € 4,7 Millionen aus. Erstellen Sie die Bilanzen für die Jahre 20X6 und 20X7. Berücksichtigen Sie hierbei die zwei nach IFRS möglichen Vorgehensweisen!

5. Die Spacedolls AG besitzt unter anderem eine Fertigungsmaschine für die Produktion von Weltraumspielfiguren. Die Anschaffungskosten für diese Maschine betragen am 01.01.20X1 € 600.000. Das Unternehmen erwartet eine Nutzungsdauer von fünf Jahren und einen Restwert der Maschine am Ende der Nutzungsdauer von € 50.000. Die Maschine soll linear abgeschrieben werden. Zum 31.12.20X2 liegt dem Unternehmen ein Angebot für diese Maschine in Höhe von € 360.000 vor. Bei weiterer Nutzung erwartet die Spacedolls AG Erträge von jährlich € 110.000. Der Marktzins liegt bei 7 Prozent.

a. Ist für die Fertigungsmaschine zum 31.12.20X2 eine Wertminderung eingetreten?

b. Ändert sich das Ergebnis aus (a), wenn Sie anstatt der linearen Abschreibungsmethode die geometrisch-degressive Abschreibungsmethode wählen?

Weiterführende Literatur Für eine kritische Diskussion des Impairment Tests nach IAS 36 siehe auch Zülch und Siggelkow, 2014.

Neubewertungsmodell

Lernziele

- Nach der Neubewertungsmethode wird ein Vermögenswert oder eine Schuld zum beizulegenden Zeitwert bewertet.

- Der beizulegende Zeitwert wird nach IFRS 13 als der Preis verstanden, der im Zuge eines geordneten Geschäftsvorfalls unter Marktteilnehmern am Bemessungsstichtag beim Verkauf eines Vermögenswerts erzielt würde oder bei Übertragung einer Schuld zu zahlen wäre.

- Bei Anwendung des Neubewertungsmodells sind Wertsteigerungen über die fortgeführten historischen Kosten erfolgsneutral und Wertminderungen aufwandswirksam zu erfassen.

Nach dem Neubewertungsmodell ist eine Sachanlage nach dem erstmaligen Ausweis zu Anschaffungs- oder Herstellungskosten zum Neubewertungsbetrag anzusetzen. Der Bilanzansatz entspricht dabei dem beizulegenden Zeitwert (*fair value*) am Tag der Neubewertung abzüglich der nach der Neubewertung anfallenden kumulierten planmäßigen Abschreibungen und nachfolgender kumulierter Wertminderungsaufwendungen. Wird eine Sachanlage neu bewertet, so ist die gesamte Gruppe der Sachanlagen, zu denen dieser Gegenstand gehört, neu zu bewerten. Der beizulegende Zeitwert soll bei Grundstücken und Gebäuden als Marktwert ermittelt werden, zu dessen Ermittlung auf hauptamtliche Gutachter zurückzugreifen ist. Bei technischen Anlagen sowie Betriebs- und Geschäftsausstattung soll der beizulegende Zeitwert dem geschätzten Marktwert entsprechen. Ist dieser nicht zuverlässig ermittelbar, erfolgt die Bewertung zu fortgeführten Wiederbeschaffungskosten. Neubewertungen müssen hinreichend regelmäßig erfolgen, damit der Buchwert am Bilanzstichtag nicht wesentlich vom beizulegenden Zeitwert abweicht.

Die Neubewertung wirft konzeptionell das Problem auf, wie die Differenz zwischen dem neu festgestellten und dem bisherigen Buchwert, die auch als Neubewertungssaldo bezeichnet wird, zu behandeln ist. Hierbei sind zunächst zwei Fälle zu unterscheiden:

1. Der neu festgestellte Buchwert liegt über dem bisherigen: IAS 16 sieht für diesen Fall vor, dass der (positive) Neubewertungssaldo erfolgsneutral im Eigenkapital unter dem Posten „Neubewertungsrücklage" erfasst wird. Dies ist allerdings nur der Fall, wenn die Neubewertung nicht einen in der Vergangenheit erfolgswirksam erfassten (negativen) Neubewertungssaldo umkehrt. Wurde in der Vergangenheit ein Aufwand in Zusammenhang mit einer Neubewertung erfolgswirksam gebucht, so wird die Aufwertung bis zu diesem Betrag erfolgswirksam und darüber hinaus erfolgsneutral erfasst.

2. Der neu festgestellte Buchwert liegt unter dem bisherigen: In diesem Fall wird, wenn vorher noch keine Zu- oder Abschreibung durch Neubewertung erfolgte, der Buchwert des Vermögenswerts um den Neubewertungssaldo vermindert; die Differenz zum bisherigen Buchwert wird in der Gewinn-und-Verlust-Rechnung als Aufwand erfasst. Ist es allerdings in vorigen Perioden schon zu einer erfolgsneutral behandelten Zuschreibung gekommen, so wird bis zu diesem Betrag zunächst die Neubewertungsrücklage aufgelöst, also auch die Abschreibung erfolgsneutral erfasst.

Analog zur Folgebewertung nach dem Kostenmodell sind bestimmte abnutzbare Sachanlagen unter Umständen nach dem Neubewertungsmodell planmäßig über die voraussichtliche Nutzungsdauer abzuschreiben und am Bilanzstichtag ungeachtet einer Neubewertung auf Anhaltspunkte für eine Wertminderung nach IAS 36 zu prüfen. Der Neubewertungsbetrag bestimmt dabei die neue Abschreibungsbasis. Im Folgenden seien die Grundlagen des Neubewertungsmodells anhand der Neubewertung eines Grundstücks dargestellt, bevor zwei komplexere Verfahren zur Realisierung der Neubewertungsrücklage und zur Neubewertung unter Rückgriff auf fortgeführte Wiederbeschaffungskosten eingeführt werden.

1. Neubewertung eines Grundstücks über zehn Jahre

Unterstellt wird hier folgender Sachverhalt: Die LowTech AG bewertet ihre bebauten und unbebauten Grundstücke nach der Neubewertungsmethode. Eines der Grundstücke wurde am 18.07.20X1 per Banküberweisung erworben. Die Anschaffungskosten betrugen € 400.000. Es soll als Lagerplatz für Container genutzt und später mit einem Bürogebäude bebaut werden. Der durch Gutachter ermittelte Marktwert des Grundstücks beträgt am 31.12.20X1 € 420.000. Die Neubewertung des Grundstücks erfolgt danach jährlich:

- Zum 31.12.20X2 beträgt der Marktwert laut Gutachter € 360.000, da die Nachfrage nach Grundstücken abgenommen hatte;
- zum 31.12.20X3 ermittelt der Gutachter einen Wert von € 800.000;
- zum 31.12.20X4 sinkt der Wert des Grundstücks auf € 280.000, da bekannt wird, dass auf dem Nachbargrundstück eine Mülldeponie errichtet werden soll;
- zum 31.12.20X5 steigt der Wert wiederum auf € 660.000, da die Gemeinde den Plan aufgibt, die Mülldeponie zu errichten.

Zu klären ist nun, (1) wie das Grundstück in den Bilanzen der Jahre 20X1 bis 20X5 zu bewerten ist, welchen Wert jeweils die Neubewertungsrücklage hat, welche Erfolgswirkungen sich in den einzelnen Perioden ergeben und (2) wie die einzelnen Sachverhalte buchungstechnisch zu erfassen sind. ▶ Tabelle 4.7, in der zu den jeweiligen Stichtagen die Werte des Grundstücks, die jeweilige Höhe der Neubewertungsrücklage sowie die Gewinnwirkungen der Neubewertungen erfasst sind (Beträge in €), gibt Auskunft über den Fragenkomplex (1).

		Tabelle 4.7

Beispiel zur jährlichen Neubewertung eines Grundstücks

Stichtag	Buchwert Grundstück	Gewinn oder Verlust		Sonstiges Ergebnis		Effekt auf die Neubewertungs-rücklage
		Ertrag	Aufwand	Ertrag	Aufwand	
18.07.20X1	400.000					
31.12.20X1	420.000			20.000		+20.000
31.12.20X2	360.000		40.000		20.000	−20.000
31.12.20X3	800.000	40.000		400.000		+400.000
31.12.20X4	280.000		120.000		400.000	−400.000
31.12.20X5	660.000	120.000		260.000		+260.000

Die folgenden Buchungssätze verdeutlichen die Systematik der Neubewertung. Zunächst ist der Kauf des Grundstücks am 18.07.20X1 zu erfassen:

121 Grundstücke	400.000	
an 220 Bank		400.000

Am 31.12.20X1 steigt der Wert des Grundstücks um € 20.000 auf € 420.000. Die Wertsteigerung wird erfolgsneutral durch folgenden Buchungssatz abgebildet:

121 Grundstücke	20.000	
an 741 Ertrag aus Neubewertungen (sonstiges Ergebnis)		20.000

Am 31.12.20X2 beträgt der Marktwert laut Gutachter nur noch € 360.000, da die Nachfrage nach Grundstücken abgenommen hatte. Da es in der vorherigen Periode zu einer erfolgsneutral behandelten Zuschreibung gekommen ist, wird bis zu diesem Betrag zunächst die zugehörige Neubewertungsrücklage aufgelöst, bevor die Differenz aus den Anschaffungskosten und dem neu ermittelten Marktwert erfolgswirksam abgeschrieben wird. Die Neubewertung wird daher wie folgt gebucht:

880 Neubewertungsaufwendungen (im Gewinn oder Verlust)	40.000	
871 Aufwand aus Neubewertung (sonstiges Ergebnis)	20.000	
an 121 Grundstücke		60.000

Zum 31.12.20X3 ermittelt der Gutachter einen Wert des Grundstücks von € 800.000. Der Wertzuwachs ist grundsätzlich erfolgsneutral zu behandeln. Es ist im vorliegenden Fall aber zu beachten, dass am 31.12.20X2 bereits eine erfolgswirksame Abschreibung in Höhe von € 40.000 erfasst wurde. Dieser Teilbetrag ist nun also erfolgswirksam zuzuschreiben, der Rest erfolgsneutral, sodass sich folgender Buchungssatz ergibt:

121 Grundstücke	440.000	
an 741 Neubewertungsertrag (im sonstigen Ergebnis)		400.000
730 Neubewertungserträge (im Gewinn oder Verlust)		40.000

Zum 31.12.20X4 sinkt der Wert des Grundstücks laut Gutachter auf € 280.000. Der Buchungssatz lautet:

880 Neubewertungsaufwendungen (im Gewinn oder Verlust)	120.000	
871 Neubewertungsaufwand (im sonstigen Ergebnis)	400.000	
an 121 Grundstücke		520.000

Zum 31.12.20X5 steigt der Wert wiederum auf € 660.000. Der Buchungssatz lautet:

121 Grundstücke	380.000	
an 741 Neubewertungsertrag (im sonstigen Ergebnis)		260.000
730 Neubewertungserträge (im Gewinn oder Verlust)		120.000

Wird von planmäßigen Abschreibungen abgesehen, entspricht der Wert des Grundstücks dem beizulegenden Zeitwert am Tag der Neubewertung. ▶ Abbildung 4.1 verdeutlicht den Wertverlauf des Grundstücks bei Anwendung des Neubewertungsmodells. Positive Differenzbeträge aus dem beizulegenden Zeitwert und dem bisherigen Buchwert sind im Neubewertungsmodell grundsätzlich erfolgsneutral im sonstigen Ergebnis als Neubewertungsrücklage zu erfassen. Sofern der beizulegende Zeitwert unter dem Buchwert liegt, ergibt sich hingegen eine erfolgswirksame Abschreibung wegen Neubewertung. Hierbei sind jeweils die Ereignisse der Vorperioden zu berücksichtigen. Bei einem aktuellen Neubewertungsverlust ist eine etwaig in Vorperioden gebildete Neubewertungsrücklage erfolgsneutral aufzulösen; ein erfolgswirksamer Neubewertungsverlust aus Vorperioden ist bei einer Werterhöhung des Vermögenswerts zunächst erfolgswirksam zu kompensieren. Während Neubewertungsgewinne über die historischen Kosten hinaus demnach erfolgsneutral abgebildet werden, sind Wertveränderungen unterhalb des geplanten Verlaufs der Buchwerte stets erfolgswirksam zu erfassen. Insofern sind auch beim Neubewertungsmodell die fortgeführten historischen Kosten als Ankerpunkt der Folgebewertung maßgeblich.

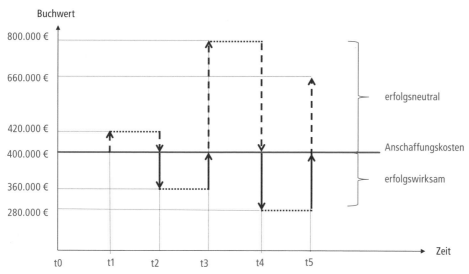

Abbildung 4.1: Wertverlauf des Grundstücks beim Neubewertungsmodell

2. Anteilige Realisierung der Neubewertungsrücklage

Gemäß IAS 16 kann die Neubewertungsrücklage direkt in die Gewinnrücklagen überführt werden, wenn sie realisiert ist. Wie dies geschehen soll, ist im Standard nicht
eindeutig geregelt. Im Schrifttum werden hier vornehmlich zwei Varianten vorgeschlagen. Nach der ersten wird die Rücklage erst dann (und vollständig) in die
Gewinnrücklagen umgebucht bzw. realisiert, wenn der Vermögenswert stillgelegt oder
veräußert wird, also das Unternehmen verlässt. Das alternative Verfahren sieht eine
anteilige Realisation über die Nutzungsdauer vor. Da sich durch Neubewertung die
Abschreibungsbeträge in den Folgeperioden ändern, wird vorgeschlagen, die Neubewertungsrücklage in den Perioden der Restnutzung in Höhe der Differenz der
ursprünglich geplanten und der neuen Abschreibungsbeträge anteilig zu realisieren.
Bei beiden Verfahren berührt die Umbuchung der Neubewertungsrücklage in die
Gewinnrücklagen die Gewinn-und-Verlust-Rechnung nicht.

Ein Beispiel soll das Verfahren der anteiligen Realisierung verdeutlichen. Dazu sei
angenommen, dass am 1. Januar 20X1 eine Maschine für Anschaffungskosten von
€ 200.000 erworben wurde. Die erwartete Nutzungsdauer beträgt acht Jahre, wobei ein
gleichmäßiger Nutzenverzehr angenommen wird. Der Restwert nach Ende der Nutzungsdauer betrage € 0. Am 31. Dezember 20X2 wird, nach Erfassung der planmäßigen Abschreibung, eine erste Neubewertung vorgenommen. Es wird ein Marktwert
von € 120.000 ermittelt. In den beiden ersten Perioden der Nutzung wurden jeweils
€ 200.000 ÷ 8 = € 25.000 linear abgeschrieben. Der Restbuchwert vor Neubewertung
beträgt also € 150.000. Der ermittelte Marktwert ist um € 30.000 niedriger als der
Restbuchwert. Auf der Aktivseite wird der Vermögenswert um den entsprechenden
Betrag verringert und ein Neubewertungsaufwand (im Gewinn oder Verlust) in gleicher Höhe als Aufwand erfasst. Die neuen Abschreibungsbeträge sind auf Grundlage

des beizulegenden Zeitwerts zum Zeitpunkt der Neubewertung zu bestimmen und betragen demnach bei sonst unveränderten Annahmen € 120.000 ÷ 6 = € 20.000.

Ferner sei angenommen, dass am 31. Dezember 20X3 eine weitere Neubewertung vorgenommen wird. Ein Gutachter beziffert den Marktwert der Maschine auf € 200.000. Zu klären ist nun, wie die Neubewertung zu buchen ist, wie nach der Neubewertung abzuschreiben ist und wie dadurch die Neubewertungsrücklage anteilig realisiert wird. Der Restbuchwert muss zum Zeitpunkt der Neubewertung um den Neubewertungssaldo erhöht werden. Der ermittelte Marktwert liegt bei € 200.000 und der angepasste Buchwert, nach vorheriger Wertminderung und planmäßiger Abschreibung, beträgt zu diesem Zeitpunkt € 120.000 – € 20.000 = € 100.000. Hier gilt es zu beachten, dass in der Vorperiode bereits ein Neubewertungsverlust GuV-wirksam verrechnet wurde. Auf der Aktivseite wird der Vermögenswert dementsprechend insgesamt um die Differenz aus Marktwert und Restbuchwert zum Neubewertungszeitpunkt, also € 100.000 erhöht als Gegenbuchung wird ein Neubewertungsertrag (im Gewinn oder Verlust) in Höhe von € 30.000 erfasst, um die vormals erfolgswirksam erfasste Neubewertung „nach unten" zu kompensieren, außerdem wird ein Neubewertungsertrag (im sonstigen Ergebnis) in Höhe von € 70.000 erfasst, der die Neubewertungsrücklage erhöht. Demnach wird in der Neubewertungsrücklage der Anteil der Neubewertung erfasst, der die um die planmäßigen Abschreibungen korrigierten Anschaffungskosten übersteigt. ▶ Abbildung 4.2 macht die Unterschiede zum Kostenmodell unmittelbar deutlich. Im Vergleich zur Bewertung zu fortgeführten Anschaffungs- oder Herstellungskosten bewirkt die Neubewertung einen höheren Vermögensausweis in Form einer Bilanzverlängerung, da stille Reserven im Sachanlagevermögen aufgedeckt werden.

Das neue Abschreibungsvolumen entspricht dem Neubewertungsbetrag von € 200.000. Die neue Abschreibung beträgt bei sonst unveränderten Annahmen € 200.000 ÷ 5 = € 40.000. Die Neubewertungsrücklage kann nun über die Restlaufzeit von 5 Jahren zeitkontinuierlich zugunsten der Gewinnrücklage aufgelöst werden. IAS 16 erlaubt eine entsprechende Umbuchung in jeder Periode in Höhe des Betrags, in dem die Abschreibungen nach Neubewertung die historischen Abschreibungen übersteigen. Jährlich wird dann die Neubewertungsrücklage um € 70.000 ÷ 5 = € 14.000 aufgelöst. Da die neuen Abschreibungen € 40.000 betragen, muss demnach die historische Abschreibung rechnerisch € 26.000 p.a. betragen haben. Diese ergibt sich aus dem Abschreibungsvolumen am 31.12.20X3, das auf Basis der Anschaffungskosten abzüglich der bereits verrechneten planmäßigen Abschreibungen bestanden hätte. Es ergeben sich folgende Bilanzbilder zu diesem Sachverhalt:

Bilanz am 31.12.20X3 (vor Neubewertung)			
1251 Maschinen	100.000	420 Gewinnrücklage	0
...		...	

Bilanz am 31.12.20X3 (nach Neubewertung)

1251 Maschinen	200.000	420 Gewinnrücklage	0
...		431 Neubewertungsrücklage	70.000
		...	

Bilanz 31.12.20X4

1251 Maschinen	160.000	420 Gewinnrücklage	14.000
...		431 Neubewertungsrücklage	56.000
		...	

Aus der Umbuchung der Neubewertungsrücklage in die Gewinnrücklage ist die Speicherfunktion der Neubewertungsrücklage für die Gewinnrücklage zu erkennen. Im Zeitablauf kann jedenfalls die Neubewertungsrücklage in die Gewinnrücklage überführt werden. Der Grund für die getrennte Erfassung liegt daran, dass die Gewinnrücklage Ausschüttungspotenziale signalisiert, die Neubewertungsrücklage muss hingegen vorerst im Unternehmen verbleiben.

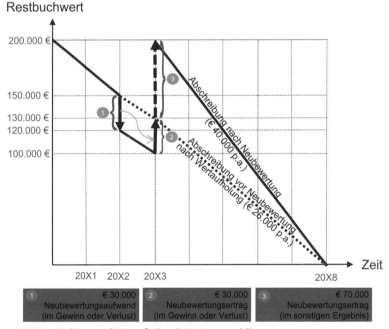

Abbildung 4.2: Wertminderung und Wertaufholung beim Kostenmodell

3. Neubewertung durch Rückgriff auf fortgeführte Wiederbeschaffungskosten

Bislang wurden nur Beispiele betrachtet, in denen ein Marktwert direkt bestimmt beziehungsweise beobachtet werden konnte. Liegen solche Marktwerte nicht vor, können beizulegende Zeitwerte auch als fortgeführte Wiederbeschaffungskosten bestimmt werden. Zur Darstellung der Systematik sei unterstellt, dass die LowTech AG am 1. Januar 20X1 eine Maschine zu € 40.000 erworben hat. Die Nutzungsdauer beträgt zehn Jahre, der Restbuchwert beträgt € 0 und es wird linear abgeschrieben. Jährlich werden also € 40.000 ÷ 10 = € 4.000 aufwandswirksam erfasst. Zum 31.12.20X3 ergibt sich demnach ein Restbuchwert von:

$$€ 40.000 - 3 \times € 4.000 = € 28.000.$$

Es sei nun angenommen, dass die Wiederbeschaffungskosten einer gleichartigen neuen Maschine am 31.12.20X3 € 50.000 betragen. Die Nutzungsdauer dieser Maschine beträgt ebenfalls zehn Jahre. Das Problem ist nun: Die Maschine, die es neu zu bewerten gilt, ist nicht mehr neu, sondern bereits drei Jahre in Betrieb. Es sind also nicht die Wiederbeschaffungskosten einer neuen, sondern die Wiederbeschaffungskosten der alten Maschine von Interesse. Der beizulegende Zeitwert ist nun nicht mehr direkt bekannt, da nicht beobachtbar; ermittelbar ist nur der Neupreis. Wie viel ist eine drei Jahre alte Maschine bei gestiegenen Wiederbeschaffungskosten wert? Zur Lösung des Problems werden nun zunächst die Abschreibungen auf Basis der (aktuellen) Wiederbeschaffungskosten berechnet. Diese betragen:

$$€ 50.000 ÷ 10 = € 5.000.$$

Die fortgeführten Wiederbeschaffungskosten einer drei Jahre alten Maschine belaufen sich also auf:

$$€ 50.000 - 3 \times € 5.000 = € 35.000.$$

Dieser Betrag ist nun in der Bilanz anzusetzen. Da der bisherige Ansatz bei € 28.000 lag, entfallen € 7.000 auf die Neubewertungsrücklage. Der Buchungssatz lautet:

1251 Maschinen	7.000	
an 741 Neubewertungsertrag (im sonstigen Ergebnis)		7.000

In den Folgeperioden müssen dann jeweils € 5.000 (€ 35.000 ÷ 7) abgeschrieben werden. Im Gegenzug werden, bei anteiliger Realisation der Neubewertungsrücklage über die Nutzungsdauer, jeweils € 1.000 von der Neubewertungsrücklage in die Gewinnrücklage umgebucht. Dieser Vorgang berührt die Gewinn-und-Verlust-Rechnung nicht, ist also erfolgsneutral.

Ein Effekt der Neubewertung entsteht aber nicht nur im Eigenkapital, sondern auch in der Gewinn-und-Verlust-Rechnung, weil in dieser nun ein Betrag von € 5.000 erfasst wird beziehungsweise weil sich die Umsatzkosten um diesen Betrag erhöhen, der als Abschreibung auf den Herstellungsprozess entfällt. Wird die Maschine vollständig in der Produktion eingesetzt, werden die Abschreibungen zunächst auf die Fertigerzeugnisse verteilt und dann über die Umsatzkosten zum Zeitpunkt des Verkaufs in die Gewinn-und-Verlust-Rechnung überführt.

Können zum Neubewertungszeitpunkt Wiederbeschaffungskosten (nur) geschätzt werden, zum Beispiel mit Preisindizes, so sind kumulierte Abschreibungsbeträge und Restbuchwert jeweils im gleichen Verhältnis zu erhöhen, in dem die Wiederbeschaffungskosten im Vergleich zu den historischen Kosten gestiegen sind. In Anwendung auf das Beispiel sei dazu angenommen, dass für industrielle Maschinen in den letzten drei Jahren eine Preissteigerung von insgesamt 25 Prozent zu beobachten war. Die neu zu bewertende Maschine wird aber nicht mehr hergestellt, sodass kein Neupreis vorliegt. Es werden nun der Restbuchwert sowie die kumulierten Abschreibungen um 25 Prozent erhöht, sodass sich ein Restbuchwert von € 28.000 × 1,25 = € 35.000 ergibt (beziehungsweise ein Brutto-Buchwert von € 40.000 × 1,25 = € 50.000 sowie kumulierte Abschreibungen von 3 × € 4.000 × 1,25 = € 15.000).

Die Neubewertung des Sachanlagevermögens ist in deutschen Konzernen bislang unüblich, nicht aber völlig ungebräuchlich. Neubewertungen wurden in der Vergangenheit beispielsweise von der Rheinmetall AG im Konzernabschluss angewandt (siehe dazu ▶ Exkurs 4.9 „Neubewertung des Sachanlagevermögens").

Exkurs 4.9   **Neubewertung des Sachanlagevermögens**

Die Rheinmetall AG bewertet im Konzernabschluss bestimmte Sachanlagen nach dem Neubewertungsmodell gemäß IAS 16. Im Anhang des Konzernabschlusses 2009 fanden sich dazu, unter anderem, folgende Angaben:

■ „Betriebsnotwendiger Grund und Boden wird nach der Neubewertungsmethode zum beizulegenden Zeitwert, der regelmäßig dem Marktwert entspricht, angesetzt. Die Marktbewertung erfolgt dabei nach anerkannten Bewertungsmethoden und ist im Wesentlichen auf die Wertindikationen eines unabhängigen Gutachters gestützt. Externe Gutachten werden in regelmäßigen Zeitabständen eingeholt; zuletzt zum Stichtag 31. Dezember 2008, wobei eine Überprüfung zum 31.12.2012 keine wesentlichen Wertänderungen ergab."

Zu erkennen ist, dass die Ermittlung der beizulegenden Zeitwerte häufig über externe Gutachten erfolgt. Dies schränkt die Bewertungsspielräume des Managements ein.

(Quelle: Konzernabschluss der Rheinmetall AG 2012, Anhang, S. 110)

Exkurs 4.10 — Bewertung von Sachanalagevermögen nach HGB

Um eine zu positive Darstellung der Vermögens- und Ertragslage und mithin überhöhte Gewinnausschüttungen zu verhindern, sieht § 252 Abs. 1 S. 4 HGB eine vorsichtige Bilanzierung und Bewertung von Vermögensgegenständen vor. Aus diesem lassen sich das Realisationsprinzip und das Imparitätsprinzip ableiten. Das Realisationsprinzip normiert die Ertrags- und Aufwandserfassung, wonach Gewinne und Verluste erst dann zu berücksichtigen sind, wenn sie durch den Umsatzprozess angefallen sind. Vor dem Zeitpunkt der Leistungserbringung können mögliche, aber noch nicht realisierte Gewinne damit bilanziell noch nicht erfasst werden und Aktiva und Passiva höchstens bis zu den Anschaffungs- oder Herstellungskosten ausgewiesen werden (Anschaffungswertprinzip). Demgegenüber gebietet das Imparitätsprinzip eine möglichst frühe Verlustantizipation, indem künftige Verluste bereits im Geschäftsjahr ihrer Verursachung in der GuV als Aufwand zu erfassen sind. Das Imparitätsprinzip und Realisationsprinzip geben daher eine dem Vorsichtsgedanken folgende asymmetrische Behandlung von Aufwendungen und Erträgen vor, die sich im Höchstwertprinzip für Schulden bzw. Niederstwertprinzip für Vermögensgegenstände manifestiert.

Als Ausgangswert und Obergrenze für die Bewertung von Vermögensgegenständen gibt § 253 HGB die um plan- und außerplanmäßige Abschreibungen verminderten Anschaffungs- und Herstellungskosten vor. Im Gegensatz zu den IFRS ist im Rahmen der Folgebewertung aber nur die Bewertung zu fortgeführten historischen Kosten zulässig. Für Gegenstände des Anlagevermögens, zu dem Sachanlagen gehören, gilt das gemilderte Niederstwertprinzip nach § 253 Abs. 3 HGB. Beim gemilderten Niederstwertprinzip erfolgen außerplanmäßige Abschreibungen nur, um die Vermögenswerte mit dem niedrigeren Wert anzusetzen, der ihnen aufgrund einer voraussichtlich dauerhaften Wertminderung beizumessen ist. Als dauerhaft gilt eine Wertminderung dann, wenn der Wert des Vermögenswerts während eines erheblichen Teils der Restnutzungsdauer unter dem Wert liegt, der sich bei planmäßiger Abschreibung ergibt. Hinsichtlich der Wertaufholung weist das Handelsrecht einen konzeptionellen Unterschied zu den IFRS auf. Nach IFRS kann eine Wertaufholung unabhängig des Grunds einer vorangegangenen Wertminderung vorgenommen werden, solange ein Wertanstieg des Vermögenswerts stattgefunden hat. Hingegen sind gemäß § 253 Abs. 3 und 5 erfolgswirksame Zuschreibungen im Umfang der Werterhöhung nur vorzunehmen, falls die Gründe für eine außerplanmäßige Abschreibung in späteren Jahren entfallen. Die (fortgeführten) Anschaffungskosten gelten dabei jedoch als Obergrenze und dürfen nicht überschritten werden.

Aufgaben

1. Geben Sie die Kernaussagen des IAS 16 bezüglich Ansatz und Bewertung kurz wieder.

2. Beschreiben Sie, was unter dem Komponentenansatz (*component accounting*) nach IAS 16 zu verstehen ist. Geben Sie ein Beispiel!

3. Die Immobilien AG hat am 01.01.20X3 ein Gebäude für € 1.200.000 erworben. Am 31.12.20X4 wurde das Gebäude gemäß IAS 16 mit € 1.000.000 neu bewertet. Ein hauptamtlicher Gutachter schätzt den Marktwert des Gebäudes am 31.12.20X5 auf € 1.400.000. Am 15.03.20X6 wird das Gebäude für € 1.500.000 veräußert. Vernachlässigen Sie planmäßige Abschreibungen.

a. Wie lautet der Buchungssatz am 31.12.20X4?

b. Wie lautet der Buchungssatz am 31.12.20X5?

c. In welcher Höhe ist der Buchungssatz aus (b) erfolgswirksam?

d. Wie lautet der Buchungssatz am 15.03.20X6?

e. In welcher Höhe ist der Buchungssatz aus (d) erfolgswirksam?

f. Was muss mit den übrigen Gebäuden der Immobilien AG am 31.12.20X4 und 31.12.20X5 geschehen?

4. Die Immobilien AG hat am 01.01.20X1 eine Maschine für € 240.000 per Banküberweisung erworben. Diese wird nach dem Neubewertungsmodell bewertet und sieben Jahre lang linear auf einen Restwert von € 30.000 abgeschrieben. Am 31.12.20X1 wird ein Wertminderungstest durchgeführt, der ergibt, dass der Marktwert sich auf Grund eingetrübter Absatzerwartungen auf 50 % des Buchwerts zum Bilanzstichtag verringert (bei gleichbleibendem Restwert). Der Marktwert der Maschine steigt im darauffolgenden Jahr überraschend wieder an. Ein Gutachter ermittelt am 31.12.20X2 nun einen Marktwert in Höhe von € 200.000.

a. Wie lautet der Buchungssatz am 01.01.20X1?

b. Wie lautet der Buchungssatz am 31.12.20X1?

c. Wie lautet der Buchungssatz am 31.12.20X2?

d. In welcher Höhe ist der Buchungssatz aus (c) erfolgswirksam?

e. In welcher Höhe erfolgt am 31.12.20X3 eine Umbuchung der Neubewertungsrücklage bei anteiliger Realisierung?

f. Welchen Buchwert weist die Maschine am 31.12.20X4 auf?

5. Was versteht man unter einer Neubewertungsrücklage? →

➔ **Fortsetzung**

6. Aus welchen Kosten können sich die Anschaffungskosten bei Sachanlagen zusammensetzen?

7. Erläutern Sie Möglichkeiten, die Neubewertungsrücklage in die Gewinnrücklagen zu überführen.

Weiterführende Literatur Siehe zur Systematik des Neubewertungsmodells auch Schmidt und Seidel, 2006.

4.2 Immaterielle Vermögenswerte

Lernziele

■ Immaterielle Vermögenswerte sind identifizierbare, nicht monetäre, langfristig verfügbare Vermögenswerte ohne physische Substanz, die der Erstellung betrieblicher Leistungen über einen längeren Zeitraum dienen.

■ Zu den Definitionskriterien von immateriellen Vermögenswerten nach IAS 38 gehört, dass sie aufgrund von Ereignissen der Vergangenheit in der Verfügungsmacht (Kontrolle) eines Unternehmens stehen, künftigen wirtschaftlichen Nutzen erzeugen und identifizierbar sind.

■ Zusätzliche Anforderungen gelten für den Ansatz selbst erstellter immaterieller Vermögenswerte, der auf Entwicklungsausgaben beschränkt wird, die bestimmte Kriterien erfüllen; Ausgaben für Forschungsaktivitäten dürfen demnach nicht aktiviert werden.

■ Die Folgebewertung immaterieller Vermögenswerte erfolgt in der Regel nach dem Kostenmodell und nur in Ausnahmefällen nach dem Neubewertungsmodell.

Die Bilanzierung immaterieller Vermögenswerte ist in IAS 38 geregelt.[1] Bei immateriellen Vermögenswerten handelt es sich um identifizierbare, nicht monetäre, langfristig verfügbare Vermögenswerte ohne physische Substanz, die der Erstellung betrieblicher Leistungen über einen längeren Zeitraum dienen. Immaterielle Werte umfassen allgemein rechtlich bzw. vertraglich unterlegte Werte sowie rein wirtschaftliche Werte. Zu den ersteren zählen etwa Patente, Urheberrechte und Lizenzen; Beispiele für wirtschaftliche Werte sind Technologien, Geheimverfahren oder Kundenbeziehungen. Das einende, charakteristische Merkmal all dieser immateriellen Werte ist das

---

1 Nicht unter den Anwendungsbereich dieses Standards fällt die Bilanzierung von Finanzinstrumenten, von Abbaurechten, von immateriellen Gütern, die bei Versicherungsgesellschaften durch den Abschluss von Versicherungsverträgen entstehen, zudem von immateriellen Gütern, die unter andere Standards fallen (etwa Vorräte, Leasinggegenstände oder Geschäftsbeziehungsweise Firmenwerte, die im Rahmen der Kapitalkonsolidierung entstehen).

Fehlen physischer Substanz. Dabei können sich gewisse Abgrenzungsschwierigkeiten dann ergeben, wenn Vermögenswerte sowohl über immaterielle als auch über materielle Komponenten verfügen, so etwa, wenn sich (immaterielle) Software auf einem physischen Datenträger befindet. Die Zuordnung zum materiellen oder immateriellen Vermögen erfolgt dann auf Basis des dominierenden Bestandteils. Im Fall der auf einem Datenträger gespeicherten Computersoftware wird es somit im Regelfall zu einer Klassifizierung als immaterieller Vermögenswert kommen. Der Verweis auf den nicht monetären Charakter immaterieller Vermögenswerte beabsichtigt die eindeutige Abgrenzung zum finanziellen Vermögen, das nach anderen Standards (insbesondere IAS 32 und 39 bzw. IFRS 9) zu bilanzieren ist.

Ein immaterieller Vermögenswert im Sinne des IAS 38 liegt vor, wenn der immaterielle, nicht monetäre Wert folgende Definitionskriterien kumulativ erfüllt:

- Er steht aufgrund von Ereignissen der Vergangenheit in der Verfügungsmacht (Kontrolle) eines Unternehmens;
- er erzeugt künftigen wirtschaftlichen Nutzen;
- er ist identifizierbar.

Die ersten beiden Kriterien, Kontrolle und wirtschaftlicher Nutzen, sind grundlegende Eigenschaften, die nach dem Rahmenkonzept des IASB für alle Vermögenswerte erfüllt sein sollen. Kontrolle über einen immateriellen Vermögenswert übt ein Unternehmen dann aus, wenn es sich den mit ihm verbundenen ökonomischen Nutzen aneignen und Dritte von diesem Nutzen ausschließen kann. Im Regelfall basiert dies auf einem gerichtlich durchsetzbaren subjektiven Recht. Jedoch ist ein solches Recht keine notwendige Voraussetzung für die Verfügungsmacht über einen immateriellen Vermögenswert. In keinem Fall erfüllt ist das Kriterium indes in Bezug auf die Belegschaft und entsprechende Ausgaben etwa für Aus- und Weiterbildung. Zweifelsfrei handelt es sich zwar bei solchen Investitionen in das „Humankapital" mitunter um wertschaffende Aktivitäten; indes kann in einer freiheitlichen Gesellschaft nicht die Kontrolle oder Verfügungsmacht über Mitarbeiter unterstellt werden. Folglich sind entsprechende Ausgaben ausnahmslos nicht ansatzfähig und werden daher unmittelbar als Aufwand erfasst. Das zweite Kriterium, der künftige wirtschaftliche Nutzen, kann sich auf die Erzielung von Erlösen aus dem Verkauf von Produkten oder der Erbringung von Dienstleistungen beziehen, aber auch auf Kosteneinsparungen oder andere Vorteile durch den internen Gebrauch des betreffenden Vermögenswerts.

Das Erfordernis der Identifizierbarkeit stellt eine spezifische Anforderung an immaterielle Vermögenswerte dar. Es ist ein Reflex auf die besonderen Eigenschaften der *intangibles*: Die fehlende physische Substanz erschwert in vielen Fällen die objektive Bestimmung des Vorhandenseins und vor allem des Werts solcher Vermögenswerte. Zudem ist der Wert der *intangibles* häufig flüchtig, wie etwa im Fall von Marken. Dem hieraus folgenden Erfordernis einer stärkeren Objektivierung immaterieller Vermögenswerte entspricht die Forderung des IAS 38 nach Identifizierbarkeit. Damit wird sinngemäß die auch im deutschen Handelsrecht einschlägige „Greifbarkeit" gefordert. Diese erlaubt auch die Unterscheidung einzelner immaterieller Vermögenswerte vom allgemeinen Goodwill, in den gebündelt Wertkomponenten wie das übergreifende Unternehmensimage, Managementqualitäten, Standortvorteile und andere mehr oder weniger konkrete Wettbewerbsvorteile eingehen. Nach IAS 38 ist ein Vermögenswert demnach identifizierbar, wenn eines der nachfolgenden beiden Kriterien erfüllt ist:

- Er ist separierbar;
- er beruht auf vertraglichen oder anderen gesetzlichen Rechten.

Ein Vermögenswert ist damit separierbar, wenn er einzeln oder in Verbindung mit einem Vertrag oder einem identifizierbaren Vermögenswert (beziehungsweise einer identifizierbaren Schuld) vom Unternehmen getrennt werden kann. Die Separierbarkeit ist dabei zukunftsorientiert zu verstehen. Es muss möglich sein, den künftigen Nutzenzufluss durch den betreffenden Vermögenswert vom Nutzenzufluss durch andere Vermögenswerte zu unterscheiden. Dem immateriellen Vermögenswert müssen also künftige Zahlungsüberschüsse eindeutig zugeordnet werden können. Die so verstandene Separierbarkeit ist vor allem für rein wirtschaftliche Werte wie Marken, Kundenbeziehungen oder Produktionstechnologien das ausschlaggebende Kriterium. Das zweite (alternative) Kriterium für Identifizierbarkeit besagt, dass ein Vermögenswert auf vertraglichen oder anderen gesetzlichen Rechten beruht. Dieses Kriterium ist für die Bilanzierbarkeit der rechtlich unterlegten Vermögenswerte entscheidend, etwa für Lizenzen, Patentrechte, Urheberrechte etc. Solche Vermögenswerte gelten auch dann als identifizierbar, wenn die mit ihnen verbundenen Rechte nicht vom Unternehmen separierbar sind. Ein Beispiel hierfür wäre etwa eine unternehmensbezogene Lizenz, die nicht weiterveräußert werden darf.

Erfüllt ein Sachverhalt die vorgenannten Definitionskriterien, so liegt ein immaterieller Vermögenswert nach IAS 38 vor. Hieraus folgt indes noch nicht automatisch der Ansatz. Eine solche Aktivierung ist nur vorgesehen, wenn zusätzlich zwei weitere Ansatzkriterien erfüllt sind:

- Es muss wahrscheinlich sein, dass dem Unternehmen der mit dem Vermögenswert verbundene wirtschaftliche Nutzen zufließt;
- die Anschaffungs- oder Herstellungskosten müssen verlässlich bestimmbar sein.

Auch hier handelt es sich um Kriterien, die aus dem Rahmenkonzept bereits bekannt sind. Demnach genügt es nicht, dass ein Vermögenswert im Sinne einer vagen Aussicht auf Generierung von Zahlungsmittelüberschüssen vorliegt. Vielmehr muss der Zufluss von Zahlungsüberschüssen ausreichend wahrscheinlich sein. Mit diesem Kriterium sollen Realoptionen bzw. ähnlich hochriskante Investitionen mit ungewissen Erfolgsaussichten vom bilanziellen Ansatz ausgeschlossen werden. Das zweite Kriterium will hingegen die Zuverlässigkeit des Wertansatzes sicherstellen, wird in der Praxis aber in den meisten Fällen wohl relativ problemlos erfüllbar sein.

Liegen die Definitionsmerkmale eines immateriellen Vermögenswerts nicht vor, oder ist eines der beiden Ansatzkriterien nicht erfüllt, sind die entsprechenden Ausgaben im Zeitpunkt des Anfallens aufwandswirksam zu erfassen. Sind hingegen alle Anforderungen erfüllt, liegt ein aktivierungs*fähiger* immaterieller Vermögenswert nach IAS

38 vor. Soweit der immaterielle Vermögenswert nicht selbst erstellt wurde, also durch Erwerb (einzeln oder im Rahmen eines Unternehmenskaufs) oder Tausch beschafft wurde, so ergibt sich unmittelbar eine Pflicht zur Aktivierung.

Wurde der immaterielle Vermögenswert hingegen selbst erstellt, müssen für eine Aktivierung weitere Voraussetzungen erfüllt sein. Damit trägt IAS 38 der besonderen Unsicherheit Rechnung, die daraus resultiert, dass das Vorhandensein und der Wert selbst erstellter immaterieller Vermögenswerte bislang keinerlei Wertbestätigung durch den Markt erfahren haben. Die zusätzlichen Anforderungen für selbst erstellte immaterielle Vermögenswerte können insofern als Ansinnen verstanden werden, den mit den entsprechenden Investitionen geschaffenen Ausgabengegenwert zu objektivieren. Die spezifischen Anforderungen des IAS 38 erstrecken sich auf zwei Aspekte. Erstens darf für den selbst erstellten Wert kein explizites Ansatzverbot bestehen. Ein solches Ansatzverbot besteht insbesondere für selbst geschaffene Marken, Verlagsrechte, Kundenlisten, Ingangsetzungskosten, Trainingskosten, Werbekosten sowie Kosten der Unternehmensverlagerung und Reorganisation, sofern sie durch das Unternehmen selbst geschaffen beziehungsweise veranlasst wurden. Für die verbleibenden Sachverhalte ist zweitens zu prüfen, ob sich der Prozess der Erstellung des immateriellen Vermögenswerts in der Forschungs- oder bereits in der Entwicklungsphase befindet. Unter Forschung wird die eigenständige und planmäßige Suche nach neuem, wissenschaftlichem oder technischem Wissen verstanden. Beispiele für Forschungsaktivitäten sind gemäß IAS 38:

- Aktivitäten, die auf Erlangung neuer Erkenntnisse ausgerichtet sind;
- Suche, Abschätzung oder Auswahl von Anwendungen für existierende Forschungsergebnisse;
- Suche nach Alternativen für Materialien, Vorrichtungen, Produkte, Verfahren, Systeme oder Dienstleistungen;
- die Formulierung, der Entwurf, die Abschätzung oder Auswahl von möglichen Alternativen für neue oder verbesserte Materialien, Vorrichtungen, Produkte, Verfahren, Systeme oder Dienstleistungen.

Unter Entwicklung wird hingegen die Anwendung von Forschungsergebnissen oder von Spezialwissen auf einen Plan oder einen Entwurf für die Produktion von neuen oder beträchtlich verbesserten Materialien, Vorrichtungen, Produkten, Verfahren, Systemen oder Dienstleistungen verstanden, wobei dies allerdings noch vor der Aufnahme der kommerziellen Produktion oder Nutzung stattfindet. Beispiele für Entwicklungsaktivitäten sind nach IAS 38 unter anderem:

- Entwurf, Konstruktion oder Test von Prototypen und Modellen vor Aufnahme der eigentlichen Produktion oder Nutzung;
- Entwurf von Werkzeugen, Spannvorrichtungen, Prägestempeln und Gussformen unter Verwendung neuer Technologien;

■ Entwurf, Konstruktion oder Betrieb einer Pilotanlage, die von ihrer Größe her für eine kommerzielle Produktion wirtschaftlich ungeeignet ist;

■ Entwurf, Konstruktion oder Test einer gewählten Alternative für neue oder verbesserte Materialien, Vorrichtungen, Produkte, Verfahren, Systeme oder Dienstleistungen.

Für immaterielle Vermögenswerte, die in der Forschungsphase entstehen, existiert ein generelles Aktivierungsverbot. Investitionen in der Entwicklungsphase hingegen müssen aktiviert werden, jedoch nur unter der Voraussetzung, dass sechs weitere Ansatzkriterien erfüllt sind:

■ Die Fertigstellung des immateriellen Vermögenswerts ist technisch realisierbar (1);

■ die Absicht zur Fertigstellung und Nutzung besteht (2);

■ die Fähigkeit zur Nutzung besteht (3);

■ das Unternehmen wird wahrscheinlich einen Nutzen aus dem Vermögenswert ziehen (4);

■ die erforderlichen Ressourcen zur Fertigstellung und Nutzung im Unternehmen existieren, was etwa durch bestehende Geschäftspläne nachgewiesen werden kann (5);

■ die zuverlässige Messbarkeit ist gegeben, wozu insbesondere die Fähigkeit bestehen muss, die zurechenbaren Kosten zuverlässig zu ermitteln, was etwa über ein adäquates Kostenrechnungssystem geschehen kann (6).

Somit erscheint die Aktivierung von selbst erstellten immateriellen Vermögenswerten eher als spezifische Ausnahmeregelung, wonach lediglich solche Entwicklungsinvestitionen für einen Ansatz in Frage kommen, für die anhand von sechs Kriterien ein künftiger wirtschaftlicher Erfolg mit hinreichender Sicherheit erwartet werden kann. Dies führt auch zu der eigentümlichen Situation, dass ein Unternehmen zwar gezwungen ist, solche immateriellen Vermögenswerte zu aktivieren, dies aber nur dann, wenn es selbst die entsprechenden Nachweise erbringt, etwa in Form von Marktstudien. Dem Unternehmen wird damit ein gewisser Ermessensspielraum bei der Bereitstellung der entsprechenden Informationen eingeräumt. In der Literatur ist gar mitunter von einem „faktischen Wahlrecht" zur Entwicklungsausgabenaktivierung die Rede. Letztere Einschätzung geht sicherlich ein wenig zu weit, da Unternehmen nicht beliebig die erforderlichen Informationen verweigern dürfen; beispielsweise ist es etwa die Pflicht des Managements börsennotierter Unternehmen, ein aussagekräftiges Forschungs- und Entwicklungscontrolling einzurichten. Gewisse Ermessensspielräume verbleiben aber. So haben sich auch bestimmte branchenspezifische Praktiken entwickelt, die im nachfolgenden ▶ Exkurs 4.11 „Aktivierung selbst erstellter immaterieller Vermögenswerte" beleuchtet werden.

Exkurs 4.11	Aktivierung selbst erstellter immaterieller Vermögenswerte

Gemessen am Umsatz investieren Unternehmen im Chemie- und Pharmabereich die höchsten Beträge in Forschung und Entwicklung. Dennoch weisen Chemie- und Pharmaunternehmen im Verhältnis zu anderen Branchen die niedrigste Aktivierungsquote von Forschungs- und Entwicklungskosten auf. Begründet wird dies seitens der Unternehmen mit der Unsicherheit eines künftigen Nutzenzuflusses aus solchen Investitionen. Beispielsweise mögen behördliche Genehmigungen und Freigaben noch fehlen. In weitaus größerem Umfang werden Entwicklungskosten in den Branchen Industrie, Automobil, Transport und Hightech aktiviert.

Auch hinsichtlich der Art der aktivierten Entwicklungskosten zeigen sich Unterschiede. Während Finanzdienstleistungsunternehmen nahezu ausschließlich selbst erstellte Software als immaterielle Vermögenswerte aktivieren, aktivieren Automobil- und Transportunternehmen in erster Linie Entwicklungskosten für neue Fahrzeuge und Motoren.

(Quelle: Haller, Froschhammer und Groß, 2010)

Für von Dritten beschaffte immaterielle Vermögenswerte ergeben sich weder für Ansatz noch Bewertung signifikante Unterschiede zur Bilanzierung des Sachanlagevermögens nach IAS 16. Selbiges gilt für die im Rahmen eines Unternehmenserwerbs angeschafften und von dem gekauften Unternehmen selbst erstellten immateriellen Vermögenswerte: Für diese besteht ein Ansatzgebot, auch wenn das gekaufte Unternehmen die Vermögenswerte selbst nicht aktivieren durfte. Fragen der Bilanzierung derivativen Goodwills, für den Aktivierungspflicht besteht, zählen nicht zum Umfang des Textes und werden demnach hier nicht weiter betrachtet (vergleiche hierzu IFRS 3). Der Großteil der Regelungen in IAS 38 bezieht sich daher auf die Bilanzierung von selbst geschaffenen immateriellen Vermögenswerten. Bei selbst erstellten immateriellen Vermögenswerten entsprechen die Herstellungskosten den direkt zurechenbaren Kosten, die ab der kumulativen Erfüllung der sechs zusätzlichen Ansatzkriterien für selbst erstellte immaterielle Vermögenswerte angefallen sind. Eine Nachaktivierung zuvor angefallener Kosten ist explizit ausgeschlossen.

Beim erstmaligen Ansatz eines immateriellen Vermögenswerts muss geprüft werden, ob die Nutzungsdauer endlich ist. Zeichnet sich ein immaterieller Vermögenswert durch eine unbestimmte Nutzungsdauer aus, bleibt er zu seinen Anschaffungs- oder Herstellungskosten in der Bilanz ausgewiesen. Es ist aber in jedem Geschäftsjahr – oder wann sonst ein Anlass besteht – durch Vergleich von Buchwert und erzielbarem Betrag ein eventueller Wertminderungsbedarf zu untersuchen. Liegt ein solcher vor, ist gemäß IAS 36 zu verfahren. Die Nutzungsdauer von Geschäftswerten gilt grundsätzlich als unbestimmt, so dass ein eventueller Wertminderungsbedarf mindestens einmal im Jahr zu überprüfen ist (siehe dazu auch ▶ Exkurs 4.12 „Folgebewertung immaterieller Vermögenswerte").

Wenn die Nutzungsdauer eines immateriellen Vermögenswerts bestimmbar ist, erfolgt die Folgebewertung grundsätzlich nach dem Kostenmodell; falls der Vermögenswert auf einem aktiven Markt gehandelt wird, darf alternativ auch das Neubewertungsmodell verwendet werden. Bei einer Folgebewertung nach dem Kostenmodell ist das Abschreibungsvolumen planmäßig über die geschätzte Nutzungsdauer zu verteilen. Die Abschreibung beginnt erst, wenn der Vermögenswert verwendet werden kann, sich also in einem betriebsbereiten Zustand befindet. Die Abschreibungsmethode muss so gewählt werden, dass sie den Nutzenverzehr abbildet. Allerdings wird ausdrücklich der Hinweis gegeben, dass nur im Ausnahmefall eine Abschreibungsmethode gerechtfertigt ist, die zu einem niedrigeren kumulierten Abschreibungsbetrag führt als die lineare Methode. Die Abschreibungsmethode ist stetig anzuwenden. Die geplante Abschreibungsperiode sowie die gewählte Methode sind mindestens zu jedem Geschäftsjahresende auf ihre Angemessenheit zu prüfen. Eventuelle Änderungen in den Erwartungen sind als Änderung einer Schätzung gemäß IAS 8 zu berücksichtigen. Abschreibungen sind als Aufwand zu erfassen, es sei denn, ein anderer IAS oder IFRS erlaubt oder fordert es, dass sie in den Buchwert eines anderen Vermögenswerts, also etwa in die Herstellungskosten von Vorräten, einzubeziehen sind. Für die Bestimmung des Abschreibungsvolumens ist der Restwert eines immateriellen Vermögenswerts stets mit null anzusetzen. Eine Ausnahme davon besteht für die Fälle, in denen ein Dritter verpflichtet ist, den Vermögenswert nach Ende der Nutzung zu erwerben und/oder ein aktiver Markt für den Vermögenswert nach Ende der Nutzungsdauer wahrscheinlich bestehen wird und ein Restwert dort verlässlich ermittelt werden kann.

Exkurs 4.12 **Folgebewertung immaterieller Vermögenswerte**

Im Anhang des Konzernabschlusses 2013 der Bayer AG finden sich zur Folgebewertung immaterieller Vermögenswerte mit unbestimmter Nutzungsdauer unter anderem folgende Angaben: „Als weiterer immaterieller Vermögenswert mit unbestimmter Nutzungsdauer wird das im Jahr 1994 für die Region Nordamerika zurückerworbene ‚Bayer-Kreuz', das infolge von Reparationsleistungen nach dem Ersten Weltkrieg an die USA und Kanada fiel, berücksichtigt. Der Zeitraum, über den dieser Firmenname ökonomischen Nutzen stiftet, ist nicht bestimmbar, da die fortwährende Nutzung durch den Bayer-Konzern beabsichtigt ist. Das ‚Bayer-Kreuz' ist mit einem Buchwert vom € 107 Mio. aktiviert." Weiter heißt es: „Sonstige immaterielle Vermögenswerte mit einer unbestimmten Nutzungsdauer (z.B. das ‚Bayer-Kreuz') ... werden nicht planmäßig abgeschrieben, sondern werden jährlich auf Wertminderung geprüft."

(Quelle: Konzernabschluss 2013 der Bayer AG, Anhang S. 249 und S. 282)

Das Neubewertungsmodell kommt bei immateriellen Vermögenswerten nur selten zur Anwendung, da für diese Vermögenswerte normalerweise kein aktiver Markt besteht. Als immaterielle Vermögenswerte, für die doch ein aktiver Markt bestehen kann, nennt der IAS 38 frei übertragbare Taxilizenzen, Fischereilizenzen oder Produktionsquoten. Hinsichtlich der Detailregelungen ergibt sich in solchen Fällen zur Neubewertung nach IAS 16 kein Unterschied.

Aufgaben

1. Erläutern Sie die Kritik an der Bilanzierung selbst erstellter immaterieller Vermögenswerte, nach der ein erheblicher Ermessensspielraum besteht, der im Ergebnis zu einem faktischen Wahlrecht ihres Ansatzes führt!

2. Erläutern Sie den Unterschied zwischen Entwicklungs- und Forschungsphase! Ist es aus Ihrer Sicht gerechtfertigt, Vermögenswerte, die in der Forschungsphase entstehen, mit einem Ansatzverbot zu belegen? Begründen Sie Ihre Meinung!

3. Diskutieren Sie, warum für immaterielle Vermögenswerte besonders strenge und ausführliche Bilanzierungsvorschriften bestehen.

4. Die Saatgut AG hat die Forschungsarbeiten zur Entwicklung einer neuen widerstandsfähigeren Maissorte abgeschlossen. Die damit betrauten Wissenschaftler sind aufgrund dieser Forschungsarbeiten in der Lage, einen Plan für die konkrete Entwicklung dieser neuen Maissorte vorzulegen. Nach diesem Plan soll die Entwicklung am 01.04.20X1 beginnen und zum 15.10.20X1 mit einer Großfeldstudie abgeschlossen werden. Die Zustimmung des Vorstands zu diesem Projekt wurde auf der letzten Vorstandssitzung am 01.02.20X1 gegeben. Die notwendigen Produktions- und Vertriebskapazitäten zur später beabsichtigten Vermarktung der neuen Maissorte sind in dem Unternehmen vorhanden. Ebenso hat das Unternehmen die technischen und finanziellen Möglichkeiten, die Entwicklung dieser neuen Maissorte abzuschließen. Die Wissenschaftler haben die Entwicklungskosten mit € 3 Millionen kalkuliert. Eine Befragung deutscher Landwirte ergab, dass mindestens 10.000 Landwirte den neuen Mais für € 40 pro Hektar nachfragen würden. Hierbei benötigt jeder Landwirt im Schnitt Saatgut für 10 ha Anbaufläche. Die Saatgut AG erwartet zudem, dass das Saatgut auch im europäischen Ausland nachgefragt wird, kann dieses jedoch noch nicht anhand einer Umfrage belegen. Überprüfen Sie, ob das Unternehmen die Kriterien zur Aktivierung der Entwicklungskosten erfüllt! →

→ **Fortsetzung**

5. Die Saatgut AG hat zudem am 01.01.20X1 noch ein Patent für die Herstellung einer bestimmten Gerstensorte für € 2 Millionen erworben. Das Patent soll zehn Jahre genutzt werden und es wird linear abgeschrieben. Da ein Konkurrenzunternehmen im Jahr 20X2 eine neue Gerstensorte auf den Markt gebracht hat, die einen höheren Ertrag verspricht, sinkt der Nutzungswert des Patents auf € 1,5 Millionen und der Nettoveräußerungspreis auf € 1,4 Millionen. Nach zwei Jahren stellt sich heraus, dass die Gerstensorte des Konkurrenzunternehmens gegen einen weitverbreiteten Schädling nicht resistent ist. Deshalb steigt die Nachfrage nach der Gerste der Saatgut AG in 20X4 wieder und es entfällt der Grund für die niedrigeren Werte von 20X2. Mit welchem Wert wird das Patent zum 31.12.20X2 und zum 31.12.20X4 bewertet? Geben Sie die zugehörigen Buchungssätze an!

Weiterführende Literatur Aktivierungskonzepte immaterieller Vermögenswerte werden in Schütte, 2006, behandelt. Mit den Regelungen nach IFRS befassen sich Heyd und Lutz-Ingold, 2005. Eine knappe Kommentierung des Standards liefern Schruff und Haaker, 2006.

4.3 Vorräte

Lernziele

■ Vorräte sind Vermögenswerte, die zum baldigen Verkauf gehalten werden (fertige Erzeugnisse), sich in Herstellung befinden (unfertige Erzeugnisse) oder die als Roh-, Hilfs- und Betriebsstoffe dazu bestimmt sind, im Rahmen der Produktion oder der Erbringung von Dienstleistungen verbraucht zu werden.

■ Vorräte sind zum niedrigeren Wert von Anschaffungs- beziehungsweise Herstellungskosten und Nettoveräußerungswert anzusetzen.

■ Vom Grundsatz der Einzelbewertung kann beim Vorratsvermögen aus Vereinfachungsgründen abgewichen werden. Als Bewertungsvereinfachungsverfahren sind nach IFRS die FIFO- und die Durchschnittsmethode zulässig.

Die Bewertung von Vorräten ist in IAS 2 geregelt.[2] Vorräte sind Vermögenswerte, die entweder zum baldigen Verkauf gehalten werden (fertige Erzeugnisse), sich in Herstellung befinden (unfertige Erzeugnisse) oder die als Roh-, Hilfs- und Betriebsstoffe dazu bestimmt sind, im Rahmen der Produktion oder der Erbringung von Dienstleistungen verbraucht zu werden. Bestandteile des Vorratsvermögens sind damit im Einzelnen:

- Rohstoffe, die physisch Hauptbestandteile der vom Unternehmen gefertigten Produkte sind (etwa Bleche, Holz etc.);
- Hilfsstoffe, die Teil der herzustellenden Produkte werden, jedoch nur einen geringwertigen Bestandteil der fertigen Produkte ausmachen (etwa Schrauben, Nägel, Leim etc.);
- Betriebsstoffe, die nicht Bestandteil der Fertigprodukte werden, sondern in der Produktion verbraucht werden (wie zum Beispiel Schmiermittel);
- unfertige Erzeugnisse, die noch nicht alle Produktionsstufen durchlaufen haben;
- fertige Erzeugnisse, die entweder selbst erstellte, auslieferungsbereite Waren oder Handelswaren sind.

Vorräte zählen zum Umlaufvermögen (*current assets*). Sie sollen nicht länger oder dauerhaft im Unternehmen verbleiben. Dies hat insbesondere Konsequenzen für die Folgebewertung. Zunächst ist jedoch zu klären, wie die Erstbewertung erfolgt, also die Anschaffungs- oder Herstellungskosten von Vorräten bestimmt werden. Hinsichtlich der Anschaffungskosten ergeben sich grundsätzlich keine Unterschiede zu den allgemein dargestellten Prinzipien. Die Regelungen der Bemessung der Herstellungskosten sollen aber im Folgenden einer näheren Betrachtung unterzogen werden.

In die Herstellungskosten gehen die üblicherweise anfallenden Kosten der Produktion sowie die produktionsbezogenen Lager- und Verwaltungskosten ein. Vertriebskosten sowie anomale Beträge für Abfälle, Fertigungslöhne oder andere Produktionskosten werden nicht einbezogen. Im Rechnungswesen unterscheidet man zudem in Einzel- und Gemeinkosten wie auch in variable und fixe Kosten. In die Herstellungskosten sind gemäß IAS 2 folgende Positionen einzubeziehen:

- Kosten, die den Produktionseinheiten direkt zuzurechnen sind (Einzelkosten);
- fixe und variable Produktionsgemeinkosten, die indirekt zuzurechnen sind (Gemeinkosten).

Variable Produktionsgemeinkosten sind den einzelnen Produkten nicht direkt zurechenbar, sie variieren aber mit dem Produktionsvolumen. Bei fixen Produktionsgemeinkosten ist dies nicht der Fall. Ein Beispiel hierfür ist die Miete für eine Produktionshalle. Unabhängig von der produzierten Stückzahl bleibt die Miete immer gleich. Eine Einbeziehung der Miete kann nun relativ einfach erfolgen: Sie wird in die Gesamtkosten der Produktion einbezogen, anschließend werden diese Kosten durch die produzierte Gesamtstückzahl dividiert. Es ergeben sich dann Herstellungskosten

---

2   Der Standard ist nicht anzuwenden bei der Bilanzierung von unfertigen Erzeugnissen im Rahmen von Fertigungsaufträgen, bei Finanzinstrumenten und biologischen Vermögenswerten, auch wenn diese im Einzelfall den Charakter von Vorräten aufweisen mögen.

nach dem Vollkostenprinzip. Es sei angenommen, dass die Gemeinkosten ausschließlich durch die Miete der Produktionshalle von € 50.000 bestimmt sind. Für die Produktion von 10.000 Stück fertiger Erzeugnisse fallen Einzelkosten in Höhe von € 50.000 an. Die Gesamtkosten unter Einbeziehung der Miete betragen dann € 100.000; bei 10.000 Stück ergeben sich Stückkosten von € 10. Problematisch ist nun, dass die produzierten Stückzahlen in verschiedenen Jahren variieren können. Dazu sei angenommen, dass die Fabrikationshalle wegen eines nicht planmäßigen Umbaus in einem Jahr für drei Monate geschlossen werden muss und deshalb nur drei Viertel der früheren Stückzahl (also 7.500 Stück) produziert werden können. Die Einzelkosten betragen dann ebenfalls nur drei Viertel des früheren Betrags, also € 37.500. Allerdings bleiben die Kosten für die Miete unverändert bei € 50.000. Die Gesamtkosten betragen also € 87.500, die Stückkosten liegen nun bei € 11,67. Eine Unterauslastung in der Produktion darf nach IAS 2 aber nicht in die Bestimmung der Kosten einbezogen werden. Die Zurechnung fixer Produktionsgemeinkosten basiert daher im Regelfall auf der normalen Kapazität. Diese hätte im Beispiel bei einem Output von 10.000 Stück gelegen. Es sind damit nur Mietkosten in Höhe von

$$\frac{50.000}{10.000} \times 7.500 = 37.500$$

beziehungsweise € 5 pro Stück zuzurechnen, sodass sich, wie im Ausgangsbeispiel, Stückkosten von € 10 ergeben. Nicht zugerechnete fixe Produktionsgemeinkosten sind in der Periode ihres Anfallens als Aufwand zu erfassen, im Beispiel ist die Differenz von € 50.000 und € 37.500, also € 12.500, als Aufwand in der Gewinn-und-Verlust-Rechnung zu erfassen.

Ermittlung von Herstellungskosten

Sachverhalt: Die Alpha AG stellt Premium-Seife her. Die Produktionskapazität für Seife beträgt 10.000 Stück pro Jahr. Für ein Stück Premium-Seife fallen Materialeinzelkosten in Höhe von € 3 an, hinzu kommen Lohneinzelkosten in Höhe von € 6. Die Miete für die Produktionshalle beträgt € 10.000 im Jahr, die Abschreibung für die Maschine, die einer rein zeitlichen Abnutzung unterliegt, beträgt € 1.000 im Jahr. Der Vorarbeiter, der die Produktion beaufsichtigt, erhält einen Lohn von € 40.000 im Jahr. Für Verwaltung des Unternehmens und den Vertrieb der Seife fallen € 120.000 an.

Frage 1: Wie hoch sind die Herstellungskosten für ein Stück Seife, wenn in einer Periode (a) 10.000 und (b) 8.000 Stück Seife hergestellt werden?

Lösung:

Exkurs 4.13   **Ermittlung von Herstellungskosten**

Sachverhalt: Die Alpha AG stellt Premium-Seife her. Die Produktionskapazität für Seife beträgt 10.000 Stück pro Jahr. Für ein Stück Premium-Seife fallen Materialeinzelkosten in Höhe von € 3 an, hinzu kommen Lohneinzelkosten in Höhe von € 6. Die Miete für die Produktionshalle beträgt € 10.000 im Jahr, die Abschreibung für die Maschine, die einer rein zeitlichen Abnutzung unterliegt, beträgt € 1.000 im Jahr. Der Vorarbeiter, der die Produktion beaufsichtigt, erhält einen Lohn von € 40.000 im Jahr. Für Verwaltung des Unternehmens und den Vertrieb der Seife fallen € 120.000 an.

Frage 1: Wie hoch sind die Herstellungskosten für ein Stück Seife, wenn in einer Periode (a) 10.000 und (b) 8.000 Stück Seife hergestellt werden?

Lösung:

Position	(a) 10.000 Stück	(b) 8.000 Stück
Materialeinzelkosten × Stückzahl	€ 30.000	€ 24.000
+ Lohneinzelkosten × Stückzahl	€ 60.000	€ 48.000
= Summe direkt zurechenbare Einzelkosten	**€ 90.000**	**€ 72.000**
+ Miete	€ 10.000	€ 8.000
+ Abschreibungen	€ 1.000	€ 800
+ Lohn Vorarbeiter	€ 40.000	€ 32.000
+ Verwaltungs- und Vertriebskosten	Ansatzverbot	
= Summe Herstellungskosten	**€ 141.000**	**€ 112.800**
Herstellungskosten pro Stück	**€ 14,10**	**€ 14,10**

Da die Produktion in Fall (b) nicht voll ausgelastet ist, werden die Gemeinkosten in Abhängigkeit des Beschäftigungsgrads zugerechnet, der hier bei 80 Prozent liegt. Für die Miete ergibt sich € 10.000 × 0,8 = € 8.000; für die sonstigen Positionen wird entsprechend gerechnet. Somit wird der Bilanzansatz nicht überbewertet. Die übersteigenden Kosten werden direkt in der GuV als Aufwand erfasst.

Frage 2: Wie hoch sind die Herstellungskosten für ein Stück Seife, wenn in einer Periode (a) 10.000 und (c) 12.000 Stück Seife hergestellt werden?   →

→ **Fortsetzung**

Lösung:

Position	(a) 10.000 Stück	(c) 12.000 Stück
Materialeinzelkosten × Stückzahl	€ 30.000	€ 36.000
+ Lohneinzelkosten × Stückzahl	€ 60.000	€ 72.000
= Summe direkt zurechenbare Einzelkosten	**€ 90.000**	**€ 108.000**
+ Miete	€ 10.000	€ 10.000
+ Abschreibungen	€ 1.000	€ 1.000
+ Lohn Vorarbeiter	€ 40.000	€ 40.000
+ Verwaltungs- und Vertriebskosten	Ansatzverbot	
= Summe Herstellungskosten	**€ 141.000**	**€ 159.000**
Herstellungskosten pro Stück	**€ 14,10**	**€ 13,25**

Da die Produktion in Fall (c) nicht nur voll ausgelastet ist, sondern sogar bei einem ungewöhnlich hohen Produktionsvolumen liegt, werden die fixen Gemeinkosten nur in der tatsächlich anfallenden Höhe berücksichtigt und es ergeben sich geringere Herstellungskosten für ein Stück Seife.

Typischerweise werden die Kosten der Produktion unter dem Vorratsvermögen in der Bilanz so lange gespeichert, bis die Vorräte das Unternehmen verlassen. In diesem Moment werden sie durch *matching* den korrespondierenden Erträgen (hier: Umsatzerlösen) in der Gewinn-und-Verlust-Rechnung als Umsatzkosten gegenübergestellt. Die bisher beschriebene Ermittlung der (Anschaffungs- und) Herstellungskosten folgt dem Grundsatz der Einzelbewertung: Die Kosten werden für jeden einzelnen Vermögenswert des Vorratsvermögens einzeln bestimmt. Bei bestimmten Gruppen des Vorratsvermögens liegt aber oftmals Austauschbarkeit der einzelnen Vermögenswerte vor. Der Grundsatz der Einzelbewertung kann dann zu Bewertungsvereinfachungszwecken durchbrochen werden. Nach IAS 2 kommen die FIFO- (First-In-First-Out) sowie die Durchschnittsmethode als Zuordnungsverfahren der Kosten auf Vorräte in Betracht. Bis zur Neufassung von IAS 2 im Jahr 2004 war alternativ auch die Bewertung nach dem LIFO-Verfahren (Last-In-First-Out) zulässig. Das Verfahren wird hier aus didaktischen Gründen weiterhin behandelt, spielt aber in neueren IFRS-Abschlüssen keine Rolle mehr.

Zum Verständnis der Zuordnungsverfahren müssen folgende grundlegende Gleichungen betrachtet werden. Bei mengen- und wertmäßiger Betrachtung gilt:

	Anfangsbestand
+	Zugänge
−	Abgänge
=	Endbestand

Der mengenmäßige Anfangsbestand ist gegeben, der mengenmäßige Endbestand wird in der Praxis in der Regel durch eine Inventur festgestellt. Die Zugänge ergeben sich aus Markttransaktionen. Entscheidend ist also, welche Abgänge erfolgen. Bei wertmäßiger Betrachtung ergibt sich durch Umstellung der obigen Gleichung:

Anfangsbestand (Wert; gegeben)	
+	Zugänge (Wert; gegeben)
–	Endbestand (Wert; methodenabhängig)
=	**Umsatzkosten (Wert der Abgänge; zu bestimmen)**

Mit den Bewertungsvereinfachungsverfahren ist eine Annahme über die Reihenfolge der Abgänge (Verbrauchsfolgefiktion) verbunden, die insbesondere Auswirkungen auf die Bewertung des Endbestands und damit auch der Umsatzkosten hat. Der FIFO-Methode liegt die Annahme zugrunde, dass die zuerst angeschafften beziehungsweise produzierten Vorräte (*first in*) auch zuerst verbraucht beziehungsweise verkauft werden (*first out*). Die Umsatzkosten entsprechen also den Preisen der ältesten verfügbaren Bestände.

Die nicht mehr zulässige LIFO-Methode basierte dagegen auf der Annahme, dass die zuletzt eingegangenen Bestände (*last in*) als erste die Unternehmung wieder verlassen (*first out*) und sich somit am Bilanzstichtag immer die zuerst eingegangenen Bestände auf Lager befinden. Die Umsatzkosten entsprechen also den Preisen der jüngsten verfügbaren Bestände. Der Bewertung des Endbestands nach LIFO kann damit ein sehr altes Preisgerüst zugrunde liegen: Der aktuelle Marktwert der Vorräte kann stark von ihm abweichen.

Zur Verdeutlichung der beiden Verfahren sei an einen Supermarkt gedacht, in dem im Kühlregal Milch verkauft wird. Die Milch steht in einer Reihe im Kühlregal und wird von den Kunden immer von vorne weggenommen. Das Kühlregal wird von einer Aushilfskraft ständig neu befüllt. Da Milch nur relativ kurze Zeit haltbar ist, werden die älteren Bestände mit früherem Verfallsdatum immer vorne im Regal platziert, die jüngeren Bestände also von hinten nachgefüllt: Ein einfaches Beispiel für FIFO. Das Beispiel verdeutlicht auch, dass die LIFO-Fiktion in aller Regel keine besonders plausible ist, was neben dem veraltenden Preisgerüst ein Grund für die Abschaffung dieser Methode gewesen ist. Allerdings gibt es durchaus auch Lagerhaltungspraktiken, etwa auf Halden, die der LIFO-Fiktion eher entsprechen als der nach FIFO.

Die Durchschnittsmethode ist nun eine Art Kompromiss zwischen beiden Verfahren. Sie ist in zwei Varianten denkbar und zulässig, namentlich als (a) gewogene und (b) gleitende Durchschnittsmethode. Bei der gewogenen Durchschnittsmethode wird aus dem Anfangsbestand und den Zugängen ein gewogener Preis gebildet, mit dem sowohl die Abgänge als auch der Endbestand bewertet werden. Bei der gleitenden Durchschnittsmethode wird nach jedem Zugang ein neuer Durchschnittspreis errechnet und jeder Abgang bis zum nächsten Zugang jeweils damit bewertet.

Zur Verdeutlichung der Konsequenzen auf Bilanz und Gewinn-und-Verlust-Rechnung seien die Bewertungsvereinfachungsverfahren anhand eines Beispiels miteinander verglichen. Dazu soll angenommen werden, dass ein Unternehmen am 01.01.20X1 keine Vorräte auf Lager hatte. Im Lauf des Jahres 20X1 kommt es zu folgenden Zugängen:

Datum	Menge (kg)	Preis (€)
10.01.20X1	1.000	10
15.06.20X1	800	11
27.11.20X1	1.200	12

Der mengenmäßige Endbestand beträgt laut Inventur 900 kg. Zu berechnen sind nun die Abgänge der Periode bei Anwendung (a) der FIFO-, (b) der LIFO- und (c) der gewogenen Durchschnittsmethode.[3] Mengenmäßig ergeben sich die Abgänge (bei allen Verfahren) zu

	Anfangsbestand	0
+	Zugänge	3.000
−	Endbestand	900
=	Abgänge	2.100

Bei Anwendung der unterschiedlichen Verfahren werden sich nun sowohl die Werte der Abgänge als auch die Werte der Endbestände unterscheiden. Die Wahl des Verfahrens hat also Auswirkungen sowohl auf den bilanziellen Vermögens- als auch den Gewinnausweis.

FIFO-Verfahren Bei FIFO verlassen die zuerst zugegangenen Waren (zumindest hypothetisch) auch zuerst das Lager. Insgesamt sind 2.100 kg abgegangen. Da keine Vorräte am Periodenbeginn vorhanden waren, gehen zunächst die 1.000 kg vom 10.01.20X1 ab, dann die 800 kg vom 15.06.20X1. Es verbleiben nun noch 300 kg, die aus dem Zugang vom 27.11.20X1 abgehen.

Menge (kg)	Preis (€)	Wert (€)
1.000	10	10.000
800	11	8.800
300	12	3.600
2.100		22.400

Der Wert der gesamten Abgänge beläuft sich also auf € 22.400. Als Restlagerbestand ergeben sich 900 × € 12 = € 10.800.

---

3 Die Anwendung der gleitenden Durchschnittsmethode ist hier nicht explizit möglich, da sich keine Angaben zu den einzelnen Abgängen während des Jahres finden.

LIFO-Verfahren Soweit die Anwendung des LIFO-Verfahrens gestattet wäre, gälte die Fiktion, dass die zuletzt zugegangenen Waren das Lager zuerst verlassen. Insgesamt sind 2.100 kg abgegangen. Dazu werden jetzt zunächst die jüngsten Zugänge herangezogen, also die 1.200 kg vom 27.11.20X1 zu € 12 je kg. Dazu kommen die 800 kg vom 15.06.20X1 zu Stückkosten von € 11. Es verbleiben nun noch 100 kg, die aus dem ersten Zugang vom 10.01.20X1 abgehen.

Menge (kg)	Preis (€)	Wert (€)
1.200	12	14.400
800	11	8.800
100	10	1.000
2.100		24.200

Der Wert der gesamten Abgänge beläuft sich also auf € 24.200. Als Restlagerbestand ergeben sich wertmäßig 900 × € 10 = € 9.000.

Durchschnittsmethode Bei der gewogenen Durchschnittsmethode wird zunächst der Wert des durchschnittlichen Lagerbestands berechnet. Dieser wird auf eine Vorratseinheit (hier: ein kg) bezogen. Mit dem sich ergebenden Betrag sind dann Abgänge sowie Endbestand zu bewerten. Für das Beispiel ergibt sich folgender Gesamtwert der Zugänge:

Menge (kg)	Preis (€)	Wert (€)
1.000	10	10.000
800	11	8.800
1.200	12	14.400
3.000		33.200

Der gewogene Durchschnittspreis pro kg beträgt also € 33.200 ÷ 3.000 ≈ € 11,07. Die Abgänge haben demnach einen Wert von € 23.240, der Restlagerbestand wird mit € 9.960 bewertet.

Die folgende Tabelle stellt die Ergebnisse bei Anwendung der verschiedenen Verfahren gegenüber:

Methode	Abgänge (in €)	Endbestand (in €)
FIFO	22.400	10.800
LIFO	24.200	9.000
Durchschnitt	23.240	9.960

Bei steigenden Preisen führt das LIFO-Verfahren im Vergleich zu FIFO zu einem niedrigeren Bilanzausweis sowie zu einem unter sonst gleichen Bedingungen niedrigeren Ergebnisausweis. Ohne die Informationsbedürfnisse der Adressaten zu kennen, kann keine Aussage über die Vorteilhaftigkeit eines der beiden Verfahren getroffen werden. Bei Anwendung des LIFO-Verfahrens wird das Vorratsvermögen nicht zu marktnahen Werten ausgewiesen. Bei steigenden Preisen ist dieses höher, sodass hier stille Reserven entstehen. Dafür werden durch Berücksichtigung der aktuellen Kosten in der Gewinn-und-Verlust-Rechnung die aktuellen Wiederbeschaffungskosten verdient, bevor es zu einem Gewinnausweis kommen kann. Beim FIFO-Verfahren erfolgt der Bilanzausweis des Vermögens zu aktuelleren Kosten, also marktnäher. Die Abschaffung des LIFO-Verfahrens durch das IASB passt also zur breiten Anwendung der Neubewertungsmethode beziehungsweise dem Verfolgen eines Asset-Liability-Ansatzes in den IFRS. Ein marktnaher Ausweis des Vermögens in der Bilanz wird offenbar vom IASB favorisiert und als entscheidungsnützlich erachtet, wobei Verzerrungen in der Gewinn-und-Verlust-Rechnung in Kauf genommen werden.

Für die Folgebewertung ist abschließend noch zu beachten, dass die Vorräte an jedem Bilanzstichtag zum niedrigeren Wert von Anschaffungs- beziehungsweise Herstellungskosten und Nettoveräußerungswert auszuweisen sind. Mit der Idee, dass Vorräte zum Absatz gehalten werden und daher mit keinem höheren als dem (realisierbaren) Nettoveräußerungswert in der Bilanz ausgewiesen sein sollten, bleibt das sog. Prinzip der verlustfreien Bewertung gewahrt, da beim Verkauf der Vorräte kein Verlust mehr entstehen kann. Dabei wird unter dem Nettoveräußerungswert der geschätzte, im normalen Geschäftsgang erzielbare Verkaufserlös abzüglich der geschätzten Kosten der Fertigstellung und der geschätzten notwendigen Verkaufskosten verstanden. Eine Abschreibung auf den Nettoveräußerungswert entspricht einer Wertminderung, weshalb IAS 36 nicht auf Vorräte angewendet werden darf. Alle Abwertungen von Vorräten auf den Nettoveräußerungswert sowie alle Verluste bei den Vorräten sind in der Periode als Aufwand zu erfassen, in der die Abwertungen vorgenommen werden beziehungsweise die Verluste eingetreten sind (siehe auch ▶ Exkurs 4.14 „Bewertung des Vorratsvermögens" für ein Praxisbeispiel). Von der Pflicht zur Abwertung bei rückläufigen Einkaufspreisen ausgenommen sind Roh-, Hilfs- und Betriebsstoffe, wenn das Fertigerzeugnis, in welches sie eingehen, mindestens kostendeckend verkauft werden kann. Ist dies nicht der Fall, wird als Referenzmaßstab zur Bewertung auf den Wiederbeschaffungswert der Roh-, Hilfs- und Betriebsstoffe am Absatzmarkt abgestellt. Entfällt der Grund für eine vormals erfasste Wertminderung, wird Letztere im Rahmen des Wertaufholungsgebots erfolgswirksam rückgängig gemacht. Der neue Buchwert muss dann abermals dem niedrigeren Wert von historischen Kosten und Nettoveräußerungswert entsprechen.

Exkurs 4.14	Bewertung des Vorratsvermögens

Im Anhang des Konzernabschlusses 2013 der Adidas AG finden sich zur Bewertung von Vorräten folgende Informationen:

„Fertige Erzeugnisse und Waren werden mit dem niedrigeren Wert aus Anschaffungs- oder Herstellungskosten und Nettoveräußerungswert angesetzt. Letzterer entspricht dem geschätzten, im normalen Geschäftsgang erzielbaren Verkaufserlös abzüglich der geschätzten Kosten bis zur Fertigstellung und der geschätzten notwendigen Vertriebskosten. Die Anschaffungskosten werden durch eine Standardbewertungsmethode ermittelt, die der „Durchschnittsmethode" entspricht. Die Herstellungskosten fertiger Erzeugnisse beinhalten Materialkosten, Fertigungslöhne und angemessene Teile der zurechenbaren Gemeinkosten. Die Berechnung der Gemeinkostenzuschläge erfolgt auf Basis geplanter durchschnittlicher Auslastungen. Die Wertberichtigungen auf den Nettoveräußerungswert werden konzerneinheitlich, basierend auf dem Alter bzw. der voraussichtlichen Umsatzerlöse der Artikel, ermittelt.

(Quelle: Konzernabschluss der Adidas AG 2013, Anhang S. 198)

Exkurs 4.15	Bewertung von Vorratsvermögen nach HGB

Die Vorratsbewertung nach HGB ist seit Inkrafttreten des Bilanzrechtsmodernisierungsgesetzes durch eine hohe Konformität zu den IFRS gekennzeichnet. Hinsichtlich der Ansatznormen gilt im HGB das Anschaffungs- und Herstellungskostenprinzip ebenso als Wertmaßstab für Vermögensgegenstände des Anlage- und Umlaufvermögens. Auch die Anwendungsvoraussetzungen der Bewertungsvereinfachungsverfahren stimmen nach HGB und IFRS überein, wobei das in den IFRS unzulässige LIFO-Verfahren nach den handelsrechtlichen Vorschriften gemäß § 256 HGB Verwendung finden darf. Unterschiede ergeben sich hingegen bei der Aktivierung bestimmter Kostenbestandteile. Während allgemeine Verwaltungskosten sowie Kosten für freiwillige soziale Leistungen, betriebliche Altersversorgung und soziale Einrichtungen des Betriebs ebenso wie Fremdkapitalzinsen nach IFRS grundsätzlich in die Anschaffungs- und Herstellungskosten einzubeziehen sind, besteht für diese Positionen gemäß § 255 Abs. 2 HGB ein Aktivierungswahlrecht. Die nachfolgende ▶ Tabelle 4.8 kontrastiert die Bestandteile der Herstellungskosten nach IAS 2 und HGB. →

→ **Fortsetzung**

Tabelle 4.8

Bestandteile der Herstellungskosten nach IFRS und HGB

Position	IAS 2	§ 255 HGB
Material- und Fertigungseinzelkosten	Pflicht	Pflicht
Sondereinzelkosten der Fertigung	Pflicht	Pflicht
Material- und Fertigungsgemeinkosten	Pflicht	Pflicht
Kosten für		
– soziale Einrichtungen des Betriebs[a]	Pflicht	Wahlrecht
– freiwillige soziale Leistungen[a]	Pflicht	Wahlrecht
– betriebliche Altersversorgung[a]	Pflicht	Wahlrecht
Fertigungsbezogene Verwaltungskosten[a]	Pflicht	Wahlrecht
Fremdkapitalkosten	Pflicht[b]	Wahlrecht[c]
Vertriebskosten	Verbot	Verbot

a. Sofern produktionsbezogen, ansonsten besteht ein Ansatzverbot.
b. Bei Vorliegen eines qualifizierten Vermögenswerts.
c. Nur wenn das Fremdkapital zur Herstellung eines Vermögenswerts verwendet wird und nur für Zinsen, die im Zeitraum der Herstellung anfallen.

Im Rahmen der Folgebewertung sind Vorräte als Vermögensgegenstände des Umlaufvermögens prinzipiell nach dem strengen Niederstwertprinzip gemäß § 253 Abs. 4 HGB zu bewerten. Unabhängig von der Dauer der voraussichtlichen Wertminderung schreibt das strenge Niederstwertprinzip außerplanmäßige Abschreibungen vor. Als Bewertungsmaßstab wird hier der aus dem Börsen- oder Marktpreis abgeleitete Wert der Vermögensgegenstände oder falls ein solcher nicht feststellbar ist, der beizulegende Zeitwert herangezogen. Falls die Gründe für eine außerplanmäßige Abschreibung in späteren Jahren entfallen, müssen gemäß § 253 Abs. 3 und 5 im Umfang der Werterhöhung erfolgswirksame Zuschreibungen vorgenommen werden. Die (fortgeführten) Anschaffungskosten gelten dabei jedoch als Obergrenze und dürfen nicht überschritten werden.

Aufgaben

EXTRAS ONLINE

1. Diskutieren Sie, warum die Aussagekraft von Abschlüssen durch Anwendung des LIFO-Verfahrens sinken könnte!

2. Informieren Sie sich über die Grundsätze beziehungsweise Stereotypen der statischen und dynamischen Bilanztheorie. Welches Verfahren (LIFO/FIFO) „passt" zu welcher der beiden Theorien? Warum?

3. Skizzieren Sie kurz den Inhalt von IAS 2!

4. Wodurch sind die einzelnen Methoden für die Bewertung von Vorräten nach IFRS gekennzeichnet?

5. Die Köhler AG vertreibt Grillzubehör, unter anderem auch einen Säulengrill. Am 01.01.20X3 hatte die Köhler AG keinen Säulengrill im Lager. Im Lauf des Jahres nimmt die Köhler AG folgende Einkäufe dieses Grills vor:

Datum	Anzahl (in Stück)	Preis pro Stück
15. Januar	25	80
13. März	50	83
30. April	120	79
5. Juni	95	81
28. Juli	75	84
1. September	45	82

Die Köhler AG konnte in diesem Jahr 225 Stück verkaufen.

a. Ermitteln Sie den Wert des Lagerbestands am Jahresende nach der FIFO-Methode.

b. Ermitteln Sie den Wert des Lagerbestands am Jahresende nach der LIFO-Methode.

c. Ermitteln Sie den Wert des Lagerbestands am Jahresende nach der gewogenen Durchschnittsmethode. →

→ **Fortsetzung**

6. Die Kallmeier AG hat sich auf den Vertrieb unterschiedlicher Einzäunungs-vorrichtungen spezialisiert. Um ihre Angebotspalette zu erweitern, bietet die Kallmeier AG ab 20X3 Einzäunungsteile an, in denen Metallfäden einge-woben sind. Diese Seile werden in einer Länge von 50 m angeboten. Gleich zu Beginn des Jahres kauft das Unternehmen 110 Rollen à 50 m für € 32 pro Rolle. Aufgrund der regen Nachfrage kauft das Unternehmen am 15.03.20X3 weitere 155 Rollen für € 35. Am 20.04.20X3 kauft es noch einmal 120 Rol-len für € 30 und am 05.06.20X3 werden 105 Rollen für € 33 gekauft. Bis zum 30.06.20X3 verkauft das Unternehmen insgesamt 310 Rollen zu einem Verkaufspreis von € 48.

a. Welchen Wert hat das Lager am 30.06.20X3 bei Anwendung der LIFO-Methode?

b. Welchen Wert haben die verkauften Seile bei Anwendung der gewogenen Durchschnittsmethode?

c. Wie werden das Lager und die verkauften Seile bei Anwendung der FIFO-Methode bewertet?

7. Die Kids AG produziert und vertreibt unter anderem Kinderroller. Die Herstel-lungskosten für einen Kinderroller belaufen sich auf € 45. Zum 31.12.20X3 be-finden sich 890 dieser Roller im Lager der Kids AG. Die Nachfrage nach Kin-derrollern ist in 20X3 dramatisch zurückgegangen, sodass der ursprüngliche Verkaufspreis von € 58 nicht mehr gehalten und jetzt lediglich ein Verkaufs-preis von € 42 erzielt werden kann. Mit welchem Wert sind die Kinderroller in der Bilanz zum 31.12.20X3 zu erfassen? Begründen Sie Ihre Antwort!

8. Die Heiligsblechle AG ist Hersteller von Dachziegeln. Zum Bilanzstichtag 31.12.20X1 liegen noch Rohstoffe mit historischen Anschaffungskosten in Höhe von € 20.000 auf Lager. Aufgrund eines Preisrückgangs betragen die Wiederbeschaffungskosten der Rohstoffe zu diesem Zeitpunkt € 18.400. Die historischen Herstellungskosten der zum 31.12.20X1 auf Lager liegenden fertig produzierten Dachziegel betragen € 55.000. Der geschätzte Verkaufs-erlös hierfür liegt bei € 57.000, wobei noch Verkaufskosten in Höhe von € 4.500 anfallen würden.

a. Mit welchem Wert sind die Rohstoffe am 31.12.20X1 in der Bilanz anzu-setzen?

b. Nehmen Sie an, dass sich zum 31.12.20X1 ein Wertminderungsbedarf in Höhe von € 2.000 ergibt. Wie lautet der Buchungssatz?

c. Welcher Wertansatz ergibt sich am 31.12.20X1 für die Dachziegel?

Weiterführende Literatur Zu den Regelungen im Einzelnen ist auf IAS 2 zu verwei-sen. Einzelfragen der Vorratsbewertung behandelt Quick, 2008.

4.4 Finanzielle Vermögenswerte

Lernziele

- Bei ihrem Ansatz sind finanzielle Vermögenswerte abhängig von ihren Eigenschaften und ihrer Verwendung im Unternehmen in eine von fünf Kategorien einzuordnen.

- Die Erstbewertung von finanziellen Vermögenswerten erfolgt grundsätzlich zum beizulegenden Zeitwert.

- Die Folgebewertung von finanziellen Vermögenswerten erfolgt abhängig ihrer Kategorisierung zu fortgeführten Anschaffungskosten oder zum beizulegenden Zeitwert. Die Kategorie bestimmt in letzterem Fall auch, ob die Folgebewertung erfolgswirksam oder erfolgsneutral im sonstigen Ergebnis (*other comprehensive income, OCI*) erfolgt.

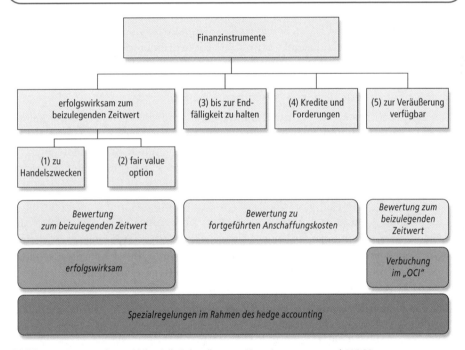

Abbildung 4.3: Kategorien und bilanzielle Behandlung von Finanzinstrumenten nach IAS 39

Die Bilanzierungsregelungen zu finanziellen Vermögenswerten finden sich in IAS 39 wieder, der umfassend die Bilanzierung von Finanzinstrumenten regelt.[4] Ausschlaggebend für die Bewertung und Erfolgsermittlung eines finanziellen Vermögenswerts ist hierbei die Zuordnung zu einer von fünf Kategorien, die zum Zeitpunkt des erstma-

---

4 Das IASB arbeitet bereits seit mehreren Jahren an einer umfangreichen Neuregelung der Bilanzierung von Finanzinstrumenten. In diesem Rahmen soll IAS 39 vollständig durch den neuen Standard IFRS 9 abgelöst werden. Der neue Standard soll ab Januar 2018 verpflichtend angewendet werden.

ligen Ansatzes erfolgt und sich nach den Eigenschaften des Finanzinstruments richtet, aber auch nach dessen beabsichtigter Verwendung im Unternehmen. Diese fünf Kategorien und deren bilanzielle Behandlung sind in ▶ Abbildung 4.3 dargestellt.

- Unter die Oberkategorie *erfolgswirksam zum beizulegenden Zeitwert* (*at fair value through profit and loss)* fallen zweierlei Kategorien. Zum einen als erste Kategorie alle finanziellen Vermögenswerte, die *zu Handelszwecken* gehalten werden (*held for trading)*, also beispielsweise kleine Aktienpakete an anderen Unternehmen, die mit spekulativer Absicht erworben wurden, sowie sämtliche derivativen Finanzinstrumente, es sei denn, sie sind Bestandteil bilanziell anerkannter Absicherungszusammenhänge (hier gelten dann die speziellen Regeln des sogenannten *hedge accounting)*. Zum Zweiten werden unter diese Oberkategorie sämtliche finanziellen Vermögenswerte gefasst, die das Unternehmen beim Zugang ausdrücklich dieser Kategorie durch Ausübung der sogenannten *fair value option* zugeordnet hat. Diese „willkürliche" Zuordnung von Finanzinstrumenten zur Fair-Value-Bewertung darf jedoch nur in spezifischen Fällen genutzt werden, die in IAS 39 genau definiert sind. Dabei muss im Falle von Eigenkapitalinstrumenten ein aktiver Markt existieren und der beizulegende Zeitwert dieser Instrumente verlässlich ermittelbar sein. Zudem muss eine solche Zuordnung entweder die Relevanz der im Abschluss enthaltenen Informationen erhöhen oder zur Verringerung der Komplexität beziehungsweise zu verlässlicheren Wertansätzen beitragen.

- Bei der dritten Kategorie *bis zur Endfälligkeit zu halten* (*held to maturity)* handelt es sich um finanzielle Vermögenswerte, die das Unternehmen beabsichtigt, bis zur Endfälligkeit zu halten. Somit können hierunter lediglich Schuldtitel fallen, da diese anders als etwa Aktien charakteristischerweise eine feststehende Laufzeit haben, beispielsweise Unternehmens- oder Staatsanleihen.

- Unter die vierte Kategorie *Kredite und Forderungen* (*loans and receivables)* fallen ausgereichte Kredite und Forderungen, etwa Forderungen aus Lieferungen und Leistungen, Ausleihungen an andere Unternehmen oder Forderungen aus vertraglichen Schadensersatzansprüchen. Die Vermögenswerte dieser Kategorie zeichnen sich stets dadurch aus, dass sie nicht auf einem aktiven Markt gehandelt werden, also nicht verbrieft sind.

- Bei der fünften Kategorie *zur Veräußerung verfügbar* (*available for sale)* schließlich handelt es sich um eine Restkategorie, der alle finanziellen Vermögenswerte zugeordnet werden, die nicht *zu Handelszwecken* und nicht *bis zur Endfälligkeit* gehalten werden und die auch nicht der Kategorie *Kredite und Forderungen* zugeordnet wurden. Dies können etwa Aktien, Anteile an Investmentfonds, aber auch Anleihen jedweder Art sein, die beispielsweise ausdrücklich als Liquiditätsreserve gehalten werden.

Die Klassifikation von Finanzinstrumenten ist kein willkürlicher Akt, sondern muss anhand eindeutiger und nachprüfbarer Kriterien erfolgen, wobei offensichtlich die Eigenschaften des Instruments (etwa: „Wird es auf einem aktiven Markt gehandelt?"), aber auch die Halteabsicht (etwa: „Wird es zum Zwecke der Spekulation gehalten?", oder: „Soll es bis zur Endfälligkeit im Unternehmen verbleiben?") eine Rolle spielen. Die Klassifikationsentscheidung ist bedeutsam, weil sich, je nach Kategorie, unterschiedliche Bilanzierungsfolgen ergeben. Dies beginnt bereits bei der Erstbewertung: Nach IAS 39 sind alle finanziellen Vermögenswerte bei Zugang zum beizulegenden Zeitwert (*fair value*) zu bewerten, also zu dem „Preis, der in einem geordneten Geschäftsvorfall zwischen Marktteilnehmern am Bemessungsstichtag für den Verkauf eines Vermögenswertes eingenommen bzw. für die Übertragung einer Schuld gezahlt würde." (IAS 39.9). Damit entspricht der Erstbewertungsbetrag typischerweise dem tatsächlichen Transaktionspreis, also den Anschaffungskosten des Vermögenswerts. In bestimmten Fällen können sich beizulegender Zeitwert und Transaktionspreis jedoch voneinander unterscheiden. Der beizulegende Zeitwert müsste dann unter Rückgriff auf Bewertungstechniken ermittelt werden, etwa durch Berechnung des Barwerts der künftig erwarteten Nettozahlungsströme.[5] Wie erwähnt spielt aber auch die Kategorisierung eine Rolle: Wird der entsprechende Vermögenswert *zu Handelszwecken* (erste Kategorie) gehalten oder der zweiten Kategorie (*fair value option*) zugeordnet, schließt der Erstbewertungsbetrag keine Transaktionskosten ein. Ist der finanzielle Vermögenswert einer anderen Kategorie zugeordnet, werden Transaktionskosten, die in direktem Zusammenhang mit dem Erwerb des Vermögenswerts angefallen sind, in den Erstbewertungsbetrag mit einbezogen.

Die Zuordnung zu einer der genannten Kategorien wirkt sich weiterhin auf die Folgebewertung der jeweiligen finanziellen Vermögenswerte aus. Die Folgebewertung zu fortgeführten Anschaffungskosten kommt für finanzielle Vermögenswerte zur Anwendung, die *bis zur Endfälligkeit* gehalten werden (dritte Kategorie). Gleiches gilt für *Kredite und Forderungen* (vierte Kategorie). Die fortgeführten Anschaffungskosten bei finanziellen Vermögenswerten werden nach der Effektivzinsmethode bestimmt, durch die eine Aufteilung der Zinserträge über die Laufzeit des Vermögenswerts erfolgt. Der Effektivzinssatz ist dabei derjenige Kalkulationszinssatz, mit dem die über die Laufzeit erwarteten zukünftigen Ein- und Auszahlungen abgezinst werden müssen, um genau auf den Nettobuchwert des Finanzinstruments zu kommen. Grundsätzlich wird dabei mit einem konstanten Effektivzinssatz gerechnet. Beispiele zur Anwendung der Effektivzinsmethode, die auch für finanzielle Verbindlichkeiten relevant ist, werden im ▶ Abschnitt „Folgebewertung ausgegebener Anleihen nach der Effektivzinsmethode" auf S. 257 behandelt.

Alle anderen finanziellen Vermögenswerte (also die Kategorien *zu Handelszwecken, fair value option, zur Veräußerung verfügbar*) werden anhand des beizulegenden Zeitwerts (*fair value*) folgebewertet. Ausnahmeregelungen existieren für den seltenen Sonderfall, dass sich der *fair value* nicht verlässlich bestimmen lässt. Unterschiede ergeben sich allerdings bei der Behandlung der Neubewertungserfolge aufgrund der Änderungen des *fair value* im Zeitverlauf. So werden nur die Wertänderungen derjenigen Finanzinstru-

---

5 Detaillierte Regelungen zur Ermittlung des beizulegenden Zeitwerts im Rahmen der Erst- und Folgebewertung enthält IFRS 13. So können verschiedene Bewertungstechniken wie der *market approach* (Heranziehung beobachtbarer Preise), der *income approach* (Verwendung von Bewertungsmodellen) sowie der *cost approach* (Bewertung anhand der Wiederbeschaffungskosten) genutzt werden. Bei den zur Ermittlung des beizulegenden Zeitwerts verwendeten Inputdaten existiert indes eine dreistufige Hierarchie. Preise für identische Vermögenswerte haben Vorrang vor Preisen für vergleichbare Vermögenswerte. An letzter Stelle der Hierarchie stehen unternehmensinterne Daten bzw. Schätzungen.

mente „erfolgswirksam" im Gewinn oder Verlust (*net income*) erfasst, die in der ersten oder zweiten Kategorie (*zu Handelszwecken bzw. fair value option*) erfasst wurden. Wertschwankungen der finanziellen Vermögenswerte aus der fünften Kategorie (*zur Veräußerung verfügbar*) werden dagegen (im Allgemeinen) „erfolgsneutral" im sonstigen Ergebnis (*other comprehensive income, OCI*) gebucht. Offensichtlich hat also die Entscheidung über die Zuordnung zu einer Kategorie bei Zugang über die gesamte Haltezeit Auswirkungen auf den Erfolgsausweis, wobei sich Unterschiede zwischen den Kategorien aufgrund der Wertminderungsvorschriften vornehmlich beim Ansteigen des Marktwerts eines finanziellen Vermögenswerts ergeben. So wird der entsprechende Anstieg bei einem *zu Handelszwecken* gehaltenen Vermögenswert zu einem (unter sonst gleichen Bedingungen) höheren Periodenergebnis führen. Beim Ansteigen des Werts eines in der Kategorie fünf (*zur Veräußerung verfügbar*) erfassten finanziellen Vermögenswerts ist das nicht der Fall. Der Anstieg mehrt zwar den Gesamterfolg, beeinflusst aber zunächst nicht den Gewinn oder Verlust (*net income*), der im Zentrum der Erfolgsermittlung und der Kapitalmarktwahrnehmung steht. Nach IAS 39 setzt die Wirkung auf den Gewinn oder Verlust (*net income*) zeitversetzt ein, da beim Abgang des Instruments, üblicherweise durch Veräußerung, der im *other comprehensive income* aufgelaufene Neubewertungserfolg nun in das *net income* umzubuchen ist. Dieser Vorgang wird auch als sogenanntes *recycling* bezeichnet.

Aus der unterschiedlichen Behandlung von finanziellen Vermögenswerten in Abhängigkeit von deren Kategorisierung können sich nun Anreize ergeben, finanzielle Vermögenswerte, bei denen ein Anstieg erwartet wird, der Kategorie eins oder zwei (*zu Handelszwecken bzw. fair value option*) zuzuordnen, also etwa eine Umgliederung aus der Kategorie fünf (*zur Veräußerung verfügbar*) vorzunehmen. Umgliederungen von einer Kategorie in eine andere sind zwar grundsätzlich möglich, IAS 39 sieht hier jedoch einige Restriktionen vor, um die skizzierten bilanzpolitischen Spielräume einzuschränken. So ist beispielsweise genau der hier angesprochene Fall ausgeschlossen, ein Finanzinstrument nachträglich in die Kategorie eins oder zwei (*zu Handelszwecken bzw. fair value option*) zu übertragen, um den Bilanzierenden die Möglichkeit zu nehmen, bei günstiger Marktentwicklung Einfluss auf den Gewinn oder Verlust (*net income*) zu nehmen. Unterschiede zwischen den Kategorien ergeben sich zudem im Falle einer dauerhaften Wertminderung (*impairment*) von finanziellen Vermögenswerten. Hier ist im Falle einer Eingruppierung in die Kategorien drei (*bis zur Endfälligkeit zu halten*), vier (*Kredite und Forderungen*) und fünf (*zur Veräußerung verfügbar*) eine erfolgswirksame Wertminderung vorzunehmen.

Beispiel: Bilanzierung von Finanzinstrumenten in verschiedenen Kategorien

Die *Share AG* erwirbt im Dezember 2010 eine Aktie der *Peach Inc.* zu € 100, da der Finanzvorstand auf einen steigenden Kurs setzt. Im Dezember 2014 wird die Aktie wieder verkauft. Der Marktpreis der Aktie entwickelt sich in den folgenden Geschäftsjahren zum 31.12. wie folgt: 2011 steigt der Wert auf € 120, 2012 fällt er auf € 80, 2013 steigt er wiederum auf € 115, 2014 dann auf € 120 (was auch dem Verkaufspreis entspricht). →

→ **Fortsetzung**

Die nachfolgende Tabelle stellt die Bilanzierung des Finanzinstruments aus Sicht der *Share AG* unter den folgenden alternativen Szenarien dar:

(1) Die Aktie wird nach IFRS in Kategorie 1 *(zu Handelszwecken gehalten)* erfasst.

(2) Die Aktie wird nach IFRS in Kategorie 5 *(zur Veräußerung verfügbar)* erfasst.

	(1) Aktie wird zu Handelszwecken gehalten		(2) Aktie wird als zur Veräußerung verfügbar klassifiziert	
	Buchwert	**Periodenergebnis**	**Buchwert**	**Periodenergebnis**
2010	100	–	100	–
2011	120	+20	120	–
2012	80	–40	80	–
2013	115	+35	115	–
2014	0	+5	0	+20
Summe		**+20**		**+20**

Beispiel: Bilanzierung von Forderungen aus Lieferungen und Leistungen

Forderungen aus Lieferungen und Leistungen entstehen durch den Absatz von Leistungen an Kunden, wenn ein Zahlungsziel vereinbart wird. Durch solche Transaktionen entstehen finanzielle Vermögenswerte, die typischerweise der Kategorie *Kredite und Forderungen* gemäß IAS 39 zugeordnet werden.

Forderungen, die über eine feste Laufzeit (Zahlungsziel) verfügen, sind zu fortgeführten Anschaffungskosten unter Verwendung der Effektivzinsmethode anzusetzen. Forderungen ohne feste Laufzeit bleiben zu Anschaffungskosten angesetzt. Vereinfachend gilt, dass kurzfristige Forderungen generell zum ursprünglichen Rechnungsbetrag angesetzt werden und bleiben. Forderungen, die zur Handelsabsicht gehalten werden, sind dagegen zum beizulegenden Zeitwert fortzuschreiben.

Im Zeitablauf mag sich nun herausstellen, dass Forderungen nicht – oder nicht in vollem Maße – einbringlich sind. Bei entsprechenden Anhaltspunkten ist ein Wertminderungstest vorzunehmen: Ist der Buchwert einer Forderung höher als der erzielbare Betrag, ist der Buchwert auf den geschätzten erzielbaren Betrag zu reduzieren. Bei einer solchen Einzelwertberichtigung (*direct-write-off*) werden die gesamten Forderungen um den ausfallenden Betrag erfolgswirksam reduziert. Dies geschieht allerdings erst zu dem Zeitpunkt, zu dem bekannt ist, dass die Forderung tatsächlich ausfallen wird. →

→ **Fortsetzung**

Dies ist vor dem Hintergrund einer periodengerechten Erfolgsermittlung unbefriedigend, denn der Aufwand der ausfallenden Forderung korrigiert einen in einer früheren Periode zu hoch erfassten erfolgswirksamen Umsatz und damit einen zu hohen Gewinnausweis. Der Aufwand der aktuellen Periode wird bei der Einzelwertberichtigung zu hoch dargestellt, mithin der Gewinn unter sonst gleichen Bedingungen zu niedrig (*mismatching*). Ein angemessenes *matching* findet nur dann statt, wenn der Aufwand in der Periode erfasst wird, in der auch der zugehörige Ertrag (Umsatz) realisiert wird. Die IFRS tun sich nach IAS 39 im Bereich der Finanzinstrumente allerdings mit einer solchen Verlustantizipation schwer. Nach IAS 39 sind nämlich nur eingetretene, nicht aber die nur erwarteten Verluste zu erfassen. So wird überhaupt nur dann ein Wertminderungstest durchgeführt, wenn es objektive Hinweise darauf gibt, dass eine Wertminderung eingetreten sein könnte (*triggering event*). Allerdings sind alle nicht individuell wertgeminderten Forderungen dann noch einmal auf Portfolio-Ebene zu betrachten. Dazu können die Forderungen in Teilportfolios – etwa nach Kundengruppen, Altersstruktur oder nach geografischen Aspekten – eingeteilt werden. Für diese Teilportfolios werden nun typischerweise aus der Vergangenheit Ausfallrisiken bekannt sein, die in der Regel auch im Risikomanagement eine Rolle spielen. Es wird dann für die Teilportfolios geprüft, ob aus statistischer Sicht eine künftige Reduktion der Zahlungsmittelzuflüsse zu erwarten ist. Dies könnte als inkonsistent zur Idee angesehen werden, dass IAS 39 eigentlich nur eingetretene, nicht bloß erwartete Verluste erfassen will. Die Erklärung ist einfach: Die Portfolioberichtigung soll die eingetretenen, allerdings noch nicht beobachteten Verluste erfassen. Ein Beispiel für ein Verfahren ist die sogenannte *Percentage-of-Receivables-* (oder auch: *Aging-*) Methode. In einem ersten Schritt werden hierbei die bestehenden Forderungen nach ihren Fälligkeiten oder ihrem Alter gestaffelt, zum Beispiel nach Tagen oder Monaten, die sie bereits laufen. Erfahrungsgemäß werden ältere Forderungen mit einer höheren Wahrscheinlichkeit nicht mehr beglichen. Den Fälligkeitsklassen werden dann feste Prozentsätze zugeordnet, die Ausfallwahrscheinlichkeiten wiedergeben und die aufgrund der Erfahrungen aus der Vergangenheit oder allgemeinen Statistiken gewonnen wurden. Es sei von folgenden Daten ausgegangen:

Kategorie	Tage im Bestand	Wahrscheinlichkeit des Ausfalls	Forderungsbestand (Bilanzstichtag)
(1)	bis 14 Tage	1,0 %	2.100.000
(2)	14–30 Tage	5,0 %	825.000
(3)	über 30 Tage	20,0 %	660.000

→

→ **Fortsetzung**

Die Ausfallwahrscheinlichkeiten werden nun in den einzelnen Kategorien mit dem jeweiligen Forderungsbestand am Bilanzstichtag in dieser Kategorie multipliziert. Es ergibt sich dadurch für alle Kategorien der voraussichtlich ausfallende Betrag. Für das Beispiel ergibt sich demnach:

Kategorie	Forderungs-bestand	Wahrscheinlichkeit des Ausfalls	Wertberichtigungs-bedarf
(1)	2.100.000	1,0 %	21.000
(2)	825.000	5,0 %	41.250
(3)	660.000	20,0 %	132.000
Summe			**194.250**

Die Summe von € 194.250 ist der Betrag, der am Jahresende im Wertberichtigungskonto ausgewiesen sein muss. Dieser Betrag ist aber nicht notwendigerweise gleich den Aufwendungen für Forderungsausfälle im betrachteten Jahr: Als Aufwand sind nur dann € 194.250 zu erfassen, wenn der Anfangsbestand des Wertberichtigungskontos € 0 betragen hatte. Allgemein ist Aufwand in der Höhe zu erfassen, die dazu führt, dass der berechnete Endbestand in Höhe von € 194.250 erreicht wird. Es ist also bei dieser Methode, neben den Transaktionen während des Jahres, auch der Anfangsbestand des Wertberichtigungskontos zu berücksichtigen. Hätte der Anfangsbestand zum Beispiel € 4.250 betragen, so wäre nur Aufwand in Höhe von € 190.000 zu erfassen gewesen.

Aufgaben

1. Welche Kategorien finanzieller Vermögenswerte gibt es?

2. Nennen Sie Beispiele für finanzielle Vermögenswerte, die in verschiedenen Kategorien eingeordnet werden. Ist die Zuordnung abhängig von Charakteristika der Vermögenswerte selbst – oder von der Halteabsicht im Unternehmen?

3. Warum werden Umklassifizierungen durch die Rechnungslegungsregeln erschwert?

Weiterführende Literatur Da sich dieses Kapitel nur in Grundzügen mit dem Ansatz und der Bewertung finanzieller Vermögenswerte befasst, sei insbesondere in diesem Bereich auf die Spezialliteratur verwiesen, etwa Kuhn und Scharpf, 2006, Stauber, 2009, Schmitz und Huthmann, 2012, oder etwas kompakter, Schmidt, 2007a.

Darstellung der Vermögenslage: Passiva

5

ÜBERBLICK

5.1 Eigenkapital

5.1.1 Definition

> ## Lernziele
>
> - Das Eigenkapital eines Unternehmens entspricht der Differenz aus Vermögenswerten und Schulden.
> - Beim bilanziellen Ausweis des Eigenkapitals ist eine zweckmäßige Untergliederung vorzunehmen, die den Informationsbedürfnissen der Adressaten gerecht wird.
> - Zumindest sind dabei das gezeichnete Kapital, die Rücklagen und die Minderheitsanteile separat auszuweisen.
> - Stille Reserven sind Rücklagen, die aus der Bilanz nicht direkt ersichtlich sind.

Als Eigenkapital (*equity*) werden im Wesentlichen die der Unternehmung von ihren Eigentümern zeitlich unbegrenzt zur Verfügung gestellten Mittel bezeichnet. Bilanziell entspricht das Eigenkapital der Differenz aus allen Aktiva (*assets*) und allen Schulden (*liabilities*). Es bildet mit den Verbindlichkeiten die bilanziellen Passiva.

Das bilanzielle Eigenkapital entsteht durch Eigenkapitalinstrumente, insbesondere Stammaktien, die Teil der Finanzinstrumente sind. Nach IAS 32 verbriefen Eigenkapitalinstrumente dem Inhaber (also dem Eigentümer) einen anteiligen Residualanspruch auf die Vermögenswerte des Emittenten (also des Unternehmens). Der „Residualanspruch" ist vor dem Hintergrund zu sehen, dass im Fall der Zerschlagung eines Unternehmens, etwa ausgelöst durch eine Unternehmensinsolvenz, kurzfristig alle Vermögenswerte verkauft werden müssen. Die generierten Zahlungsmittelzuflüsse werden dann genutzt, um die Gläubiger des Unternehmens zu befriedigen. Verbleibt noch ein positiver Betrag, steht dieser den Eigentümern zur Verfügung. Im Fall einer Insolvenz ist dieser Fall freilich eher unwahrscheinlich, er kommt aber doch bisweilen vor: Ein bekanntes Beispiel aus der deutschen Wirtschaftsgeschichte ist die Borgward-Pleite. Borgward war ein in den Nachkriegsjahren bedeutender deutscher Automobilhersteller mit Sitz in Bremen. In einer Krisensituation Anfang der 1960er-Jahre verweigerte das Land Bremen die Bürgschaft für einen Kredit. Das Unternehmen geriet damit in die Insolvenz. 1965 stellte sich nach Abschluss des Konkursverfahrens schließlich heraus, dass die Konkursmasse mehr als ausreichend war, um alle Schulden zu bedienen. Eine „[s]pektakuläre Pleite, die keine war", titelte daher auch „Die Welt" in einem Beitrag vom 17. Januar 2008, der den Fall näher beleuchtet.

Das Beispiel verdeutlicht, dass der Residualanspruch auf die Vermögenswerte erst zum Tragen kommt, wenn das Unternehmen zerschlagen wird. Davor verbrieft das Eigenkapitalinstrument keinerlei Zahlungs- bzw. Rückzahlungsansprüche, die das Unternehmen als Emittent erfüllen müsste. Zwar können die Inhaber von Stammaktien über Dividendenausschüttung abstimmen, allerdings kann nur ein Ergebnis nach

Abzug der Fremdkapitalkosten ausgeschüttet werden. Auch aus dieser Perspektive sind die Eigentümer also nur residualanspruchsberechtigt.

Die IFRS orientieren sich alleine an einer wirtschaftlichen Betrachtungsweise, wenn die Frage zu klären ist, ob es sich bei einem bestimmten Instrument um Eigenkapital handelt. Eindeutig ist die Eigenkapitaleigenschaft im Grunde nur bei unkündbaren Stammaktien. Kündbare Instrumente, Vorzugsaktien, Optionsscheine oder geschriebene Verkaufsoptionen sowie Instrumente, die den Erhalt eines proportionalen Anteils am Nettovermögen im Liquidationsfall verbriefen, können sich als Eigenkapital qualifizieren, sind es aber nicht zwingend. Beispiele, in denen die rein rechtliche Betrachtung nahelegt, dass es sich um Eigenkapital handelt, die wirtschaftliche Betrachtung aber zu weniger eindeutigen Ergebnissen hinsichtlich der Klassifikation als Eigenkapital führt, sind etwa die folgenden:

- **Genossenschaftsanteile** verbriefen gemäß Genossenschaftsgesetz mitgliedschaftliche Rechte, insbesondere auch ein Stimmrecht auf der Generalversammlung. Über die Generalversammlung haben die Genossen weitreichende Entscheidungsbefugnisse, wozu etwa die Bestellung des Vorstands oder auch Entscheidungen über die Gewinnverwendung gehören. Auch sind die Genossen residualanspruchsberechtigt. Rechtlich spricht daher einiges für die Klassifikation als Eigenkapital. Allerdings können die Genossen ihre Mitgliedschaft durch Kündigung beenden. In diesem Fall haben die ausgeschiedenen Genossen Anspruch auf einen ihrem Anteil entsprechenden Teil des Geschäftsvermögens, was in dieser Form bei einer Aktiengesellschaft undenkbar ist. Ein Aktionär kann zwar Anteile auf dem Sekundärmarkt veräußern, nicht aber eine Rücknahme durch die Aktiengesellschaft selbst verlangen.

- **Vorzugsaktien** vereinen Eigenschaften von Eigen- und Fremdkapital (wobei es im Ermessen der Emittenten liegt, diese eher wie Eigen- oder eher wie Fremdkapital auszugestalten). Typischerweise sind die mitgliedschaftlichen Rechte eingeschränkt, etwa das Stimmrecht auf der Hauptversammlung. Auch Fremdkapitalgeber haben hier kein Stimmrecht. Bei der Ausschüttung haben die Inhaber von Vorzugsaktien typischerweise Vorrang. Obwohl die Vorzugsaktionäre zwar zuerst bedient und mit einer höheren Ausschüttung bedacht werden, aber keinen festen bzw. im Nichtausschüttungsfall auch keinen nachzuholenden Ausschüttungsanspruch haben, bleibt die Ähnlichkeit zu Stammaktien erhalten. Sehen die Ausstattungsmerkmale einer Vorzugsaktie Kündbarkeit oder eine Akkumulation ausgefallener Dividendenzahlungen mit späterem Ausschüttungsanspruch vor, ist die Ähnlichkeit zu Fremdkapital größer.

Die Abgrenzung von Eigen- und Fremdkapital ist abstrakt in IAS 32 geregelt. Ein Instrument ist demnach dann und nur dann ein Eigenkapitalinstrument, wenn es die beiden folgenden Kriterien erfüllt.

- **Kriterium 1:** Es besteht durch das Instrument *keine vertragliche Verpflichtung* zur Lieferung von Zahlungsmitteln (oder eines anderen finanziellen Vermögenswerts) und auch keine vertragliche Verpflichtung, mit einem anderen Unternehmen finanzielle Vermögenswerte (oder finanzielle Verbindlichkeiten) unter potenziell ungünstigen Bedingungen zu tauschen.

■ **Kriterium 2:** Soweit das Instrument in eigenen Aktien erfüllt werden kann (oder gemäß den vertraglichen Bestimmungen in eigenen Aktien erfüllt werden muss), muss der Inhaber dieses Instruments ein *eigentümerspezifisches Risiko* tragen. Handelt es sich um ein nichtderivatives Instrument, zeichnet sich das eigentümerspezifische Risiko dadurch aus, dass die Erfüllung in einer bereits vorher fixierten Anzahl von Eigenkapitalinstrumenten erfolgt. Bei einem derivativen Instrument gilt ebenfalls die „fixed for fix"-Regel: So handelt es sich dann und nur dann um Eigenkapital, wenn das Instrument in einer Transaktion erfüllt wird, bei der Vermögenswerten in betragsmäßig ex ante festgelegter Höhe gegen eine ebenfalls ex ante festgelegte Anzahl von Eigenkapitalinstrumenten getauscht werden.

Die abstrakten Ausführungen sollen anhand einiger Beispiele verdeutlicht werden:

■ Mit einer *Stammaktie* einer Aktiengesellschaft sind keinerlei vertragliche Verpflichtungen verbunden, Zahlungen oder andere Vermögenstransfers an die Inhaber zu leisten. Die Inhaber haben keinen unbedingten Dividendenanspruch, auch können sie die Stammaktie nicht kündigen, um Zahlungen oder Vermögenstransfers zu erwirken. Das Recht zum Verkauf der Aktie auf dem Sekundärmarkt berührt den Emittenten der Aktie nicht. Kriterium 1 ist damit erfüllt. Kriterium 2 ist in diesem Fall irrelevant. Es handelt sich also um ein Eigenkapitalinstrument.

■ *Vorzugsaktien* können das Recht auf den Erhalt einer bestimmten Dividende vorsehen, weiterhin auch, dass ausgefallene Dividendenzahlungen nachgeholt werden. In einem solchen Fall besteht eine vertragliche Leistungsverpflichtung, die eine Klassifikation als Eigenkapital ausschließt. Kann hingegen die Dividende ausfallen, so besteht aus Sicht des Unternehmens keine unbedingte vertragliche Verpflichtung zur Dividendenzahlung. Sieht die Vorzugsaktie vor, bei dauerhafter Nichtgewährung der Vorzüge (etwa Ausbleiben der versprochenen Dividendenzahlungen) das Instrument in eine Stammaktie zu tauschen, so ist Kriterium 1 erfüllt und Kriterium 2 relevant. Kriterium 2 ist ebenfalls erfüllt: Es handelt sich um ein nichtderivatives Instrument, bei dem bereits vorher vertraglich festgelegt ist, wie viele Stammaktien für eine Vorzugsaktie gegeben werden müssen.

■ Eine „echte" *Aktienoption* räumt das Recht ein, Aktien zum vorher festgelegten Bezugskurs zu erwerben. Aus Sicht des Unternehmens, das die Aktienoptionen gewährt hat, entsteht durch den Vertrag keine vertragliche Verpflichtung, Zahlungsmittel (oder einen andere finanzielle Vermögenswerte) zu liefern. Im Gegenteil: Im Fall der Ausübung wird das Unternehmen gar Zahlungsmittel empfangen. Getauscht wird dann ein finanzieller Vermögenswert (Zahlungsmittel) gegen Eigenkapitalinstrumente, sodass Kriterium 1 insgesamt erfüllt ist. Kriterium 2 ist relevant, weil es sich bei der Option um ein Instrument handelt, das bei Ausübung in eigenen Aktien erfüllt wird. Da bei Ausübung eine feste Anzahl von Aktien zum vorher festgelegten Bezugskurs getauscht wird, ist auch Kriterium 2 erfüllt. Es handelt sich bei der Aktienoption also um ein Eigenkapitalinstrument. Eine „virtuelle" Option wird dagegen nicht in Eigenkapitalinstrumenten, sondern durch Zahlung eines Betrags erfüllt, der von der künftigen Marktentwicklung abhängt. Daher ist Kriterium 1 verletzt: Es besteht die vertragliche Verpflichtung, bei Ausübung der Option Zahlungsmittel zu liefern.

■ Ein Unternehmen kann die *Erfüllungsoption* haben, eine finanzielle Verbindlichkeit durch Hingabe eigener Eigenkapitalinstrumente abzulösen, wobei der Marktwert der gegebenen eigenen Aktien genau dem Erfüllungsbetrag der Schuld entsprechen muss. Kriterium 1 ist in diesem Fall erfüllt, da das Unternehmen bei Ausüben der Option nicht mehr gezwungen ist, Zahlungsmittel oder andere finanzielle Vermögenswerte zu übertragen. Nach Kriterium 2 handelt es sich aber nicht um Eigenkapital, weil eine feste Verpflichtung (der Erfüllungsbetrag) mit einer variablen Anzahl von Aktien (entsprechend der Kursentwicklung) bedient wird. Der Inhaber des Fremdkapitalinstruments, das durch Ausüben der Option in ein Eigenkapitalinstrument gewandelt werden kann, trägt also, zumindest bis zur Ausübung der Option, kein Eigentümerrisiko. Er muss dieses auch nicht eingehen, weil er die erhaltenen Eigenkapitalinstrumente direkt am Kapitalmarkt veräußern könnte, mithin genauso gestellt wäre, wie im Fall des direkten Erhalts von Zahlungsmitteln.

■ *Kündbare Instrumente* – etwa Genossenschaftsanteile oder bestimmte Vorzugsaktien – stellen aus Sicht der IFRS kein Eigenkapital dar. Kriterium 1 ist stets verletzt, weil das Kündigungsrecht eine vertragliche Verpflichtung zur Rücknahme gegen Zahlungsmittel oder Übertragung eines anderen finanziellen Vermögenswerts enthält. IAS 32 enthält aber einige Sondervorschriften, die es ermöglichen, ein kündbares Instrument als Eigenkapitalinstrument zu klassifizieren. Demnach liegt ein Eigenkapitalinstrument auch vor, wenn es die in IAS 32.16A beschriebenen Kriterien kumulativ erfüllt. Demnach verbrieft das Instrument im Liquidationsfall einen Residualanspruch an den Vermögenswerten. Auch hängt die Wertentwicklung des Instruments im Wesentlichen von der wirtschaftlichen Entwicklung des Unternehmens ab. Es gehört zu der nachrangigsten Klasse von Instrumenten des Unternehmens. In dieser Klasse haben alle Instrumente die gleichen Eigenschaften (sind etwa alle kündbar oder unterliegen alle den gleichen Rücknahmevorschriften). Schließlich dürfen – neben der vertraglichen Rücknahmeverpflichtung – keine anderen Verletzungen des ersten oder zweiten Kriteriums bestehen. Zusammengenommen kann daher ein Genossenschaftsanteil durchaus als Eigenkapital klassifiziert werden.

Aufgaben

1. Handelt es sich bei den folgenden Instrumenten um Eigenkapital? Begründen Sie Ihre Antwort: (a) Unkündbare Vorzugsaktie, bei der das Stimmrecht auf der Hauptversammlung ausgeschlossen ist, die aber im Falle einer Ausschüttung eine um 20 Prozent höhere Ausschüttung verglichen mit der Ausschüttung an Inhaber von Stammaktien vorsieht. (b) Kündbare Vorzugsaktie, bei der das Stimmrecht auf der Hauptversammlung ausgeschlossen ist, die aber im Fall einer Ausschüttung eine um 20 Prozent höhere Ausschüttung verglichen mit der Ausschüttung an Inhaber von Stammaktien vorsieht. (c) Stammaktie. (d) Stillhalteposition bei Mitarbeiteraktienoptionen. →

→ **Fortsetzung**

2.   A liefert an B eine Ware im Wert von € 1.000. Die Zahlung wird erst nach einem Jahr fällig, wobei B wählen kann, Zahlungsmittel oder eigene Eigenkapitalinstrumente mit Marktwert von € 1.000 zu liefern. Handelt es sich aus Sicht von B um ein Eigenkapitalinstrument?

Weiterführende Literatur   Wüstemann und Bischof, 2011, erläutern, dass die Definition von Eigenkapital als Saldo von Vermögenswerten und Schulden eine rein technisch-buchhalterische ist, die nicht mit einer bestimmten Auffassung über Kapital verbunden ist. Die Notwendigkeit einer Definition bzw. Abgrenzung von Eigen- und Fremdkapital ergibt sich aus informationsökonomischer Sicht nur auf nichtidealen (und damit auf realen) Kapitalmärkten, die weder vollständig noch vollkommen sind. Das IASB folgte hierbei traditionell einem rein betriebswirtschaftlichen Verständnis, das alleine das Risiko des Inhabers in Betracht zieht. Damit wurde aber die Praxis vor Probleme gestellt: So ist mit einer solchen Regelung ein Eigenkapitalausweis bei Genossenschaften eigentlich nicht möglich. Dies zog massive politische Interventionen beim IASB nach sich, sodass die Bilanzierungsregeln geändert wurden und nun kasuistische Ausnahmeregelungen enthalten.

5.1.2   Ausweis in der Bilanz

Grundlagen zum Ausweis des Eigenkapitals finden sich in IAS 1. Die IFRS schreiben kein Gliederungsschema für das Eigenkapital vor. In der Bilanz sind nach IAS 1 jedoch mindestens das gezeichnete Kapital (*issued capital*) und die Rücklagen (*reserves*) getrennt voneinander darzustellen. In einem Konzernabschluss handelt es sich dabei jeweils um die Positionen, die den Eigentümern des Mutterunternehmens zuzuordnen sind. In einem Konzernabschluss sind darüber hinaus auch die nicht beherrschenden Anteile der Minderheitsgesellschafter (*minority interest*) auszuweisen. ▶ Abbildung 5.1 zeigt eine Klassifikation der wichtigsten Bestandteile des Eigenkapitals, die in den Konzernabschlüssen deutscher Aktiengesellschaften eine Rolle spielen. Zu bedenken ist dabei allerdings, dass die Untergliederung des Eigenkapitals in der Praxis häufig auf handels- und gesellschaftrechtliche (deutsche) Vorschriften Bezug nimmt, die den IFRS naturgemäß keine Leitschnur sind. In den Erläuterungen wird daher auch auf Abweichungen in den deutschen Vorschriften eingegangen.

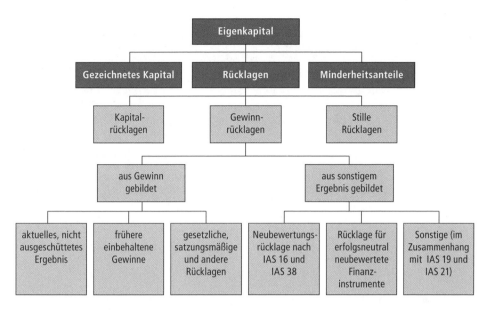

Abbildung 5.1: Klassifizierung des Eigenkapitals im IFRS-Abschluss einer Aktiengesellschaft

Gezeichnetes Kapital Beim gezeichneten Kapital, das bei einer Aktiengesellschaft auch als Grundkapital bezeichnet wird, handelt es sich um das Nominalkapital der Gesellschaft. Dieses ist als abstrakte und formelle Größe zu verstehen, die keiner selbstständigen Bewertung unterliegt, sondern lediglich durch den Nennbetrag beziehungsweise den rechnerischen Wert der Aktien (beziehungsweise Stammeinlagen) bestimmt ist. Geht man von einer Aktiengesellschaft aus, so ist hinsichtlich der Zusammensetzung des gezeichneten Kapitals zunächst zu klären, welcher Art die ausgegebenen Aktien sind. Zu unterscheiden sind hier Nennbetrags- von Stückaktien. Gibt eine Aktiengesellschaft Nennbetragsaktien aus, so entspricht das gezeichnete Kapital (Grundkapital) der Summe der Nennbeträge aller ausgegebenen Aktien. Gibt sie Stückaktien aus, so verfügt sie über ein festgesetztes Grundkapital, welches in eine festgelegte Stückzahl von Aktien zerlegt ist, die damit jeweils eine bestimmte Quote am Grundkapital verbriefen. Besondere Probleme werfen Vorzugsaktien auf. Bereits ihr Name legt nahe, dass sie mit bestimmten Vorteilen ausgestattet sind. Handelt es sich um eine höhere Dividende (etwa zulasten eines Stimmrechts), entstehen keine Probleme. Soweit sie jedoch einen festen Rückzahlungsanspruch verbriefen (*redeemable preferred shares*), handelt es sich unter wirtschaftlicher Betrachtung um Fremdkapital. ▶ Exkurs 5.1 („Ausweis des gezeichneten Kapitals bei der Volkswagen AG") enthält ein Praxisbeispiel zum gezeichneten Kapital.

| Exkurs 5.1 | **Ausweis des gezeichneten Kapitals bei der Volkswagen AG** |

Im Anhang des Konzernabschlusses 2013 der Volkswagen AG finden sich zum gezeichneten Kapital unter anderem folgende Angaben: „Das Gezeichnete Kapital der Volkswagen AG ist durch auf den Inhaber lautende nennwertlose Stückaktien unterlegt. Eine Aktie gewährt einen rechnerischen Anteil von € 2,56 am Gesellschaftskapital. Neben Stammaktien existieren Vorzugsaktien, die mit dem Recht auf eine um € 0,06 höhere Dividende als die Stammaktien, jedoch nicht mit einem Stimmrecht ausgestattet sind.

Das Gezeichnete Kapital setzt sich zusammen aus 295.089.818 nennwertlosen Stammaktien und 170.148.171 Vorzugsaktien. Die Volkswagen AG hat im ersten Quartal 2013 5.393 neu geschaffene Vorzugsaktien (Nominalwert: € 13.806) aus der Ausübung von Pflichtwandelschuldverschreibungen ausgegeben."

(Quelle: Konzernabschluss der Volkswagen AG 2013, Anhang, S. 229)

Die Stammaktien der Volkswagen AG lauten zwar auf keinen Nennbetrag, allerdings ist eine Bestimmung des rechnerischen Anteils am Grundkapital möglich, indem das gezeichnete Kapital durch die im Umlauf befindlichen Aktien dividiert wird.

Kapitalrücklagen Kapitalrücklagen (*capital reserve*) zeichnen sich dadurch aus, dass sie zu keiner Zeit Ergebnisbestandteil waren. Sie bestehen hauptsächlich aus Aktienaufgeldern (Agios), also den kumulierten Beträgen, die bei der Ausgabe von Anteilen über den Nennbetrag hinaus erzielt wurden. Emittiert ein Unternehmen Aktien mit einem Nennwert von je € 1 und sind die Käufer bereit, für jede Aktie € 3,51 zu bezahlen, dann wird für jede Aktie ein Betrag von € 1 im gezeichneten Kapital und von je € 2,51 in der Kapitalrücklage erfasst. Darüber hinaus sind auch die Eigenkapitalkomponenten hybrider Finanzinstrumente in die Kapitalrücklage einzubeziehen. Beispielsweise beinhalten Wandelschuldverschreibungen das Recht, ein Fremdkapitalinstrument in ein Eigenkapitalinstrument umzuwandeln. Eigentlich wird ein Fremdkapitalinstrument erworben, das nicht im Eigenkapital zu erfassen ist. Allerdings erhält der Erwerber auch das Recht, das Fremdkapitalinstrument in ein Eigenkapitalinstrument zu wandeln. Der für das Wandlungsrecht gezahlte Aufschlag auf das Fremdkapitalinstrument wird in der Kapitalrücklage – also als Eigenkapital – erfasst.

Aus Gewinn oder Verlust gebildete Gewinnrücklagen Die aus dem Gewinn oder Verlust gebildeten Rücklagen (*revenue reserves*) setzen sich aus dem aktuellen Periodenergebnis sowie den nicht ausgeschütteten Ergebnissen der Vorperioden zusammen (*retained earnings*). Hierbei handelt es sich ideell um den insgesamt ausschüttungsfähigen Betrag (der im deutschen Recht am ehesten mit dem Ergebnisvortrag vergleichbar ist). Soweit solche Rücklagen aufgrund gesetzlicher oder satzungsmäßiger Vorschriften gebildet werden (und damit ggf. auch einer Ausschüttungssperre unterliegen), wird eine gesonderte Position abgesetzt (*legal and statutory reserves*). Nach deutschem Recht sind dabei drei Positionen zu unterscheiden, die im IFRS-Abschluss typischerweise zusammengefasst werden:

■ Gesetzliche Rücklagen (*legal reserves*) werden auf Basis gesetzlicher Vorschriften gebildet. Eine Aktiengesellschaft muss in ihrem Einzelabschluss beispielsweise nach § 150 AktG so lange 5 Prozent des (ggf. um einen Verlustvortrag aus dem Vorjahr gekürzten) Jahresüberschusses einstellen, bis die gesetzliche und die Kapitalrücklage zusammen 10 Prozent (oder mehr, sollte dies die Satzung verlangen) des Grundkapitals erreichen.

■ Satzungsgemäße Rücklagen (*statutory reserves*) müssen auf Basis der Satzung zwingend gebildet werden. Hierzu ein Beispiel: Die Satzung der Energiegenossenschaft Odenwald e.G. (vom August 2013) schreibt in § 39 etwa vor, dass „[n]eben der gesetzlichen ... eine andere Ergebnisrücklage gebildet" wird – namentlich eine satzungsgemäße – in die jährlich „mindestens 20 Prozent der vorgesehenen genossenschaftlichen Rückvergütung" eingestellt werden müssen. Die Unternehmensleitung hat also keine Entscheidungsmacht über die Bildung dieser Rücklagen.

■ Andere Gewinnrücklagen (gemäß Aktiengesetz) sind eine Sammelposition für Rücklagen, die aufgrund sonstiger Verpflichtungen gebildet werden. Wenn bei einer Aktiengesellschaft der Abschluss durch Vorstand und Aufsichtsrat festgestellt wird, was dem Normalfall entspricht, dann können, ohne dass dies einer besonderen Ermächtigung bedürfte, gemäß §58 AktG bis zu 50 Prozent des Jahresüberschusses in die anderen Gewinnrücklagen eingestellt werden. Zu beachten ist allerdings die Satzung, die einen höheren oder niedrigeren Prozentsatz vorschreiben kann. In der Satzung der BMW AG vom 23. November 2011 heißt es etwa: „Stellen Vorstand und Aufsichtsrat den Jahresabschluss fest, so sind sie auch zur Einstellung eines größeren Teils als der Hälfte des Jahresabschlusses in die anderen Gewinnrücklagen ermächtigt."

Aus sonstigem Ergebnis gebildete Gewinnrücklagen Diese sonstigen Rücklagen (*other reserves*) entstehen insbesondere aus der Anwendung des Neubewertungsmodells, dessen Anwendung in verschiedenen Standards vorgeschrieben oder freigestellt ist. Allerdings wird die aus sonstigem Ergebnis gebildete Gewinnrücklage nur berührt, soweit es zu „erfolgsneutralen" Neubewertungen kommt. Effekte aus der Neubewertung von Wertpapieren im Handelsbestand werden etwa direkt im Ergebnis erfasst. In folgenden Fällen werden Änderungen des beizulegenden Zeitwerts hingegen erfolgsneutral im sonstigen Ergebnis erfasst (worauf etwa auch in IAS 1.7 hingewiesen wird):

■ Bei der Neubewertung von Sachanlagen nach IAS 16 werden positive Neubewertungsbeträge erfolgsneutral erfasst, soweit sie nicht lediglich eine vorher erfolgswirksam erfasste Neubewertung mit einem niedrigeren beizulegenden Zeitwert kompensieren. Analoges gilt für die Neubewertung von als Finanzinvestitionen gehaltenen Immobilien nach IAS 38. In beiden Fällen schreiben die Standards vor, dass die entsprechenden Neubewertungsbeträge direkt im Eigenkapital – und zwar in der sogenannten Neubewertungsrücklage (*revaluation surplus*) erfasst werden. In diesen Fällen kommt es auch zu einem späteren Zeitpunkt nicht zu einer

Umgliederung vom sonstigen Ergebnis in den Gewinn oder Verlust. Damit verbleiben alle jemals im Zusammenhang mit der Neubewertung von Sachanlagen oder immateriellen Vermögenswerte erfassten Neubewertungsbeträge im sonstigen Ergebnis, soweit die Bilanzierenden jedenfalls nicht von der Möglichkeit Gebrauch machen, die entsprechenden Beträge anteilig während der Nutzung oder spätestens bei Ausbuchung zugunsten der Gewinnrücklage aufzulösen. Damit handelt es sich bei der Neubewertung dieser Positionen um einen Spezialfall, der die gesonderte Erfassung im Eigenkapital rechtfertigt.

- Auch die Neubewertung von zur Veräußerung verfügbaren finanziellen Vermögenswerten (*available for sale*) nach IAS 39 ist zunächst erfolgsneutral. Die Neubewertungen während der Halteperiode werden im sonstigen Ergebnis (*other comprehensive income*) erfasst. Allerdings kommt es bei Ausbuchung (oder auch bei der Erfassung einer Wertminderung) zu einer Umgliederung der kumulierten erfolgsneutral erfassten Beträge vom sonstigen Ergebnis in den Gewinn oder Verlust. Dieser Vorgang wird auch als *recycling* bezeichnet und rechtfertigt eine getrennte Erfassung von den Neubewertungsrücklagen, für die eine solche Vorschrift nicht besteht. IFRS 9 sieht diese Kategorie nur noch in Ausnahmefällen vor; von einem *recycling* wird in diesen Fällen dann abgesehen.

- IFRS 9 sieht dann (und nur dann) eine erfolgsneutrale Erfassung der Veränderung des Zeitwerts finanzieller Verbindlichkeiten vor, wenn diese eigentlich erfolgswirksam zum beizulegenden Zeitwert bewertet werden, die Veränderung des Zeitwerts aber nur auf eine Veränderung des eigenen Ausfallrisikos zurückzuführen ist und durch die dadurch entstehende Ergebniswirkung kein Accounting Mismatch beseitigt wird (vergleiche hierzu auch ▶ Kapitel 5.2.2). Im Hinblick auf Finanzinstrumente sei schließlich noch erwähnt, dass sich auch nach den (hier nicht weiter behandelten) Hedge-Accounting-Regeln des IAS 39 der effektive Teil der Gewinne oder Verluste aus Sicherungsinstrumenten im Falle der Absicherung von Zahlungsströmen auf das sonstige Ergebnis auswirkt.

- Weiterhin wirken sich die Neubewertung leistungsorientierter Pläne nach IAS 19, Gewinne oder Verluste im Zusammenhang mit der Umrechnung des Abschlusses eines ausländischen Geschäftsbetriebs gemäß IAS 21 auf das sonstige Ergebnis aus.

Ein getrennter Ausweis bietet sich insbesondere für Rücklagen aus sonstigem Ergebnis an, die einem *recycling* unterliegen, die also zu einem späteren Zeitpunkt ins Ergebnis umgegliedert werden müssen.

Minderheitsanteile Minderheitsanteile entstehen im Konzernabschluss, wenn ein Mutterunternehmen eine Tochter nicht vollständig erworben hat, also weitere Eigentümer existieren, die einen Residual- und Gewinnanspruch innehaben.

Stille Rücklagen Die Rücklagen stellen den variablen Teil des Eigenkapitals dar und sind damit die eigentliche Residualgröße im Eigenkapital. Sie speichern erzielte und nicht ausgeschüttete Erfolgsbestandteile und dienen dazu, auftretende Verluste auszugleichen, ohne dass das konstante Nominalkapital angegriffen wird, wodurch wiederum die Widerstandsfähigkeit des Unternehmens gegenüber wirtschaftlichen Krisen gestärkt wird. Zu den offenen (ausgewiesenen) Rücklagen zählen, wie oben beschrieben, die Kapitalrücklage sowie die aus dem Ergebnis und dem sonstigen Ergebnis gebildeten Gewinnrücklagen. Da diese Rücklagen aus der Bilanz ersichtlich sind, wird zusammenfassend auch von offenen Rücklagen gesprochen.

Neben den offenen Rücklagen gibt es auch stille Rücklagen bzw. stille Reserven. Diese grenzen sich von den offenen Rücklagen dahingehend ab, dass sie im Gegensatz zu Letzteren in der Bilanz nicht ersichtlich sind. Es handelt sich also ausdrücklich nicht um eine Bilanzposition. Auf der Aktivseite entstehen stille Reserven durch eine – im Vergleich zu den Zeitwerten – „zu niedrige" Bewertung beziehungsweise durch Nichtaktivierung von Vermögenswerten, auf der Passivseite durch „zu hohe" Wertansätze, also eine Überbewertung finanzieller Verbindlichkeiten. Die Höhe der stillen Reserven ergibt sich aus der Differenz von Buchwerten und höheren (niedrigeren) „tatsächlichen" Werten der entsprechenden Aktiva (Passiva). Nach Art der Entstehung stiller Rücklagen sind Zwangsreserven, Ermessensreserven und Willkürreserven zu unterscheiden. Die Auflösung beziehungsweise Entstehung stiller Reserven kann zu bilanzpolitischen Zwecken genutzt beziehungsweise auf diese zurückgeführt werden. Nimmt man etwa an, dass eine Sachanlage zu € 1.000 beschafft wurde und über zehn Jahre linear abgeschrieben wird, hat sie nach drei Jahren einen Restbuchwert von € 700. Liegt der Marktwert nach drei Jahren aber bei € 1.200 – und wird die Sachanlage im Unternehmen nicht zwingend benötigt –, könnte sie vom Vorstand im darauffolgenden Jahr (etwa in einer Sale-and-Lease-Back-Transaktion) verkauft und nunmehr vom neuen Eigentümer gemietet werden. Es ließe sich dann eine stille Reserve von € 500 „heben", die den Periodengewinn erhöht. Besteht das bilanzpolitische Ziel, in der Berichtsperiode einen hohen Jahresüberschuss auszuweisen, wäre dies also ein Ansatzpunkt.

▶ Exkurs 5.2 „Eigenkapitalausweis in der Bilanz" enthält abschließend ein Praxisbeispiel zum bilanziellen Eigenkapitalausweis.

Exkurs 5.2   **Eigenkapitalausweis in der Bilanz der Metro AG**

Im Konzernabschluss 2013 der Metro AG findet sich folgende Untergliederung des Eigenkapitals (die hier in leicht modifizierter Struktur wiedergegeben wird):

Posten	Eigenkapitalpositionen	2013 (in Mio. €)	2012 (in Mio. €)
(1)	Gezeichnetes Kapital	835	835
(2)	Kapitalrücklage	2.551	2.544
(3)	Gewinnrücklagen	1.793	2.214
(4)	Anteile nicht beherrschender Gesellschafter	27	73
(5)	**Summe**	**5.206**	**5.666**

Das gesamte Eigenkapital setzt sich aus den Positionen (1) bis (4) zusammen. Laut Angaben im Anhang besteht das gezeichnete Kapital (1) aus 324.109.563 Stamm- und 2.677.966 Vorzugsaktien. Bei den Stammaktien handelt es sich um nennwertlose Stückaktien, die einen anteiligen Wert am Grundkapital von je rund € 2,58 und außerdem jeweils ein Stimmrecht auf der Hauptversammlung verbriefen. Die Satzung der Metro AG legt ferner fest, dass Vorzugsaktien kein Stimmrecht verbriefen, dafür aber eine Vorzugsdividende von zunächst jeweils € 0,17 erhalten. Steht nicht genügend verteilbarer Gewinn zur Deckung dieses Anspruchs zur Verfügung, wird die Zahlung ohne Verzinsung im nächsten Jahr nachgeholt. Steht hingegen ausreichend viel verteilbarer Gewinn zur Verfügung, werden in einem nächsten Schritt die Inhaber der Stammaktien bedient. Danach erhalten wiederum die Inhaber von Vorzugsaktien ohne Stimmrecht eine nicht nachzahlbare Mehrdividende in Höhe von mindestens € 0,06.

Zur Kapitalrücklage (2) finden sich im Anhang keine näheren Ausführungen. Allerdings rührt die einzige Veränderung der Kapitalrücklage aus einer Umbuchung innerhalb des Eigenkapitals, die auf eine geänderte Ausweispraktik zurückzuführen ist.

Die Gewinnrücklagen (3) setzen sich aus (a) der Rücklage für den effektiven Teil der Gewinne/Verluste aus Cashflow Hedges, (b) der Rücklage für Bewertungseffekte auf zur Veräußerung verfügbare finanzielle Vermögenswerte, (c) der Rücklage für Währungsumrechnungen, (d) der Neubewertungsrücklage für leistungsorientierte Pensionspläne, (e) der Rücklage für auf Komponenten des „Sonstigen Ergebnisses" entfallende Ertragsteuer und (f) den übrigen Gewinnrücklagen zusammen. →

→ **Fortsetzung**

Im Anhang wird darauf verwiesen, dass es im Berichtsjahr sowohl positive als auch negative Einflüsse auf die Rücklage für Währungsumrechnungen gegeben hat. Der Netto-Effekt aus Währungsumrechnungen war im Berichtsjahr negativ, sodass die Gewinnrücklagen hieraus insgesamt sinken. Die übrigen Gewinnrücklagen haben sich durch die Auszahlung der Dividende für das Geschäftsjahr 2012 und durch den Jahresfehlbetrag vermindert.

(Quelle: Konzernabschluss der Metro AG 2013, S. 247)

Die Veränderungen der verschiedenen Eigenkapitalkomponenten sind in der Eigenkapitalveränderungsrechnung zu erläutern. Bei der Eigenkapitalveränderungsrechnung handelt es sich um ein eigenständiges Element eines IFRS-Abschlusses. Die Eigenkapitalveränderungsrechnung berichtet zunächst über das Gesamtergebnis. Sodann ist für alle Komponenten des Eigenkapitals darzustellen,

- welcher Effekt sich durch die rückwirkende Anwendung oder Anpassung von Rechnungslegungsstandards gemäß IAS 8 ergibt;
- wie sich die Buchwerte in der Berichtsperiode verändert haben und ob diese Veränderungen im Gewinn oder Verlust bzw. im sonstigen Ergebnis erfasst wurden oder auf Transaktionen mit den Eigentümern zurückzuführen sind.

In IAS 1 werden weitere Informationen bezüglich der Zusammensetzung des Eigenkapitals verlangt. Häufig besteht ein Wahlrecht, diese Informationen in Bilanz, Eigenkapitalveränderungsrechnung oder im Anhang offenzulegen, so auch in IAS 1.79, der zu jeder Klasse von Anteilen unter anderem folgende Angaben verlangt:

- Angabe der Anzahl genehmigter, ausgegebener und voll eingezahlter sowie auch der ausgegebenen und nicht voll eingezahlten Anteile nebst Überleitungsrechnung vom Anfang zum Ende der Periode;
- Nennwert der Anteile oder Angabe, dass diese keinen Nennwert haben, sowie Angaben zu den jeweils mit den Anteilen eingeräumten Rechten;
- Anteile am Unternehmen, die vom Unternehmen selbst oder von Tochter- beziehungsweise assoziierten Unternehmen gehalten werden bzw. die wegen Optionen oder Verkaufsverträgen vorgehalten werden, wobei dann auch die Modalitäten und Beträge anzugeben sind.

Aufgaben

1. Was ist der Unterschied zwischen gezeichnetem Kapital und Rücklagen?

2. Führt eher die Folgebewertung nach dem Kosten- oder nach dem Neubewertungsmodell zur Bildung stiller Reserven?

3. Wie ist die Existenz stiller Reserven im Lichte der Informationsfunktion der Rechnungslegung zu beurteilen?

Weiterführende Literatur Die Gliederung des Eigenkapitals ist typischerweise an nationale Gepflogenheiten beziehungsweise Rechtsvorschriften gebunden. Es kann hier praktisch auf beliebige (deutsche) Standardlehrbücher zurückgegriffen werden, etwa Coenenberg, Haller und Schultze, 2014. Ausführlich befasst sich Scheffler, 2006, mit der Bilanzierung des Eigenkapitals nach IFRS. Inwiefern deutsche Banken stille Reserven (bilanziert nach HGB) nutzen, um Ergebniserwartungen zu übertreffen, analysieren Bornemann, Kick, Memmel und Pfingsten, 2012.

5.1.3 Geschäftsvorfälle mit direkter Wirkung auf das Eigenkapital

Lernziele

■ Grundsätzlich wirkt sich jeder erfolgswirksam erfasste Geschäftsvorfall auf die Höhe des Eigenkapitals aus, weil jeder Ertrag (Aufwand) entweder den Gewinn oder das sonstige Ergebnis erhöht (vermindert), mithin das Eigenkapital positiv oder negativ beeinflusst.

■ In diesem Abschnitt geht es um Geschäftsvorfälle, die eine direkte Wirkung auf das Eigenkapital haben.

■ Kapitalerhöhungen und Ausschüttungen stellen Transaktionen mit den Eigentümern dar, die zwar das Eigenkapital berühren, aber keinen Effekt auf den Gewinn oder Verlust bzw. das sonstige Ergebnis haben.

■ Die Gewährung bestimmter Aktienoptionen führt zur Erfassung von (Personal-)Aufwand, um im Jahresabschluss deutlich zu machen, dass auch diese Form der Vergütung einen zu periodisierenden Preis hat. Allerdings kommt es bei der Gewährung und Ausübung „echter" Aktienoptionen (aus bedingtem Kapital) niemals zu einem Zahlungsmittelabfluss, weshalb eine Korrektur im Eigenkapital für den erfassten Aufwand erfolgen muss.

Gewinnverwendung und Dividendenausschüttung

Lernziele

- Bei Gewinnausschüttungen handelt es sich um die Verteilung von Überschüssen an die Anteilseigner.

- Rechtlicher Anknüpfungspunkt der Ausschüttungsbemessung in Deutschland ist der Einzelabschluss nach HGB.

- Gesellschaftsrechtliche Regelungen spielen bei der Gewinnverwendung und Ausschüttung eine bedeutende Rolle.

Die IFRS enthalten keine spezifischen Regelungen hinsichtlich der Gewinnverwendung, insbesondere auch keine Vorschriften für die Gewinnverwendungsrechnung oder die Vorschrift, einen Bilanzgewinn zu bestimmen. Gleichwohl muss festgehalten werden, dass der rechtliche Anknüpfungspunkt für die Ausschüttung in Deutschland stets der Einzelabschluss einer Gesellschaft ist. Insofern soll die Ausschüttung hier für das Mutterunternehmen eines Unternehmens vorgestellt werden, das einen konsolidierten Abschluss nach IFRS erstellen muss. Dabei rückt nun der im HGB-Einzelabschluss ausgewiesene Jahresüberschuss des Unternehmens in den Vordergrund, der Ausgangspunkt der Gewinnverwendung ist. Über die Ausschüttung befindet innerhalb gewisser Grenzen die Gesellschafterversammlung (diese mag dabei auch das Konzernergebnis im Blick haben). Bei einer Aktiengesellschaft wird der Gewinnverwendungsbeschluss folglich auf der Hauptversammlung gefasst.

Allgemein gibt es im Hinblick auf das Zusammenspiel zwischen Aufstellung bzw. Feststellung des Jahresabschlusses und Gewinnverwendung einer Aktiengesellschaft drei Fälle:

- Der Jahresabschluss wird vor der Gewinnverwendung aufgestellt: Im Eigenkapital wird dann das volle Jahresergebnis ausgewiesen sowie, falls vorhanden, ein Gewinn- oder Verlustvortrag. Dieser Fall kommt für eine Aktiengesellschaft eigentlich nicht in Frage, weil § 150 Abs. 1 AktG die Bildung der gesetzlichen Rücklage bereits bei Aufstellung des Jahresabschlusses verlangt.

- Der Jahresabschluss wird unter teilweiser Gewinnverwendung aufgestellt (der typische Fall für eine Aktiengesellschaft): Im Eigenkapital erscheint neben gezeichnetem Kapital und Rücklagen der Bilanzgewinn (bzw. -verlust). Dieser tritt also an die Stelle der Posten Jahresergebnis und Gewinn- oder Verlustvortrag. Der Bilanzgewinn setzt sich aus dem Jahresergebnis des aktuellen Jahres sowie ggf. bestehender Gewinn- oder Verlustvorträge zusammen und speist sich ferner auch durch Entnahmen bzw. Zuführungen zu den Rücklagen.

- Der Jahresabschluss wird nach Gewinnverwendung aufgestellt: Die Positionen Bilanzgewinn (bzw. -verlust) und Jahresergebnis entfallen, eine eventuell beschlossene Ausschüttung ist bereits als Verbindlichkeit gegenüber den Gesellschaftern erfasst. Die Voraussetzungen für diesen Fall dürften in der Realität einer Aktiengesellschaft selten erfüllt sein, da der Abschluss typischerweise vor dem Zusammentreten der Hauptversammlung erstellt wird.

Die einzelnen Schritte der Gewinnverwendung bzw. Dividendenausschüttung sollen hier an einem Beispiel verdeutlicht werden. Dazu sei angenommen, dass ein Unternehmen – vor Gewinnverwendung – folgende Daten ausweist:

Position	Betrag (in €)
Grundkapital	513.000.000
Kapitalrücklage	36.000.000
Gesetzliche Rücklage	6.000.000
Gewinnvortrag	600.000

Der Jahresüberschuss beträgt € 20.000.000. Grundlage für Gewinnverteilungen ist nicht der Jahresüberschuss, sondern der Bilanzgewinn. Es sei nun angenommen, dass der Jahresabschluss unter teilweiser Gewinnverwendung aufgestellt wird. Demnach wird zunächst in die gesetzliche Rücklage der zwanzigste Teil des um einen Verlustvortrag aus dem Vorjahr geminderten Jahresüberschusses eingestellt (jedenfalls so lange, bis die gesetzliche Rücklage und die Kapitalrücklagen zusammen den zehnten oder den in der Satzung bestimmten höheren Teil des Grundkapitals erreichen). Wird nicht davon ausgegangen, dass die Satzung vom Gesetz abweichende Regelungen enthält, beträgt die anzustrebende gesetzliche Rücklage im Fallbeispiel:

$$0,10 \times € \ 513.000.000 = € \ 51.300.000.$$

Die noch vorhandene Lücke zur erforderlichen gesetzlichen Rücklage beträgt:

$$€ \ 51.300.000 - (€ \ 36.000.000 + € \ 6.000.000) = € \ 9.300.000.$$

Einzustellen sind im vorliegenden Fall also 5 Prozent des Jahresüberschusses (ein Verlustvortrag liegt nicht vor), da der sich hieraus ergebende Betrag die noch vorhandene Lücke nicht überschreitet:

$$(€ \ 20.000.000 - € \ 0) \times 0,05 = € \ 1.000.000.$$

Neben der gesetzlichen Rücklage können satzungsgemäße und andere Rücklagen gebildet werden. Es sei hier angenommen, dass die Satzung keine besonderen Regeln enthält und insofern alleine die gesetzlichen Vorschriften greifen. Demnach kann im (Normal-)Fall, in dem der Aufsichtsrat den Jahresabschluss „feststellt" (also billigt), bereits ein Teil des Jahresüberschusses, höchstens jedoch die Hälfte, in andere Gewinnrücklagen eingestellt werden, ohne dass die Hauptversammlung hierbei ein Mitspracherecht hätte. Nach § 58 (1) AktG sind zur Ermittlung des einstellbaren Betrags vom Jahresüberschuss ein eventueller Verlustvortrag sowie die Einstellungen in die gesetzliche Rücklage abzuziehen. Im vorliegenden Fall beträgt demnach die maximal mögliche Einstellung in die anderen Rücklagen:

$$(€ \ 20.000.000 - € \ 0 - € \ 1.000.000) \times 0,5 = € \ 9.500.000.$$

Nach § 158 AktG wird auf Basis der vorliegenden Informationen die Gewinn- und Verlustrechnung wie folgt fortgeführt:

No.	Position	Betrag (in €)
0.	Jahresüberschuss bzw. Fehlbetrag	20.000.000
1.	Gewinn- bzw. Verlustvortrag aus dem Vorjahr	+600.000
2.	Entnahmen aus der Kapitalrücklage (vergleiche § 150 AktG)	0
3.	Entnahmen aus der Gewinnrücklage	
	aus der gesetzlichen Rücklage	0
	aus der Rücklage für Anteile an einem herrschenden oder mehrheitlich beteiligten Unternehmen	0
	aus satzungsmäßigen Rücklagen	0
	d) aus anderen Gewinnrücklagen	0
4.	Einstellungen in die Gewinnrücklagen	
	in die gesetzlichen Rücklage	−1.000.000
	in die Rücklage für Anteile an einem herrschenden oder mehrheitlich beteiligten Unternehmen	0
	in satzungsmäßige Rücklagen	0
	d) in andere Gewinnrücklagen	−9.500.000
5.	Bilanzgewinn bzw. -verlust	10.100.000

In den Büchern wird die teilweise Gewinnverwendung etwa wie folgt erfasst.

Jahresergebnis	20.000.000	
Ergebnisvortrag	600.000	
an Gesetzliche Rücklage		1.000.000
Andere Gewinnrücklagen		9.500.000
Bilanzgewinn		10.100.000

Gemäß § 170 AktG hat der Vorstand dem Aufsichtsrat den Jahresabschluss nebst Lagebericht unverzüglich nach Aufstellung vorzulegen. Zugleich hat der Vorstand dem Aufsichtsrat den Vorschlag vorzulegen, den er der Hauptversammlung für die Verwendung des Bilanzgewinns unterbreiten möchte. Der Vorschlag ist, sofern er keine abweichende Gliederung bedingt, etwa wie folgt zu gliedern:

No.	Position	Erläuterung
1.	Verteilung an die Aktionäre	Gesamtbetrag, der nach dem Vorschlag des Vorstands an die Aktionäre ausgeschüttet werden soll. Sind mehrere Aktiengattungen mit unterschiedlichen Gewinnrechten im Umlauf, sind für jede Aktiengattung der Ausschüttungsbetrag und der Verteilungsschlüssel gesondert anzugeben.
2.	Einstellung in Gewinnrücklagen	Nicht die bereits bei der Feststellung des Jahresabschlusses gebildeten Rücklagen, sondern die der Hauptversammlung vorbehaltene Einstellung weiterer Beträge
3.	Gewinnvortrag	Neuer Gewinnvortrag, den die Hauptversammlung bei ihrer Entscheidung über die Verwendung des diesjährigen Bilanzgewinns beschließen soll. In der Regel nicht verteilbare Spitzenbeträge (es kann aber auch ein größerer Teil des Bilanzgewinns vorgetragen werden)
4.	Bilanzgewinn	(Summe 1 bis 3)

Exkurs 5.3 — **Gewinnverwendungsvorschlag am Beispiel der Deutsche Börse AG**

Im Geschäftsbericht 2013 findet sich folgender Gewinnverwendungsvorschlag des Vorstands der Deutsche Börse AG:

Posten	Betrag (in Mio. €)
(1) Jahresüberschuss	412,8
(2) Einstellung in Gewinnrücklagen	−12,8
(3) Bilanzgewinn	400,0
(4) Vorgeschlagene Ausschüttung	386,6
(5) Einstellung in Gewinnrücklagen	13,4

Dem Fallbeispiel ist zu entnehmen, dass sich der Bilanzgewinn durch Verrechnung des Jahresüberschusses mit den Gewinnrücklagen ergibt. Die Einstellung von € 12,8 Mio. im Rahmen der Aufstellung des Jahresabschlusses übersteigt nicht die Grenze von 50 Prozent des Jahresüberschusses, über die der Vorstand freihändig entscheiden darf. Die Aktionäre haben nun grundsätzlich Anspruch auf den Bilanzgewinn. Dieser beträgt € 400,0 Mio. Laut Geschäftsbericht beabsichtigt der Vorstand, der Hauptversammlung eine Ausschüttung von € 2,10 je dividendenberechtigter Stückaktie vorzuschlagen. Zum Zeitpunkt der Abschlusserstellung waren, auch dies ist dem Geschäftsbericht zu entnehmen, 184.115.657 dividendenberechtigte Stückaktien im Umlauf (nicht dividendenberechtigt sind etwa eigene Anteile, die eine Aktiengesellschaft hält), was zu einer vorgeschlagenen Gesamtausschüttung von rund € 386,6 Mio. führt. Der restliche Bilanzgewinn in Höhe von € 13,4 Mio. soll in die Gewinnrücklagen eingestellt werden.

(Quelle: Konzernabschluss der Deutsche Börse AG 2013, S. 257)

Für das Beispiel sei angenommen, dass keine weitere Einstellung in Gewinnrücklagen angedacht ist und insgesamt 20.000.000 Aktien ausstehen. Die maximale Ausschüttung je Aktie beträgt dann „theoretisch":

$$€ 10.100.000 ÷ 20.000.000 = € 0,5050.$$

Praktisch beträgt die maximale Ausschüttung € 0,50 je Aktie (bzw. insgesamt € 10.000.000). Es verbleiben dann:

$$€ 10.100.000 - (20.000.000 × € 0,50) = € 100.000.$$

Dieser Betrag kann wiederum – nach Gewinnverwendungsvorschlag – ins nächste Jahr vorgetragen werden. Die Entscheidung darüber trifft nach § 174 AktG die Hauptversammlung. Sie ist hierbei an den festgestellten Jahresabschluss gebunden, kann aber ansonsten in den genannten Grenzen frei über die Gewinnverwendung entscheiden. Unter der Annahme, dass die Hauptversammlung dem Gewinnverwendungsvorschlag folgt, wird dann wie folgt gebucht:

Bilanzgewinn	10.100.000	
an Ergebnisvortrag		100.000
Finanzverbindlichkeiten		10.000.000

Der auszuschüttende Teil wird im Beispiel zunächst als Verbindlichkeit an die Anteilseigner erfasst, die nach der Ausschüttung beglichen ist (Bilanzverkürzung). Wenn die eigentliche Ausschüttung vorgenommen wird, werden die kurzfristigen Verbindlichkeiten an die Aktionäre durch Ausschüttung kurzfristiger Vermögenswerte (etwa: liquider Mittel) beglichen. Gebucht wird dann etwa wie folgt:

| Finanzverbindlichkeiten | 10.000.000 | |
| an Bank | | 10.000.000 |

Abschließend sei auf zwei Aspekte hingewiesen:

- Ausschüttungen führen zu einem Abfluss liquider Mittel. Das ausschüttende Unternehmen hat daher sicherzustellen, dass ausreichend liquide Mittel vorhanden sind und das Kapital nicht ausschließlich in Form langfristiger Investitionen gebunden ist. Zu bedenken ist, dass der Abfluss an Liquidität zwar zum Vorteil der Anteilseigner geschieht, durch eine überhöhte Ausschüttung aber andere Anspruchsgruppen des Unternehmens geschädigt werden könnten. Dies ist kritisch zu sehen, weil dem Management bei der Bestimmung der Höhe des Bilanzgewinns ein erheblicher Spielraum zukommt. Zum einen kann der Bilanzgewinn über die Ausübung von Wahlrechten der Rechnungslegung beeinflusst werden, die Einfluss auf die Höhe des Jahresüberschusses haben. Zum anderen kann das Management über die Entnahmen beziehungsweise Einstellungen in die Rücklagen Einfluss auf die Höhe des Bilanzgewinns nehmen. Eine „vorsichtige" Gewinnermittlung hat insofern eine ausschüttungsbegrenzende Wirkung. Daher kann nicht überraschen, dass sich der deutsche Gesetzgeber bislang nicht dazu durchringen konnte, die Ausschüttungsbemessung an IFRS-Abschlüsse zu knüpfen, die im Hinblick auf den Erfolgsausweis im Vergleich zum HGB als weniger vorsichtig gelten.

■ Im IFRS-Konzernabschluss spielt der Bilanzgewinn keine Rolle, weshalb die vorherigen Buchungssätze auch ohne Kontonummern auskommen mussten, da einige Konten im IFRS-Kontenrahmen nicht vorgesehen sind. Aus dem Konzernergebnis folgt auch keine direkte Ausschüttung. Im IFRS-Konzernabschluss werden schlichtweg die einbehaltenen Gewinne im Konzern ausgewiesen. Diese informieren den Kapitalmarkt darüber, welche Beträge insgesamt (zumindest theoretisch) für Ausschüttungen zur Verfügung stehen. Soweit bei der Aufstellung nicht bereits ein Gewinnverwendungsbeschluss gefasst ist, führt ein Gewinnverwendungsvorschlag nicht zu einer passivierungspflichtigen finanziellen Verbindlichkeit.

Aufgaben

1. Inwieweit sind in Deutschland die IFRS für die Bestimmung von Ausschüttungen maßgeblich?

2. Gibt es in einer IFRS-Bilanz die Position „Bilanzgewinn"?

3. Im IFRS-Konzernabschluss wird am Bilanzstichtag zum 31.12.X1 ein Ergebnis von € 1.400.000 ausgewiesen. Daraus wurden bereits vor dem Zusammenkommen der Hauptversammlung im Einklang mit den gesellschaftsrechtlichen und satzungsgemäßen Vorschriften € 150.000 in die entsprechenden Rücklagen eingestellt. Die Hauptversammlung beschließt im Einklang mit dem Gewinnverwendungsvorschlag Dividendenausschüttungen in Höhe von insgesamt € 700.000. Der Rest wird einbehalten. Wie sind die Sachverhalte zu buchen?

Weiterführende Literatur   Der HGB-Einzelabschluss ist aus rechtlicher Sicht eindeutig die Basis der Ausschüttungsbemessung. Wie über die Höhe von Ausschüttungen entschieden wird und welche Ausweiskonsequenzen dies nach sich zieht, ist vornehmlich eine gesellschaftsrechtliche Frage. Der geneigte Leser wird daher die kommentierende Literatur etwa zu § 268 (1) HGB („Vorschriften zu einzelnen Posten der Bilanz. Bilanzvermerke), § 272 HGB („Eigenkapital") bzw. § 158 AktG („Vorschriften zur Gewinn- und Verlustrechnung") zu Rate ziehen. Beispielhaft sei zu Einstellungen in die Kapital- und Gewinnrücklagen auf Förschle und K. Hoffmann, 2014, Rn. 160–288, verwiesen. Unbeschadet der rechtlichen Anknüpfung an den Einzelabschluss gibt es für deutsche kapitalmarktorientierte Unternehmen Evidenz dafür, dass diese die Höhe der Ausschüttungen faktisch unter Beachtung der Dividendenkontinuität und des Konzernergebnisses festlegen. Darauf deuten jedenfalls die Ergebnisse einer von Pellens, Fülbier und Gassen, 2003, vorgelegten Befragungsstudie hin. Gestützt wird diese Erkenntnis auch in einer empirischen Untersuchung der Eigenschaften von Einzel- und Konzernabschlüssen – auch im Hinblick auf die prognostische Eignung zukünftiger Ausschüttungen – in Goncharov, Werner und Zimmermann, 2006. Die Eignung der IFRS für Ausschüttungszwecke untersuchen Haaker und Hoffmann, 2009.

Kapitalerhöhungen

Lernziele

■ Kapitalerhöhungen dienen im Wesentlichen der Unternehmensfinanzierung. Sie führen zu einer Bilanzverlängerung.

■ Die Unternehmensleitung muss bei der Vornahme von Kapitalerhöhungen den gesellschaftsrechtlichen Rahmen beachten.

Eine Kapitalerhöhung bewirkt grundsätzlich eine Erhöhung des bilanziellen Eigenkapitals. Dabei werden neue Aktien ausgegeben (emittiert), wodurch Eigenmittel ins Unternehmen fließen. Die Gründe für eine solche Kapitalerhöhung sind vielseitig. So kann beispielsweise eine Geschäftsausweitung in Form von Investitionen anstehen. Anstatt diese über die Aufnahme eines Kredits (Fremdkapital) zu finanzieren, werden dazu Eigenmittel (Eigenkapital) herangezogen, die aus einer zuvor durchgeführten Kapitalerhöhung stammen. So gab etwa die *adidas-Salomon AG* im Jahr 2005 eine Kapitalerhöhung in Höhe von 640 Millionen Euro bekannt. Dieser Betrag sollte durch die Ausgabe von rund 4,5 Millionen Stammaktien aufgebracht werden und zur Finanzierung der Übernahme des US-Unternehmens *Reebok* dienen. Weitere Gründe für Eigenkapitalemissionen können die Verbesserung der Kreditwürdigkeit (Bonität) des Unternehmens sein oder auch die Finanzierung von Investitionsplänen. Kapitalerhöhungen sind Transaktionen auf dem sogenannten Primärmarkt, auf dem Emittenten und Eigentümer direkt miteinander handeln. Will ein Anteilseigner eine bei einem Börsengang direkt erworbene Aktie hingegen wieder verkaufen, so ist das Unternehmen nicht zur Rücknahme verpflichtet. Gleichwohl wird sich bei kapitalmarktorientierten Unternehmen unter der Annahme aktiver Märkte jederzeit eine Vielzahl potenzieller Käufer finden lassen, dies ist dann allerdings ein Handel der Aktien auf dem Sekundärmarkt.

Bei der Vornahme von Kapitalerhöhungen ist wiederum der gesellschaftsrechtliche Rahmen zu beachten, der sich nicht aus den internationalen Bilanzierungsregeln, sondern vielmehr den nationalen Rechtsquellen, ergibt. Grundsätzlich kann die Unternehmensleitung nicht frei über die Vornahme von Kapitalerhöhungen entscheiden. Sie benötigt hierzu eine Ermächtigung durch die Hauptversammlung. Dies ist vor dem Hintergrund zu sehen, dass eine Erhöhung des Grundkapitals zu einer „Verwässerung" der Ansprüche der Alteigentümer führt. Unter sonst gleichen Bedingungen muss etwa ein betragsmäßig unveränderter Bilanzgewinn nach einer Kapitalerhöhung auf mehr Aktien verteilt werden als vor der Kapitalerhöhung. Auch sind verschiedene Formen von Kapitalerhöhungen denkbar. Eine Übersicht gibt folgende Tabelle:

Art der Kapitalerhöhung	Gegen Einlage	Bedingte Kapitalerhöhung	aus Gesellschaftermitteln	Genehmigtes Kapital
Zweck	Erhöhung des Kapitals durch Bar- oder Sacheinlage	Bereitstellung von Kapital für potenzielle Bedienung der Inhaber von Wandelschuldverschreibungen, zur Vorbereitung eines Unternehmenszusammenschlusses und zur Gewährung von Aktienoptionen an eigene Mitarbeiter	Erhöhung des Kapitals aus "eigener Kraft" durch Umwandlung von Gewinn- oder Kapitalrücklagen in das Grundkapital	Flexible und bedarfsorientierte Erhöhung des Eigenkapitals über einen längeren Zeitraum (maximal 5 Jahre) um einen in der Satzung vorgegebenen Betrag, ggf. auch zur Gewinnbeteiligung von Arbeitnehmern
Voraussetzungen	Es sollen keine ausstehenden Einlagen auf das Grundkapital mehr erlangt werden können.	Qualifizierte Mehrheit des vertretenen Grundkapitals bei der beschließenden Hauptversammlung Beachtung der gesetzlichen Beschränkung des Nennbetrag des bedingten Kapitals auf 50 Prozent des Grundkapitals.	Kein Unterschreiten der geforderten gesetzlich oder satzungsgemäßen Mindesthöhe von Kapitalrücklagen und gesetzlichen Rücklagen.	Aufnahme einer entsprechenden Ermächtigung in die Satzung unter Beachtung der gesetzlichen Beschränkung des Nennbetrag des genehmigten Kapitals auf 50 Prozent des Grundkapitals.
Ausführung	Nur gegen Ausgabe und Zeichnung neuer Aktien	Ausgabe von Bezugsaktien (Erhöhung wird nur so weit durchgeführt, wie von einem Umtausch- oder Bezugsrecht auf neue Aktien Gebrauch gemacht wird)	Durch reine Umgliederung (bei Stückaktien) oder durch Umgliederung und Ausgabe neuer Aktien, die den Alteigentümern zustehen	Ausgabe neuer Aktien
Gegenleistung		Geld- oder Sacheinlage	Verminderung der Kapital- bzw. Gewinnrücklagen, mithin Verzicht auf Ausschüttungspotenzial	Geld- oder Sacheinlage
Wirksamwerden der Kapitalerhöhung	Mit Eintragung der Durchführung ins Handelsregister	Mit Ausgabe der Bezugsaktien	Mit Eintragung des Beschlusses ins Handelsregister	Mit Eintragung der Durchführung ins Handelsregister

Abbildung 5.2: Arten von Kapitalerhöhungen nach deutschem Gesellschaftsrecht

Zu beachten ist, dass eine Zunahme des Eigenkapitals erst erfolgt, wenn die Kapitalerhöhung wirksam ist. Wie in der Tabelle dargestellt geschieht dies in der Regel durch Eintragung der Kapitalerhöhung ins Handelsregister. Hat das Unternehmen bereits vor der Eintragung eine Gegenleistung – also die Einlage – erhalten, so erfasst es bis zur Eintragung einen Vermögenswert und eine entsprechende Schuld. Zum Zeitpunkt des Wirksamwerdens wird die Schuld dann in Eigenkapital umgebucht. Ist die Gegenleistung allerdings nach Wirksamwerden der Kapitalerhöhung noch nicht voll erbracht, so ist zu prüfen, ob es sich um ein schwebendes Geschäft handelt. In der Regel erfolgt allerdings in der IFRS-Bilanz ein Ausweis aller eingeforderten und nichteingeforderten ausstehenden Einlagen (*capital not yet paid in*) als Forderungsposition auf der Aktivseite.

Exkurs 5.4 **Kapitalerhöhung am Beispiel der Metro AG**

Im Konzernabschluss 2013 der Metro AG finden sich folgende Informationen zu Kapitalerhöhungen:

Genehmigtes Kapital

„Die Hauptversammlung vom 23. Mai 2012 hat den Vorstand ermächtigt, mit Zustimmung des Aufsichtsrats bis zum 22. Mai 2017 das Grundkapital der Gesellschaft durch Ausgabe neuer auf den Inhaber lautender Stammaktien gegen Geld- oder Sacheinlagen einmalig oder mehrmals, höchstens jedoch um bis zu € 325.000.000 zu erhöhen (genehmigtes Kapital I). Der Vorstand kann mit Zustimmung des Aufsichtsrats das Bezugsrecht der Aktionäre in bestimmten festgelegten Fällen ausschließen. Das genehmigte Kapital I wurde bisher nicht ausgenutzt." →

→ **Fortsetzung**

Bedingtes Kapital

„Die Hauptversammlung vom 5. Mai 2010 hat eine bedingte Erhöhung des Grundkapitals um bis zu € 127.825.000, eingeteilt in bis zu 50.000.000 auf den Inhaber lautende Stammaktien, beschlossen (bedingtes Kapital I). Diese bedingte Kapitalerhöhung steht im Zusammenhang mit der Schaffung einer Ermächtigung des Vorstands, mit Zustimmung des Aufsichtsrats bis zum 4. Mai 2015 einmalig oder mehrmals auf den Inhaber lautende Options- oder Wandelschuldverschreibungen (zusammen „Schuldverschreibungen") im Gesamtnennbetrag von bis zu € 1.500.000.000 zu begeben und den Inhabern Options- beziehungsweise Wandlungsrechte auf bis zu 50.000.000 Stück neue Stammaktien der Gesellschaft nach näherer Maßgabe der Bedingungen der Schuldverschreibungen zu gewähren oder aufzuerlegen, entsprechende Options- oder Wandelpflichten zu begründen oder das Recht der Gesellschaft vorzusehen, statt einer Rückzahlung der Schuldverschreibungen in bar ganz oder teilweise Stammaktien der Gesellschaft zu liefern. Es wurden bisher keine Options- und/oder Wandelschuldverschreibungen aufgrund der vorgenannten Ermächtigung begeben."

Erwerb eigener Aktien

„Die Hauptversammlung vom 5. Mai 2010 hat die Gesellschaft gemäß § 71 Abs. 1 Nr. 8 AktG ermächtigt, bis zum 4. Mai 2015 eigene Aktien, gleich welcher Gattung, bis zu insgesamt 10 vom Hundert des Grundkapitals zu erwerben. Von dieser Ermächtigung hat bisher weder die Gesellschaft noch ein abhängiges oder im Mehrheitsbesitz der Gesellschaft stehendes Unternehmen oder ein anderer für Rechnung der Gesellschaft oder eines abhängigen oder eines in Mehrheitsbesitz der Gesellschaft stehenden Unternehmens Gebrauch gemacht."

Der Erwerb eigener Aktien wurde in diesem Kapitel nicht diskutiert. Der Erwerb eigener Aktien lässt sich ökonomisch als Ausschüttung interpretieren, er kann aber auch der Kapitalherabsetzung dienen, wenn die Einziehung geplant ist. Auch mag ein solches Manöver der Kurspflege dienen. Nach IFRS stellen eigene Aktien keinen aktivierungsfähigen Vermögenswert dar. Der Erwerbspreis wird daher vom Eigenkapital erfolgsneutral abgesetzt – der Erwerb wirkt damit also bereits wie eine Kapitalherabsetzung.

(Quelle: Konzernabschluss der Metro AG 2013, S. 247–248)

Ein Beispiel soll die technischen Aspekte bei der Durchführung von Kapitalerhöhungen verdeutlichen. So sei angenommen, dass ein Unternehmen plant, in ein neues Geschäftsgebäude zu investieren. Die erforderlichen Mittel sollen durch Eigenfinanzierung und zwar auf dem Wege einer ordentlichen Kapitalerhöhung bereitgestellt werden. Es sollen dazu 3.000.000 neue Aktien emittiert werden, die einen Nennwert von € 1 haben und am Tag der Emission zu € 15 pro Aktie abgesetzt werden können. Die Bilanz des Unternehmens vor der Kapitalerhöhung habe folgendes Aussehen:

Bilanz			
Aktiva (in Mio. €)		**Passiva (in Mio. €)**	
Kurzfristige Vermögenswerte	70	Gezeichnetes Kapital	20
Langfristige Vermögenswerte	130	Kapitalrücklage	30
		Gewinnrücklage	15
		Verbindlichkeiten	135
Bilanzsumme	**200**	**Bilanzsumme**	**200**

Der Mittelzufluss in Höhe von € 45 Millionen (3.000.000 Aktien × € 15 je Aktie) wird nun wie folgt gebucht (Beträge in Millionen €):

200 Kurzfristige Vermögenswerte		45	
	an 410 Gezeichnetes Kapital		3
	440 Kapitalrücklagen		42

Die Bilanz des Unternehmens nach Vornahme der Kapitalerhöhung hat folgende Gestalt:

Bilanz			
Aktiva (in Mio. €)		**Passiva (in Mio. €)**	
Kurzfristige Vermögenswerte	115	Gezeichnetes Kapital	23
Langfristige Vermögenswerte	130	Kapitalrücklage	72
		Gewinnrücklage	15
		Verbindlichkeiten	135
Bilanzsumme	**245**	**Bilanzsumme**	**245**

Typischerweise zeigen Unternehmen kurz nach einer Kapitalaufnahme einen höheren Bestand an liquiden Mitteln, als für den normalen Geschäftsbetrieb üblich. Diese Mittel werden in der Regel für Investitionszwecke verwendet. Erkennbar ist im Beispiel auch, dass der Anteil des Eigenkapitals steigt. Außenstehende können dies als eine Steigerung der Bonität interpretieren.

Aufgaben

1. Erläutern Sie die Buchungssystematik bei Kapitalerhöhungen!

2. Was versteht man unter bedingtem Kapital? Warum werden „echte" Aktienoptionen bei Ausübung typischerweise aus bedingtem Kapital bedient?

Weiterführende Literatur Einen Überblick über die handels- und gesellschaftsrechtlichen Aspekte von Kapitalerhöhungen geben Förschle und K. Hoffmann, 2014, Rn. 50–70. Mit Transaktionskosten und Steuern bei Börsengängen und Kapitalerhöhung beschäftigt sich Lüdenbach, 2013.

Ausgabe „echter" Aktienoptionen

> ## Lernziele
>
> - Aktienoptionen werden zur anreizorientierten Vergütung von Führungskräften eingesetzt.
> - Es gibt unterschiedliche Typen von Aktienoptionen. Eine „echte" Aktienoption wird, bei Ausübung, mit Eigenkapitalinstrumenten des Unternehmens bedient.
> - Bei der Bilanzierung „echter" Aktienoptionen kommt es zur Erfassung von Personalaufwand und entsprechender Gegenbuchung im Eigenkapital.
> - Wertmäßig sind für die Berechnung des Aufwands die Marktbedingungen zum Gewährungszeitpunkt maßgeblich, allerdings wird über den Erdienungszeitraum das für die Aufwandshöhe ebenfalls relevante Mengengerüst an die bestmögliche Schätzung über die Erfüllung der Ausübungsbedingungen angepasst.

Aktienoptionen (*share options*) dienen insbesondere der Vergütung von Führungskräften eines Unternehmens und sollen für diese Anreize schaffen, sich für die Wertsteigerung des Unternehmens einzusetzen. Im klassischen Fall erhält ein Mitarbeiter mit einer Aktienoption das Recht, diese nach einer bestimmten Laufzeit (oft erst nach mehreren Jahren) in Aktien des Unternehmens, für das er arbeitet, umzuwandeln. Ein Arbeitnehmer muss für den Erhalt einer Option keine monetäre Gegenleistung erbringen (gezahlt wird gewissermaßen mit dem Einsatz der eigenen Arbeitskraft), allerdings muss bei Ausübung der Option ein gewisser Preis für den Erwerb der eigentlichen Aktien bezahlt werden. Dieser Bezugskurs ist in der Option festgelegt. Es besteht damit ein Anreiz, mit Einsatz der eigenen Arbeitsleistung weiter dazu beizutragen, den Aktienkurs in die Höhe zu treiben, denn je höher die Differenz zwischen Bezugskurs und Aktienkurs im Ausübungszeitpunkt, desto höher der (Buch-)Gewinn des Arbeitnehmers, den er jederzeit realisieren kann, wenn er die Aktien verkauft. Naturgemäß kann der Aktienkurs auch unter den Bezugskurs fallen. Der Arbeitnehmer wird in diesem Fall die Option nicht ausüben, denn er müsste dann für den Erwerb einer Aktie einen höheren Preis als den Marktwert entrichten.

Die Gewährung von Optionen soll dazu beitragen, die Interessen der Eigentümer und Mitarbeiter in Einklang zu bringen. Die Mitarbeiter haben nun ein eigenes Interesse daran, den Aktienkurs eines Unternehmens nachhaltig zu steigern. Aus Bilanzierungssicht sind gewährte Aktienoptionen allerdings eines der kompliziertesten Phänomene überhaupt. Sie werden (scheinbar) kostenlos gewährt, jedenfalls findet im Gewährungszeitpunkt aus Sicht des Unternehmens kein monetärer Ressourcenabfluss statt. Anders sieht es freilich der Arbeitnehmer, der einer gewährten Aktienoption durchaus einen Wert beimisst. Die Vergütungswirkung kommt schließlich zum Tragen, wenn der Mitarbeiter die Aktienoption einlöst. Aus Sicht des Unternehmens stellt es sich so dar, dass es dem Mitarbeiter Aktien gegen eine Zahlung überträgt. Die Vergütung der Mitarbeiter führt also, aus Sicht des Unternehmens, nicht zu einem Zahlungsmittelabfluss, sondern -zufluss. Diese scheinbaren Paradoxien lassen sich leicht erklären: Die Aktienoption verbrieft das Recht, in der Zukunft Aktien zu einem niedrigeren Wert als dem Marktwert zu erhalten. Das Unternehmen muss also in der Zukunft eine bestimmte Anzahl von Aktien zu einem vorher festgelegten Preis liefern (es handelt sich um ein *„fixed for fixed"*-Geschäft). Dazu muss es die Aktien überhaupt erst besitzen. Dies könnte etwa dadurch geschehen, dass das Unternehmen die Aktien auf dem Kapitalmarkt erwirbt, womit ein Zahlungsmittelabfluss verbunden ist. Es könnte auch neue Aktien emittieren, womit die Ansprüche der Altaktionäre verwässert werden, zudem mit dieser Abgabe Opportunitätskosten verbunden sind, weil ein Absatz auf dem Kapitalmarkt einen höheren Zahlungsmittelzufluss generieren würde als bei Abgabe an die Mitarbeiter.

Die Bilanzierung anteilsbasierter Vergütungen ist in IFRS 2 geregelt. Dabei ist zunächst nicht speziell von Aktienoptionen die Rede. Vielmehr handelt es sich bei einer anteilsbasierten Vergütung abstrakt um die Übertragung von Vermögenswerten im Austausch gegen Leistungen, die das Unternehmen von einem Lieferanten erhält, wobei der Wert der seitens des Unternehmens übertragenen Vermögenswerte vom Kurs oder Wert der eigenen Aktien abhängt. Bezogen auf eine Aktienoption für Mitarbeiter bedeutet das: Der Mitarbeiter liefert seine Arbeitskraft, im Gegenzug wird er (auch) in Aktienoptionen bezahlt, bei denen es sich offensichtlich um Vermögenswerte handelt, deren Wert vom Aktienkurs des Unternehmens abhängt. Warum spricht IFRS 2 nicht explizit von Aktienoptionen? Der Grund ist, dass die mit einer Aktienoption verbundenen Anreize auch ohne das tatsächliche Gewähren einer Option auf den Erwerb von Aktien geschaffen werden können. Das Verfahren wird dabei insofern vereinfacht, als dass im Ausübungszeitpunkt keine Aktie, sondern ein entsprechend hoher Geldbetrag geliefert wird. Hierbei handelt es sich dann um eine sogenannte „unechte" Aktienoption. Die Bilanzierungsfolgen echter und unechter Aktienoptionen unterscheiden sich. In diesem Kapitel werden nur „echte" Aktienoptionen behandelt. Die Gewährung solcher Aktienoptionen führt zur Erfassung von (Personal-) Aufwand mit Gegenbuchung im Eigenkapital.

Für die bilanzielle Abbildung der Aktienoption ist es zunächst erforderlich, den Wert eines Optionsrechts bei Gewährung zu bestimmen. Zu beachten ist dabei, dass die Logik der IFRS eigentlich etwas anderes nahelegt. Demnach ist nicht der Wert der gegebenen (Aktienoption), sondern die erhaltene Leistung (Arbeitsleistung) maßgeblich. „Bezahlt" das Unternehmen etwa eine maschinelle Anlage durch Herausgabe von Aktienoptionen, so ist der Wert der maschinellen Anlage für den Bilanzansatz entscheidend. Erfasst wird dann die maschinelle Anlage auf der Aktivseite, auf der Passivseite wird entsprechend im Eigenkapital gegengebucht. Der Aufwand ergibt sich später durch Abschreibung der maschinellen Anlage. Werden allerdings Mitarbeiter über Aktienoptionen „bezahlt", so ist die Bestimmung des Werts der erhaltenen

Gegenleistung weniger eindeutig als im Fall der erworbenen maschinellen Anlage. In diesem Fall wird der Sachverhalt dann durch Bewertung der gegebenen Leistung, also der Aktienoptionen, bewertet. Ein Aufwand wird in einer bestimmten Periode aber nur in der Höhe erfasst, in der ein Arbeitnehmer auch eine Gegenleistung erbracht hat. Wäre die Option etwa die Vergütung einer in einem bestimmten Geschäftsjahr voll erbrachten Arbeitsleistung, dann würde in diesem Jahr auch der entsprechende Aufwand in voller Höhe erfasst. Da Optionen in der Regel aber langfristige Anreize setzen sollen, ist der Fall eher unwahrscheinlich. Stellen sie etwa eine Vergütung für eine über vier Jahre erbrachte Arbeitsleistung dar, so wird der Aufwand *pro rata temporis* erfasst. Für die Bewertung des Aufwands sind allerdings stets und ausschließlich die Gegebenheiten am Bewertungsstichtag (*grant date*) maßgeblich, also dem Tag, an dem den Mitarbeitern die Optionen gewährt werden. Um zu einer konkreten Bewertung zu gelangen, bedarf es allerdings noch weiterer „Zutaten":

■ *Wertgerüst auf Basis der Marktbedingungen (market conditions):* Für Mitarbeiteroptionen gibt es typischerweise keine aktiven Märkte, auf denen sich Preise beobachten ließen. Daher sind Bewertungsmodelle erforderlich. Ein Beispiel ist das Binomialmodell. IFRS 2 schreibt allerdings kein bestimmtes Bewertungsmodell vor. Allgemein werden die Bewertungsmodelle Informationen über den Ausübungspreis, die Laufzeit, den aktuellen Kurs der den Optionen zugrunde liegenden Aktien, die erwartete Volatilität des Aktienkurses, Erwartungen über Dividendenzahlungen und schließlich den risikolosen Zins für die Laufzeit der Option benötigen. Aus diesen marktbezogenen Inputs lässt sich der beizulegende Zeitwert einer Option bestimmen. Dabei sind – neben den Marktbedingungen – auch alle weiteren Bedingungen zu berücksichtigen, die keine Ausübungsbedingungen darstellen (sogenannte „Nicht-Ausübungsbedingungen" bzw. *„non-vesting conditions"*). Das zum Gewährungszeitpunkt auf diese Weise festgelegte Wertgerüst wird später nicht mehr geändert.

■ *Mengengerüst auf Basis der Ausübungsbedingungen (vesting conditions):* Das Recht zur Ausübung einer Option kann an bestimmte Bedingungen geknüpft sein. Aus Sicht des Unternehmens führt die Erfüllung der Ausübungsbedingungen durch die begünstigten Arbeitnehmer zu einer Leistungsverpflichtung. Eine Dienstbedingung besagt, dass eine Option nur ausgeübt werden kann, wenn vorher eine festgelegte Dienstzeit abgeleistet wurde (z.B. kann verlangt sein, dass der Arbeitnehmer weitere drei Jahre im Unternehmen verbleibt). Eine Leistungsbedingung fordert darüber hinaus auch das Erreichen eines konkreten Erfolgsziels (z.B. die Steigerung des Umsatzes um 10 Prozent innerhalb eines gewissen Zeitraums). Die Ausübungsbedingungen fließen nicht in die Berechnung des beizulegenden Zeitwerts der Option ein (soweit es sich jedenfalls nicht um eine Leistungsbedingung handelt, die eine Marktbedingung darstellt). Vielmehr bestimmen sie lediglich das Mengengerüst. Das Mengengerüst kann über die Laufzeit auf Basis revidierter Schätzungen oder Kenntnisse angepasst werden.

Es wird also stets das Portfolio der begünstigten Mitarbeiter betrachtet und es müssen jeweils die bestmöglichen Schätzungen dafür vorgenommen werden, wie viele Mitarbeiter ihre Optionen tatsächlich ausüben werden. Der in einer Periode zu erfassende Personalaufwand ergibt sich damit hinsichtlich der Wertkomponente aus den Marktbedingungen bei Gewährung der Option, hinsichtlich der Mengenkomponente jeweils aus der bestmöglichen Schätzung darüber, wie viele Aktienoptionen ausübbar werden, wobei die Ausübungsbedingungen in Betracht zu ziehen sind. Verlässt etwa ein Mitarbeiter vor Erfüllung der Dienstbedingung das Unternehmen, wird für diesen Mitarbeiter kein entsprechender Personalaufwand (mehr) erfasst.

Exkurs 5.5   Gewährung „echter" Aktienoptionen am Beispiel der XING AG

Im Konzernabschluss 2013 der XING AG finden sich folgende Informationen zu anteilsbasierten Vergütungen nach IFRS 2:

Bedingtes Kapital und ausstehende Optionsrechte

Seit 2006 wurde regelmäßig bedingtes Kapital für das Bedienen von Aktienoptionen geschaffen, die Mitarbeitern gewährt wurden. So wurde etwa durch „Beschluss der Hauptversammlung der Gesellschaft vom 27. Mai 2010 ... zum Zwecke eines Aktienoptionsprogramms ein bedingtes Kapital (Bedingtes Kapital 2010) im Umfang von bis zu € 94.318,00 geschaffen. In der Folge wurden im Dezember 2010 und März 2011 im Rahmen des „Aktienoptionsplans 2010" (AOP 2010) insgesamt 50.000 Optionsrechte an den Vorstand von XING ausgegeben, von denen am Bilanzstichtag 40.000 (Vorjahr: 50.000) Optionsrechte nicht verfallen sind."

Eigenschaften des Aktienoptionsplans

Im Anhang des Konzernabschlusses beschreibt die XING AG die wesentlichen Charakteristika der Aktienoptionspläne 2006-2010 wie folgt: „Im Zuge des AOP [Aktienoptionsplans, d.V.] dürfen Aktienoptionen nur an Mitglieder des Vorstandes ..., an Mitglieder der Geschäftsführung von Tochtergesellschaften sowie an ausgewählte Führungskräfte, sonstige Leistungsträger und sonstige Mitarbeiter ... ausgegeben werden. Die Aktienoptionen gewähren dem Inhaber das Recht zum Bezug von auf den Inhaber lautenden stimmberechtigten Stückaktien ... Dabei gewährt jede Aktienoption das Recht auf den Bezug von je einer Aktie ... gegen Zahlung des Ausübungspreises. Die Optionsbedingungen können vorsehen, dass die Gesellschaft dem Bezugsberechtigten in Erfüllung des Bezugsrechts wahlweise anstelle von neuen Aktien unter Inanspruchnahme des bedingten Kapitals auch eigene Aktien oder einen Barausgleich gewähren." Soweit eine solche Bedingung in einem Plan enthalten ist, liegt nicht mehr eine „echte" Aktienoption in Reinform vor. Zu der Behandlung ist IFRS 2 zu konsultieren. Zur Ausübung der Optionsrechte heißt es im Anhang des Konzernabschlusses weiter: „Die Bezugsrechte ... können erstmals nach Ablauf einer Wartezeit ausgeübt werden ... Im Aktienoptionsprogramm 2010 beträgt die Wartezeit vier Jahre. →

→ Fortsetzung

Sie beginnt am Tag nach Ausgabe der jeweiligen Aktienoptionen. In den Aktienoptionsprogrammen 2006 und 2010 ist die Ausübung der Bezugsrechte innerhalb von bis zu fünf Jahren, beginnend mit dem Tag der Ausgabe der Aktienoptionen, möglich." Für den 2010er Plan heißt dies, dass die Optionen innerhalb eines Fensters von einem Jahr ausgeübt werden können, nämlich innerhalb eines Fünfjahreszeitraums nach Ende der Wartezeit von vier Jahren. Zum Bilanzstichtag waren Optionen aus dem 2010er Programm damit noch nicht ausübbar.

Ausübungskurs

Die Bemessung des Ausübungspreises wird sehr genau vorgegeben. Er entspricht „dem arithmetischen Mittel der Schlussauktionspreise der Aktien der Gesellschaft im Xetra-Handel (oder einem vergleichbaren Nachfolgesystem) an der Frankfurter Wertpapierbörse an den letzten fünf Börsentagen vor Ausgabe der jeweiligen Aktienoption (Tag der Annahme der Zeichnungserklärung des Berechtigten durch die Gesellschaft oder das von ihr für die Abwicklung eingeschaltete Kreditinstitut)." Der Ausübungspreis hängt also vom Tag der Gewährung ab. So wurde der Ausübungspreis für im Dezember 2010 gewährte Optionen auf € 32,87 festgelegt. Für im März 2011 gewährte Optionen ist der Ausübungspreis unter demselben Programm auf € 41,23 gestiegen. Zu beachten ist ferner, dass das Programm den Ausübungsgewinn auf € 35 je Option beschränkt. Wie dies erreicht wird, ist im Abschluss nicht näher erläutert. Der Effekt könnte etwa durch eine entsprechende Erhöhung des Ausübungspreises erreicht werden.

Ausübungsbedingungen

„Aus den Aktienoptionen können Bezugsrechte nur ausgeübt werden, wenn sich der Schlussauktionspreis der Aktien der Gesellschaft … innerhalb eines Jahres vor dem Tag der Ausübung des Bezugsrechts an mindestens zehn aufeinanderfolgenden Handelstagen positiver entwickelt hat als der SDAX-Index (oder ein vergleichbarer Nachfolgeindex)." Die Ausübungsbedingungen enthalten also eine Marktbedingung, die bei der Ermittlung des beizulegenden Zeitwerts der Option im Ausgabezeitpunkt einzubeziehen ist.

Bewertungsmodell

„Der beizulegende Zeitwert der Optionsrechte aus dem Aktienoptionsprogramm 2010 wurde mithilfe eines Binomialmodells zum Ausgabetag (29. März 2011) ermittelt. Die erwartete Volatilität wurde mit 30 % berücksichtigt. Als Laufzeit wurden 4,5 Jahre, als risikoloser Zinssatz 2,59 % angesetzt. Der so ermittelte beizulegende Zeitwert beträgt € 6,07 pro Option."   →

→ **Fortsetzung**

Effekte auf den Abschluss

„Die über den Erdienungszeitraum aufwandswirksam zu erfassenden Vergütungskomponenten entsprechen dem Zeitwert der gewährten Option zum Gewährungszeitpunkt (bei Ausgleich durch Aktien) ... Der beizulegende Zeitwert wird durch externe Sachverständige ... unter Anwendung anerkannter Bewertungsmodelle ermittelt. In korrespondierender Höhe wird eine Erhöhung der Rücklage (bei Ausgleich durch Aktien) ... bilanziert. (...) Rückstellungszuführungen werden im Personalaufwand, Auflösungen in den sonstigen betrieblichen Erträgen ausgewiesen." Die im Eigenkapital kumulierten Personalaufwendungen aus den „echten" Optionsprogrammen hatten 2013 bei etwa € 0,515 Mio. gelegen. Die Ausübung von vorher gewährten Aktienoptionen führte 2013 (2012) zum Zufluss von Zahlungsmitteln in Höhe von € 2,7 (€ 3,8) Mio. Der gesamte Nettozahlungsmittelzufluss der Periode hatte dagegen € 0,206 (€ 0,594) Mio. betragen.

(Quelle: Konzernabschluss der XING AG 2013, verschiedene Fundorte)

Das nachfolgende Beispiel befasst sich mit der Bilanzierung der Vergütung mittels Eigenkapitalinstrumenten aus bedingtem Kapital sowie den damit einhergehenden Auswirkungen auf das Jahresergebnis und das Eigenkapital. Hierzu sei angenommen, dass die Alpha AG am 01.01.20X1 einen Aktienoptionsplan festlegt, der 20 Führungskräften je 1.000 Aktienoptionen einräumt. Es wird erwartet, dass jedes Jahr zwei Führungskräfte das Unternehmen verlassen werden. Der Bezugskurs sowie der Börsenkurs bei Gewährung der Optionen betragen jeweils € 100 je Aktie. Das gezeichnete Kapital umfasst 500.000 Stückaktien zu je € 10. Der Erdienungszeitraum, bis zu dem alle festgelegten Ausübungsbedingungen erfüllt werden müssen, endet zum 31.12.20X3. Eine Dienstbedingung besagt, dass die Optionen nur ausgeübt werden können, wenn eine Führungskraft nach Gewährung weitere drei Jahre im Unternehmen verbleibt. Die Dienstbedingung hat keinen Einfluss auf die Ermittlung des beizulegenden Zeitwerts der Option. Als Leistungsbedingung wird weiterhin festgelegt, dass der Aktienkurs während des Erdienungszeitraums um 10 Prozent steigen muss. Bei dieser Leistungsbedingung handelt es sich um eine Marktbedingung, die bei der Ermittlung des beizulegenden Zeitwerts der Option eine Rolle spielt.

Zu ermitteln sind nun die Auswirkungen des Aktienoptionsplans auf das Eigenkapital und das Jahresergebnis der Alpha AG.

Im ersten Schritt ist der beizulegende Zeitwert der gewährten Eigenkapitalinstrumente beziehungsweise der Option zum Zeitpunkt der Gewährung (Bewertungsstichtag) zu bestimmen. Dabei sind nur die Marktbedingungen (bzw. die hier nicht vorliegenden Nicht-Ausübungsbedingungen) zu berücksichtigen. Für die Bewertung sei hier auf ein Binomialmodell für Optionen zurückgegriffen[1], wobei von den folgenden Bewertungsprämissen ausgegangen sei:

- Der Kurs liege an jedem Bilanzstichtag mit je 40-prozentiger Wahrscheinlichkeit über und mit 60-prozentiger Wahrscheinlichkeit unter dem Kurs des vorigen Bilanzstichtags (die Wahrscheinlichkeit einer Kurssteigerung p beträgt 0,4).

- Bei Kurssteigerungen wird davon ausgegangen, dass der neue Kurs bei 130 Prozent des alten liegt (der proportionale Aufwärtsfaktor y beträgt 1,3).

- Bei Kursrückgängen wird davon ausgegangen, dass der neue Kurs bei 70 Prozent des alten liegt (der proportionale Abwärtsfaktor z beträgt 0,7).

- Der Kalkulationszinssatz r liegt bei 0,1.

Die sich aus den Bewertungsprämissen ergebenden möglichen Aktienkurse zu den einzelnen Stichtagen können ▶ Abbildung 5.3 entnommen werden. Der Wert von € 219,70 (oben rechts in der Abbildung) entspricht dem Aktienkurs, der sich im Fall dreier aufeinanderfolgender Kurssteigerungen ergibt (100 × 1,3 × 1,3 × 1,3). Die Wahrscheinlichkeit p für drei aufeinanderfolgende Kurssteigerungen liegt bei $0,4^3 = 0,064$, also 6,4 Prozent. Bei drei aufeinanderfolgenden Kursrückgängen liegt der Kurs bei 100 × 0,7 × 0,7 × 0,7 = 34,30, was mit 21,6-prozentiger Wahrscheinlichkeit eintritt. Die übrigen Abschlusskurse und Wahrscheinlichkeiten (p) des Eintretens ergeben sich aus den verschiedenen Kombinationen von Kurssteigerungen und -rückgängen.

Es muss nun auf Basis der Marktbedingungen und Bewertungsprämissen berechnet werden, welchen Wert eine Option zum Zeitpunkt der Gewährung hat. Dazu ist zunächst festzustellen, dass die Option überhaupt nur dann einen „inneren Wert" größer null hat, wenn der Kurs über € 100,00 liegt – denn nur dann lohnt es sich auch, die Option auszuüben und Aktien zu einem Kurs von € 100,00 zu beziehen. Ferner ist hier die Leistungsbedingung zu beachten, die eine Marktbedingung darstellt: Die Option kann überhaupt nur ausgeübt werden, wenn der Preis über € 110,00 liegt. Der innere Wert der Option am Ende der Laufzeit, also zum Ausübungszeitpunkt, ergibt sich daher als Differenz zwischen dem Kurswert und dem Bezugspreis der Aktie von € 100,00, soweit jedenfalls der Kurswert der Aktie über € 110,00 liegt. Aus der Abbildung ist ersichtlich, dass die Option nur in vier von acht möglichen Fällen einen inneren Wert größer null zum Ausübungszeitpunkt hat. Dieser beträgt zum 31.12.20X3, je nach Verlauf der Kursentwicklung, entweder € 119,70 oder € 18,30. In diesen Fällen ist jeweils auch das Leistungsziel erreicht, das eine Marktbedingung darstellt: Der Marktwert ist also um mehr als 10 Prozent gestiegen. In den anderen Fällen beträgt der Wert der Option € 0.

Um herauszufinden, welchen Wert die Option zum Zeitpunkt der Gewährung hatte, muss nun schrittweise zurückgerechnet werden. Dabei ist einerseits die Unsicherheit bezüglich der eintretenden Kurse, andererseits auch der Kalkulationszinsfuß zu berücksichtigen. Das Zurückrechnen sei nun für den oberen Zweig in der ▶ Abbildung

---

1 Hierbei handelt es sich, wie ausgeführt, um ein mögliches Verfahren nach IFRS 2, allerdings nicht das einzig denkbare. Zu den weiteren denkbaren Verfahren zählen das Black-Scholes-Modell und das Monte-Carlo-Simulationsmodell, die hier nicht weiter vertieft werden sollen.

5.3 dargestellt. Liegt am 31.12.20X2 ein Aktienkurs von € 169,00 vor, dann liegt der Kurs in der Folgeperiode mit 40-prozentiger Wahrscheinlichkeit bei € 219,70 und mit 60-prozentiger Wahrscheinlichkeit bei € 118,30.[2] Im ersten Fall hat die Option zum Ausübungszeitpunkt einen Wert von € 119,70, im zweiten Fall von € 18,30. Liegt also am 31.12.20X2 ein Aktienkurs von € 169,00 vor, dann entspricht der Zeitwert der Option dem mit Eintrittswahrscheinlichkeiten gewichteten Erwartungsbarwert der künftigen Optionswerte. Dieser Wert ergibt sich durch Diskontierung des Erwartungswerts und wird wie folgt berechnet:

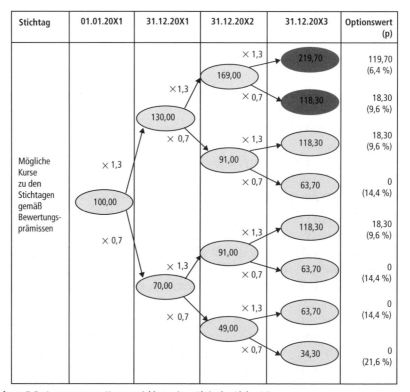

Abbildung 5.3: Angenommene Kursentwicklung einer Aktie der Alpha AG

$$(€ 119,70 \times 0,4 + € 18,30 \times 0,6) \div 1,1 = € 53,51.$$

Analog zu dieser Rechnung müssen nun die weiteren Zeitwerte berechnet werden. Durch diese Rückwärtsrechnung erhält man letztendlich den Optionswert zum Gewährungszeitpunkt, der hier (rund) € 9,72 beträgt (▶ Abbildung 5.4). Der gleiche Wert ergibt sich, wenn die möglichen Optionswerte zum 31.12.20X3 mit ihren jeweili-

---

2 Es handelt sich hierbei nicht um die tatsächlichen, sondern um risikoneutrale Wahrscheinlichkeiten. Die tatsächliche Wahrscheinlichkeit des Eintretens eines Optionswertes von € 119,70 liegt, wie gezeigt, bei 6,4 Prozent. Die risikoneutralen Wahrscheinlichkeiten entsprechen dagegen den Eintrittswahrscheinlichkeiten für die beiden möglichen Optionswerte am 31.12.20X3, wenn der Optionswert am 31.12.20X2 gegeben ist.

gen (tatsächlichen) Eintrittswahrscheinlichkeiten gewichtet und über drei Perioden diskontiert werden. Die Rechnung lautet wie folgt:

(€ 119,70 × 0,064 + € 18,30 × 0,096 + € 18,30 × 0,096 + € 0 × 0,144 + € 18,30 × 0,096 + € 0 × 0,144 + € 0 × 0,144 + € 0 × 0,216) ÷ $1,1^3$ = € 9,72 (gerundet).

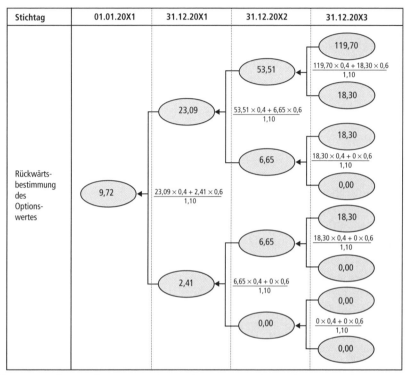

Abbildung 5.4: Rückwärtsrechnung zur Bestimmung des Optionswerts im Gewährungszeitpunkt

Nach Bestimmung des Optionswerts – bei dem die Annahmen über die Anzahl der berechtigten Führungskräfte keinerlei Rolle spielen – muss nun geprüft werden, welche Auswirkungen sich auf Bilanz und Gewinn-und-Verlust-Rechnung an den Bilanzstichtagen ergeben. Im Sachverhalt werden am 1.1.20X1 20 Führungskräften jeweils 1.000 Optionen gewährt und es wird davon ausgegangen, dass jedes Jahr zwei Führungskräfte das Unternehmen verlassen. Die Gewährung der Optionen zielt auf eine Steigerung des Aktienkurses über den Erdienungszeitraum. Im Zeitpunkt der Gewährung können die Mitarbeiter noch keine entsprechende Gegenleistung erbracht haben. Die Gewährung der Option bleibt also zunächst unberücksichtigt.

Zum 31.12.20X1 hat eine Führungskraft das Unternehmen verlassen. Es wird weiterhin davon ausgegangen, dass in den nächsten beiden Geschäftsjahren je zwei Führungskräfte das Unternehmen verlassen und ihre Option damit nicht ausüben können. Die bestmögliche Schätzung über die Anzahl der ausübbaren Optionen ist demnach:

$$(20 - 1 - 2 - 2) \times 1.000 = 15.000.$$

Ziel der Gewährung der Aktienoption ist, dass die Führungskräfte über die Laufzeit des Optionsprogramms dazu beitragen, den Aktienkurs um mindestens 10 Prozent zu steigern. Im vorliegenden Fall kann davon ausgegangen werden, dass die Arbeitsleistungen über die drei Perioden der Laufzeit gleichmäßig erbracht werden. Demnach ergibt sich der in 20X1 zu erfassende Personalaufwand durch Multiplikation des beizulegenden Zeitwerts der Option im Gewährungszeitpunkt mit der bestmöglichen Schätzung über die Anzahl der ausgeübten Optionen zum Bilanzstichtag, wobei der daraus resultierende (erwartete) Gesamtaufwand periodengerecht zu erfassen ist. Entsprechend wird in 20X1 folgender Personalaufwand erfasst:

$$1/3 \times (€\ 9{,}72 \times 15.000) = €\ 48.600.$$

Der Buchungssatz zum Geschäftsjahresende am 31.12.20X1 lautet daher wie folgt:

831 Personalaufwand	48.600	
an 440 Kapitalrücklagen		48.600

Zu bemerken ist hierbei, dass – unter sonst gleichen Bedingungen – der Personalaufwand (über den Periodengewinn) das Eigenkapital schmälert. Es wird allerdings durch die Einstellung in die Kapitalrücklage um den gleichen Betrag erhöht, sodass der Nettoeffekt im Eigenkapital bis zum Ende der Laufzeit jeweils 0 ist. Erst nach Ausübung der Optionen ergeben sich bilanzielle Veränderungen im Eigenkapital. Angenommen, es werden nach Ablauf der Sperrfrist die 15.000 Optionen tatsächlich ausgeübt, so fließen dem Unternehmen $15.000 \times €\ 100 = €\ 1.500.000$ liquide Mittel zu. Diese erhöhen im Umfang von $15.000 \times €\ 10 = €\ 150.000$ das gezeichnete Kapital und die Kapitalrücklage um € 1.350.000. Gebucht wird dann wie folgt:

210 Zahlungsmittel	1.500.000	
an 410 Gezeichnetes Kapital		150.000
440 Kapitalrücklagen		1.350.000

Die Besonderheit bei der Entlohnung der Manager über Aktienoptionen besteht also darin, dass das Unternehmen nach den Rechnungslegungsregeln zwar Personalaufwand zu erfassen hat, die Gewährung und mögliche Ausübung der Optionen aber niemals mit dem Abfluss von Zahlungsmitteln verbunden ist. Den wirtschaftlichen Nachteil tragen vollständig die Altaktionäre, deren Gewinnansprüche durch die Schaffung von neuem Aktienkapital (bei Bedienung einer ausgeübten Option mit jungen Aktien) geschmälert werden. Dies wird aus dem Jahresabschluss indirekt über die Erfassung des Aufwands sichtbar und kann ein wichtiges Signal für die Abschlussadressaten darstellen. Im vorliegenden Fall wird insgesamt Personalaufwand in Höhe von € 145.800 erfasst. Dies entspricht ungefähr dem Betrag, auf den das Unternehmen verzichtet, hätte es alternativ die jungen Aktien zu ihrem Marktpreis am Kapitalmarkt veräußert.

Aufgaben

1. Erläutern Sie die Buchungssystematik bei Gewährung und Ausübung von Aktienoptionen!

2. Warum wird das Eigenkapital bei der Bilanzierung von Aktienoptionen während der Sperrfrist der Höhe nach nicht beeinflusst?

3. Erläutern Sie die Buchungssystematik bei Gewinnausschüttungen! Welche Relevanz haben IFRS-Abschlüsse in Deutschland für die Gewinnausschüttung?

4. Zum 1.1.20X1 gewährt ein Unternehmen zehn Führungskräften jeweils 100.000 Aktienoptionen. Der Kurswert der Aktie zum Zeitpunkt der Gewährung liegt bei € 7. Die Option räumt das Recht ein, nach drei Jahren (Sperrfrist) Aktien zum Kurs von € 7 zu beziehen, soweit der Kurs – seit der Gewährung – um mindestens 10 Prozent gestiegen ist. Für die Optionsbewertung sollen folgende Annahmen gelten:

   – Aufwärtsfaktor: 1,1;

   – Abwärtsfaktor: 0,6;

   – Wahrscheinlichkeit für einen Kursanstieg: 0,5;

   – Wahrscheinlichkeit für einen Kursrückgang: 0,5;

   – Kalkulationszinssatz: 10 Prozent.

   Berechnen Sie den Optionswert zum Zeitpunkt der Gewährung. Wie ist während der Laufzeit des Optionsprogramms zu buchen, wenn angenommen wird, dass zwei Mitarbeiter vor Ablauf der Sperrfrist das Unternehmen verlassen und dies auch tatsächlich tun, also nur acht Mitarbeiter ihre Optionen ausüben?

Weiterführende Literatur Der Beitrag von Cox et al., 1979, befasst sich grundlegend mit der Bewertung von Aktienoptionen nach dem hier vorgestellten Binomialmodell. Erläuterungen hierzu finden sich etwa in Copeland et al., 2008. Für Anwendungsbeispiele dieses Modells im Bereich der internationalen Rechnungslegung kann auf Crasselt, 2005, sowie Eiselt und Wulf, 2006, verwiesen werden. Mit IFRS 2 befassen sich bereits Pellens und Crasselt, 2004. Grundlegende Aspekte von Aktienoptionen und Binomialbäumen finden sich in Hull, 2012. ▶ Kapitel 5.4.2 in diesem Buch behandelt die Bilanzierung virtueller Aktienoptionen.

5.2 Bilanzierung finanzieller Verbindlichkeiten

5.2.1 Definition, Ansatz und Klassifikation

Lernziele

- Finanzielle Verbindlichkeiten zählen zu den Schulden eines Unternehmens. Allerdings sind nicht alle Schulden finanzielle Verbindlichkeiten.

- Finanzielle Verbindlichkeiten sind vertragliche Verpflichtungen, die zum Abfluss von Zahlungsmitteln oder anderer finanzieller Verbindlichkeiten führen.

- Eine finanzielle Verbindlichkeit kann auch durch die vertragliche Verpflichtung entstehen, finanzielle Vermögenswerte oder finanzielle Verbindlichkeiten unter nachteiligen Bedingungen zu tauschen.

- Typischerweise werden finanzielle Verbindlichkeiten zu fortgeführten Anschaffungskosten unter Anwendung der Effektivzinsmethode bewertet. Alternativ kommt aber auch die Neubewertung von Schulden in Betracht.

Finanzielle Verbindlichkeiten zählen zu den Schulden eines Unternehmens. Schulden sind gemäß Rahmenkonzept der IFRS definiert als gegenwärtige Verpflichtungen aufgrund vergangener Ereignisse, die zu einem Abfluss von Ressourcen mit wirtschaftlichem Nutzen führen. Der Begriff der Schulden ist breiter als der der finanziellen Verbindlichkeiten. Schulden, aber keine finanziellen Verbindlichkeiten, sind zum Beispiel Abgrenzungsposten (vergleiche ▶ Kapitel 5.4.1), Rückstellungen (vergleiche ▶ Kapitel 5.3), Schulden, die durch die Gewährung bestimmter Formen anteilsbasierter Vergütung entstehen (vergleiche ▶ Kapitel 5.4.2), oder auch Sachleistungsverpflichtungen (vergleiche ▶ Kapitel 5.4.3). Schulden entstehen häufig im normalen Geschäftsablauf und sind relativ breit zu fassen. Es muss nicht notwendigerweise eine gesetzliche Durchsetzbarkeit oder ein bindender Vertrag vorliegen. Auch die unternehmenspolitische Entscheidung, nach Ablauf von Garantiefristen Produktfehler zu beheben, kann zur Entstehung von Schulden führen.

Finanzielle Verpflichtungen zählen nicht nur zu den Schulden, sondern auch zur Gruppe der Finanzinstrumente, deren Bilanzierung in IAS 32 und IAS 39 bzw. in IFRS 9 geregelt ist. Dabei handelt es sich um vertragliche Verpflichtungen,

- flüssige Mittel oder einen anderen finanziellen Vermögenswert an ein anderes Unternehmen abzugeben (zum Beispiel Verbindlichkeiten aus Lieferungen und Leistungen); oder

- finanzielle Vermögenswerte oder finanzielle Verbindlichkeiten mit einem anderen Unternehmen zu potenziell nachteiligen Bedingungen zu tauschen (zum Beispiel die vertraglich eingeräumte Verpflichtung des Stillhalters einer Option).

Zudem kann es sich auch bei vertraglichen Verpflichtungen, die ein Unternehmen in Eigenkapitalinstrumenten erfüllen kann oder muss, um finanzielle Verbindlichkeiten handeln. Dies allerdings nur in den Fällen, in denen

- bei einem nicht derivativen Finanzinstrument die vertragliche Verpflichtung besteht, künftig eine variable Anzahl von Eigenkapitalinstrumenten abzugeben;

- bei einem derivativen Finanzinstrument die vertragliche Verpflichtung besteht, eine variable Anzahl von Eigenkapitalinstrumenten gegen einen festen Betrag an flüssigen Mitteln (oder einen anderen finanziellen Vermögenswert) zu tauschen.

Eine finanzielle Verbindlichkeit ist – wie alle Finanzinstrumente – erstmals und nur dann anzusetzen, wenn das Unternehmen Vertragspartei geworden ist. Beim erstmaligen Ansatz klassifiziert ein Unternehmen die finanzielle Verbindlichkeit und nimmt auch die Erstbewertung vor. Die Ausbuchung erfolgt, wenn die finanzielle Verbindlichkeit getilgt ist. Dies ist der Fall, wenn alle im Vertrag genannten Verpflichtungen erfüllt oder aufgehoben sind.

Nach IFRS 9 (ähnlich auch nach IAS 39) gibt es zwei Kategorien finanzieller Schulden. Die erste Kategorie besteht aus Schulden, die zu fortgeführten Anschaffungskosten (*at armortized cost*) bewertet werden, die zweite aus Schulden, die zum beizulegenden Zeitwert bilanziert werden (*at fair value through profit and loss*). Nach IAS 39 werden zunächst nur solche Instrumente der Fair-Value-Kategorie zugeordnet, die zu Handelszwecken gehalten werden. Dies betrifft insbesondere alle derivativen Finanzinstrumente auf der Passivseite (soweit es sich nicht um Finanzgarantien oder derivative Finanzinstrumente handelt, die Teil effektiver Hedge-Beziehungen sind). IFRS 9 macht deutlicher, dass grundsätzlich alle finanziellen Verbindlichkeiten zu fortgeführten Anschaffungskosten bewertet werden sollen, wovon allerdings einige Verbindlichkeiten ausgenommen sind (z.B. bestimmte Finanzgarantien, bei speziellen Verbindlichkeiten, die aus der Übertragung finanzieller Vermögenswerten entstehen oder bei Kreditzusagen unterhalb des Marktzinssatzes). Sowohl IAS 39 als auch IFRS 9 sehen zudem die sogenannte Fair-Value-Option vor, ein Wahlrecht, nach dem im Grunde alle Arten finanzieller Verbindlichkeiten zum beizulegenden Zeitwert bilanziert werden dürfen. Voraussetzung ist, dass durch den Fair Value entscheidungsnützlichere Informationen geliefert werden, wovon auszugehen ist, wenn durch die Designation

- Bewertungsinkonsistenzen (*accounting mismatches*) vermieden werden, die daraus resultieren, dass wirtschaftlich zusammengehörige Finanzinstrumente ggf. zunächst in verschiedenen Kategorien zu erfassen sind und dadurch die Gefahr entsteht, dass die Adressaten von Abschlüssen falsche Schlüsse bezüglich der wahren Vermögens- und Ertragslage ziehen;

- eine Angleichung von externem und internem Reporting erreicht wird, weil intern eine Gruppe von Finanzinstrumenten als Portfolio verwaltet wird und die Portfolio-Performanz auch für Zwecke der internen Planung, Steuerung und Kontrolle auf Basis des Fair Value gemessen wird.

Hinweise zum Ausweis finanzieller Verbindlichkeiten finden sich in IAS 1 und IFRS 7. Nach IAS 1 sind finanzielle Schulden neben den Positionen Verbindlichkeiten aus Lieferungen und Leistungen, Ertragssteuerschulden und latente Steuern auszuweisen, wobei kurz- und langfristige Schulden getrennt auszuweisen sind. Eine Schuld ist als kurzfristig anzusehen, wenn eine Tilgung innerhalb des gewöhnlichen Geschäftszyklus oder innerhalb von zwölf Monaten nach dem Bilanzstichtag erwartet wird beziehungsweise kein Recht besteht, die Tilgung über diesen Zeitraum hinaus zu verschieben. Auch zu Handelszwecken gehaltene Schulden werden als kurzfristig klassifiziert, alle anderen als die genannten als langfristig. Wenn ein Rechtsanspruch zur Aufrechnung und die Absicht zum Nettoausgleich vorhanden sind, besteht die Pflicht, finanzielle Vermögenswerte und Verbindlichkeiten zu saldieren. Bei Forderungen und Verbindlichkeiten gegenüber unterschiedlichen Partnern ist dies allerdings in der Regel genauso wenig der Fall wie bei Verpflichtungen aus Schadensereignissen, denen Entschädigungsansprüche aus Versicherungen gegenüberstehen. Weitere Ausweisvorschriften, auf die hier nicht näher eingegangen sei, finden sich in IFRS 7.

Aufgaben

1. Was wird unter einem Accounting Mismatch verstanden?

2. Versuchen Sie ein Beispiel für das Entstehen eines Accounting Mismatch zu finden, das durch die Anwendung unterschiedlicher Bewertungskategorien entsteht!

3. Nehmen Sie an, die Alpha AG hat eine Forderung gegenüber der Gamma AG über € 1.000.000 und schuldet gleichzeitig der Gamma AG € 500.000. Darf die Alpha AG in ihrem Abschluss Forderung und finanzielle Verbindlichkeit saldieren?

Weiterführende Literatur Weitere Informationen zum Ausweis von Verbindlichkeiten als lang- oder kurzfristig finden sich in Freiberg, 2010. Mit der Saldierung von Finanzinstrumenten beschäftigen sich Freiberg und Lukat, 2013, sowie Bär, Kalbow und Vesper, 2014. König, 2013, beschreibt die Auswirkungen der Kategorisierung von Finanzinstrumenten nach IAS 39 und IFRS 9 auf die Berechnung des regulatorischen Eigenkapitals von Banken.

5.2.2 Erst- und Folgebewertung

Lernziele

■ Finanzielle Verbindlichkeiten, die zu fortgeführten Anschaffungskosten bewertet werden, werden bei Zugang mit ihrem beizulegenden Zeitwert unter Berücksichtigung von Transaktionskosten angesetzt. Für die Folgebewertung kommt die Effektivzinsmethode zum Einsatz.

■ Finanzielle Verbindlichkeiten, die zum beizulegenden Zeitwert bewertet werden, werden bei Zugang mit ihrem beizulegenden Zeitwert ohne Berücksichtigung von Transaktionskosten angesetzt. In den nachfolgenden Perioden wird jeweils neubewertet, wobei die Neubewertungsbeträge typischerweise erfolgswirksam erfasst werden.

Die Erstbewertung von finanziellen Verbindlichkeiten erfolgt analog zu den finanziellen Vermögenswerten: Wenn eine finanzielle Verbindlichkeit zu fortgeführten Anschaffungskosten bewertet wird, sind Transaktionskosten bei der Bestimmung der Anschaffungskosten zu berücksichtigen. Fällt die finanzielle Verbindlichkeit dagegen in die Kategorie der zum beizulegenden Zeitwert zu bewertenden Finanzinstrumente, so müssen eventuell anfallende Transaktionskosten in der Periode des Erwerbs erfolgsmindernd erfasst werden, dürfen also nicht passiviert werden.

Die fortgeführten Anschaffungskosten entsprechen grundsätzlich dem Rückzahlungsbetrag abzüglich erfolgter Tilgungen und einer Korrektur um Agien und Disagien. Die sogenannte Effektivzinsmethode dient der Berechnung fortgeführter Anschaffungskosten finanzieller Schulden und insbesondere der Zuordnung von Zinserträgen und Zinsaufwendungen auf die jeweiligen Perioden, in denen das Instrument gehalten wird. Dabei ist der Effektivzinssatz derjenige Kalkulationszinssatz, mit dem die geschätzten künftigen Ein- und Auszahlungen exakt auf den Nettobuchwert abgezinst werden. Bei der Ermittlung des Effektivzinssatzes müssen alle vertraglichen Bedingungen des Finanzinstruments berücksichtigt werden, außerdem alle unter den Vertragspartnern gezahlten oder erhaltenen Gebühren und sonstigen Entgelte.

Exkurs 5.6   Folgebewertung von Schulden bei der Continental AG

Im Konzernbericht 2013 der Continental AG finden sich folgende Informationen zur Bewertung strukturierter Finanzprodukte: „Finanzinstrumente, die sowohl eine Fremd- als auch eine Eigenkapitalkomponente enthalten, werden ihrem Charakter entsprechend in unterschiedlichen Bilanzposten angesetzt. Zu den hier relevanten Eigenkapitalinstrumenten gehören im Wesentlichen Options- und Wandelanleihen. Der beizulegende Zeitwert von Wandlungsrechten wird bereits bei der Emission einer Wandelanleihe in die Kapitalrücklage eingestellt und gleichzeitig von der Anleiheverbindlichkeit abgesetzt. →

→ **Fortsetzung**

Beizulegende Zeitwerte von Wandlungsrechten aus unterverzinslichen Anleihen werden anhand des kapitalisierten Unterschiedsbetrags aus dem Zinsvorteil ermittelt. Für die Laufzeit der Anleihe wird der Zinsaufwand der Fremdkapitalkomponente aus dem Marktzins zum Zeitpunkt der Emission für eine vergleichbare Anleihe ohne Wandlungsrecht errechnet. Der Differenzbetrag zwischen dem berechneten und dem gezahlten Zins erhöht den Buchwert der Anleiheverbindlichkeit. Bei Fälligkeit oder Wandlung der Wandelanleihe wird gemäß dem Wahlrecht in IAS 32 die in der Kapitalrücklage bei der Emission eingestellte Eigenkapitalkomponente mit den kumulierten einbehaltenen Gewinnen aufgerechnet."

(Quelle: Anhang des Konzernabschlusses der Continental AG 2013, S. 164)

Die nach IAS 39 im Rahmen der Fair-Value-Option zulässige Bewertung finanzieller Schulden zum beizulegenden Zeitwert war stets umstritten. Ein Grund dafür ist, dass Neubewertungen von Schulden gemäß IAS 39 – und im Grundsatz auch nach IFRS 9 – stets erfolgswirksam sind. Demnach entsteht durch das Absinken des Marktwerts einer zum beizulegenden Zeitwert angesetzten finanziellen Verbindlichkeit ein Ertrag. Bei Derivaten ist dies häufig explizit gewünscht. So könnte etwa ein Derivat die Erfolgswirkungen eines zum beizulegenden Zeitwert bilanzierten und hinsichtlich der Wertentwicklung höchst volatilen finanziellen Vermögenswerts (exakt) kompensieren. Sinkt demnach der beizulegende Zeitwert des Vermögenswerts, so wird ein Aufwand erfasst; dieser wird aber exakt durch die Veränderung des beizulegenden Zeitwerts des Derivats – hier in Form einer Verminderung des negativen Marktwerts – kompensiert. Problematisch ist allerdings, dass sich auch eine Verschlechterung der eigenen Bonität auf den Marktwert der eigenen Schulden auswirkt. Verschlechtert sich etwa das eigene Rating, so bedeutet dies nichts anderes, als dass der Markt die Rückzahlung der Schulden nunmehr als weniger wahrscheinlich erachtet. Will etwa der Inhaber einer Anleihe diese deshalb am Markt veräußern, wird er einen Bewertungsabschlag in Kauf nehmen müssen. Der Marktwert fällt also, entsprechend führt die Verschlechterung der eigenen Bonität bei einer Bewertung der eigenen Schulden zum beizulegenden Zeitwert zur Erfassung von Erträgen. Werden die dadurch erhöhten Gewinne einbehalten, ergibt sich durch die Verschlechterung des eigenen Ausfallsrisikos gar eine Erhöhung der Eigenkapitalquote. Aus konzeptioneller Sicht ist das Vorgehen deshalb fragwürdig. Die Erfolgsvereinnahmung durch Erhöhung der Ausfallwahrscheinlichkeit ist vor dem Hintergrund, dass die Bilanzierung stets unter der Annahme der Unternehmensfortführung erfolgt, bedenklich. Insbesondere dann, wenn davon ausgegangen wird, dass der „Erfolg" der verminderten Rückzahlung eigentlich nur bei einem Zahlungsausfall realisiert wird. Dagegen lässt sich einwenden, dass es auch eine mit der Unternehmensfortführung vereinbare Form der Realisation gibt: Das Unternehmen kann seine eigenen Schulden zu einem niedrigeren als dem Erfüllungsbetrag zurückkaufen. Dieser Rückkauf muss wiederum refinanziert werden, sodass auch diese Begründung der Abbildungskonsequenzen nicht restlos überzeugt. Wohl auch deshalb stellt IFRS 9 klar, dass der Effekt aus der Verschlechterung dann und nur dann erfolgswirksam erfasst werden kann, wenn dadurch nachweisbar ein *Accounting Mismatch* beseitigt werden kann. Soweit ein solcher Nachweis nicht erbracht werden kann, sind mit der Verschlechterung der eigenen Kreditwürdigkeit verbundene Effekte bei den zum beizulegenden Zeitwert bilanzierten finanziellen Vermögenswerten im sonstigen Ergebnis zu erfassen.

Exkurs 5.7	**Bilanzierung eigener Verbindlichkeiten zum beizulegenden Zeitwert**

Im dritten Quartal 2011 wies die UBS überraschend einen Reingewinn von ca. 1 Milliarde Schweizer Franken aus – trotz Finanzkrise und einen vom eigenen Händler verursachten Milliardenverlust. Dazu hatte auch die Neubewertung eigener, zum Fair Value bilanzierter, Verbindlichkeiten beigetragen. Die Neubewertung führte zu einem Gewinnbeitrag in Höhe von 1,8 Milliarden Schweizer Franken, wovon alleine 1,5 Milliarden auf die Ausweitung des Credit Spread zurückzuführen waren. Die Bewertung eigener Anleihen nach dem Fair-Value-Prinzip erlaubt es Banken, im Falle einer Bonitätsverschlechterung Gewinne zu erfassen. Dies funktioniert wie folgt: Fällt der Wert der Anleihe, ist die Bank dazu in der Lage, eigene Papiere zu einem günstigeren Preis zurückzukaufen und somit einen Gewinn zu verbuchen. In den meisten Fällen kauft die Bank ihre Anleihen allerdings nicht zurück. Am Ende der Laufzeit muss dann der volle Wert der Anleihe zurückgezahlt werden.

(Quelle: Quartalsabschluss Q3 2011 der UBS Gruppe 2011, S. 79)

Weiterführende Literatur Zu finanziellen Verbindlichkeiten unter IFRS 9 sei auf Christian, 2011, verwiesen. Eckes, Flick und Sierleja, 2010, beschäftigen sich mit der Kategorisierung und Bewertung von Finanzinstrumenten nach IFRS 9 bei Kreditinstituten. Zur Problematik der Erfolgswirksamkeit der Verschlechterung der eigenen Bonität bei eigenen Verbindlichkeiten, die zum beizulegenden Zeitwert bilanziert werden, ist auf Thurow, 2012, sowie Finke und Kümpel, 2013, zu verweisen. Inwieweit Rechnungslegungspraktiken zur Finanzkrise beigetragen haben, wird in Laux und Leuz, 2009, Laux und Leuz, 2010, sowie Norton, 2011, diskutiert.

5.2.3 Fallbeispiele

Zusammengesetzte Instrumente

Lernziele

- Zusammengesetzte Instrumente enthalten eine Eigen- und Fremdkapitalkomponente.
- Solche Instrumente sind nach IFRS in ihre Komponenten aufzuspalten und gesondert zu bilanzieren.

IAS 32 schreibt vor, dass der Emittent eines nicht derivativen Finanzinstruments prüfen muss, ob das Instrument sowohl eine Schuld- als auch eine Eigenkapitalkomponente enthält. Die Komponenten eines solchen zusammengesetzten Instruments (*compound financial instrument*) sind zu trennen und jeweils gemäß den einschlägigen Vorschriften für finanzielle Verbindlichkeiten, finanzielle Vermögenswerte oder Eigenkapitalinstrumente zu bilanzieren. Jedoch existieren auch Ausnahmen von der Trennungspflicht. Ein Beispiel für solche Instrumente sind Wandelschuldverschreibungen. Diese verbriefen das Recht, ein Fremdkapitalinstrument in ein Eigenkapitalinstrument umzutauschen. Damit handelt es sich um ein zusammengesetztes Instrument. Es enthält ein klassisches Fremdkapitalinstrument, zudem die Option, dieses Instrument gegen ein Eigenkapitalinstrument zu tauschen. Das Eigenkapitalinstrument bezieht sich auf die vertragliche Verpflichtung des Emittenten, die Schuld nicht in Zahlungsmitteln (oder anderen Vermögenswerten) zu begleichen, sondern in eigenen Eigenkapitalinstrumenten zu erfüllen, wobei dann eine feste Anzahl von Aktien (100) gegen einen vorher feststehenden Betrag (Auflösung der finanziellen Verbindlichkeit gemäß Bilanzansatz) getauscht wird.

Es sei beispielhaft eine Wandelschuldverschreibung mit einer Laufzeit von drei Jahren betrachtet, die zu ihrem Nominalwert von € 1.000 ausgegeben wird. Das Instrument verbrieft das Recht, jährliche Couponzinszahlungen in Höhe von 5 Prozent p.a. auf den Nominalwert zu erhalten. Die Inhaber eines Instruments haben ferner das Recht, das Instrument während der Laufzeit jederzeit in 100 Aktien des Unternehmens zu tauschen. Es sei ferner angenommen, dass eine zum Nennwert von € 1.000 begebene Anleihe ohne Wandlungsrecht mit einem Couponzins von 8 Prozent p.a. ausgestattet sein müsste. Die Inhaber verzichten also für das Wandlungsrecht auf höhere Zinszahlungen.

Die rechnerische Aufspaltung in den Eigen- und Fremdkapitalanteil geschieht wie folgt: Es wird zunächst der Barwert eines Schuldinstruments berechnet. Es wird dazu ein vergleichbares Instrument gesucht, das zum Nominalbetrag ausgegeben wird. Da ein solches Instrument einen Effektivzins von 8 Prozent p.a. aufweist, kann nun der beizulegende Zeitwert des Schuldinstruments als Barwert der abgezinsten Coupon- und Tilgungszahlungen berechnet werden. Dabei werden die Zahlungen mit dem eigentlich zu erwartenden Effektivzinssatz von 8 Prozent diskontiert. Es ergibt sich ein Barwert von € 922,69:

Periode	Zahlung (nominal)	Barwert (i = 8 Prozent)
1	50 (= 1.000 x 0,05)	46,30 (= 50 ÷ $1{,}08^1$)
2	50	42,87
3	50	39,69
3	1.000	793,83
Summe		**922,69**

Der Wert der Eigenkapitalkomponente entspricht der Differenz aus dem eigentlich zu erwartenden Marktwert des Schuldinstruments und des erhaltenen Emissionserlöses. Der Wert der Eigenkapitalkomponente im Zeitpunkt der Emission beträgt somit:

$$\text{€ } 1.000,00 - \text{€ } 922,69 = \text{€ } 77,31.$$

Bei der Emission kann daher folgender Buchungssatz erfasst werden:

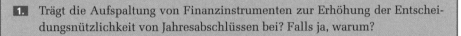

210 Zahlungsmittel	1.000	
an 440 Kapitalrücklage		77
523 Anleihe		923

EXTRAS ONLINE

Aufgaben

1. Trägt die Aufspaltung von Finanzinstrumenten zur Erhöhung der Entscheidungsnützlichkeit von Jahresabschlüssen bei? Falls ja, warum?

2. Buchen Sie folgenden Sachverhalt: Ein Unternehmen emittiert eine Wandelschuldverschreibung mit Nominalwert von € 1.000 und Laufzeit von drei Jahren und erlöst damit € 1.000. Es wird ein Couponzins von 10 Prozent p.a. gezahlt. Das Unternehmen emittiert gleichzeitig eine weitere (reine) Schuldverschreibung mit Couponzins von 10 Prozent p.a. und erlöst damit € 850. Auch hier ist die Laufzeit drei Jahre. Diskutieren Sie auch, ob es einen Unterschied ausmacht, ob das Unternehmen bei Ausübung des Wandlungsrechts in eine feste Anzahl eigener Aktien tauschen muss oder ob es verpflichtet ist, eine variable Anzahl von Aktien gemäß der Entwicklung des Marktwerts der Anleihe zu liefern.

Weiterführende Literatur Ein Vergleich der Bilanzierung von strukturierten Finanzinstrumenten nach IFRS und HGB findet sich bei Albrecht et al., 2013, und Lorenz und Wiechens, 2008. Für weitere Informationen zur Bilanzierung strukturierter Finanzprodukte nach IFRS 9 vergleiche Sellhorn und Hahn, 2010.

Folgebewertung ausgegebener Anleihen nach der Effektivzinsmethode

Lernziele

- Die Folgebewertung zu fortgeführten Anschaffungskosten nach der Effektivzinsmethode ist die präferierte Bewertungskategorie finanzieller Verbindlichkeiten.

- Der Effektivzins kann als interner Zinsfuß einer Zahlungsreihe verstanden werden, in der alle vertraglichen Vereinbarungen berücksichtigt sind, wobei der interne Zinsfuß dafür sorgt, dass alle diskontierten künftigen Zahlungsströme genau dem beizulegenden Zeitwert des Instruments im Zeitpunkt der Emission entsprechen.

Im vorliegenden Fallbeispiel wird eine Anleihe betrachtet, welche am 31.12.20X1 mit einem Nennwert von € 200.000 emittiert wird und die über drei Jahre (bzw. sechs Halbjahre) läuft. Das Unternehmen geht mit der Emission die vertragliche Verpflichtung zur Rücknahme nach Ende der Laufzeit zu € 200.000 ein, ferner auch zur Leistung von Zinszahlungen am Ende jeden Halbjahres während der Laufzeit. Der Couponzinssatz beträgt 10 Prozent (jährlich bzw. 5 Prozent halbjährlich). Transaktionskosten sind zu vernachlässigen. Offensichtlich entsteht mit der Emission eine finanzielle Verbindlichkeit für das Unternehmen: Mit Ausgabe nimmt das Unternehmen Geld auf und verpflichtet sich, am Ende der Laufzeit € 200.000 zurückzubezahlen. Außerdem sind halbjährlich Zinszahlungen an die Inhaber der Anleihe zu entrichten. Es liegt also eine gegenwärtige Verpflichtung vor, die über die Laufzeit hinweg zum Abfluss von Ressourcen führen wird.

Die Schuld ist beim ersten Ansatz mit ihrem beizulegenden Zeitwert (adjustiert um Transaktionskosten) in der Bilanz zu passivieren. Das ist der Betrag, den potenzielle Käufer gewillt sind, unter Risikogesichtspunkten für ein Instrument mit den versprochenen Zahlungsströmen zu bezahlen. Die Schuld wird also mit dem Erlös aus der Emission angesetzt. Grundsätzlich können nun im Hinblick auf den realisierten Emissionserlös drei Fälle unterschieden werden: Im ersten Fall entspricht der Emissionserlös (unter Berücksichtigung von Transaktionskosten) genau dem Nennwert der Anleihe, also dem Erfüllungsbetrag von € 200.000. Im zweiten Fall liegt er darunter (z.B. € 190.165), im dritten darüber (z.B. € 210.484). Ob der Marktpreis über oder unter dem Erfüllungsbetrag liegt – bzw. diesem genau entspricht – hängt davon ab, ob die Anleihe eine marktübliche Verzinsung bietet, ob also die Erwartung des Markts über die Verzinsung eines entsprechend risikobehafteten Papiers erfüllt werden.

Im ersten Fall erwartet der Markt eine Verzinsung mit 10 Prozent p.a. (bzw. 5 Prozent halbjährlich). Dies entspricht genau der vertraglich angebotenen Verzinsung. Im zweiten Fall ist die über den Coupon angebotene Verzinsung der Anleihe aus Sicht des Markts zu niedrig, weil etwa die marktüblichen Fremdkapitalkosten für eine entsprechende Anleihe bei 12 Prozent p.a. (bzw. 6 Prozent halbjährlich) liegen. Die Marktteilnehmer sind daher nicht bereit, bei Ausgabe den Nominalbetrag der Anleihe zur Verfügung zu stellen. Im dritten Fall ist es genau anders herum: Die Anleihe bietet eine höhere als die marktübliche Verzinsung an. Dies wäre etwa der Fall, wenn die marktüblichen Fremdkapitalkosten für eine entsprechende Anleihe bei 8 Prozent p.a. (bzw. 4 Prozent halbjährlich) liegen. Die Anleger werden in diesem Fall bereit sein, einen höheren als den Nominalbetrag der Anleihe zur Verfügung zu stellen. Die folgende Tabelle gibt zunächst die nominalen Zahlungen an, welche das Unternehmen leisten muss. Diese entsprechen am Ende jeder Periode der versprochenen Couponzinszahlungen von $0,5 \times 0,10 \times € 200.000 = € 10.000$. Am Ende der Laufzeit wird die Anleihe zum Nominalbetrag von € 200.000 zurückgenommen. Die Frage ist nun, welchen Betrag ein rational handelnder Anleger für ein entsprechendes Zahlungsversprechen bereit wäre, zu investieren. Dies hängt offensichtlich von der Risikoeinschätzung ab. In ▶ Tabelle 5.1 werden daher die Barwerte angegeben, die sich in den drei Fällen ergeben. Abermals wird mit den halben jährlichen Zinssätzen gerechnet.

Damit ergibt sich etwa im Fall 1 (Couponzins entspricht der Zinserwartung des Markts) im Zeitpunkt der Emission ein Barwert der ersten Zinszahlung von 10.000 ÷ $(1.05)^1$ = 9.524. In Fall 2 ergibt sich zum Ausgabezeitpunkt für die zweite Zinszahlung ein Barwert von 10.000 ÷ $(1.06)^2$ = 8.900. Der Emissionserlös, der aus der Investition rational handelnder Investoren erwartet werden kann, entspricht dann der Summe der Barwerte der einzelnen Zahlungen. In Fall 1 beträgt er genau € 200.000, in Fall 3 insgesamt € 190.165 und im dritten Fall € 210.484.

Tabelle 5.1

Berechnung des Barwerts der Anleihe bei Emission

Periode (Ende)	Position	Betrag (nominal)	Barwert		
			Fall 1 (10 % p.a.)	Fall 2 (12 % p.a.)	Fall 3 (8 % p.a.)
1	Zinszahlung	10.000	9.524	9.434	9.615
2	Zinszahlung	10.000	9.070	8.900	9.246
3	Zinszahlung	10.000	8.638	8.396	8.890
4	Zinszahlung	10.000	8.227	7.921	8.548
5	Zinszahlung	10.000	7.83	7.473	8.219
6	Zinszahlung	10.000	7.462	7.050	7.903
6	Rücknahme	200.000	149.243	140.992	158.063
0	Emissionserlös		200.000	190.165	210.484

Der beizulegende Zeitwert einer Anleihe wurde hier über die explizit bekannte Zinserwartung des Markts bestimmt. Die Zinserwartung muss aber nicht explizit bekannt sein. Wird etwa angenommen, dass das Unternehmen der Ausgabe der Anleihe mit den oben genannten Zahlungsversprechen € 229.944 erlöst, kann der Effektivzins auch rechnerisch bestimmt werden. Der Effektivzinssatz ist nach IAS 39 der Kalkulationszinssatz, mit dem die geschätzten künftigen Ein- und Auszahlungen über die erwartete Laufzeit des Finanzinstruments exakt auf den Nettobuchwert abgezinst werden. Der Nettobuchwert muss im Zeitpunkt der Emission dem Emissionserlös, also € 229.944, entsprechen. Demnach ist nun der interne Zinsfuß i gesucht, der dafür sorgt, dass der Barwert der gegebenen Zahlungsreihe im Zeitpunkt der Emission genau € 229.944 beträgt. Der interne Zinsfuß wird gemäß der folgenden Gleichung – typischerweise über Näherungsverfahren oder die Zielwertsuche in einer Tabellenkalkulation – bestimmt:

$$€\ 229.944 = 10.000 \div (1 + i)^1 + 10.000 \div (1 + i)^2 + ... + 200.000 \div (1 + i)^6.$$

Im vorliegenden Fall ergibt sich somit ein Effektivzinssatz von 4,6 Prozent p.a. (bzw. 2,3 Prozent im Halbjahr).

Für die Erfassung der Anleihe in den Büchern des Emittenten stehen nun zwei Dinge fest: Erstens muss zum Zeitpunkt der Emission der (ggf. um Transaktionskosten adjustierte) Emissionserlös – der dem beizulegenden Zeitwert entspricht – erfasst werden. Zweitens muss am Ende der Laufzeit (vor der Tilgung) die Anleihe mit ihrem Nominalwert in der Bilanz stehen, denn dieser entspricht genau dem geschuldeten Erfüllungsbetrag. In Fall 1 ist dies kein besonderes Problem, denn die Anleihe steht stets mit ihrem Nominalwert in der Bilanz. Der Zinsaufwand entspricht in jeder Periode dem zu zahlenden Couponzins. In Fall 2 muss der Wert der Anleihe über die Laufzeit erhöht, in Fall 3 vermindert werden. Dies geschieht abermals nach der Effektivzinsmethode, indem in jeder Periode die Differenz zwischen zu erfassendem Zinsaufwand und Zinszahlung zur Erhöhung oder Verminderung des Bilanzansatzes genutzt wird. Der in einer Periode zu erfassende Zinsaufwand ergibt sich durch Multiplikation des Effektivzinssatzes mit dem Wert der Anleihe zum Periodenbeginn. Die Differenz zum gezahlten Couponzins wird zur Fortschreibung der Anleihe genutzt.

In Fall 2 wird nach dem ersten Halbjahr ein Zinsaufwand von € 190.165 × 0,06 = € 11.410 erfasst; es ist allerdings „nur" ein Couponzins von € 10.000 zu zahlen. Die Differenz von € 11.410 – € 10.000 = € 1.410 wird dazu genutzt, den bilanziellen Wert der Anleihe zu erhöhen. Dieser beträgt dann am Periodenende € 190.165 + € 1.410 = € 191.575. Die Erfassung von Aufwand, Zinszahlungsverpflichtung und Anpassung der Schuld geschieht durch folgenden Buchungssatz:

851 Zinsaufwand	11.410	
an 523 Schulden aus Anleihen		1.410
630 Zinsverbindlichkeiten		10.000

In Fall 3 beträgt der im ersten Halbjahr zu erfassende Zinsaufwand € 210.484 × 0,04 = € 8.419; gleichwohl entsteht die Pflicht zur Zahlung des Couponzinses in Höhe von € 10.000. Die Differenz von € 8.419 – € 10.000 = € –1.581 wird nun dazu genutzt, den bilanziellen Wert der Anleihe zu vermindern. Dieser beträgt somit am Periodenende € 210.484 + (€ –1.581) = € 208.903. Die Erfassung von Aufwand, Zinszahlungsverpflichtung und Anpassung der Schuld geschieht durch folgenden Buchungssatz (soweit die Zinszahlung nicht unmittelbar erfolgt):

851 Zinsaufwand	8.419	
523 Schulden aus Anleihen	1.581	
an 630 Zinsverbindlichkeiten		10.000

Die in den einzelnen Perioden zu erfassenden Zinsaufwendungen und die sich daraus ergebenden Bilanzansätze der finanziellen Verbindlichkeit können ▶ Tabelle 5.2 entnommen werden.

Tabelle 5.2

Fortschreibung einer Anleihe nach der Effektivzinsmethode

Periode	Position	Fortschreibung der Anleihe		
		Fall 1 **(10 % p.a.)**	**Fall 2** **(8 % p.a.)**	**Fall 3** **(12 % p.a.)**
1	Verbindlichkeit (Periodenbeginn)	200.000	190.165	210.484
	+ Zinsaufwand	10.000	11.410	8.419
	− Couponzins	10.000	10.000	10.000
	= Verbindlichkeit (Periodenende)	**200.000**	**191.575**	**208.904**
2	+ Zinsaufwand	10.000	11.495	8.356
	− Couponzins	10.000	10.000	10.000
	= Verbindlichkeit (Periodenende)	**200.000**	**193.070**	**207.260**
3	+ Zinsaufwand	10.000	11.584	8.290
	− Couponzins	10.000	10.000	10.000
	= Verbindlichkeit (Periodenende)	**200.000**	**194.654**	**205.550**
4	+ Zinsaufwand	10,000	11.679	8.222
	− Couponzins	10.000	10.000	10.000
	= Verbindlichkeit (Periodenende)	**200.000**	**196.333**	**203.772**
5	+ Zinsaufwand	10.000	11.780	8.151
	− Couponzins	10.000	10.000	10.000
	= Verbindlichkeit (Periodenende)	**200.000**	**198.113**	**201.923**
6	+ Zinsaufwand	10.000	11.887	8.077
	− Couponzins	10.000	10.000	10.000
	= Verbindlichkeit (Periodenende)	**200.000**	**200.000**	**200.000**

5.3 Bilanzierung von Rückstellungen

Lernziele

- Rückstellungen sind nach IFRS als Schulden anzusehen, deren Fälligkeit und/oder Höhe ungewiss sind.

- Nach IAS 37 sind Rückstellungen in der Bilanz anzusetzen, wenn das Unternehmen eine gegenwärtige rechtliche oder faktische Verpflichtung gegenüber Dritten in verlässlich schätzbarer Höhe hat, die durch ein Ereignis in der Vergangenheit verursacht wurde und wahrscheinlich zu einem Abfluss von wirtschaftlichem Nutzen führen wird.

- Wenn die Definitions- und Ansatzkriterien von Rückstellungen nicht erfüllt sind, kann gleichwohl eine Eventualschuld vorliegen, die in der Bilanz zwar nicht angesetzt werden darf, gegebenenfalls aber im Anhang berichtspflichtig ist.

Rückstellungen gehören zu den Schulden. Ihre Bilanzierung ist grundsätzlich in IAS 37 geregelt, der die Definition der Rückstellungen eng an die allgemeine Schulddefinition im Rahmenkonzept anlehnt. Allerdings wird im Standard klargestellt, dass es sich bei Rückstellungen um *solche* Schulden handelt, bei denen Fälligkeit und/oder Höhe ungewiss sind. Der Unsicherheitsgrad von Schulden bezieht sich also sowohl auf den Fälligkeitszeitpunkt beziehungsweise -raum als auch auf die Höhe des zukünftigen Ressourcenabflusses. Es wird damit ausdrücklich betont, dass eine bestehende Unsicherheit bei der Bewertung kein Ausschlusstatbestand hinsichtlich des Vorliegens einer Schuld sein kann.

Die Bildung von Rückstellungen ist ein erfolgswirksamer Vorgang. Der Ansatz einer Rückstellung von € 100.000 wird demnach etwa wie folgt gebucht:

865 Aufwand für Rückstellungen	100.000	
an 512 Sonstige Rückstellungen		100.000

Eine Rückstellung muss nach IAS 37 angesetzt werden, wenn:

- das Unternehmen eine gegenwärtige rechtliche oder faktische Verpflichtung gegenüber Dritten hat, die durch ein Ereignis in der Vergangenheit verursacht wurde;

- der Abfluss von Ressourcen, die wirtschaftlichen Nutzen verkörpern und zur Erfüllung der Verpflichtung dienen, wahrscheinlich ist; und

- die Höhe der Verpflichtung verlässlich geschätzt werden kann.

Beim Definitionskriterium ist wichtig, dass nicht nur rechtliche, sondern auch faktische Verpflichtungen zum Ansatz von Rückstellungen führen können. Ein rechtliches Durchsetzen wird typischerweise abgeleitet von einem Vertrag, einem Gesetz oder sonstigen unmittelbaren Auswirkungen der Gesetze. Unter die rechtlichen Verpflichtungen fallen damit etwa die gesetzlich vorgeschriebene Gewährleistung für veräußerte Produkte, zu erwartende Schadenersatzzahlungen aufgrund von Produkthaftungsklagen, aber auch die Verpflichtung, eine Prüfung des Jahresabschlusses durch einen Abschlussprüfer vornehmen zu lassen. Faktische Verpflichtungen entstehen durch Aktivitäten des Unternehmens, etwa durch bisher übliches Verhalten, öffentlich mitgeteilte Maßnahmen oder Äußerungen gegenüber anderen Parteien. Insofern folgt das IASB hier, ähnlich wie das deutsche Handelsrecht, einem weiten Verpflichtungsbegriff, der auch rein wirtschaftliche Verpflichtungen beinhaltet, also etwa Kulanzleistungen, die aus marken- bzw. unternehmenspolitischem Kalkül auch für fehlerhafte Produkte nach Ablauf der Gewährleistung zugesagt werden.

Neben den Rückstellungen für rechtliche und faktische Verpflichtungen sieht IAS 37 auch noch eine Rückstellungspflicht für sogenannte *onerous contracts* vor – das Pendant zur handelsrechtlichen „Rückstellung für drohende Verluste aus schwebenden Geschäften". Demnach ist eine solche Drohverlustrückstellung anzusetzen, wenn ein gegenseitiger Vertrag vorliegt, also etwa ein Kaufvertrag, der zum Abschlussstichtag noch nicht erfüllt worden ist, für den sich aber absehen lässt, dass die zu erbringende Leistung den Wert der zu erwartenden Gegenleistung überschreitet. Dies kann beispielsweise der Fall sein, wenn sich nach Abschluss des Vertrags für den Produzenten überraschend die Herstellungskosten erhöht haben, etwa aufgrund von Preissteigerungen bei bestimmten Rohstoffen. In Höhe des Verpflichtungsüberhangs, der Differenz zwischen den Kosten der eigenen Leistung und dem vereinbarten Verkaufspreis, ist dann eine Rückstellung anzusetzen und der „drohende Verlust" somit zu antizipieren.

Das zweite Ansatzkriterium fordert, dass die der Rückstellung zu Grunde liegende Verpflichtung in Zukunft wahrscheinlich zum Abfluss wirtschaftlicher Ressourcen führen wird. Im Regelfall handelt es sich demnach um künftige Zahlungsverpflichtungen. Die Wahrscheinlichkeit dieser Verpflichtung ist dem Wortlaut des Standards nach dann zu bejahen, wenn die Wahrscheinlichkeit für eine Inanspruchnahme, also etwa eine Zahlungsverpflichtung, höher ist als die Wahrscheinlichkeit, dass nicht zu leisten ist. Anders formuliert: Die Wahrscheinlichkeit eines künftigen Zahlungsmittelabflusses muss größer als 50 Prozent sein. Das dritte Ansatzkriterium fordert, dass die Rückstellungshöhe verlässlich schätzbar ist. Schätzungen sind ein wesentlicher Bestandteil bei der Aufstellung von Jahresabschlüssen und es entspricht der Natur von Rückstellungen, dass ihnen eine größere Unsicherheit als anderen Bilanzpositionen innewohnt. Das Ansatzkriterium der verlässlichen Schätzung gilt im Fall der Rückstellungsbilanzierung deshalb bereits als erfüllt, wenn der erwartete Nutzenabfluss zumindest aus einer Bandbreite möglicher Werte abgeleitet werden kann.

Soweit die Definitions- und Ansatzkriterien erfüllt sind, ist eine Rückstellung anzusetzen. Diese ist nach IAS 37 gemäß der bestmöglichen Schätzung zu bewerten. Darunter wird der Betrag verstanden, den ein Unternehmen, vor einer Berücksichtigung steuerlicher Effekte, am Bilanzstichtag zur Erfüllung oder zur Übertragung der Verpflichtung zahlen würde. Bei der bestmöglichen Schätzung sind bestehende Risiken und Unsicherheiten zu berücksichtigen. Wichtig ist, dass solche Risiken und Unsicherheiten nach IAS 37 nicht als einseitige Verlustgefahr zu interpretieren sind, sondern eher im statistischen Sinne als Mehrwertigkeit von Erwartungen (vergleiche Hachmeister, 2006, S. 129). Entsprechend rechtfertigt die in IAS 37 geforderte vorsichtige Bewertung von Rückstellungen nicht, dass übermäßige Rückstellungen gebildet beziehungsweise Schulden vorsätzlich überbewertet werden, wodurch stille Reserven entstehen würden. Für die Bewertung der Rückstellung ist zudem entscheidend, ob es sich um Einzel- oder Massenrisiken handelt.

■ *Massenrisiken:* Wird die Rückstellung für eine große Anzahl gleichartiger (Massen-) Risiken gebildet, kann ihre Höhe nach der Erwartungswertmethode bestimmt werden. Ein Beispiel hierfür sind Rückstellungen im Zusammenhang mit Produktgarantien. Im Beispiel (in Anlehnung an IAS 37.39) sei angenommen, dass ein Unternehmen Handelswaren verkauft. Falls diese Fehler aufweisen, übernimmt das Unternehmen bei einer Reklamation innerhalb von sechs Monaten die Reparaturkosten. Die bisherigen Erfahrungen legen nahe, dass 90 Prozent aller verkauften Produkte keine Fehler haben. Dagegen hat die Vergangenheit gezeigt, dass 8 Prozent der Handelswaren kleine Fehler und 2 Prozent große Fehler aufweisen. Bei kleinen Fehlern an allen verkauften Produkten würden Reparaturkosten in Höhe von € 1 Million entstehen, bei großen Fehlern an allen Produkten Kosten in Höhe von € 4 Millionen. Die Höhe der Rückstellung ergibt sich nun zu

$$0{,}90 \times € \ 0 + 0{,}08 \times € \ 1.000.000 + 0{,}02 \times € \ 4.000.000 = € \ 160.000.$$

■ *Einzelrisiken:* Bei der Bewertung von einzelnen Verpflichtungen stellt gemäß IAS 37 das jeweils wahrscheinlichste Ereignis die bestmögliche Schätzung dar.[3] Liegen allerdings die anderen möglichen Ereignisse größtenteils über (unter) dem wahrscheinlichsten Wert, ist die bestmögliche Schätzung ein höherer (niedrigerer) Betrag.

Wenn davon auszugehen ist, dass der Zinseffekt eine wesentliche Wirkung auf den Wertansatz hat, weil die zu erwartende Auszahlung noch recht weit in der Zukunft liegt, ist der Rückstellungsbetrag nach IAS 37 als Barwert der geschätzten Ausgaben zu ermitteln. Bei der Berechnung des Barwerts sind Vorsteuerzinssätze zu verwenden, die alle Risiken enthalten, die nicht bereits in die Schätzung der Cashflows eingeflossen sind. Eine Berücksichtigung des Risikos sowohl im Zinssatz als auch bei den zugrunde gelegten zukünftigen Zahlungsströmen ist aufgrund der damit unvermeidlichen Doppelerfassung unzulässig. Die Wahl des Diskontierungszinssatzes sollte sich zudem an der Fristigkeit der in der Zukunft zu begleichenden gegenwärtigen Verpflichtung orientieren.

Mit der Bildung von Rückstellungen sind zahlreiche Angabepflichten verbunden. Dazu gehören, für die unterschiedlichen Gruppen von Rückstellungen, unter anderem:

■ eine kurze Beschreibung der Rückstellungsart;

■ eine Darstellung der Ungewissheit über den Zahlungsabfluss und die Höhe aller möglichen Erstattungen.

---

3   Treten alle möglichen Ereignisse mit gleicher Wahrscheinlichkeit ein, ist das arithmetische Mittel zu berechnen.

Wenn erwartet wird, dass beim Eintreten der Verpflichtung, für die eine Rückstellung gebildet wurde, die erforderlichen Ausgaben ganz oder teilweise von einer anderen Partei übernommen werden, kann eine solche Erstattung als separater Vermögenswert angesetzt werden. Als Beispiel dafür können Versicherungen genannt werden. Verliert etwa ein Unternehmen eine Schadensersatzklage und wurde für das damit verbundene Risiko eine Rückstellung angesetzt, kann beim Bestehen von Versicherungsschutz ein Ersatzanspruch (getrennt) bilanziert werden. Der für die Erstattung erfasste Betrag darf die Höhe der Rückstellung allerdings nicht übersteigen. In der Gewinn- und-Verlust-Rechnung kann aber der Ausweis des Rückstellungsaufwands nach Abzug der Erstattung netto erfasst werden.

An jedem Bilanzstichtag ist zu prüfen, ob die Ansatz- und Definitionskriterien für die bestehenden Rückstellungen weiterhin erfüllt sind. Sollte dies nicht mehr der Fall sein, ist die Rückstellung aufzulösen. Zu berücksichtigen ist außerdem, dass eine Rückstellung nur für die Ausgaben „verbraucht" werden darf, für die sie gebildet wurde. Im Folgenden sollen nun einige Arten von Rückstellungen und ihre Behandlung nach IAS 37 näher beschrieben werden; daran anschließend wird die separat in IAS 19 geregelte Bilanzierung von Pensionsrückstellungen betrachtet.

Rückstellungen für Restrukturierungsverpflichtungen

Rückstellungen für Restrukturierungsverpflichtungen werden etwa gebildet, wenn geplant wird, einzelne Geschäftszweige zu verkaufen oder zu schließen, Standorte stillzulegen, die Führungsstruktur eines Unternehmens zu verändern oder sonstige Umorganisationen vorzunehmen, die sich wesentlich auf die Art der Geschäftstätigkeit eines Unternehmens auswirken. Zum Ansatz einer Rückstellung kommt es bei geplanten Restrukturierungen allerdings nur, wenn neben den bereits genannten weitere Ansatzkriterien erfüllt sind. Ein Ansatz kommt demnach nur in Frage, wenn ein detaillierter und formaler Restrukturierungsplan vorliegt. Bei den von der Restrukturierung betroffenen Anspruchsgruppen, etwa Mitarbeitern, Kunden, Lieferanten oder der Öffentlichkeit, muss zudem eine gerechtfertigte Erwartung geweckt worden sein, dass die Restrukturierungsmaßnahmen tatsächlich durchgeführt werden. Im Fall eines Bereichsverkaufs liegt eine Verpflichtung etwa nur dann vor, wenn ein bindender Kaufvertrag abgeschlossen wurde.

Ein Beispiel soll die Vorgehensweise bei der Entscheidung, ob ein rückstellungswürdiger Sachverhalt vorliegt, verdeutlichen. Dazu sei angenommen, dass die Geschäftsleitung eines Unternehmens am 1. Dezember 20X1 beschließt, einen Unternehmensbereich zu schließen. Am 15. Dezember 20X1 wird von den verantwortlichen Gremien des Unternehmens einem detaillierten Plan der Schließung zugestimmt. Unmittelbar darauf wird die Schließung gegenüber den Kunden des Unternehmens angekündigt und es wird den Mitarbeitern des betroffenen Bereichs gekündigt. Liegt das Geschäftsjahresende nun am 31. Dezember 20X1, so wurde die Restrukturierung bereits vor dem Bilanzstichtag angekündigt und eingeleitet. Es liegt also eine faktische gegenwärtige Verpflichtung als Ergebnis eines vergangenen Ereignisses vor, denn durch die Mitteilung über die Umstrukturierung und die Kündigung der Mitarbeiter wurde eine berechtigte Erwartung geweckt, dass der Bereich tatsächlich geschlossen wird. Ein Abfluss von Ressourcen mit wirtschaftlichem Nutzen ist im vorliegenden Fall wahrscheinlich, sodass zum Bilanzstichtag ein Betrag in Höhe der bestmöglichen Schätzung des Aufwands für die Schließung des Bereichs angesetzt werden muss. In entsprechender Höhe ist aufwandswirksam eine Rückstellung zu bilden. Änderungen der Rückstellungshöhe, beispielsweise durch Aufzinsung der diskontierten Verpflichtungen im Zeitablauf, durch eventuelle Änderungen im Zinsniveau oder durch eine Anpassung des eigentlichen Erfüllungsbetrags sind erfolgswirksam vorzunehmen. Eine Ausnahme bilden hierbei Änderungen bei Rückstellungen für Entsorgungsverpflichtungen. Diese werden gegen den entsprechenden aktivierten Vermögenswert gebucht; die erfolgswirksame Berücksichtigung findet im Rahmen der Abschreibung statt.

Abbruch-, Entsorgungs-, Rekultivierungs- und Rückbauverpflichtungen

In vielen Fällen ist die Genehmigung des Betreibens von Produktionsanlagen daran gebunden, dass der Standort nach der Nutzung wieder in seinen ursprünglichen Zustand versetzt wird. Für die Behandlung entsprechender Verpflichtungen ist, neben IAS 37, auch auf IAS 16 zurückzugreifen. Üblicherweise entstehen Abbruch-, Entsorgungs-, Rekultivierungs- und Rückbauverpflichtungen bereits mit der Errichtung entsprechender Anlagen. Die Verpflichtung ist entsprechend auf der Aktivseite in die Anschaffungs- oder Herstellungskosten einzubeziehen. Auf der Passivseite kommt es zum Ansatz einer Rückstellung (soweit jedenfalls die Ansatzkriterien für Rückstellungen erfüllt sind) und damit, anders als bei anderen Rückstellungsbildungen, zu einer erfolgsneutralen Bilanzverlängerung. Eine Aufwandswirksamkeit der Rückstellung ergibt sich während der Nutzung der Anlage, da die Einbeziehung der Verpflichtung in die historischen Kosten die Abschreibungsbeträge erhöht, die während der Nutzungsdauer zu erfassen sind.

Ein Beispiel soll die Zusammenhänge verdeutlichen.[4] Hierbei sei angenommen, dass ein Unternehmen über zehn Jahre eine Bohrinsel betreiben will. Die Errichtung der Anlage ist mit Kosten in Höhe von € 100 Millionen verbunden. Für das Betreiben der Bohrinsel ist zudem ein Lizenzvertrag vonnöten. Dieser sieht vor, dass die Bohrinsel nach Beendigung der Förderung zu entfernen und der Meeresboden wiederherzustellen ist. Die Bohrinsel wurde vor dem Bilanzstichtag aufgestellt und es wurde auch bereits Erdöl gefördert. Es liegt also durch den Aufbau der Anlage und den Lizenzvertrag am Bilanzstichtag eine rechtliche Rückbau- und Rekultivierungsverpflichtung vor, die mit dem künftigen Abfluss von Ressourcen verbunden ist, die wirtschaftlichen Nutzen verkörpern. Das Unternehmen schätzt die Entsorgungsverpflichtung nach zehn Jahren auf € 12 Millionen. Da der Zinseffekt bedeutsam ist, muss die Verpflichtung diskontiert werden. Dazu soll ein Zinssatz von 10 Prozent verwendet werden. Der Barwert der Verpflichtung beträgt dann zum Bilanzstichtag rund € 4,63 Millionen (€ 12 Millionen ÷ $(1+0,1)^{10}$). Die Verpflichtung ist in die Herstellungskosten der Bohrinsel einzubeziehen, was wie folgt zu buchen ist:

---

4   Vergleiche hierzu auch Beispiel 3 in IAS 37.

124 Technische Anlagen	4.630.000	
an 512 Sonstige Rückstellungen		4.630.000

Wenn die Bohrinsel zum Bilanzstichtag am 31.12.20X1 erstmals aktiviert wird, betragen die Herstellungskosten insgesamt € 104,63 Millionen. In der Folgeperiode ist, bei linearer Abschreibung, am 31.12.20X2 ein Abschreibungsaufwand von € 10,463 Millionen zu erfassen. Dieser liegt also um € 0,463 Millionen über den Abschreibungen, die sich ohne Berücksichtigung der Entsorgungsverpflichtung ergeben hätten. Bei Aufstellung des Abschlusses zum 31.12.20X2 ist allerdings noch zu bedenken, dass die Rückstellung aufgrund des Zeiteffekts erhöht werden muss. Diese muss nun € 12 Millionen $\div (1+0,1)^9) = $ € 5,09 Millionen betragen. Die erforderliche Erhöhung der Rückstellung um € 0,46 Millionen ist am Geschäftsjahresende aufwandswirksam zu erfassen:

852 Sonstige Finanzierungskosten	460.000	
an 512 Sonstige Rückstellungen		460.000

Durch die Berücksichtigung der höheren Abschreibungen und der Finanzierungskosten wird damit, soweit jedenfalls positive Jahresüberschüsse erzielt werden, über die Nutzungsdauer der Bohrinsel der Betrag „verdient", der zur Erfüllung der Verpflichtung vonnöten ist. ▶ Exkurs 5.8 „Ausweis von Entsorgungsrückstellungen" enthält ein Praxisbeispiel zur bilanziellen Erfassung von Entsorgungsrückstellungen.

Exkurs 5.8 **Ausweis von Entsorgungsrückstellungen**

Im Anhang des Konzernabschlusses 2013 der RWE AG finden sich zur Bewertung von Entsorgungsrückstellungen – und den entsprechend aktivierten Vermögenswerten – unter anderem folgende Angaben: „Die Anschaffungs- oder Herstellungskosten von Sachanlagen enthalten ggf. auch die geschätzten Ausgaben für die Stilllegung von Anlagen oder die Wiedernutzbarmachung von Flächen."

Weiter heißt es: „Die Entsorgungsrückstellungen im Kernenergiebereich basieren auf öffentlich-rechtlichen Verpflichtungen, insbesondere dem Atomgesetz, sowie auf Auflagen, die in den Betriebsgenehmigungen festgeschrieben sind. Ihrer Bewertung liegen Schätzungen zugrunde, die zum einen auf konkretisierenden Verträgen, zum anderen auf Angaben interner und externer Experten und Fachgutachter sowie des Bundesamtes für Strahlenschutz (BfS) beruhen."

(Quelle: Konzernabschluss der RWE AG 2013, Anhang S. 145 und 148) →

> **→ Fortsetzung**
>
> Wie die Angaben im Anhang zeigen, ist das Bestehen einer Verbindlichkeit aufgrund von öffentlichen Verpflichtungen, Auflagen aus Betriebsgenehmigungen oder vertraglichen Absprachen unstrittig. Die Höhe der erst im Zeitablauf über die Abschreibung erfolgswirksam werdenden Aufwendungen erscheint durch die Expertenmeinungen und Gutachten, soweit überhaupt möglich, ausreichend objektiviert. Zukünftige Änderungen des Diskontierungszinssatzes, der die Höhe der jährlichen Zinsaufwendungen für die Aufzinsung der Verbindlichkeit determiniert, und/oder der Verpflichtung führen zu einer erfolgsneutralen Bilanzverlängerung und werden erst in den Folgeperioden über die Abschreibung erfolgswirksam.

Pensionsrückstellungen

Pensionsrückstellungen bilden in vielen IFRS-Bilanzen eine Position von wesentlichem Umfang. Ihre Behandlung im Jahresabschluss wird in IAS 19 „Leistungen an Arbeitnehmer" (*employee benefits*) geregelt. Grundsätzlich sind zwei Arten von Pensionszusagen zu unterscheiden: Bei sogenannten beitragsorientierten Pensionszusagen (*defined contribution*) zahlt das Unternehmen als Arbeitgeber bestimmte Beträge an einen externen Versorgungsträger. Diese Beiträge erfasst das Unternehmen in derselben Periode aufwandswirksam. Im Laufe seiner Dienstjahre baut ein Arbeitnehmer so einen wachsenden Pensionsanspruch gegenüber dem externen Versorgungsträger auf. Das Risiko, dass die Pensionszahlungen unerwartet gering ausfallen, verbleibt somit im Wesentlichen beim Arbeitnehmer. Im zweiten Fall, den leistungsorientierten Pensionszusagen (*defined benefit*), verpflichtet sich das Unternehmen hingegen selbst zu einer bestimmten zukünftigen Pensionsleistung. In diesem Fall wird die Pflicht des Unternehmens, dem Arbeitgeber in Zukunft eine Pension zu zahlen, als Pensionsrückstellung erfasst, da eine hinsichtlich Fälligkeit und Höhe unsichere Auszahlungsverpflichtung vorliegt.

Die Höhe der insgesamt auszuzahlenden Summe an den Arbeitnehmer hängt unter anderem davon ab, wie sich das Gehalt des Arbeitnehmers entwickelt (da sich Pensionsbeträge häufig am letzten Gehalt vor Pensionseintritt orientieren), ob der Arbeitnehmer ggf. vorzeitig das Unternehmen verlässt und schließlich auch, wie viele weitere Jahre er nach seinem Pensionseintritt noch leben wird. Zur Bewertung einer Pensionsrückstellung wird für jeden Arbeitnehmer anhand geeigneter Annahmen bezüglich solcher Einflussgrößen – den sogenannten versicherungsmathematischen Annahmen – eine erwartete Gesamthöhe der künftigen Pensionszahlungen ermittelt. Dieser Betrag wird dann auf den Pensionseintrittszeitpunkt abgezinst. Zuletzt wird der abgezinste Betrag auf die erwarteten Perioden der Dienstzeit des Arbeitnehmers verteilt. Durch diese Vorgehensweise wird den Pensionsrückstellungen in jedem Dienstjahr des Arbeitnehmers ein Teil der voraussichtlich in Zukunft zu leistenden Zahlungen zugeführt. Zum Pensionseintritt ist die Verpflichtung voll aufgebaut und wird danach durch Auszahlung der Pensionsbeträge an den Arbeitnehmer Jahr für Jahr wieder abgebaut. Die Summe der Pensionsverpflichtungen gegenüber allen Arbeitnehmern ergibt den bilanziellen Wert der Pensionsrückstellungen. Zu beachten ist, dass der Wert der Pensionsrückstellung regelmäßig zu überprüfen und ggf. Gegenstand einer Neubewertung ist, wenn ursprüngliche Annahmen nicht mehr standhalten (z.B. Änderungen im allgemeinen Zinsniveau, unerwarteter Tod eines Arbeitnehmers). In der Praxis ist die Bewertung von Pensionsrückstellungen aufgrund der vielen, mit Unsicherheit behafteten Einflussfaktoren derart komplex, dass ein großer Teil der Unternehmen die Bewertung externen Dienstleistern mit versicherungsmathematischer Expertise überlässt. Hinzu kommt eine differenzierte Erfolgserfassung, wonach Zuführungen zu den Rückstellungen aufgrund der verstrichenen Dienstzeit der berechtigten Arbeitnehmer als Aufwand erfasst werden, Änderungen der Rückstellung aber, die auf Modifikationen der versicherungsmathematischen Annahmen zurückgehen, etwa zur Lebenserwartung oder zu den langfristigen Zinsen, „erfolgsneutral" (im *other comprehensive income*) erfasst werden.

Die Mittel, die in der Zukunft zur Befriedigung der Pensionsansprüche der Arbeitnehmer genutzt werden sollen, müssen nicht unbedingt im Unternehmen verbleiben. Stattdessen kann das Unternehmen Mittel in einen langfristig angelegten Fonds eines externen Versorgungsträgers abführen. Man spricht bei diesen Mitteln vom „Planvermögen". Der Vorteil dieser Methode besteht darin, dass das Planvermögen und ein wertmäßig gleich großer Teil der Pensionsrückstellungen in der Bilanz saldiert werden dürfen, wodurch sich Bilanzkennzahlen verändern (bspw. sinkt der Verschuldungsgrad). Voraussetzung hierfür ist, dass der externe Versorgungsträger rechtlich unabhängig ist und die Gläubiger des Unternehmens auch im Insolvenzfall keinen Zugriff auf das Planvermögen haben. Der Anspruch des Arbeitnehmers auf die Pensionszahlungen besteht aber weiterhin gegen das Unternehmen, daher handelt es sich hierbei um eine leistungsorientierte Pensionszusage, aber mit externer Finanzierung.

Abschließend ist darauf hinzuweisen, dass, soweit die Ansatzkriterien für Rückstellungen nicht (oder nicht mehr) erfüllt sind, keine Passivierung (mehr) erfolgen darf. Es ist dann aber zu prüfen, ob gegebenenfalls eine Eventualschuld vorliegt.[5]

Eventualschulden

Eventualschulden zeichnen sich dadurch aus, dass

- eine Bestätigung noch aussteht, dass es zu einem Abfluss von Ressourcen kommen wird (ein verpflichtendes Ereignis liegt noch nicht definitiv vor);

- zwar gegenwärtige Verpflichtungen vorliegen, die Ansatzkriterien für Schulden beziehungsweise Rückstellungen aber nicht erfüllt sind, etwa weil ein Ressourcenabfluss nicht wahrscheinlich ist oder die Höhe der Verpflichtung nicht ausreichend verlässlich geschätzt werden kann.

Eine Eventualschuld darf in der Bilanz grundsätzlich nicht angesetzt werden.[6] Unbeschadet des Passivierungsverbots müssen aber immer dann Angaben zu Eventual-

---

5   Spiegelbildlich wird auch von Eventualforderungen gesprochen, die naturgemäß auf der Passivseite der Bilanz keine Rolle spielen und insofern hier nicht behandelt werden.

6   Eine Ausnahme vom Passivierungsverbot besteht allerdings im Zusammenhang mit Unternehmenszusammenschlüssen nach IFRS 3.

schulden im Abschluss erfolgen, wenn die Möglichkeit eines Ressourcenabflusses in der Zukunft als „nicht unwahrscheinlich" angesehen wird. Es bleibt allerdings unklar, ab welcher Grenze ein möglicher künftiger Nutzenabfluss als „unwahrscheinlich" anzusehen ist und entsprechend eine Angabepflicht im Anhang entfällt. Da in diesem Bereich eine objektive Nachprüfung schlechterdings unmöglich sein dürfte, verbleibt den Bilanzerstellern ein relativ großer Spielraum bei der Frage, inwieweit Eventualschulden offengelegt werden.

Gemäß IAS 37 sind für alle Gruppen von Eventualschulden Schätzungen der mit ihrem möglichen Eintreten verbundenen finanziellen Konsequenzen zu veröffentlichen; außerdem müssen Angaben zu Unsicherheiten bezüglich der Beträge und/oder Fälligkeiten erfolgen. Eventualverbindlichkeiten sind hinsichtlich einer zuverlässigen Schätzung und der Wahrscheinlichkeit des Ressourcenabflusses laufend zu beurteilen. Sollten sich diese anders entwickeln als erwartet, sind sie in dem Jahr als Rückstellung anzusetzen, in dem die Wahrscheinlichkeit des Eintritts die *more likely than not* Grenze (Wahrscheinlichkeit > 50 %) überschreitet beziehungsweise eine zuverlässige Schätzung möglich wird. Als Eventualschulden kommen grundsätzlich zum Beispiel Risiken aus einer steuerlichen Außenprüfung, Prozessrisiken und intern bekannt gewordene Patentverletzungen oder Umweltschäden in Betracht. ▶ Exkurs 5.9 „Ausweis von Eventualverbindlichkeiten" enthält ein Praxisbeispiel zum Ausweis von Eventualverbindlichkeiten.

Exkurs 5.9   Ausweis von Eventualverbindlichkeiten

Im Anhang des Konzernabschlusses 2013 weist die Deutsche Post DHL AG folgende Eventualverbindlichkeiten aus:

Eventualschulden	31.12.2013 (in Mio. €)	31.12.2012 (in Mio. €)
Bürgschaften	21	22
Gewährleistungen	84	103
Prozessrisiken	124	130
Sonstige	848	880
Summe	**1.077**	**1.135**

Eventualverbindlichkeiten stellen zum einen mögliche Verpflichtungen dar, deren tatsächliche Existenz aber erst noch durch das Eintreten eines oder mehrerer ungewisser zukünftiger Ereignisse, die nicht vollständig beeinflusst werden können, bestätigt werden muss. Zum anderen sind darunter bestehende Verpflichtungen zu verstehen, die aber wahrscheinlich zu keinem Vermögensabfluss führen oder deren Vermögensabfluss sich nicht zuverlässig quantifizieren lässt. Die Eventualverbindlichkeiten sind gemäß IAS 37 nicht in der Bilanz zu erfassen.

(Quelle: Konzernabschluss 2103 der Deutsche Post DHL AG, S. 156 u. 205)

Aufgaben

1. Was ist der Unterschied zwischen Schulden, Rückstellungen und Eventualschulden?

2. Wann sind Rückstellungen zu passivieren?

3. Nennen Sie wichtige Rückstellungsarten!

4. Die Firma Pleimeier hat im Geschäftsjahr 20X4 mit einem auf drei Jahre befristeten Mietvertrag eine Lagerhalle angemietet, in der die Betriebsstoffe der Firma gelagert werden. Die Jahresmiete beträgt 15.000 €. Im Jahr 20X5 stellt sich heraus, dass aufgrund konjunktureller Schwankungen der Umsatz so dramatisch eingebrochen ist, dass 75 Prozent der gemieteten Lagerhalle wegen Personalfreisetzung betrieblich nicht mehr genutzt werden können. Eine anderweitige Verwertung kommt nicht in Betracht. Ist nach IAS 37 eine Rückstellung anzusetzen?

5. Unter welchen Bedingungen sind Eventualschulden im Abschluss auszuweisen?

6. Beurteilen Sie die Regelungen in IAS 37 im Hinblick auf das Vorsichtsprinzip! Welche Vor- und Nachteile sind aus Ihrer Sicht mit dem Passivierungsverbot für Eventualschulden verbunden?

Weiterführende Literatur Zur Bilanzierung von Rückstellungen und Eventualschulden nach IFRS kann etwa auf Beyhs et al., 2010, verwiesen werden, umfassender auf Torklus, 2007. Speziell mit Pensionsverpflichtungen befassen sich Sellhorn und Barthelme, 2014.

5.4 Schulden, die weder finanzielle Verbindlichkeiten noch Rückstellungen sind

5.4.1 Abgrenzungsposten

Lernziele

- Passive Rechnungsabgrenzungsposten sind in den IFRS – anders als nach HGB – keine eigenständigen Abschlussposten, sondern Teil der Schulden.

- Besondere Komplexität weisen nach IFRS transitorische passive Abgrenzungsposten auf, weil bei diesen hinterfragt werden muss, ob es sich unter wirtschaftlicher Betrachtung um Schulden handelt.

- IAS 20 gestattet die Erfassung transitorischer passiver Abgrenzungsposten für gewährte Zuwendungen der öffentlichen Hand.

Die deutsche Rechnungslegung kennt als eigene Kategorie die aktiven und passiven Rechnungsabgrenzungsposten. Passive Rechnungsabgrenzungsposten sind demnach für Einnahmen vor dem Bilanzstichtag zu erfassen, die für eine bestimmte Zeit nach dem Bilanzstichtag zur Erfassung von Erträgen führen (transitorische Abgrenzungsposten), bzw. für Aufwendungen, die erst zu einem späteren Zeitpunkt zum Abfluss von Zahlungsmitteln führen werden (antizipative Abgrenzungsposten). Wird der Idee gefolgt, dass in der Bilanz eigentlich alle Positionen „schwebend" in dem Sinne sind, dass es sich um Abgrenzungspositionen handelt, ergibt sich kein spezieller Grund, die genannten Sachverhalte gesondert zu betrachten, soweit sie jedenfalls Schulden darstellen. Grundsätzlich werden auf der Passivseite der IFRS-Bilanz nämlich nur Sachverhalte erfasst, welche die Definitionskriterien von Schulden erfüllen. Gemäß Rahmenkonzept muss es sich bei einer Schuld um „eine gegenwärtige Verpflichtung des Unternehmens" handeln, „die aus Ereignissen der Vergangenheit entsteht und deren Erfüllung für das Unternehmen erwartungsgemäß mit einem Abfluss von Ressourcen mit wirtschaftlichem Nutzen verbunden ist". Die antizipativen Abgrenzungsposten sind damit Schulden wie alle anderen Schulden auch. Ein Beispiel ist der in einer Periode entstandene und aufwandswirksame erfasste Teil einer Zinsverbindlichkeit im Zusammenhang mit einer vom Unternehmen emittierten Anleihe. Die vertraglichen Bestimmungen verpflichten das Unternehmen, die vertraglichen Zahlungen nach Ablauf einer Periode zu leisten. Gleichzeitig werden die Effektivzinsen auf den Buchwert der Verbindlichkeit in der laufenden Periode aufwandswirksam erfasst.

Problematischer ist der Fall der transitorischen passiven Abgrenzungsposten, weil es sich hierbei um Positionen handelt, die Einnahmen vor dem Bilanzstichtag darstellen, die nach dem Bilanzstichtag, also in der Zukunft, als Erträge erfasst werden. Es mag im Einzelfall strittig sein, ob es sich bei solchen Positionen um Schulden handelt. Ggf. kommt nach IFRS dann die Erfassung solcher Positionen nicht in Betracht. Zu bedenken ist aber, dass das Rahmenkonzept mit seiner Definition von Abschlussposten selbst keine Bilanzierungsregeln vorgibt. Werden also transitorische Abgrenzungsposten in bestimmten Standards eingefordert, so sind diese nach Maßgabe des Standards auch dann zu erfassen, wenn es sich nach Rahmenkonzept nicht zwingend um Schulden handelt. Ein Beispiel ist IAS 20 („Bilanzierung und Darstellung von Zuwendungen der öffentlichen Hand"), der nach herrschender Meinung auf alle Arten von Zuwendungen übertragbar ist, etwa auf Investitionszuschüsse. Dazu ein Beispiel: Die Zulieferer-AG ist rechtlich unabhängiger Zulieferer der Fertigungs-AG. Die Zulieferer-AG fertigt eine wichtige Komponente für finale Produkte der Fertigungs-AG. Die Fertigungs-AG benötigt für eines ihrer Produkte eine neue Spezifikation der Komponente. Die Zulieferer-AG benötigt dafür allerdings eine neue Maschine M im Wert von € 1.000 (Nutzungsdauer: 5 Jahre, Restwert: € 0), in die sie wegen eines Engpasses an Liquidität derzeit nicht selbst investieren kann. Die Fertigungs-AG ist mit den Leistungen der Zulieferer-AG im Hinblick auf Qualität und Termintreue immer sehr zufrieden gewesen und würde auch im Hinblick auf die Suchkosten nur ungerne nach einem alternativen Zulieferer Ausschau halten. Die Fertigungs-AG selbst verfügt über eine hohe Liquidität, für die sie in Anbetracht der aktuellen Niedrigzinsphase und eigener Unklarheit über die künftigen Wirtschaftsaussichten allerdings keine vielversprechenden Anlagemöglichkeiten sieht. Die Fertigungs-AG offeriert der Zulieferer-AG daher für die Beschaffung der Maschine einen Investitionszuschuss in Höhe von € 500. Die Zulieferer-AG beschafft die Maschine daraufhin am 02.01.20X1, die Überweisung des Investitionszuschusses geht am 3.01.20X1 bei der Zulieferer-AG ein. Die Frage ist nun, wie die Zulieferer-AG die Maschine und den Investitionszuschuss bilanzieren muss. IAS 20 sieht für Zuwendungen ein Wahlrecht vor. Diese sind in der Bilanz entweder als passivischer Abgrenzungsposten darzustellen oder bei der Bestimmung des Buchwerts des Vermögenswerts abzusetzen. Die Erfassung kann also brutto oder netto erfolgen. Nach der Bruttomethode wird auf der Aktivseite der beizulegende Zeitwert der Maschine eingestellt, auf der Passivseite wird in gleicher Höhe ein Abgrenzungsposten gebildet. Der Kauf der Maschine am 02.01.20X1 wird wie folgt erfasst:

125 Maschinen	1.000	
an 220 Bank		1.000

Der am 03.01.20X1 eingegangene Zuschuss wird dann wie folgt erfasst:

220 Bank	500	
an 530 Abgrenzungsposten		500

Am Ende des Jahres wird die Abschreibung auf die Maschine erfasst. Bei linearer Abschreibung beträgt diese € 200. Gleichzeitig wird der Abgrenzungsposten ertragswirksam über die Laufzeit aufgelöst. Damit ergibt sich in jeder Periode ein Ertrag von € 100. Die gesamten Erfolgswirkungen können also mit folgendem Buchungssatz erfasst werden:

821 Abschreibung	200	
530 Abgrenzungsposten	100	
an 125 Maschine		200
720 Sonstiger Ertrag		100

Im Ergebnis wird also saldiert in jeder Periode ein Aufwand von € 100 erfasst.

Nach der Nettomethode wird die Zuwendung bei der Bestimmung des Buchwerts des Vermögenswerts abgesetzt. Wenn die Investitionszusage am 02.01.20X1 vertraglich zugesichert wird, könnte etwa folgender Buchungssatz erfasst werden:

125 Maschine	500	
234 Forderungen	500	
an 220 Bank		1.000

Der am 03.01.20X1 eingegangene Zuschuss wird dann wie folgt erfasst:

220 Bank	500	
an 234 Forderungen		500

Am Ende des Jahres wird wiederum die Abschreibung auf die Maschine erfasst. Bei linearer Abschreibung beträgt diese € 100. Damit ergibt sich abermals in jeder Periode ein Aufwand von € 100. Die Ergebniswirkung der Brutto- und Nettomethode ist also gleich, allerdings informiert die Bruttomethode besser über den Wert der Maschine, denn dieser wird nach der Nettomethode bereits bei Zugang marktfern ausgewiesen. Allerdings geht die Bruttomethode mit der Bildung passiver Rechnungsabgrenzungsposten einher, bei denen sich die Frage ergibt, ob es sich aus konzeptioneller Sicht überhaupt um Schulden handelt. Zwar liegt ein Ereignis der Vergangenheit vor, die Erfüllung führt offenbar aber nicht zum Abfluss von Ressourcen, die wirtschaftlichen Nutzen verkörpern. Treffender wäre in diesem Zusammenhang das Wort „Bilanzierungshilfe", denn der Abgrenzungsposten dient maßgeblich zur periodengerechten Erfolgsermittlung in der Zukunft. Die eigentliche Alternative wäre nämlich, den Zuschuss bei Zugang in voller Höhe als Ertrag zu erfassen. Wohlgemerkt: Der Ansatz einer entsprechenden Verbindlichkeit ist nach IAS 20 generell zulässig. Er könnte auch inhaltlich gerechtfertigt sein, wenn etwa die Bedingungen der Gewährung des Investitionszuschusses vorsehen, dass damit ausschließlich der Erwerb der Maschine gefördert wird, die über die gesamte Laufzeit im Unternehmen verbleiben muss und ansonsten – oder auch im Falle der Aufkündigung der Geschäftsbeziehung – die Fertigungs-AG einen anteiligen Rückerstattungsanspruch pro rata temporis gegen die Zulieferer-AG hat.

Weiterführende Literatur Mit Rechnungsabgrenzungsposten nach IFRS beschäftigen sich etwa Ernst und Dreixler, 2011.

5.4.2 Schulden aus „virtuellen" Aktienoptionen

Lernziele

■ „Virtuelle" Aktienoptionen werden nicht in Eigenkapitalinstrumenten, sondern mit Geld bedient.

■ Die bilanzielle Behandlung unterscheidet sich von der „echter" Aktienoptionen: Zwar wird ebenfalls Personalaufwand erfasst, die Gegenbuchung erfolgt aber nicht im Eigenkapital. Vielmehr ist eine Verbindlichkeit zu erfassen, deren Höhe an jedem Bilanzstichtag und am Erfüllungstag erfolgswirksam neu zu bestimmen ist.

Die Bilanzierung virtueller Aktienoptionen ist, genauso wie die Bilanzierung „echter" Aktienoptionen, in IFRS 2 geregelt. Abermals vergütet das Unternehmen mittels dieser Wertsteigerungsrechte eine Gegenleistung, die in der Regel von Arbeitnehmern durch Bereitstellung ihrer Arbeitskraft im Erdienungszeitraum erbracht wird, wobei die Vergütung an das Erreichen bestimmter Ziele geknüpft ist. Wertsteigerungsrechte entfalten grundsätzlich die gleiche Anreizwirkung wie „echte" Aktienoptionen, allerdings wird dem Inhaber der Optionen nicht das Recht eingeräumt, Aktien zu beziehen, sondern eine andere Leistung zu empfangen, deren Wert allerdings vom Aktienkurs des Unternehmens in der Zukunft abhängt. Für die Bewertung der entsprechenden Rechte ist abermals ein Bewertungsmodell zu nutzen. Hinsichtlich der Bestimmung des beizulegenden Zeitwerts im Gewährungszeitraum ergibt sich zu „echten" Aktienoptionen damit im Grunde kein Unterschied. Allerdings wird der beizulegende Zeitwert zu jedem Bilanzstichtag neu bestimmt. Dadurch wirken sich auf den Bilanzansatz der Schuld einerseits Veränderungen des beizulegenden Zeitwerts, andererseits auch veränderte Schätzungen bzw. Erkenntnisse im Hinblick auf die Anzahl der ausübbaren Rechte aus. Die Veränderung der Schuld wird jeweils erfolgswirksam erfasst.

Exkurs 5.10 | **Informationen zu anteilsbasierter Vergütung im Abschluss der Allianz**

Im Geschäftsbericht 2013 der Allianz Gruppe finden sich folgende Angaben zu aktienbasierten Vergütungsplänen: „Die Group-Equity-Incentive-Pläne des Allianz Konzerns unterstützen die Ausrichtung des Top-Managements, insbesondere des Vorstands, auf die nachhaltige Steigerung des Unternehmenswerts."

Des Weiteren wird vermerkt: „Die Stock-Appreciation Rights (SAR), die einem Planteilnehmer gewährt wurden, verpflichten den Allianz Konzern in Bezug auf jedes gewährte Recht, den Unterschiedsbetrag zwischen dem Börsenkurs der Allianz Aktie am Tag der Ausübung und dem Referenzkurs als Barzahlung zu leisten. →

→ **Fortsetzung**

Der maximale Unterschied ist auf 150 % des Referenzkurses begrenzt. Der Referenzkurs entspricht dem Durchschnitt der Schlusskurse der Allianz SE Aktie an den zehn Börsentagen, die im Ausgabejahr der Bilanzpressekonferenz der Allianz SE folgen. Die bis 2008 gewährten SAR können nach einer Sperrfrist von zwei Jahren ausgeübt werden und verfallen nach sieben Jahren. Für SAR, die ab 2009 gewährt wurden, gilt eine Sperrfrist von vier Jahren; sie verfallen ebenfalls nach sieben Jahren."

Zur Bewertung der Aktienoptionen wendet die Allianz Gruppe das Binomialmodell an: „Der Zeitwert der SAR zum Zeitpunkt der Gewährung wird mittels eines Cox-Ross-Rubinstein-Binomialmodells zur Optionsbewertung bestimmt. Die Volatilität wird aus beobachtbaren historischen Marktpreisen abgeleitet. Sind bezüglich des Ausübungsverhaltens der SAR keine historischen Informationen verfügbar (vor allem die Pläne, die 2007 und 2008 ausgegeben wurden, sind nicht im Geld), wird angenommen, dass die erwartete Laufzeit der Zeit bis zum Verfall der SAR entspricht."

(Quelle: Konzernabschluss der Allianz Gruppe 2013, S. 245)

Weiterführende Literatur Für weitere Informationen zum Ansatz und zur Bewertung „echter" und „virtueller" Aktienoptionen und zu deren Auswirkungen auf Bilanzkennzahlen kann auf Richter und Rogler, 2010, sowie Blecher, 2011, verwiesen werden.

5.4.3 Sachleistungsverpflichtungen

Das Rahmenkonzept definiert eine Schuld allgemein als eine „gegenwärtige Verpflichtung, die aus Ereignissen der Vergangenheit entsteht und deren Erfüllung für das Unternehmen erwartungsgemäß mit einem Abfluss von Ressourcen mit wirtschaftlichem Nutzen verbunden ist." Bei einer Sachleistungsverpflichtung handelt es sich um eine Verpflichtung, die durch Lieferung einer bestimmten Sache erfüllt wird. Ein Beispiel ist etwa die Verpflichtung, bei einer Betriebsverpachtung nach Pachtende Vorratsvermögen in gleicher Art, Menge und Güte zurückzugeben, wie vom Verpächter bei Beginn der Verpachtung bereitgestellt. Wer sich etwa ein Auto mit vollem Tank mietet und die Verpflichtung eingeht, das Auto auch mit vollem Tank wieder abzugeben, der geht damit ebenfalls eine Sachleistungsverpflichtung über das erforderliche Benzin ein (die Rückgabeverpflichtung bezüglich des Autos wäre unter Bilanzierungsgesichtspunkten hingegen keine Sachleistungsverpflichtung, sondern eine bilanziell nicht zu erfassende Verpflichtung aus einem Operating-Lease-Verhältnis). Eine Sachleistungsverpflichtung ist gemäß Rahmenkonzept eine Schuld, denn

■ es besteht eine *gegenwärtige Verpflichtung* zur Übertragung eines bestimmten Wirtschaftsguts;

- diese Verpflichtung resultiert aus vergangenen Ereignissen, typischerweise einer vertraglichen Vereinbarung;

- die Erfüllung der Verpflichtung führt zum Abfluss von Ressourcen in Form der zu leistenden Sache.

Problematisch ist, dass es sich bei einer Sachleistungsverpflichtung zwar, wie dargestellt, um eine Schuld handelt, dass aber die Bilanzierungsregeln für finanzielle Verbindlichkeiten und für Rückstellungen ausscheiden:

- Eine Sachleistungsverpflichtung ist *keine finanzielle Verbindlichkeit*, denn eine finanzielle Verbindlichkeit würde die Verpflichtung implizieren, Zahlungsmittel oder einen anderen finanziellen Vermögenswert zu liefern oder finanzielle Vermögenswerte (bzw. finanzielle Schulden) unter potenziell nachteiligen Bedingungen zu tauschen. Die Anwendung der Bilanzierungsregeln für Finanzinstrumente nach IAS 32/39 bzw. IFRS 9 kommt damit nicht in Betracht.

- Eine Sachleistungsverpflichtung ist in der Regel wohl auch *nicht als Rückstellung* nach IAS 37 zu erfassen, weil das zentrale Charakteristikum einer Rückstellung darin besteht, dass die Schuld (in IAS 37 analog zum Rahmenkonzept definiert) ihrer Fälligkeit oder Höhe nach ungewiss sein muss. Die Fälligkeit der Sachleistungsverpflichtung ist aber nicht ungewiss. Soweit das Unternehmen die Sachen bereits besitzt, die in der Zukunft zu leisten sind, besteht auch keine Ungewissheit im Hinblick auf die Höhe der Verpflichtung. Eine Rückstellungsbildung kommt damit allenfalls in Frage, wenn die Verpflichtung bereits eingetreten ist, die zu leistende Sache aber erst noch beschafft werden muss und der dafür erforderliche Beschaffungspreis am Bilanzstichtag nur geschätzt werden kann.

Wie aber wird eine Sachleistungsverpflichtung bilanziert, wenn weder die Bilanzierungsregeln für finanzielle Verbindlichkeiten noch für Rückstellungen greifen? Offensichtlich muss es sich in diesem Fall um eine „sonstige Verbindlichkeit" gemäß IAS 1.54(k) handeln. Für diese sonstigen Verbindlichkeiten existieren keine speziellen Bilanzierungsregeln, daher kommt ein Rückgriff auf die Leitlinien im Rahmenkonzept in Betracht.

Es kommt zum *Ansatz* einer Schuld, wenn es wahrscheinlich ist, dass sich aus der Erfüllung einer gegenwärtigen Verpflichtung ein direkter Abfluss von Ressourcen ergibt, die wirtschaftlichen Nutzen enthalten, und der Erfüllungsbetrag verlässlich ermittelt werden kann.

Das Rahmenkonzept schreibt für die *Bewertung* keinen spezifischen Wertmaßstab vor. Plausibel wäre der Ansatz zu Anschaffungskosten. Demnach werden Schulden entweder mit dem Betrag des im Austausch für die Verpflichtung erhaltenen Erlöses erfasst oder mit dem Betrag an Zahlungsmitteln, der erwartungsgemäß gezahlt werden muss, um die Schuld im normalen Geschäftsverlauf zu tilgen.

Weiterführende Literatur Die Bilanzierung von Sachleistungsverpflichtungen wird in Zwirner, Busch und Böcker, 2010, diskutiert.

Darstellung der Ertragslage

6

ÜBERBLICK

6.1 Grundprinzipien der Erfassung von Erlösen

Lernziele

- Die Erlöserfassung ist derzeit in IAS 18 und IAS 11 (sowie einigen Interpretationen) geregelt. In Zukunft wird IFRS 15 diese Regelungen ersetzen.

- In den Standards werden Erlöse definiert und es werden Vorgaben hinsichtlich des Zeitpunkts gemacht, an dem Erlöse zu erfassen sind.

Relevante Standards Für den Zeitpunkt der Erfassung von Erlösen sind in den aktuellen IFRS insbesondere die Standards IAS 18 („Erlöse") sowie IAS 11 („Fertigungsaufträge") von Relevanz. Allerdings hat das IASB im Mai 2014 mit IFRS 15 („Revenues") einen neuen Standard vorgelegt, der die beiden vorgenannten – und einige Interpretationen – ersetzen wird. IFRS 15 ist für Geschäftsjahre anzuwenden, die ab dem 1. Januar 2017 beginnen. IFRS 15 beschäftigt sich – genauso wie die Vorgängerstandards – insbesondere mit der Frage, zu welchem Zeitpunkt ein Unternehmen Erlöse aus Transaktionen mit Kunden zu erfassen hat.

Umsatzerlöse werden in IAS 18 definiert als „der aus der gewöhnlichen Tätigkeit eines Unternehmens resultierende Bruttozufluss wirtschaftlichen Nutzens während der Berichtsperiode, der zu einer Erhöhung des Eigenkapitals führt, soweit er nicht aus Einlagen der Eigentümer stammt". Der Verweis auf den „Bruttozufluss" bezieht sich nicht auf Steuern (für den Fiskus eingenommene Umsatzsteuer ist beispielsweise kein Umsatzerlös). Gemeint ist damit vielmehr, dass den Leistungen zwar Kosten zuzurechnen sind, insbesondere in Form von Umsatzkosten (in Höhe des bilanziellen Werts der erbrachten Leistungen, die zum Zeitpunkt der Umsatzerfassung abgehen), diese aber für die Bestimmung der Umsatzerlöse unberücksichtigt bleiben. Der Umsatzerlös ist nach dem Bruttokonzept damit kein (Roh-)Gewinn, der eine Nettogröße nach zugehörigem Aufwand darstellt. IFRS 15 bleibt der gewohnten Terminologie weitgehend treu. Demnach handelt es sich bei Umsatzerlösen um *„[i]ncome arising in the course of an entity's ordinary activities"*, wobei *„income"* wiederum definiert ist als *„[i]ncreases in economic benefits during the accounting period in the form of inflows or enhancements of assets or decreases of liabilities that result in an increase in equity, other than those relating to contributions from equity participants."* Mit der Erlöserfassung sind insbesondere zwei Probleme verbunden: erstens die Beantwortung der Frage, zu welchem Zeitpunkt Umsatzerlöse zu erfassen sind, und zweitens die Frage, wie die Umsatzerlöse bemessen werden.

Zeitpunkt der Erfassung von Umsatzerlösen (Ansatz) Der Zeitpunkt der Erlöserfassung ergibt sich aus dem sogenannten Realisationsprinzip. Unter der „Realisation" wird häufig implizit verstanden, dass ein Gewinn tatsächlich entstanden ist, dass also ein Zufluss von Zahlungsmitteln im Zusammenhang mit einer Leistung entweder schon stattgefunden hat oder zumindest sehr wahrscheinlich stattfinden wird. Es handelt sich in dem Sinne nicht mehr um ein „schwebendes Geschäft". Allerdings ist das

Realisationsprinzip kein allgemeines Prinzip, das unabhängig von konkreten Rechnungslegungsregeln bestehen würde.

- Im deutschen *Handelsrecht* ist das Realisationsprinzip in § 252 (4) HGB kodifiziert. Demnach sind „Gewinne nur zu berücksichtigen, wenn sie am Abschlussstichtag realisiert sind". Das Realisationsprinzip wird im HGB im Zusammengang mit der Vorschrift eingeführt, dass „vorsichtig zu bewerten" ist. Damit kommt zum Ausdruck, dass eine Gefahr (auch) in einem zu zeitnahen bzw. voreiligen Ausweis von Gewinnen gesehen wird. Insbesondere sind nach deutschem Handelsrecht keine nur „erwarteten" Gewinne zu erfassen. Dementsprechend wird ein Umsatz dann als realisiert betrachtet und erfolgserhöhend gebucht, wenn das bilanzierende Unternehmen seine Leistungsverpflichtungen erfüllt und beispielsweise das vereinbarte Produkt geliefert oder die zugesagte Dienstleistung erbracht hat („Lieferung und Leistung"). Die Anknüpfung an Lieferung und Leistung kann als vorsichtige, aber dennoch kompromisshafte Risikoberücksichtigung verstanden werden. Der Erfolg ist schon weit konkretisiert, da das Unternehmen etwa das Produktions-, Absatz- und auch Lieferrisiko bewältigt hat. Eine gewisse Restunsicherheit verbleibt indes noch vor der Geldwerdung des Geschäfts, da etwa das Kreditrisiko (der Kunde zahlt nicht) noch besteht, daneben auch etwaige Gewährleistungsrisiken; so wird es etwa zu einer Erfolgsschmälerung kommen, wenn sich ein geliefertes Produkt als fehlerhaft erweist.

- Die *IFRS* sind stärker kasuistisch aufgebaut. Der Zeitpunkt, zu dem Erlöse zu erfassen sind, ergibt sich demnach weniger aus übergeordneten Prinzipien denn aus konkreten Regeln in den einzelnen Standards. Gleichwohl orientieren sich die IFRS häufig auch an Lieferungen und Leistungen (*point of sale*). Indes gibt es aber auch zahlreiche abweichende Regelungen. So werden etwa positive Wertsteigerungen bei finanziellen Vermögenswerten im Handelsbestand nach IAS 39 bzw. IFRS 9 auch dann erfasst, wenn diese am Bilanzstichtag noch im Bestand sind. Es ist also hier nicht entscheidend, ob tatsächlich eine Transaktion stattgefunden hat, vielmehr reicht die Einordnung des Wertpapiers in den Handelsbestand, die eine Verkaufsabsicht dokumentiert, weshalb ein entsprechender Ertrag jederzeit realisierbar ist und daher erfasst wird. Ähnliches gilt für die erfolgswirksame Erfassung der Wertsteigerung von Immobilien, die nach IAS 40 als Finanzanlagen gehalten werden. Ein anderes Beispiel ist die sogenannte Langfristfertigung, also die Erstellung insbesondere sehr komplexer Güter (beispielsweise Kraftwerke, Flugzeuge, Staudämme etc.), die sich über mehrere Jahre erstrecken kann. Hier gestatten die IFRS nach der Methode der Teilgewinnrealisierung (*percentage of completion*), dass bereits kontinuierlich mit dem Fortschritt des Fertigungsprozesses die zu erwartenden Erlöse realisiert werden. Hier geht die periodengerechte Erfolgsermittlung demnach der Vorsicht vor. Insofern kann zusammenfassend von einem gegenüber dem HGB variantenreicheren, den jeweiligen Umständen angepassten Realisationsverständnis nach IFRS gesprochen werden, das die Entscheidungsnützlichkeit der Gewinnermittlung in den Vordergrund stellt, um den Preis fallweise geringerer „Vorsicht".

Hinsichtlich der Frage, wann Erlöse zu erfassen sind, sind zwei Fälle zu unterscheiden. Im ersten Fall wird die Leistung zu einem bestimmten *Zeitpunkt* erbracht. Der gesamte Erlös ist in diesem Fall mit einer bestimmten Leistung verbunden, die zu einem bestimmten Zeitpunkt voll erbracht wird. Es geht dann alleine um die Frage, zu welchem Zeitpunkt der entsprechende Erlös (in voller Höhe) zu erfassen ist. In IAS 18 wird dieser Fall im Wesentlichen für Erlöse aus dem Verkauf von Gütern diskutiert. Diese werden erfasst, wenn das Unternehmen die maßgeblichen Chancen und Risiken, die mit dem Eigentum der verkauften Waren und Erzeugnisse verbunden sind, auf den Käufer übertragen hat, dem Unternehmen weder ein Verfügungsrecht noch eine wirksame Verfügungsmacht verbleibt und die Höhe der Erlöse verlässlich bestimmt werden kann. Außerdem muss hinreichend wahrscheinlich sein, dass dem Unternehmen der wirtschaftliche Nutzen aus dem Verkauf zufließen wird, und es müssen die im Zusammenhang mit dem Verkauf angefallenen oder noch anfallenden Kosten verlässlich bestimmt werden können.

Im zweiten Fall wird die Leistung über einen bestimmten *Zeitraum* (verteilt) erbracht. Es gibt zwei Unterfälle, die implizit im IAS 18 unterschieden werden:

- *Leistung, deren Erbringung eine geraume Zeit in Anspruch nimmt:* Naheliegende Beispiele sind Umsätze, die aus erhaltenen Zinsen oder Nutzungsentgelten für die Überlassung von Kapital oder anderer Wirtschaftsgüter entstehen. Nach IAS 18 sind diese periodengerecht, aber nur dann zu erfassen, wenn es wahrscheinlich ist, dass der wirtschaftliche Nutzen auch tatsächlich zufließen wird und die Höhe des Umsatzerlöses auch verlässlich bestimmt werden kann. In IAS 18 ist allerdings noch ein weiteres Beispiel genannt: die Erbringung von Dienstleistungen. Ein Erlös ist bei solchen Leistungen nach Maßgabe des Fertigstellungsgrads zu erfassen. Dazu muss die Höhe des Umsatzerlöses verlässlich bestimmt werden können. Es muss wahrscheinlich sein, dass dem Unternehmen der wirtschaftliche Nutzen zufließen wird. Schließlich muss auch der Fertigstellungsgrad verlässlich bestimmt werden können und es müssen die angefallenen und die noch anfallenden Kosten verlässlich bestimmt werden können. Ein weiteres Beispiel für eine Teilgewinnrealisierung noch vor dem kompletten Übergang der Chancen und Risiken (IAS 18) bzw. der vollen Verfügungsmacht (IFRS 15) auf den Käufer sind Erlöse, die mit bestimmten, kundenspezifischen Fertigungsaufträgen nach IAS 11 in Verbindung stehen.

- *Leistung, die aus einer Vielzahl voneinander abgrenzbarer Bestandteile besteht*: Allgemein enthält IAS 18 die Regel, dass die Ansatzkriterien auf einzelne abgrenzbare Bestandteile eines Geschäftsvorfalls anzuwenden sind. Als Beispiel wird der Verkaufspreis für ein bereits abgesetztes Produkt genannt, wobei der Verkaufspreis einen bestimmbaren Betrag für nachfolgende Serviceleistungen über drei Jahre enthält. Die Chancen und Risiken aus dem Eigentum an dem Produkt sowie die Verfügungsgewalt sind fraglos auf den Käufer übergegangen, sodass der Erlös aus dem Verkauf des Produkts mit dem Absatz zu erfassen ist. Allerdings wurden die nachfolgenden Serviceleistungen am Bilanzstichtag allenfalls anteilig erbracht. Für diese Teilleistung ist dann ein Betrag abzugrenzen und über die Laufzeit erfolgswirksam aufzulösen (transitorische Rechnungsabgrenzung).

Bemessung der Erlöse (Bewertung) Nach IAS 18 sind Umsatzerlöse zum beizulegenden Zeitwert des erhaltenen oder zu beanspruchenden Entgelts zu bemessen. Typischerweise ist das zu beanspruchende Entgelt vertraglich mit dem Käufer fixiert. Der Hinweis auf den beizulegenden Zeitwert deutet allerdings darauf hin, dass Erlösschmälerungen wie Preisnachlässe oder Mengenrabatte in Abzug zu bringen sind. Davon zu unterscheiden ist eine Situation, in der dem Käufer für den Kauf einer Ware ein zinsloser Kredit gewährt wird. In dieser Situation ist der Nominalwert des beanspruchten Entgelts höher als der beizulegende Zeitwert der erhaltenen Gegenleistung. Der zu erfassende Umsatzerlös aus dem Verkauf der Ware entspricht dann dem mit einem risikoadäquaten Zinssatz ermittelten Barwert der erwarteten Zahlung. Die Differenz zum Nominalwert der Forderung ist dann als Zinsertrag zu erfassen. Für die Erfassung von Umsatzerlösen ist es im Übrigen auch nicht entscheidend, ob die Gegenleistung in Zahlungsmitteln oder Zahlungsmitteläquivalenten erfolgt. Ein Umsatz liegt zwar nicht im Falle eines reinen Tauschs vor. Werden aber art- oder wertmäßig unterschiedliche Erzeugnisse, Waren oder Dienstleistungen ausgetauscht, erfolgt eine Erfassung von Erlösen. Soweit sich in dem Fall der beizulegende Zeitwert der erhaltenen Leistung nicht bestimmen lässt, wird der zu erfassende Umsatzerlös als Wert der ausgegebenen Vermögenswerte ermittelt.

Ausblick auf IFRS 15 Die bisherigen Standards und Interpretation liefern zwar das Handwerkszeug um alle Arten von Erlösen unter Berücksichtigung der Zielsetzung der IFRS insgesamt zu bilanzieren, allerdings verteilen sich die Vorschriften auf mehrere Standards und es bestehen Regelungslücken. Der neue Standard IFRS 15 soll die Erfassung von Umsatzerlösen daher einheitlicher und prinzipienorientierter als bisher gestalten. Für die Erfassung von Umsatzerlösen wird dazu ein fünfstufiger Prozess festgelegt:

- **Stufe 1** – *Identifizierung des Vertrags mit einem Kunden:* Ein Vertrag liegt vor, wenn eine Vereinbarung zwischen zwei oder mehr Parteien vorliegt, aus der durchsetzbare Rechte und Pflichten erwachsen.

- **Stufe 2** – *Identifizierung der Leistungsverpflichtungen:* Der Vertrag verpflichtet das Unternehmen, einem Kunden Waren oder Dienstleistungen zu liefern. Soweit sich der Vertrag auf voneinander unterscheidbare Waren oder Dienstleistungen bezieht, werden diese Komponenten für Zwecke der Erlösrealisation getrennt voneinander betrachtet.

- **Stufe 3** – *Bestimmung des Transaktionspreises:* Typischerweise ist ein fester Preis vertraglich vereinbart, sodass keinerlei Schätzung des Transaktionspreises erforderlich ist. Die Gegenleistung kann aber auch – zumindest in Teilen – variabel sein. In diesem Fall muss das Unternehmen die wahrscheinlich zufließenden Ressourcen der Höhe nach schätzen. Dies ist kein Problem, solange nicht hochwahrscheinlich ist, dass die Beseitigung der Unklarheit über die exakte Höhe des Zuflusses einen signifikanten Effekt auf die erfassten Umsätze haben wird. Der Transaktionspreis kann auch in einer anderen Weise zufließen als durch Zahlungsmittel oder Zahlungsmitteläquivalente. Der Transaktionspreis wird angepasst, wenn die Gegenleistung in der Zukunft liegt und die vereinbarte oder erwartete Gegenleistung daher auch eine Vergütung für eine Finanzierungsleistung enthält.

- **Stufe 4** – *Verteilung des Transaktionspreises auf die Leistungsverpflichtungen:* Die Verteilung auf einzelne Komponenten der Leistungsverpflichtung soll auf Basis der relativen Verkaufspreise bei einer gesonderten Veräußerung der Komponenten vorgenommen werden. Soweit sich der Verkaufspreis einzelner Komponenten nicht beobachten lässt, sind Schätzungen vorzunehmen.

- **Stufe 5** – *Erlöserfassung bei Erfüllung der Leistungsverpflichtungen:* Ein Umsatz wird in dem Maße erfasst, in dem in der Periode vertragliche Leistungsverpflichtungen durch Transfer von Gütern oder Dienstleistungen an Kunden erfüllt wurden. Ein solcher Transfer findet in der Periode statt, in der der Kunde Verfügungsmacht (*control*) über die Waren oder Dienstleistungen gewinnt. Die vertragliche Leistungsverpflichtung kann zu einem bestimmten Zeitpunkt oder auch über einen Zeitraum erfüllt werden, wobei in letzterem Fall der Umsatzerlös über diesen Zeitraum auf Basis eines angemessenen Verfahrens zur Bestimmung des Leistungsfortschritts erfasst wird.

Aufgaben

1. Welche Gründe haben dafür gesprochen, IAS 11 und IAS 18 (sowie weitere Interpretationen) durch einen neuen Standard abzulösen? Diskutieren Sie auch, welche Gründe dafür gesprochen haben mögen, dass der Erstanwendungszeitraum fast drei Jahre nach der Veröffentlichung des Standards liegt und damit recht großzügig bemessen ist.

2. Kommentieren Sie folgende Aussage: „Die erfolgswirksame Erfassung der Zunahme des Marktwertes von Finanzinstrumenten im Handelsbestand stellt innerhalb der IFRS eine Durchbrechung des Realisationsprinzips dar."

3. Welcher Form der Zahlungsabgrenzung sind die gegenwärtigen Regelungen der Ertragsrealisation gemäß IAS 18 zuzuordnen? Handelt es sich (a) um eine transaktionsbasierte Form der Zahlungsabgrenzung, (b) um eine vermögens- und schuldbasierte Form der Zahlungsabgrenzung oder (c) um eine marktgebundene Form der Zahlungsabgrenzung?

Weiterführende Literatur   Stute und Kurt, 2012, setzen sich mit den Ausprägungen des Realisationsprinzips nach HGB und IFRS auseinander. Für eine kritische Würdigung der Reformvorschläge des IASB in Bezug auf die Realisation von Umsatzerlösen dem Grund nach vergleiche Hagemann, 2013.

6.2 Fallbeispiele zur Erfassung von Erlösen

6.2.1 Erlöserfassung bei Fertigungsaufträgen (IAS 11)

Lernziele

- Klassischerweise verlangt IAS 18 die Erfassung von Umsatzerlösen von Gütern zum Zeitpunkt des Übergangs von Chancen und Risiken.

- Der Erfolgsrechnung eines Unternehmens, das sich auf Auftragsfertigung spezialisiert hat und damit sehr unregelmäßig Erlöse vereinnahmt, ließe bei strenger Auslegung des Prinzips wenige Schlüsse auf die Ertragskraft des Unternehmens zu.

- IAS 11 erlaubt daher unter bestimmten Voraussetzungen die Teilgewinnrealisierung auch vor der endgültigen Fertigstellung. IFRS 15 wird dies ebenfalls erlauben.

Einige Unternehmen verfolgen Geschäftsmodelle, in denen langfristige Fertigungsaufträge eine bedeutende Rolle spielen. Zu denken ist hier etwa an Werften, die sich auf den Bau von Kreuzfahrt- oder Containerschiffen spezialisiert haben, aber auch an die Baubranche. Wenn diese Unternehmen ein strenges Realisationsprinzip anwendeten, nach dem die Chancen und Risiken auf den Käufer übergegangen sein müssen, können Erlös und zugehörige Aufwendungen erst dann erfasst werden, wenn das Gesamtwerk an den Auftraggeber übergeben wird, der Vertrag also erfüllt ist (*completed contract*). Ein solches Vorgehen wäre problematisch, da sich aus der Erfolgsdarstellung eines Unternehmens, das langfristige Fertigung betreibt, kaum Hinweise auf seine Ertragslage und die zukünftigen Gewinnaussichten ergäben. In der Folge könnten die Abschlüsse solcher Unternehmen nur eine geringe Entscheidungsrelevanz aufweisen.

Es stellt sich also die Frage, auf welche Weise bei langfristiger Fertigung anteilig Erlöse realisiert werden können. Nach HGB ist eine Teilgewinnrealisierung im Allgemeinen nicht möglich. Die deutsche Rechnungslegung kennt keine Legaldefinition von Fertigungsaufträgen. Der gesamte Auftragserlös ist erst bei Übergang der Chancen und Risiken auf den Kunden zu erfassen (soweit es nicht vorher zu Teilabrechnungen gekommen ist, die mit dem deutschen Realisationsprinzip in Einklang stehen). Allerdings kommt ggf. eine bilanzielle Realisation in Frage. Dies geschieht, wenn zur Herstellung erforderliche Kosten in die bilanziell erfassten Herstellungskosten eines Auftrags einbezogen werden und insofern in der aktuellen Periode den Gewinn nicht schmälern (der damit *ceteris paribus* höher ausfällt). Auch hierbei ist das Vorsichtsprinzip zu beachten.

Die IFRS sind im Hinblick auf die Teilgewinnrealisierung deutlich „liberaler": Die Behandlung von Fertigungsaufträgen ist aktuell in IAS 11 geregelt, für Geschäftsjahre, die ab dem 1. Januar 2017 beginnen, greift IFRS 15 mit ähnlichen Regelungen. Ein Fertigungsauftrag ist in IAS 11 definiert als „Vertrag über die kundenspezifische Fertigung einzelner Gegenstände oder einer Anzahl von Gegenständen, die hinsichtlich Design, Technologie und Funktion oder hinsichtlich ihrer endgültigen Verwendung aufeinander abgestimmt oder voneinander abhängig sind." Als Beispiele nennt der Standard die Fertigung von Brücken, Gebäuden, von Staudämmen, einer Pipeline, einer Straße, von Schiffen oder Tunnels. Fertigungsaufträge können sich auch auf die Erbringung von Dienstleistungen beziehen, die direkt im Zusammenhang mit der Fertigung eines Vermögenswerts stehen und damit zum Beispiel Dienstleistungen von Projektleitern und Architekten umfassen. Auch Verträge über den Abriss oder die Restaurierung von Vermögenswerten sowie die Wiederherstellung der Umwelt zählen zu den Fertigungsverträgen. IAS 11 ist allerdings nicht für alle Arten von Dienstleistungsverträgen anzuwenden, die allgemeiner in IAS 18 geregelt sind. Da IAS 18 allerdings bei solchen Dienstleistungsverträgen auf eine Erlöserfassung nach dem Fertigstellungsgrad verweist, ohne dies näher zu konkretisieren, wird IAS 11 häufig als Auslegungshilfe herangezogen, der hierzu detaillierte Vorgaben macht.

Kann das Ergebnis eines Fertigungsauftrags verlässlich geschätzt werden, sind gemäß IAS 11 die Auftragserlöse und Fertigungskosten entsprechend des Leistungsfortschritts am Bilanzstichtag jeweils als Erträge und Aufwendungen zu erfassen. Wird insgesamt ein Verlust erwartet, ist dieser sofort als Aufwand zu erfassen. Das Ergebnis eines Fertigungsauftrags entsteht aus den zuzuordnenden Auftragserlösen und -kosten.

- *Auftragserlöse:* Die Auftragserlöse setzen sich aus dem vertraglich vereinbarten Erlös zuzüglich (erwarteter) Zahlungen für Abweichungen im Gesamtwerk, Anreize und Ansprüche zusammen, soweit diese verlässlich ermittelbar sind und ein Zufluss wahrscheinlich ist. Angesetzt werden die Erlöse (wie unter IAS 18) mit dem beizulegenden Zeitwert der erwarteten Gegenleistung.

- *Auftragskosten:* Die Auftragskosten umfassen direkte Kosten (Fertigungslöhne, Fertigungsmaterial, Kosten für Transport zum Erfüllungsort, Kosten der Anmietung für erforderliche Maschinen und Anlagen usw.), allgemein dem Vertrag zuzurechnende Kosten (etwa für Versicherungen oder Fertigungsgemeinkosten) sowie sonstige Kosten, die dem Kunden gesondert in Rechnung gestellt werden. Nicht zu den Auftragskosten zählen alle Kosten, die nicht in direkter Verbindung mit dem Auftrag stehen (Kosten der allgemeinen Verwaltung, Forschungs- und Entwicklungskosten, soweit für diese keine Erstattung vereinbart wurde, und planmäßige Abschreibungen auf Anlagen und Maschinen, die nicht für die Abwicklung eines speziellen Auftrags verwendet werden).

Ob das Ergebnis als verlässlich schätzbar gilt, hängt vom Typ des Fertigungsauftrags ab. Nach IAS 11 werden zwei Typen unterschieden:

- *Festpreisverträge:* Hier vereinbart der Auftragnehmer einen festen Preis für das Werk beziehungsweise einen festen Preis je Output-Einheit (beispielsweise einen Festpreis für den Bau eines Flughafens). Das Ergebnis eines Festpreisvertrags gilt als verlässlich schätzbar, wenn die gesamten Auftragserlöse (insbesondere nachzuweisen durch Erkenntnisse aus ähnlichen Aufträgen), die bis zur Fertigstellung noch anfallenden Kosten sowie der Fertigstellungsgrad als solcher verlässlich bewertet werden können. Zudem muss wahrscheinlich sein, dass der aus dem Auftrag resultierende wirtschaftliche Nutzen dem Unternehmen zufließen wird.

■ *Kostenzuschlagsverträge:* Hier lässt sich der Auftragnehmer abrechenbare oder anderweitig festgelegte Kosten zuzüglich eines vereinbarten Prozentsatzes dieser Kosten oder ein festes Entgelt vergüten (beispielsweise wird dann der Flughafen nicht mehr zu einem vorher fest vereinbarten Preis gebaut, vielmehr verpflichtet sich der Auftragnehmer, alle entstandenen Kosten, zuzüglich einer Gewinnmarge, zu erstatten). Das Ergebnis eines Kostenzuschlagsvertrags lässt sich einfacher schätzen: Es muss (nur) wahrscheinlich sein, dass dem Unternehmen wirtschaftlicher Nutzen aus dem Vertrag zufließt und die Auftragskosten eindeutig bestimmt und verlässlich bewertet werden können.

Der in einer Periode erzielte Leistungsfortschritt wird am Fertigstellunggrad (*percentage of completion*) gemessen. Der Fertigstellungsgrad kann zum Beispiel ermittelt werden

■ nach dem Verhältnis der bisher angefallenen Auftragskosten zu den geschätzten Gesamtkosten (*cost-to-cost*-Methode);

■ dem Verhältnis der bisher erbrachten Leistung zur geschätzten Gesamtleistung (*efforts-expended*-Methode);

■ oder dem Verhältnis des physikalischen Anteils des bisher erstellten Fertigungsauftrags zur vereinbarten Gesamtleistung.

Dies gilt unabhängig von der Frage, ob der Kunde Abschlagszahlungen leistet, denn diese spiegeln den Auftragsfortschritt häufig nicht angemessen wider. Naturgemäß ist die Teilgewinnrealisierung abhängig von vielerlei Schätzungen, die sich im Zeitablauf auch ändern können. Änderungen von Schätzungen werden nach IAS 8 behandelt und in der Periode im Gewinn oder Verlust erfasst, in dem die Schätzung geändert wurde.

Exkurs 6.1	**Percentage-of-Completion-Methode bei der Thyssen Krupp AG**

Die *Thyssen Krupp AG* hat insbesondere in den Segmenten Business Areas Elevator Technology und Industrial Solutions die Percentage-of-Completion-Methode angewandt. Im Anhang des Konzernabschlusses 2012/2013 fanden sich dazu unter anderem folgende Ausführungen: „Bestimmte Konzerngesellschaften tätigen einen Teil ihrer Geschäfte als Fertigungsaufträge, die nach der Percentage-of-Completion-Methode bilanziert werden, wonach die Umsätze entsprechend dem Fertigstellungsgrad auszuweisen sind. Diese Methode erfordert eine exakte Schätzung des Ausmaßes des Auftragsfortschritts. In Abhängigkeit von der Methode zur Bestimmung des Fertigstellungsgrades umfassen die wesentlichen Schätzungen die gesamten Auftragskosten, die bis zur Fertigstellung noch anfallenden Kosten, die gesamten Auftragserlöse, die Auftragsrisiken und andere Beurteilungen. Das Management der operativen Einheiten überprüft kontinuierlich alle Schätzungen, die im Rahmen der Fertigungsaufträge erforderlich sind, und passt diese gegebenenfalls an."

(Quelle: Konzernabschluss der Thyssen Krupp AG 2012/2013, Anhang S. 180) →

> **→ Fortsetzung**
>
> Den Angaben ist im Weiteren zu entnehmen, dass die Thyssen Krupp AG zur Ermittlung des Fertigstellungsgrads, etwa von Containerschiffen und Yachten, die Cost-to-cost-Methode anwendet.

Ein Beispiel soll das Verfahren verdeutlichen. Dazu sei angenommen, dass eine Werft am 01.01.20X1 mit dem Bau einer Yacht beginnt. Die Yacht wird voraussichtlich am 31.12.20X3 fertiggestellt sein. Der Verkaufspreis beträgt (bei Abnahme) € 5.000.000. Es liegt ein Festpreisvertrag zugrunde. Die beim Bau der Yacht anfallenden Kosten werden von der Werft mit insgesamt € 4.000.000 veranschlagt, davon € 1.500.000 im Jahr 20X1, € 2.000.000 im Jahr 20X2 sowie € 500.000 im Jahr 20X3. Der aus dem Auftrag voraussichtlich entstehende Erfolg (also die Differenz aus Erlösen und Kosten) beträgt € 1.000.000 (= € 5.000.000 − € 4.000.000). Der Grad der Fertigstellung soll nun nach der *Cost-to-cost*-Methode gemessen werden. Am Ende des Jahres 20X1 liegt der Fertigstellungsgrad bei

$$\frac{€\,1.500.000}{€\,4.000.000} = 0,3750 = 37,5\,\% \,.$$

Dem Jahr 20X1 werden demnach 37,5 Prozent der gesamten Erlöse zugerechnet, also insgesamt € 1.875.000. Der Aufwand der Periode ist durch die Angabe der Kosten gegeben und beträgt € 1.500.000. Die Zuordnung der Erlöse und Kosten auf die einzelnen Perioden ist für die gesamte Fertigungszeit in ▶ Tabelle 6.1 wiedergegeben.

Tabelle 6.1

Percentage-of-Completion-Methode

Jahr (Ende)	Jährl. Leistungsanteil	Umsatz	Aufwand	Erfasster Gewinn
20X1	37,5 %	€ 1.875.000	€ 1.500.000	€ 375.000
20X2	50,0 %	€ 2.500.000	€ 2.000.000	€ 500.000
20X3	12,5 %	€ 625.000	€ 500.000	€ 125.000
Summe	**100,0 %**	**€ 5.000.000**	**€ 4.000.000**	**€ 1.000.000**

Aufgaben

1. Grenzen Sie in eigenen Worten die *Completed-Contract*- von der *Percentage-of-Completion*-Methode ab! →

→ **Fortsetzung**

2. Wie ist nach IAS 11 vorzugehen, wenn sich die ursprünglichen Schätzungen bezüglich der gesamten Kosten eines Auftrags während der Laufzeit ändern?

3. Hat die Methode, nach welcher der Leistungsfortschritt gemessen wird, eine Wirkung auf die während der Laufzeit ausgewiesenen Gewinne?

4. Die Bauprofi AG hat einen Auftrag zum Bau einer Zugbrücke über die Hunte erhalten. Sie kalkuliert mit Gesamtkosten von € 3,7 Millionen. In dem Vertrag wurde ein Festpreis für die Brücke von € 4,4 Millionen vereinbart. Der Bau beginnt am 01.06.20X1. Die Brücke wird zum 01.08.20X4 fertiggestellt. Folgende Kosten wurden für die einzelnen Jahre veranschlagt:

Jahr	Betrag (in €)
20X1	0,5 Mio.
20X2	1,3 Mio.
20X3	1,1 Mio.
20X4	0,8 Mio.

Berechnen Sie die Periodenerfolge der Bauprofi AG, die sich aus diesen Angaben für die Jahre 20X1 – 20X4 ergeben!

Weiterführende Literatur Für einen umfangreichen Überblick zu den gegenwärtigen Regelungen der Ertragsrealisation nach IFRS vergleiche Wüstemann und Kierzek, 2005, sowie Hayn, 2006. Weitere Informationen zur Percentage-of-Completion-Methode und Bilanzierung langfristiger Fertigung finden sich in Kirsch, 2010.

6.2.2 Erlöserfassung bei Mehrkomponentenverträgen

Lernziele

■ Mehrkomponentenverträge zeichnen sich dadurch aus, dass in einem Vertrag mehrere voneinander abgrenzbare Leistungen versprochen werden, die sich auch einzeln voneinander erbringen ließen.

■ Die Erbringung der Teilleistungen kann zeitlich auseinanderfallen. IAS 18 (genauso IFRS 15) schreiben dann vor, dass die entsprechenden Erlöse mit Erbringung der Teilleistungen anteilig realisiert werden.

Die Bilanzierung von Mehrkomponentenverträgen soll an einem Beispiel verdeutlicht werden. Demnach schließt die Alpha AG einen Vertrag mit einem Kunden. Die Alpha AG muss gemäß der vertraglichen Bestimmungen folgende Leistungen erbringen: Es wird am Tag des Vertragsschlusses am 01.07.20X4 eine IT-Anlage mit einem Listenpreis von € 27.000 geliefert. Außerdem wird die Alpha AG zwei Jahre lang die Wartung der Hardware übernehmen (beginnend am 01.07.20X4). Schließlich erhält der Kunde auch für ein Jahr (ab 01.07.20X4) Zugang zu einer Online-Dokumentation mit technischen Updates durch die Entwicklergruppe. Der Kunde zahlt für diese drei Leistungen im Gegenzug am 01.07.20X4 insgesamt € 40.000. Weiterhin ist bekannt, dass die Alpha AG die Wartung der IT-Infrastruktur auch Kunden anbietet, die ihre Hardware nicht von der Alpha AG bezogen haben. Die Alpha AG stellt diesen Kunden dafür € 10.000 p.a. in Rechnung. Für die Verlängerung des Zugangs zur Online-Dokumentation für Kunden, die Hardware von der Alpha AG beziehen, werden € 5.000 p.a. in Rechnung gestellt. Das Geschäftsjahr der Alpha AG endet zum 30.06. eines Jahres, steuerliche Aspekte sollen in dieser Aufgabe vernachlässigt werden. Die Alpha AG bezahlt am 01.07.20X4 in bar.

Es handelt sich um einen Vertrag, der drei Komponenten umfasst. Diese Komponenten können (und müssen nach IFRS 15) separat voneinander behandelt werden. IAS 18 gibt dazu allerdings keine genauen Regeln vor, sodass im Folgenden (nur) eine exemplarische Lösung angeboten werden kann. Die erste Komponente bezieht sich auf die Lieferung einer technischen Anlage. Hierzu sind die Realisationskriterien aus IAS 18 für den Verkauf von Gütern relevant. Demnach ist ein Umsatz zu erfassen, wenn die folgenden Kriterien erfüllt sind:

- Maßgebliche Risiken und Chancen, die mit dem Eigentum an der verkauften Ware verbunden sind, wurden auf den Kunden übertragen.
- Dem Unternehmen verbleibt weder ein Verfügungsrecht noch faktische Verfügungsgewalt.
- Die Höhe des Umsatzerlöses und die im Zusammenhang mit dem Verkauf angefallenen Kosten können verlässlich bestimmt werden.
- Es ist wahrscheinlich, dass der wirtschaftliche Nutzen zufließen wird.

Im vorliegenden Fall deutet alles darauf hin, dass alle Kriterien erfüllt sind. Die einzige Frage wäre, in welchem Umfang der Teilleistung Umsatzerlöse zuzurechnen sind (dazu später mehr).

Die weiteren Komponenten stellen nach der Logik in IAS 18 Dienstleistungen dar. Diese führen zu Erlösen nach Maßgabe des Fertigstellungsgrads des Geschäfts am Abschlussstichtag, soweit das Ergebnis der Geschäfte verlässlich bestimmt werden kann. Dazu muss die Höhe der Umsatzerlöse verlässlich bestimmt werden können. Es muss ferner wahrscheinlich sein, dass der wirtschaftliche Nutzen zufließen wird und die angefallenen und noch anfallenden Kosten müssen verlässlich bestimmbar sein. Schließlich muss der Fertigstellungsgrad am Abschlussstichtag verlässlich bestimmt werden können.

Abermals ist davon auszugehen, dass die genannten Kriterien im Sachverhalt erfüllt sind. Da die Dienstleistungen zeitkontinuierlich erbracht werden, lässt sich im vorliegenden Fall der Fertigstellungsgrad anhand der verstrichenen Zeit bemessen.

In einem nächsten Schritt ist der Transaktionspreis zu bestimmen. Der insgesamt zu erfassende Umsatzerlös entspricht dem Bruttozufluss wirtschaftlichen Nutzens soweit es sich jedenfalls um einen Ertrag handelt, der aus der gewöhnlichen Geschäftstätigkeit resultiert. Dies ist bei allen Komponenten im Sachverhalt der Fall. Der zu erfassende Umsatzerlös bemisst sich als der beizulegende Zeitwert der erhaltenen Gegenleistung. Da direkt bei Vertragsschluss am 01.07.20X4 die Gegenleistung durch den Kunden erbracht wird, kommen eine Diskontierung wegen einer Finanzierungsleistung oder die Berücksichtigung etwaiger Erlösschmälerungen nicht in Betracht. Gegebenenfalls wäre der Umsatz nur in der Höhe zu erfassen, in der es wahrscheinlich ist, dass der Kunde nicht vom Kauf zurücktritt oder Nachbesserungen reklamiert. Da hierzu nichts bekannt ist, beträgt der insgesamt zu erfassende Umsatzerlös € 40.000.

Unter bestimmten Umständen ist es erforderlich, die Ansatzkriterien auf einzelne, abgrenzbare Bestandteile des Geschäftsvorfalls anzuwenden. Dies kann hier nach Maßgabe der einzeln bekannten Veräußerungspreise wie folgt geschehen:

Teilleistung	Preis bei separatem Verkauf	Anteil (in Prozent)	Zugeordneter Umsatzerlös (auf Basis von € 40.000)
Lieferung Hardware (sofort fällig)	€ 27.000	51,92 %	€ 20.769
Wartung (über 2 Jahre erbracht)	€ 20.000	38,46 %	€ 15.385
Online-Zugang	€ 5.000	9,62 %	€ 3.846
Summe	**€ 52.000**	**100,00 %**	**€ 40.000**

Am 01.07.20X4 wird demnach ein Umsatzerlös in Höhe von € 20.769 erfasst. Gleichzeitig wird der Zugang von Zahlungsmitteln in Höhe von € 40.000 gebucht. Die Differenz in Höhe von € 19.231 ist ein abgegrenzter Ertrag, der in späteren Perioden realisiert wird. Zum Ende des Geschäftsjahres am 30.06.20X5 kann dann der Erlös von € 3.846 vollständig realisiert werden, der mit dem Online-Zugang verbunden ist. In entsprechender Höhe wird der Abgrenzungsposten aufgelöst. Weiterhin wurde nunmehr die Wartungsleistung zu 50 Prozent erbracht. Aus dieser Leistungskomponente sind Erlöse in Höhe von € 7.692 zu realisieren. Ein entsprechender Betrag bleibt abgegrenzt und wird erst am 30.06.20X6 als Erlös realisiert.

Exkurs 6.2 **Ertragsrealisierung bei der TUI AG**

Ein Beispiel für Mehrkomponentengeschäfte sind Pauschalreisen, bei denen der Kunde beim Veranstalter mehrere Bausteine gemeinsam bucht. Zu entscheiden ist hier, wann ein Umsatz als realisiert angesehen wird, wenn der Beginn einer Reise vor und die Rückkehr nach dem Bilanzstichtag erfolgt. Im Anhang des Konzernabschlusses 2012/2013 der TUI AG finden sich dazu folgende Angaben:

„Die von Reisebüros erzielten Provisionserlöse für die Vermittlung von Pauschalreisen werden bei Zahlung des Kunden, spätestens jedoch bei Abreise, realisiert. Die Leistung des Reiseveranstalters besteht im Wesentlichen aus der Organisation und Koordination einer Pauschalreise. Deshalb werden Umsatzerlöse aus der Veranstaltung von Pauschalreisen vollständig bei Reiseantritt realisiert. Die Realisierung von Umsatzerlösen aus einzelnen Reisebausteinen, die durch Kunden direkt bei Flug- oder Hotelgesellschaften oder bei Zielgebietsagenturen gebucht werden, erfolgt zum Zeitpunkt der Inanspruchnahme der Leistung durch den Reisenden.“

Weiter heißt es: „Erlöse für noch nicht beendete Kreuzfahrten werden anteilig gemäß Fertigstellungsgrad am Bilanzstichtag realisiert. Dabei bestimmt sich der Fertigstellungsgrad aus dem Verhältnis der bis zum Bilanzstichtag vergangenen Reisetage zu den Gesamtreisetagen.“

(Quelle: Anhang zum Konzernabschluss 2012/2013 der TUI AG, S. 163)

Dass auch andere Realisationskriterien in Frage kommen, zeigt ein historischer Rückblick: So wurde traditionell im 2009 von TUI verkauften Geschäftsbereich Containerschifffahrt der Fertigstellungsgrad von noch im Bau befindlichen Containerschiffen nach den bereits angefallenen Aufwendungen, also nach der *Cost-to-cost-Methode* bestimmt.

Ein weiteres bekanntes (praktisches) Beispiel für Mehrkomponentenverträge sind Kundenbindungsprogramme, mit denen Unternehmen ihren Kunden wirtschaftliche Anreize schaffen, auch in Zukunft ihre Leistungen abzunehmen (vergleiche dazu auch IFRIC 13). Ein Beispiel sind Bonusmeilen, die in der Zukunft zum Erwerb vergünstigter Tickets berechtigen. Die Komponenten des Geschäfts bestehen in dem Fall aus dem Verkauf einer Reise sowie dem Rabattcoupon. Die Bewertung der Prämie erfolgt zum beizulegenden Zeitwert, entspricht also – wie im Beispiel oben – dem Betrag, zu dem ein Dritter den Rabattvorteil erwerben würde.

Aufgaben

1. Warum bestand gerade für Mehrkomponentenverträge die Notwendigkeit, mit IFRS 15 einen neuen Standard zu schaffen?

2. Ein Beratungsunternehmen schließt mit einem Kunden einen Vertrag. Gegenstand des Vertrags ist die Erbringung von Beratungsleistungen über vier Perioden ($t = 1,..., 4$). Der Kostenanfall wird vom Beratungsunternehmen auf insgesamt € 100.000 geschätzt, wobei € 20.000 in $t = 1$, € 24.000 in $t = 2$ und jeweils € 28.000 in $t = 3$ und $t = 4$ anfallen. Als Gegenleistung des Kunden werden € 125.000 vertraglich fixiert. Die Bezahlung der Gesamtsumme soll zum Ende von $t = 4$ erfolgen. Stellen Sie tabellarisch dar, wann sich im vorliegenden Fall welche Erträge und Aufwendungen realisieren und zu welchen Zeitpunkten Forderungen und Verpflichtungen für das Beratungsunternehmen entstehen!

Weiterführende Literatur Mit der Bilanzierung von Kundenbindungsprogrammen nach IFRS beschäftigt sich etwa Driesch, 2007. Informationen zum Aufteilungsmaßstab von Mehrkomponentengeschäften finden sich in Freiberg, 2013. Gruss, Karitskaya und Wied, 2011, setzen sich mit der Bilanzierung von Mehrkomponentengeschäften nach dem vormaligen Exposure Draft „Revenue from Contracts with Customers" auseinander.

6.3 Zuordnung von Aufwendungen zu Perioden

Lernziele

■ Die Zuordnung von Aufwendungen zu Perioden kann nach sachlichen und zeitlichen Aspekten vorgenommen werden.

■ Die zeitnahe Erfassung von Aufwendungen für erwartete Verluste sorgt für eine vorsichtige Rechnungslegung.

Sachliche Zuordnung von Aufwendungen zu Erlösen Die Zurechnung von Aufwendungen zu Abrechnungsperioden kann nach zeitlichen und sachlichen Aspekten vorgenommen werden. Die Erfassung von Erlösen löst die Erfassung zugehöriger Aufwendungen aus. Dies wird typischerweise als (sachliches) Matching von Aufwendungen zu Umsatzerlösen bezeichnet. Ein Beispiel ist der Barverkauf einer Handelsware. Es wird ein Erlös in Höhe des Verkaufserlöses erfasst. Die Gegenbuchung erfasst den Zufluss an Zahlungsmitteln. Im gleichen Zeitpunkt löst die Erlöserfassung die Erfassung des sachlich zugehörigen Aufwands aus. Dieser besteht aus dem Warenverbrauch bzw. -einsatz. Entsprechend wird der Vorratsbestand aufwandswirksam gemindert. Die dahinterstehende Idee ist, dass die Generierung von Erlösen, die einer bestimmten Abrechnungsperiode wirtschaftlich zuzurechnen sind, die Erfassung von Aufwendungen verursacht.

Zeitliche Zuordnung von Aufwendungen zu Perioden Die Zurechnung von Aufwendungen zu Abrechnungsperioden kann auch nach rein zeitlichen Aspekten vorgenommen werden. Die Erfassung von Aufwendungen wird damit – unabhängig von den Erlösen – durch das Verstreichen von Zeit notwendig. Hierzu einige Beispiele:

- Ein Beispiel ist die nach zeitlichen Gesichtspunkten vorgenommene *Abschreibung* einer Maschine. Durch das Vergehen von Zeit altert die Maschine. Auch mag der in einer Periode angefallene Abnutzungsgrad berücksichtigt werden. Der Verzehr des wirtschaftlichen Nutzens während der Abrechnungsperiode wird dieser dann als Aufwand zugerechnet. Dies geschieht allerdings nur in dem Umfang, in dem die Abschreibungen nicht in die Herstellungskosten anderer Vermögenswerte (z.B. Vorräte, Anlagen in Herstellung) eingehen. Soweit Abschreibungen in die Herstellungskosten anderer Vermögenswerte einbezogen sind, werden diese Abschreibungen erst Aufwand, wenn diese anderen Vermögenswerte realisiert werden. Dies kann wiederum eine Zuordnung zu künftigen Perioden nach sachlichen Aspekten (Verkauf der Vorräte) oder nach zeitlichen Aspekten (spätere Abschreibung der selbst erstellten Anlage) beinhalten.

- Aufwand für die *Bildung einer Rückstellung* wird in der Periode erfasst, in der für das Unternehmen eine Verpflichtung entsteht. Eine Rückstellung ist etwa für eine erwartete Strafe zu bilden, wenn das Unternehmen verklagt wird und mit einer Verurteilung rechnet.

- *Zinsaufwand* für das aufgenommene Fremdkapital ist ebenfalls der Periode der Entstehung zuzurechnen (häufig gemäß der Effektivzinsmethode). Der Zins ist der Preis für die Überlassung von Kapital in einer bestimmten Abrechnungsperiode. Wiederum mag es sein, dass die Fremdkapitalkosten in die Herstellungskosten eines anderen (qualifizierten) Vermögenswerts einbezogen werden, was in IAS 23 geregelt ist. Der entsprechende Anteil des Zinsaufwands wird dann nicht mehr nach rein zeitlichen Aspekten einer bestimmten Abrechnungsperiode zugerechnet.

- Eine *Wertminderung* wird in der Periode erfasst, in der erstmals unternehmensinterne oder -externe Hinweise darauf bekannt werden, dass eine Wertminderung eingetreten ist. Abermals ist es kein verbundener Erlös, der die Aufwandserfassung auflöst, sondern ein in einer bestimmten Abrechnungsperiode eingetretenes Ereignis.

Für die Erfassung von Erlösen bzw. Erträgen wird häufig zumindest implizit ein höherer Sicherheitsgrad der Vereinnahmung der erwarteten Gegenleistung verlangt als bei der Erfassung von Aufwendungen. Die Regel, nach der Verluste zu antizipieren und Gewinne nur nach Maßgabe ihrer (eng ausgelegten) Realisation zu vereinnahmen sind, gilt insbesondere für das deutsche Handelsrecht und lässt sich unter dem Vorsichtsprinzip subsummieren. Auch wenn die IFRS sich eher einer neutralen Rechnungslegung verschrieben haben, gibt es auch innerhalb dieser Regeln zahlreiche Beispiele für Vorsicht. Dies ist nicht überraschend, denn auch in der Literatur wird dem

Vorsichtsprinzip eine wichtige Bedeutung in der Rechnungslegung zugemessen. Vorsicht wird in der internationalen Literatur (durchaus abweichend vom klassisch-deutschen Verständnis eines „Armrechnens") so verstanden, dass in jeder Periode positive und negative Entwicklungen mit Wirkungen auf die künftigen Cashflows eintreten und dass bei vorsichtiger Rechnungslegung die negativen Ereignisse schneller und umfassender im aktuellen Ergebnis erfasst werden, als dies bei positiven Ereignissen der Fall ist (*asymmetric timeliness of earnings*). Sie lässt Rechnungslegung „konservativ" in dem Sinne erscheinen, dass die Abbildung im Vergleich zu den jeweils (statistisch) erwarteten Werten negativ verzerrt ist. Eine solche Verzerrung durch die Messvorschriften der Rechnungslegung soll letztlich dem Schutz der Adressaten des Jahresabschlusses dienen. Da Adressaten schlechte Nachrichten sofort bekannt gemacht werden, können sie Maßnahmen ergreifen, um ihre Rechte zu sichern.

Das Wesen der asymmetrischen Gewinnerfassung kann durch eine Analogie veranschaulicht werden: So ist es nach der Straßenverkehrszulassungsordnung[1] ausdrücklich verboten, dass der Tachometer in Kraftfahrzeugen eine niedrigere als die tatsächlich gefahrene Geschwindigkeit anzeigt. Er darf dagegen – und tut dies in vielen Fällen auch – eine höhere als die tatsächlich gefahrene Geschwindigkeit anzeigen. Im Vergleich zum wahren Wert ist die Messung also auch hier verzerrt: Die angezeigte Geschwindigkeit darf höher ausgewiesen werden (und wird dies oft) als die tatsächlich gefahrene, niemals aber niedriger. Der Grund könnte in den Konsequenzen einer Geschwindigkeitsüberschreitung liegen, die weitaus negativer sein können als die einer Geschwindigkeitsunterschreitung. Genauso verhält es sich mit der Rechnungslegung, allerdings mit anderen Vorzeichen: Wird hier, im Vergleich mit dem ökonomisch richtigen Wert, der gleichwohl schwerer zu messen ist als Geschwindigkeit, der Gewinn zu hoch ausgewiesen, kann dies sehr nachteilige Folgen haben, insbesondere wenn an die Gewinngröße Auszahlungen geknüpft sind.

Die Konsequenzen eines zu niedrigen Gewinnausweises sind dagegen weit weniger problematisch. Gleichwohl soll die Gewinnmessung auch nicht zu grob verzerrt sein, denn damit wäre der ausgewiesene Erfolg kein guter Schätzer mehr für die in den folgenden Jahren zu erwartenden Gewinne. Genauso verhält es sich bei der Geschwindigkeitsmessung: Würde der tatsächlich gefahrenen Geschwindigkeit ein sehr hoher Aufschlag hinzugerechnet, der zudem noch überproportional stiege, so würde die Geschwindigkeit vom Tachometer völlig unzutreffend angegeben werden und der Fahrer würde den Tachometerausweis wahrscheinlich überhaupt nicht mehr beachten, weil dieser ihm keine entscheidungsnützlichen Informationen mehr liefern würde. Bezogen auf die Rechnungslegung kann das Ziel also nicht sein, durch überzogene Aufwandserfassung einfach stets einen sehr niedrigen Gewinn auszuweisen, denn der Gewinn soll (auch) ein möglichst gutes Bild der Ertragslage des Unternehmens zeichnen. Demnach sollte auch bei einer asymmetrischen Erfolgserfassung ein Aufwand stets nur dann erfasst werden, wenn dies auch durch das Vorliegen bezie-

---

1 Vergleiche auch Richtlinie 75/443/EWG des Rates vom 26. Juni 1975 zur Angleichung der Rechtsvorschriften der Mitgliedstaaten über den Rückwärtsgang und das Geschwindigkeitsmessgerät in Kraftfahrzeugen.

hungsweise Eintreten eines entsprechenden ökonomischen Tatbestands (Ereignis) gerechtfertigt ist. Es wird dann von einer bedingt vorsichtigen Bilanzierung (*conditional conservatism*) gesprochen. Bei einem Ereignis handelt es sich allgemein um Nachrichten bezüglich der erwarteten künftigen Zahlungsströme. Wird bekannt, dass diese wahrscheinlich niedriger als erwartet ausfallen werden, ist sofort ein Aufwand zu erfassen, dagegen nicht sofort ein Ertrag, wenn bekannt wird, dass diese wahrscheinlich höher sein werden als erwartet. Zudem sollte der Bilanzadressat stets in der Lage sein, zu identifizieren, welche außerordentlichen (beziehungsweise unerwarteten) Bestandteile das Periodenergebnis beeinflussen. Davon zu unterscheiden ist die unbedingt vorsichtige Rechnungslegung (*unconditional conservatism*). In diesem Fall werden Gewinne stets niedrig ausgewiesen, außerdem Vermögenswerte mit einem möglichst geringen und Schulden mit einem möglichst hohen Wert angesetzt. Die Vorsicht ist „unbedingt", weil dies immer geschieht, also keine Bedingung erfüllt sein muss, damit es zu diesen Ausweispraktiken kommt.

Aufgaben

1. Nennen Sie ein Beispiel, das die Asymmetrie bei der Behandlung positiver und negativer Entwicklungen verdeutlicht!

2. Wiederholen Sie in eigenen Worten, was der Unterschied zwischen bedingter und unbedingter Vorsicht ist!

Weiterführende Literatur Zur Messung von bedingter Vorsicht kann auf die Studie von Basu, 1997, verwiesen werden. In einem international vergleichenden Forschungsdesign wurde das Modell etwa von Ball et al., 2008, angewendet und erweitert. Mit der Verbreitung des Vorsichtsprinzips in der Rechnungslegung befasst sich auch Watts, 2003a, beziehungsweise Watts, 2003b.

6.4 Ausweis des Periodenerfolgs

6.4.1 Umsatz- vs. Gesamtkostenverfahren

Lernziele

- IAS 1 enthält Ausweisvorschriften für den Ausweis der Ertragslage und einige Wahlrechte.

- Eines der Wahlrechte betrifft den Ausweis des Gewinns bzw. Verlusts der Periode entweder nach dem Umsatzkosten- oder dem Gesamtkostenverfahren.

- Beim Gesamtkostenverfahren müssen Bestandsveränderungen berücksichtigt werden, um eine periodengerechte Erfolgsermittlung zu gewährleisten.

- Das Umsatzkostenverfahren ist das international übliche Verfahren.

Die Gewinn-und-Verlust-Rechnung kann nach zwei unterschiedlichen Verfahren aufgestellt werden: dem Umsatz- und dem Gesamtkostenverfahren.[2] Hierbei handelt es sich um ein reines Ausweiswahlrecht: Beide Verfahren führen zum Gewinnausweis in derselben Höhe; die Zusammensetzung bzw. Entstehung des Gewinns wird aber anders dargestellt. Beim Gesamtkostenverfahren werden, wie der Name sagt, sämtliche Kosten, die im Rahmen der betrieblichen Leistungserstellung in der Abschlussperiode angefallen sind, als Aufwand erfasst. Man spricht daher auch von einer „Produktionserfolgsrechnung". Entspricht indes die Zahl der abgesetzten Produkte nicht derjenigen der produzierten, so ist dieser Gesamtaufwand entsprechend anzupassen, da aus dem Prinzip des Matching folgt, dass nur umsatzbezogene Aufwendungen zu erfassen sind. Daher ist für das Gesamtkostenverfahren eine entsprechende Korrekturbuchung charakteristisch: Wurden mehr Erzeugnisse produziert als abgesetzt, so ist folglich der Aufwand „zu hoch" ausgewiesen und es wird eine Korrekturbuchung vorgenommen, indem erfolgserhöhend Bestandserhöhungen erfasst werden. Im umgekehrten Fall, dass zusätzlich Erzeugnisse vom Lager veräußert wurden und somit mehr abgesetzt als produziert wurde, kommt es zu einer Erhöhung des Periodenaufwands durch die Verbuchung einer Bestandsminderung. Solche Erfolgskorrekturen sind bei der zweiten Variante, dem Umsatzkostenverfahren, nicht erforderlich. Hier wird von vornherein dem Matching-Prinzip folgend nur derjenige Periodenaufwand ausgewiesen, der den abgesetzten Erzeugnissen zuzuordnen ist. Es liegt somit eine „Absatzerfolgsrechnung" vor. ▶ Abbildung 6.1 verdeutlicht den Zusammenhang.

Die Darstellung der Aufwendungen ist nach dem Umsatzkostenverfahren (*function of expenses*), dessen Anwendung international üblich ist, kostenstellen- beziehungsweise kostenträgerorientiert. Unter den Kostenträgern werden die erzeugten Produkte verstanden, durch deren Absatz die Umsätze generiert werden. Dabei entsprechen die Umsatzkosten den den Kostenträgern direkt zurechenbaren Kosten – die sich aus den

---

2 Finanzdienstleistungsunternehmen haben eine besondere Struktur der Erfolgsermittlung, die sich keinem der beiden Verfahren zuordnen lässt.

Einzelkosten und den produktionsbezogenen Gemeinkosten ergeben. Die nicht in die Bestimmung der Umsatzkosten eingeflossenen Aufwendungen der Periode werden Kostenstellen (Vertrieb, Verwaltung) zugeordnet. Bei Anwendung des Umsatzkostenverfahrens sollte die Gewinn-und-Verlust-Rechnung gemäß IAS 1 die in ▶ Tabelle 6.2 dargestellte Struktur haben.

Tabelle 6.2

Struktur der Gewinn-und-Verlust-Rechnung nach dem Umsatzkostenverfahren

	Umsatzerlöse
–	Umsatzkosten (Kostenträger: Produkte)
=	**Bruttomarge (nicht zwingend auszuweisen)**
+	Sonstige Erträge
–	Vertriebskosten (Kostenstelle Vertrieb)
–	Verwaltungsaufwendungen (Kostenstelle Verwaltung)
–	Andere Aufwendungen
–	Finanzierungsaufwendungen
=	**Gewinn oder Verlust vor Steuern**

Wenn die Gewinn-und-Verlust-Rechnung hingegen nach dem Gesamtkostenverfahren (*nature of expenses*) erstellt wird, erfolgt die Gewinnermittlung kostenartenorientiert. Dies ist relativ einfach möglich, da dies es nicht erfordert, die betrieblichen Aufwendungen einzelnen Funktionsbereichen des Unternehmens separat zuzuordnen. Von den Umsätzen werden dann die in einer Periode insgesamt angefallenen, nach ihren Arten aggregierten, Kosten abgezogen, also etwa der für Personal, Material und Abschreibungen erfasste Aufwand. Die nach IAS 1 vorgegebene Struktur der Erfolgsermittlung nach dem Gesamtkostenverfahren kann ▶ Tabelle 6.3 entnommen werden.

Tabelle 6.3

Struktur der Gewinn-und-Verlust-Rechnung nach dem Gesamtkostenverfahren

	Umsatzerlöse
+	Sonstige Erträge
±	Zunahme (Abnahme) des Bestands an fertigen und unfertigen Erzeugnissen
−	Aufwendungen für Roh-, Hilfs- und Betriebsstoffe
−	Aufwendungen für Leistungen an Arbeitnehmer
−	Aufwand für planmäßige Abschreibungen
−	Andere Aufwendungen
±	Finanzierungsaufwendungen (bzw. -erträge)
=	**Gewinn**

Startpunkt (Umsatzerlöse) und Ziel (Gewinn vor Steuern) sind identisch zum Umsatzkostenverfahren. Allerdings stellt sich die Frage, ob die Aufwendungen brutto gemessen werden und damit auch solche Kosten enthalten sollen, die in der Periode nicht als Aufwand erfasst wurden, weil sie in andere Vermögenswerte – insbesondere produzierte, aber (noch) nicht abgesetzte Vorratsgegenstände – einbezogen wurden. Soweit solche Kosten von den ausgewiesenen Aufwendungen bereits abgesetzt wurden, sind keine weiteren Korrekturen erforderlich. Werden die Aufwendungen hingegen brutto ausgewiesen (etwa weil kein Verfahren der Zurechnung von Aufwendungen auf produzierte Einheiten besteht), dann ergibt sich ohne weitere Korrekturen ein Accounting Mismatch, da sich die erfassten Erlöse auf die abgesetzte Menge, die erfassten Aufwendungen jedoch auf die insgesamt produzierte Menge beziehen, von der eben nur ein Teil bereits abgesetzt wurde und ein anderer Teil eine Bestandserhöhung darstellt. Dies gilt jedenfalls für den Fall, dass in der Periode mehr produziert als abgesetzt wurde. Auch der umgekehrte Fall ist denkbar: Die Erlöse beziehen sich wiederum auf die insgesamt abgesetzte Menge, die Aufwendungen dagegen nur auf den Teil der abgesetzten Menge, die auch in der aktuellen Periode produziert wurde. Der Einsatz von Waren aus dem Bestand bleibt dann – ohne weitere Korrektur – zunächst unberücksichtigt. Die Lösung besteht darin, dass im Gesamtkostenverfahren eine Korrektur der erfassten Erlöse erfolgt: Eine Bestandsmehrung wird als zusätzlicher (wenn auch artifizieller) Ertrag erfasst, eine Bestandsminderung als zusätzlicher Aufwand. Den Zusammenhang verdeutlicht ▶ Abbildung 6.1 für den Fall, in dem in einer Periode mehr Waren produziert als abgesetzt und die Aufwendungen nach der Bruttomethode erfasst wurden. In der Erfolgsrechnung wird die Bestandserhöhung dann als zusätzlicher Ertrag erfasst.

Gesamtkostenverfahren		Umsatzkostenverfahren	
Erfasster Aufwand	Erfasster Ertrag	Erfasster Ertrag	Erfasster Aufwand
Saldo: Gewinn			Saldo: Gewinn
Personalaufwand	Umsatzerlöse (für Gesamtleistung)	Umsatzerlöse (für abgesetzte Menge)	Umsatzkosten
Materialaufwand			
Abschreibungen			
Sonstiger Aufwand	Bestandsveränderung		

Abbildung 6.1: Zusammenhang zwischen Umsatz- und Gesamtkostenverfahren

Das Umsatzkostenverfahren liefert mit der Bruttomarge einen leicht interpretierbaren Indikator für im operativen Geschäft erzielte Margen. Allerdings ist aus der Erfolgsrechnung dann nicht mehr ersichtlich, in welcher Höhe etwa insgesamt Personalaufwand angefallen ist. IAS 1 verlangt daher gesonderte Angaben zu Aufwendungen im Zusammenhang mit planmäßigen Abschreibungen sowie Leistungen an Arbeitnehmer. Ein Beispiel soll abschließend die Unterschiede zwischen den beiden Verfahren verdeutlichen.

- *Sachverhalt:* Ein Fertigungsunternehmen produziert in einer Periode 100.000 Stück eines Gutes. Davon werden in derselben Periode 80.000 Stück (zu je € 12,50) absetzt. Die Materialeinzelkosten pro Stück betragen € 2,00. Die Personaleinzelkosten pro Stück betragen € 1,80. Die jährlichen Abschreibungen auf den in der Produktion eingesetzten Maschinenpark betragen € 30.000. Die Abschreibungen werden nach Maßgabe der normalen Kapazität von 100.000 Stück in die Herstellungskosten einbezogen. Es sind Finanzierungskosten in Höhe von € 3.000 angefallen. Weiterhin sind Gehälter für Führungskräfte in Höhe von insgesamt € 300.000 und für Vertriebsmitarbeiter in Höhe von € 90.000 angefallen.

- *Lösung nach Umsatzkostenverfahren:* Es werden die Umsatzerlöse für die abgesetzte Menge bestimmt. Von diesen werden die Umsatzkosten für die abgesetzte Menge abgezogen. Diese setzen sich aus den Einzelkosten und den produktionsbezogenen Gemeinkosten zusammen, enthalten also auch Abschreibungen, allerdings nur im Umfang der abgesetzten Menge (der Rest wird erfolgsneutral in den Bilanzansatz der Vorräte einbezogen). Vertriebs-, Verwaltungs- und Finanzierungskosten werden gesondert erfasst. Die Bruttomarge zeigt, dass das Unternehmen mit jedem abgesetzten Stück € 8,40 erwirtschaftet, die zur Deckung sonstiger Kosten sowie zur Generierung eines positiven Ergebnisses beitragen:

Umsatzerlöse	80.000 × € 12,50	€	1.000.000
− Umsatzkosten	80.000 × (€ 2,00 + € 1,80 + € 0,30)	€	328.000
= **Bruttomarge**		**€**	**672.000**

+	Sonstige Erträge	N/A	€	0
−	Vertriebskosten		€	90.000
−	Verwaltungsaufwendungen		€	300.000
−	Andere Aufwendungen	N/A	€	0
−	Finanzierungsaufwendungen		€	3.000
=	**Gewinn**		**€ 279.000**	

■ *Lösung nach dem Gesamtkostenverfahren:* Es werden abermals die Umsatzerlöse für die abgesetzte Menge bestimmt. Die Bruttoaufwendungen sind nun nach Kostenarten erfasst, auch wenn diese nicht mit der abgesetzten Menge korrespondieren. Im vorliegenden Fall muss dann die Bestandserhöhung dem Ergebnis zugefügt werden

	Umsatzerlöse	80.000 × € 12,50	€	1.000.000
+	Sonstige Erträge		€	0
+	Zunahme (Abnahme) des Bestands an fertigen und unfertigen Erzeugnissen	20.000 × (€ 2,00 + € 1,80 + € 0,30)	€	82.000
−	Aufwendungen für Roh-, Hilfs- und Betriebsstoffe	100.000 × € 2,00	€	200.000
−	Aufwendungen für Leistungen an Arbeitnehmer	100.000 × € 1,80 + € 300.000 + € 90.000	€	570.000
−	Aufwand für planmäßige Abschreibungen		€	30.000
−	Andere Aufwendungen		€	0
−	Finanzierungsaufwendungen (bzw. -erträge)		€	3.000
=	**Gewinn vor Steuern**		**€ 279.000**	

Aufgaben

1. Werden beim Umsatzkostenverfahren die einzelnen Aufwandsarten dem Umsatz gegenübergestellt?

2. Werden beim Umsatzkostenverfahren nur die Umsatzkosten der abgesetzten Menge ausgewiesen?

3. Nach welchem Verfahren (Gesamtkostenverfahren oder Umsatzkostenverfahren) entsteht kurzfristig ein höherer Gewinn in der GuV? →

→ Fortsetzung

4. Die Durchblick AG hat sich auf die Produktion von Lampenschirmen spezialisiert. Im Jahr 20X2 stellt sie 20.000 Lampenschirme her, von denen sie 15.000 Stück noch im gleichen Jahr veräußert. Die restlichen Lampenschirme werden 20X3 verkauft. 20X3 werden keine weiteren Lampenschirme produziert. Die in der Produktion verbrauchten Materialien wurden für € 400.000 beschafft. Des Weiteren fallen in beiden Jahren Personalkosten für den Vertrieb in Höhe von € 50.000 an. Der Verkaufspreis pro Lampenschirm beträgt € 35.

a. Berechnen Sie den Erfolg des Unternehmens für 20X2 und 20X3 nach dem Gesamtkostenverfahren! Geben Sie die Buchungssätze für die Beschaffung der Rohstoffe, den Verbrauch, die Bestandsveränderung und den Absatz für das Jahr 20X2 an!

b. Berechnen Sie den Erfolg des Unternehmens für 20X2 und 20X3 nach dem Umsatzkostenverfahren. Geben Sie die Buchungssätze für den Umsatzaufwand im Jahr 20X2 an!

c. Erläutern Sie die Unterschiede zwischen den beiden Verfahren!

Weiterführende Literatur Zur Ausgestaltung des Gesamt- und Umsatzkostenverfahrens vergleiche etwa auch Möller et al., 2005. Mit der deutschen Praxis setzen sich Petersen und Zwirner, 2007, auseinander.

6.4.2 Erfolgsspaltung und Gesamtergebnis

Lernziele

- Es besteht ein Wahlrecht für den Aufbau der Gesamtergebnisrechnung.
- Nach der ersten Variante besteht die Gesamtergebnisrechnung aus zwei getrennten Aufstellungen: einer klassischen Gewinn-und-Verlust-Rechnung sowie einer Überleitungsrechnung zum Gesamtergebnis.
- Nach der zweiten Variante wird eine Gesamtergebnisrechnung erstellt, bei der das Periodenergebnis (Gewinn oder Verlust) eine Zwischensumme darstellt.
- Einzelne Erfolgsbestandteile unterscheiden sich hinsichtlich ihrer Persistenz und sollten daher in der Gesamtergebnisrechnung getrennt ausgewiesen werden.

In der Gesamtergebnisrechnung wird die periodische Wertschöpfung in Form von positiven und negativen Komponenten, den Erträgen und Aufwendungen, erfasst. Das Gesamtergebnis eines Unternehmens enthält neben dem als Gewinn oder Verlust bezeichneten „klassischen" Periodenergebnis einen als „sonstiges Ergebnis" bezeichneten Erfolgsbestandteil. Somit ergibt sich das Gesamtergebnis durch folgende Gleichung:

$$\text{Gesamtergebnis} = \text{Gewinn oder Verlust} + \text{sonstiges Ergebnis}$$

Sowohl die im Gewinn oder Verlust als auch die im sonstigen Ergebnis verrechneten Positionen werden als Aufwendungen und Erträge bezeichnet. Da der Gewinn oder Verlust – und nicht das Gesamtergebnis – durch Kapitalanleger bis heute als zentrale Wertschöpfungsgröße verstanden wird, unterscheidet man im praktischen Sprachgebrauch die im Gewinn oder Verlust enthaltenen „erfolgswirksamen" Erträge und Aufwendungen von den „erfolgsneutralen", die im sonstigen Ergebnis erfasst werden. Das sonstige Ergebnis (*other comprehensive income, OCI*) beinhaltet Änderungen des Eigenkapitals, die nicht auf Transaktionen mit Anteilseignern, wie Einlagen und Ausschüttungen, zurückzuführen sind und die ebenfalls nicht im Gewinn oder Verlust der Periode erfasst wurden. Im sonstigen Ergebnis werden etwa Erträge aus der Neubewertung von Sachanlagen (IAS 16) oder immateriellen Vermögenswerten (IAS 38) erfasst, die zu einem über die fortgeführten Anschaffungs- oder Herstellungskosten hinausgehenden Bilanzansatz führen. Weiterhin werden im sonstigen Ergebnis erfasst:

- Währungsumrechnungsdifferenzen nicht monetärer Posten (IAS 21);

- Änderungen des Zeitwerts von zur Veräußerung gehaltenen finanziellen Vermögenswerten (*available-for-sale securities*) sowie der effektive Teil von *cash flow hedges* (IAS 39);

- versicherungsmathematische Gewinne und Verluste aus der Bilanzierung von Pensionsrückstellungen (IAS 19).

Für die Aufstellung der Gesamtergebnisrechnung besteht nach IAS 1 ein Wahlrecht. Sie kann aus einer einzigen Gesamtergebnisrechnung bestehen oder aus zwei direkt aufeinanderfolgenden Rechnungen. In letzterem Fall wird weiterhin eine klassische Gewinn-und-Verlust-Rechnung aufgestellt, die durch eine separate Überleitungsrechnung mit Ausweis des sonstigen Ergebnisses und des Gesamtergebnisses ergänzt wird.

Nach IAS 1 sind in der Gesamtergebnisrechnung alle in einer Periode erfassten Ertrags- und Aufwandsposten zu berücksichtigen, soweit jedenfalls kein anderer Standard etwas anderes vorschreibt oder gestattet. In der Gesamtergebnisrechnung müssen zudem mindestens die folgenden Positionen separat ausgewiesen werden:

- Umsatzerlöse (Ertrag);

- Finanzierungsaufwendungen (Aufwand);

- Gewinn- und Verlustanteile an assoziierten Unternehmen und Joint-Ventures, die nach der Equity-Methode bilanziert werden (Ertrag oder Aufwand);

- Steueraufwendungen (Aufwand);

- ggf. ein gesonderter Betrag im Zusammenhang mit aufgegebenen Geschäftsbereichen (Aufwand oder Ertrag);

- Ergebnis (als Saldo der Gewinn-und-Verlust-Rechnung);

- nach der Art gegliederte Bestandteile des sonstigen Ergebnisses;
- Anteil des sonstigen Ergebnisses, der auf assoziierte Unternehmen und Joint-Ventures entfällt, die nach der Equity-Methode bilanziert werden;
- Gesamtergebnis.

Alle Ertrags- und Aufwandsposten, die als wesentlich eingeschätzt werden, sind in der Gesamterfolgsrechnung gesondert auszuweisen. Eine solche Aufgliederung hilft den Abschlussadressaten bei der Beurteilung, ob das Ergebnis nachhaltig (*persistent*) ist und damit auch in den nächsten Perioden erzielt werden kann. Erträge und Aufwendungen werden unterteilt, um die Erfolgsbestandteile hervorzuheben, die sich bezüglich Häufigkeit, Gewinn- oder Verlustpotenzial und Vorhersagbarkeit unterscheiden können. Eine Position gilt als nachhaltig, wenn erwartet werden kann, dass sie in gleicher oder ähnlicher Höhe auch im nächsten und den folgenden Jahren auftreten wird. Ein einfaches Beispiel sind lineare Abschreibungen auf das Sachanlagevermögen. Solche Abschreibungen fallen jährlich in ähnlicher Höhe an, zeichnen sich also durch eine hohe Persistenz aus. Eine in einer Periode eingetretene Wertminderung sollte dagegen keine Persistenz aufweisen, da es sich sonst nicht um eine außerplanmäßige Position handelte. Solche Positionen belasten das Periodenergebnis demnach nicht nachhaltig, sodass sie weniger relevant in Bezug auf die Beurteilung des langfristigen Erfolgspotenzials eines Unternehmens sind. Eine naheliegende Idee wäre nun, diese Positionen in der Gewinn-und-Verlust-Rechnung auch als nicht nachhaltig kenntlich zu machen. Nach IAS 1 ist dies jedoch nur in engen Grenzen gestattet. So dürfen weder in der Gewinn-und-Verlust-Rechnung noch im Anhang Ertrags- oder Aufwandsposten als „außerordentlich" bezeichnet werden. Dies soll das Management vor allem davon abhalten, unerwünschte (meistens negative) Ergebnisbestandteile nach Belieben als „außerordentlich" zu klassifizieren, da dies die Bilanzadressaten bezüglich der Nachhaltigkeit des ausgewiesenen Ergebnisses in die Irre führen könnte. Gestattet ist jedoch – in bestimmten Fällen – ein gesonderter Ausweis von Positionen, von denen vermutet werden kann, dass sie sich durch eine geringe Persistenz auszeichnen. Dazu gehören insbesondere Aufwendungen und Erträge im Zusammenhang mit

- außerplanmäßigen Abschreibungen der Vorräte auf den Nettoveräußerungswert;
- außerplanmäßigen Abschreibungen von Sachanlagen auf den erzielbaren Betrag;
- Wertaufholungen (nach außerplanmäßigen Abschreibungen in früheren Perioden);
- Restrukturierung der Tätigkeiten eines Unternehmens;
- dem (außerplanmäßigen) Abgang von Sachanlagen;
- der Veräußerung von Finanzanlagen;
- der Aufgabe von Geschäftsbereichen;
- der Beendigung von Rechtsstreitigkeiten;
- sonstigen Auflösungen von Rückstellungen.

Die Möglichkeit des getrennten Ausweises beim gleichzeitigen Verbot der Kenntlichmachung als außerordentliche Position führt dazu, dass die Bilanzadressaten die Nachhaltigkeit einzelner Positionen selbst beurteilen müssen, was ihnen über die Aufgliederung der entsprechenden Positionen erst möglich wird. Auch die in ▶ Kapitel 1 vorgestellten Pro-forma-Ergebnisgrößen spielen hier eine wichtige Rolle, wenn Unternehmen die Möglichkeit nutzen, solche freiwillig erstellten Ergebnisse zu nutzen, um Anleger über nicht bzw. wenig persistente Komponenten des Periodenergebnisses zu informieren.

Exkurs 6.3   **Restrukturierungsaufwand als nichtpersistente Erfolgskomponente**

In ihrem Konzernabschluss 2013 weist die Deutsche Bank in der Gewinn-und-Verlustrechnung einen Restrukturierungsaufwand in Höhe von € 399 Mio. aus. Dieser ergab sich im Rahmen des Operational-Excellence-Programms, das Teil eines Updates zur Strategie 2015+ ist. Das Unternehmen gibt an, dass auch in 2012 ein Restrukturierungsaufwand von 394 Millionen Euro anfiel. Die Persistenz solcher Ergebnisbelastungen ist insgesamt als gering anzusehen – so gab es etwa in 2011 keine Restrukturierungsaufwendungen.

(Quelle: Geschäftsbericht der Deutschen Dank AG 2013, S. 71)

Aufgaben

1. Was spricht für eine Aufspaltung des Erfolgs?

2. Warum sollten Ihrer Meinung nach keine Ergebnisbestandteile als außergewöhnlich deklariert werden?

Weiterführende Literatur   Zur Persistenz von Gewinnen vergleiche etwa Scott, 2011, S. 201–203. Mit der Erfolgsspaltung im Rahmen der erfolgswirtschaftlichen Analyse von IFRS-Abschlüssen befassen sich Coenenberg, Deffner und Schultze, 2005.

Darstellung der Finanzlage: die Kapitalflussrechnung

7

ÜBERBLICK

7.1 Grundlagen

Die Periodisierung von Zahlungen im Rechnungswesen erzeugt wichtige Informationen im Hinblick auf die Messung der Vermögens- und Ertragslage. Jedoch sind auch Informationen über die Zahlungsströme selbst von Interesse. Unternehmen benötigen Zahlungsmittel unter anderem zur Durchführung ihrer operativen Tätigkeiten, zur Erfüllung ihrer finanziellen Verpflichtungen, zur Tätigung zukünftiger Investitionen ohne Rückgriff auf externe Finanzierungsquellen sowie zur Zahlung von Dividenden an Eigentümer. Stehen einer Unternehmung nur unzureichende Finanzmittel zur Verfügung, besteht die Gefahr einer Insolvenz. Adressaten werden daher daran interessiert sein, auf welche Weise und in welcher Höhe ein Unternehmen Zahlungsmittel erwirtschaftet und verwendet.

Diese Informationen werden in der Gewinn-und-Verlust-Rechnung nicht bereitgestellt, da in ihr Erträge und Aufwendungen, nicht aber Ein- und Auszahlungen gegenübergestellt werden (zum Zusammenhang der Rechenwerke siehe ▶ Abbildung 7.1). Damit Abschlüsse auch Informationen über die Finanzlage enthalten, ist nach IFRS eine Kapitalflussrechnung verpflichtend zu erstellen. Sie gibt Auskunft über die Fähigkeit eines Unternehmens, Zahlungsmittel und Zahlungsmitteläquivalente zu generieren.

Die Kapitalflussrechnung ist bislang in IAS 7 geregelt. Bereits seit vielen Jahren arbeitet das IASB allerdings an einem Projekt zur Neugestaltung der Ausweisvorschriften zu den verschiedenen Bestandteilen eines Abschlusses. Im Rahmen des Projekts sollen die Ausweisstandards IAS 1 und IAS 7 schließlich durch einen neuen, einheitlichen Standard ersetzt werden. Derzeit pausiert dieses Projekt allerdings. Damit ist nicht absehbar, für wann weitere Schritte geplant sind.

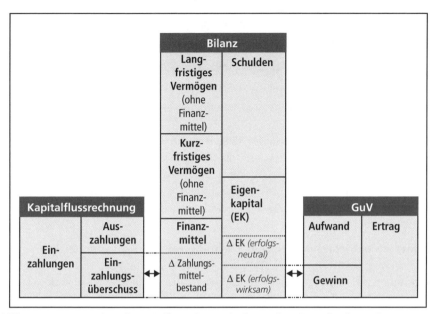

Abbildung 7.1: Zusammenhang der Kapitalflussrechnung mit Bilanz und Gewinn-und-Verlust-Rechnung (Darstellung in Anlehnung an Coenenberg, 2009)

Ausgangspunkt der Kapitalflussrechnung ist der am Beginn einer Periode bestehende Fonds an Zahlungsmitteln. Der Zahlungsmittelfonds setzt sich aus dem Bestand an Zahlungsmitteln und Zahlungsmitteläquivalenten zusammen. Unter Zahlungsmitteln werden nach IAS 7 Barmittel und Sichteinlagen verstanden, unter Zahlungsmittel- äquivalenten kurzfristige, äußerst liquide Finanzinvestitionen, die jederzeit in bestimmte Zahlungsmittelbeträge umgewandelt werden können und nur unwesent- lichen Risiken von Wertschwankungen ausgesetzt sind. Typischerweise wird es sich um Instrumente mit einer maximalen Laufzeit von bis zu drei Monaten handeln (was eine gewisse Ähnlichkeit zur Definition des Geldmengenaggregats M2 der Europäi- schen Zentralbank nahelegt). Der Zahlungsmittelfonds wird während der Abrech- nungsperiode in seiner Höhe im Wesentlichen durch Ein- und Auszahlungen (Cash- flows) verändert. Weiterhin können sich Änderungen des Zahlungsmittelfonds während der Abrechnungsperiode auch durch Entwicklungen ergeben, die nicht mit Ein- und Auszahlungen in Zusammenhang stehen und deshalb nicht in den Cash- flows berücksichtigt sind. Beispielhaft zu nennen sind hier insbesondere Wechsel- kurs-, Konsolidierungskreis- und bewertungsbedingte Veränderungen des Zahlungs- mittelfonds. Die Höhe des Zahlungsmittelfonds am Ende der Periode ergibt sich demnach wie folgt:

	Bestand an Zahlungsmitteln und Zahlungsmitteläquivalenten am Periodenbeginn
+	Zuflüsse von Zahlungsmitteln und Zahlungsmitteläquivalenten
–	Abflüsse von Zahlungsmitteln und Zahlungsmitteläquivalenten
±	Nicht zahlungswirksame Veränderungen des Zahlungsmittelfonds
=	Bestand an Zahlungsmitteln und Zahlungsmitteläquivalenten am Periodenende

Der Netto-Cashflow einer Periode ergibt sich durch Saldierung der Zu- und Abflüsse von Zahlungsmitteln und Zahlungsmitteläquivalenten. Allerdings sind die Cashflows in der Kapitalflussrechnung getrennt nach ihren jeweiligen Entstehungsquellen auszuweisen. Dazu gehören gemäß IAS 7 betriebliche beziehungsweise operative, Investitions- sowie Finanzierungstätigkeiten eines Unternehmens, die im Folgenden näher beschrieben werden.

Cashflow aus betrieblicher Tätigkeit Cashflows aus betrieblicher Tätigkeit sind mit der operativen, erlösbringenden Tätigkeit eines Unternehmens verbunden. Für die Beurteilung der Finanzlage eines Unternehmens nimmt gerade der Cashflow aus laufender Geschäftstätigkeit eine bedeutende Rolle ein: Nur wenn ein Unternehmen dauerhaft in der Lage ist, durch seine operativen Tätigkeiten einen Zahlungsmittelüberschuss zu erzielen, kann es auch künftig seine Betriebsaktivitäten fortsetzen. Auch IAS 7 spricht daher von einem „Schlüsselindikator", der Rückschlüsse erlaubt, inwieweit ein Unternehmen selbst in der Lage ist, seine Leistungsfähigkeit zu erhalten, Investitionen zu tätigen und die Ansprüche der Kapitalgeber im Hinblick auf Tilgungs- und Dividendenzahlungen zu befriedigen. Wichtige Ein- und Auszahlungen, die den betrieblichen Tätigkeiten zuzurechnen sind, sind in ▶ Tabelle 7.1 aufgeführt.

Tabelle 7.1

Beispiele für Ein- und Auszahlungen aus betrieblicher Tätigkeit

Aktivitäten, die zu Einzahlungen führen	Aktivitäten, die zu Auszahlungen führen
Absatz von Waren und Dienstleistungen	Bezug von Gütern und Dienstleistungen von Lieferanten
Nutzungsentgelte, Honorare, Provisionen	Bezahlung der eigenen Mitarbeiter, Steuer- und Zinszahlungen (soweit nicht Finanzierung zuzurechnen)
Verkauf von Versicherungsverträgen	Schadensregulierung (bei Versicherungen)
Absatz von zu Handelszwecken gehaltenen Finanzinstrumenten bzw. Verträgen	Kauf von Finanzinstrumenten, die zu Handelszwecken gehalten werden

Während der Verkauf von Käse und Milch zu Einzahlungen führt, die der betrieblichen Tätigkeit zuzurechnen sind, wäre dies beim Verkauf einer ausgedienten Kühlanlage nicht der Fall, denn der Verkauf von Sachanlagen zählt nicht zur „normalen" betrieblichen Tätigkeit einer Molkerei. Vielmehr handelt es sich um eine Desinvestition, die damit verbundenen Zahlungsmittelzuflüsse wären also der Investitionstätigkeit zuzurechnen.

Cashflow aus Investitionstätigkeit Unter den Investitionstätigkeiten eines Unternehmens werden gemäß IAS 7 der Erwerb und die Veräußerung langfristig gehaltener Vermögenswerte (zum Beispiel Sachanlagen) sowie Finanzinvestitionen verstanden. Gemein ist den Investitionstätigkeiten, dass sie dazu dienen, zu einem späteren Zeitpunkt größere Einzahlungen oder eine Reduktion der Auszahlungen zu erreichen. Investitionen führen daher in der Periode, in der sie getätigt werden, in der Regel zu Auszahlungen. Einzahlungen ergeben sich in dieser Kategorie vor allem durch Desinvestitionen, also den Verkauf langfristig gehaltener Vermögenswerte.

Der Cashflow aus Investitionstätigkeit ist eigenständig interpretierbar. Er erlaubt etwa Rückschlüsse auf die Fähigkeit eines Unternehmens, künftige Einzahlungen zu erreichen beziehungsweise Auszahlungen zu vermeiden. In einigen Unternehmen findet sich in der Kapitalflussrechnung auch eine Saldierung der Cashflows aus betrieblicher sowie Investitionstätigkeit, die als freier Cashflow (*free cash flow*) bezeichnet wird. Dieser entspricht den Zahlungsmitteln, die im Umsatzprozess generiert wurden und nach Abzug der betriebsnotwendigen Investitionen übrig bleiben. Diese Zahlungsmittel stehen also entweder für Ausschüttungen oder neue Investitionsprojekte zur Verfügung.

Anzumerken ist, dass in der Kapitalflussrechnung nur solche Investitionstätigkeiten erfasst werden, die tatsächlich zahlungswirksam waren – wird etwa eine Investition mit Aktien des eigenen Unternehmens oder durch Ausgabe neuer Aktien „bezahlt", bleibt sie in der Kapitalflussrechnung unberücksichtigt. Auch dürfen nur solche Zahlungen der Investitionstätigkeit zugeordnet werden, die mit Vermögenswerten zusammenhängen, die in der Bilanz angesetzt werden. Beispiele für Ein- und Auszahlungen aus Investitionstätigkeiten finden sich in ▶ Tabelle 7.2.

Tabelle 7.2

Beispiele für Ein- und Auszahlungen aus Investitionstätigkeit	
Aktivitäten, die zu Einzahlungen führen	**Aktivitäten, die zu Auszahlungen führen**
Verkauf von Sachanlagen, immateriellen und anderen Vermögenswerten	Kauf von Sachanlagen, immateriellen und anderen Vermögenswerten
Verkauf von Eigenkapital- oder Schuldinstrumenten Dritter, die nicht zu Handelszwecken gehalten werden (und ggf. darauf erhaltene Zinsen)	Kauf von Eigenkapital- oder Schuldinstrumenten Dritter, die nicht zu Handelszwecken gehalten werden
Vergütungen für Ausleihungen an Dritte oder Erlöse aus dem Verkauf von Fremdkapitalinstrumenten Dritter	Kreditgewährung an einen Dritten (außer bei einem Finanzinstitut, wo dies eine betriebliche Tätigkeit wäre)

Bei selbst erstellten immateriellen Vermögenswerten aus der Entwicklungsphase besteht ein Ansatzgebot, soweit jedenfalls die erforderlichen Nachweise erbracht werden können. Im Zusammenhang mit solchen Vermögenswerten besteht dann auch die Pflicht, die entsprechenden Auszahlungen zu ihrer Entwicklung (etwa für Gehälter) der Investitionstätigkeit zuzuordnen. Soweit die erforderlichen Nachweise für einen Bilanzansatz nicht erbracht werden können, sind die entsprechenden Zahlungen für die Entwicklung der betrieblichen Tätigkeit zuzurechnen. Unternehmen sind verpflichtet, die Hauptgruppen der Bruttoeinzahlungen und -auszahlungen im Zusammenhang mit Investitionstätigkeiten separat auszuweisen. In Frage kommt etwa eine Untergliederung in die Hauptgruppen Sachanlagen, immaterielle Vermögenswerte und Finanzanlagen.

Cashflow aus Finanzierungstätigkeit Durch Finanzierungstätigkeiten werden sowohl die Höhe als auch die Zusammensetzung von Eigen- und Fremdkapital eines Unternehmens verändert. Die Darstellung des Cashflows aus Finanzierungstätigkeit ermöglicht unter anderem eine Abschätzung zukünftiger Ansprüche der Kapitalgeber gegenüber dem Unternehmen. Beispiele für Einzahlungen aus Finanzierungstätigkeiten sind Einzahlungen aus der Ausgabe von Aktien oder aus der Aufnahme kurz- oder langfristiger Schulden (etwa im Zusammenhang mit der Emission einer Anleihe). Auszahlungen im Bereich der Finanzierungstätigkeiten sind zum Beispiel Dividendenzahlungen (an Aktionäre einer Aktiengesellschaft) oder Auszahlungen im Zusammenhang mit dem Rückkauf eigener Aktien (siehe ▶ Tabelle 7.3). Die Hauptgruppen der Bruttoeinzahlungen und -auszahlungen im Zusammenhang mit Finanzierungstätigkeiten sind in der Kapitalflussrechnung separat auszuweisen.

Tabelle 7.3

Beispiele für Ein- und Auszahlungen aus Finanzierungstätigkeit

Aktivitäten, die zu Einzahlungen führen	Aktivitäten, die zu Auszahlungen führen
Ausgabe einer Anleihe	Tilgung von Schulden
Ausgabe von Aktien (Kapitalerhöhung)	Rückkauf eigener Aktien
Aufnahme eines Hypothekendarlehens	Dividendenausschüttung

Exkurs 7.1	Kapitalflussrechnung der Fresenius SE

Die folgende Tabelle zeigt die Kapitalflussrechnung der Fresenius SE zum 31.12.2009:

In Mio. €	2013	2012
Ergebnis nach Ertragsteuern	1.738	1.732
Abschreibungen	843	776
Forderungen aus Lieferungen und Leistungen, netto	18	−193
Vorräte	−268	−37
Sonstige kurz- und langfristige Vermögenswerte	78	−68
Forderungen an/Verbindlichkeiten gegenüber verbundenen Unternehmen	−8	−23
Verbindlichkeiten aus Lieferungen und Leistungen, Rückstellungen und sonstige kurz- und langfristige Verbindlichkeiten	48	284
Sonstige Änderungen	−129	−33
Mittelzufluss aus laufender Geschäftstätigkeit	2.320	2.438
Erwerb von Sachanlagen	−1.071	−970
Erlöse aus dem Verkauf von Sachanlagen	24	18
Erwerb von Anteilen an verbundenen Unternehmen, Beteiligungen und immateriellen Vermögenswerten, netto	−2.703	−2.500
Erlöse aus dem Verkauf von verbundenen Unternehmen	147	201
Mittelabfluss aus Investitionstätigkeit	−3.603	−3.251
Einzahlungen aus kurzfristigen Darlehen	1.088	161
Tilgung kurzfristiger Darlehen	−319	−168
Einzahlungen aus langfristigen Darlehen und aktivierten Leasingverträgen	3.810	2.937
Tilgung von langfristigen Darlehen und aktivierten Leasingverträgen	−2.042	−3.881
Einzahlungen aus der Begebung von Anleihen	500	1.755
Tilgung von Verbindlichkeiten aus Anleihen	−1.150	0
Dividendenzahlungen	−491	−446
Sonstige Änderungen	−91	717
Mittelabfluss/-zufluss aus Finanzierungstätigkeit	1.305	1.075
Wechselkursbedingte Veränderung der flüssigen Mittel	−43	−12
Nettoabnahme/-zunahme der flüssigen Mittel	−21	250

(Quelle: Konzernabschluss 2013 der Fresenius SE, S. 97. Aus Vereinfachungsgründen verkürzte Darstellung). →

→ **Fortsetzung**

Der Tabelle ist zu entnehmen, dass die Kapitalflussrechnung nach indirekter Methode erstellt wurde und ihren Ausgang in der Bereinigung des Gewinns um nichtzahlungswirksame Vorgänge findet. So werden etwa Abschreibungen hinzugezählt, welche zwar das Ergebnis mindern, jedoch nicht mit Auszahlungen verbunden sind. Forderungen aus Lieferungen und Leistungen werden abgezogen. Ihre Entstehung steigert das Ergebnis, es findet aber – noch – kein Zufluss von Zahlungsmitteln statt. Verbindlichkeiten werden dementsprechend hinzugezählt, da – analog zu den Forderungen – mit ihrer Entstehung noch kein Abfluss von Zahlungsmitteln verbunden ist. Die folgende Tabelle zeigt, dass die Kapitalflussrechnung die Veränderung des Bestands an Zahlungsmitteln und Zahlungsmitteläquivalenten erklärt:

In Mio. €	2013	2012
Flüssige Mittel am Anfang der Berichtsperiode	885	635
Mittelzufluss aus laufender Geschäftstätigkeit	2.320	2.438
Mittelabfluss aus Investitionstätigkeit	−3.603	−3.251
Mittelabfluss/-zufluss aus Finanzierungstätigkeit	1.305	1.075
Wechselkursbedingte Veränderung der flüssigen Mittel	−43	−12
Flüssige Mittel am Ende der Berichtsperiode	864	885

Kritische Würdigung Die Zuordnung von Cashflows zu einem der drei oben genannten Bereiche kann von Unternehmen zu Unternehmen variieren und hängt im Wesentlichen von der Art der jeweiligen Geschäftstätigkeit ab. Gleichwohl gibt es einige allgemeine Probleme:

■ Einzelne Geschäftsvorfälle können mit Zahlungsflüssen verbunden sein, die verschiedenen Bereichen zuzuordnen sind. Beispielsweise können Zahlungen an Kreditgeber wie folgt zerlegt werden: Der Zinsanteil wird der betrieblichen Tätigkeit zugerechnet, der Tilgungsanteil der Finanzierungstätigkeit.

■ Inwieweit gezahlte bzw. erhaltene Zinsen und Dividenden zu den betrieblichen Tätigkeiten zählen, ist umstritten. Im Hinblick auf die Zinsen dürfte zumindest bei Finanzinstitutionen einiges dafür sprechen, diese der betrieblichen Tätigkeit zuzurechnen. Für Unternehmen, die nicht zur Finanzbranche gehören, besteht ein weitreichendes Wahlrecht, das in der Bilanzierungspraxis sehr unterschiedlich ausgeübt wird: Die Zuordnung solcher Ein- und Auszahlungen kann statt zum Cashflow aus betrieblicher Tätigkeit auch zum Cashflow aus Investitions- oder aus Finanzierungstätigkeit vorgenommen werden.

Trotz der Bedeutung der Kapitalflussrechnung für die Beurteilung der Finanzlage eines Unternehmens bestehen nach wie vor Zuordnungsfragen, deren höchst unterschiedliche Beantwortung in der Bilanzierungspraxis die Vergleichbarkeit von Kapitalflussrechnungen erheblich einschränkt.

Aufgaben

1. Warum gibt es die Kapitalflussrechnung als eigenes Rechenwerk im Abschluss? Welche Informationen lassen sich aus ihr ableiten?

2. Welche Argumente sprechen dafür, Zins- und Dividendenzahlungen den betrieblichen Tätigkeiten eines Unternehmens zuzurechnen, welche dafür, sie der Finanzierungstätigkeit zuzuordnen?

3. Welche der folgenden Tätigkeiten führt beziehungsweise führen zu einer Veränderung der Cashflows: (a) Ausgabe von Aktien; (b) Ausgabe von Aktienoptionen; (c) Erfassung einer Abschreibung; (d) Neubewertung von Sachanlagevermögen? Begründen Sie!

Weiterführende Literatur Einführende Darstellungen zur Kapitalflussrechnung finden sich etwa in Alexander und Nobes, 2013, Coenenberg, 2009, S. 769–853, und Pellens, Fülbier, Gassen und Sellhorn, 2014, sowie Ruhnke und Simons, 2012. Scheffler, 2007, weist darauf hin, dass aus Sicht der deutschen Prüfstelle für Rechnungslegung (DPR) viele Unternehmen die Kapitalflussrechnung eher stiefmütterlich behandeln. Dafür werden vornehmlich Unsicherheiten im Umgang mit der Kapitalflussrechnung verantwortlich gemacht, die in der deutschen Rechnungslegungstradition als ein vergleichsweise junger Abschlussbestandteil angesehen werden muss. Bereits die deutsche Bezeichnung „Kapitalflussrechnung" ist irreführend, denn es geht in ihr nicht um Kapitalflüsse, sondern um die Veränderung des Zahlungsmittelfonds in einer Abrechnungsperiode. Die Probleme wurden bislang kaum gelöst. Haller, Groß und Rauscher, 2014, sehen daher die Notwendigkeit einer Reform der Kapitalflussrechnung nach IAS 7.

7.2 Ausgestaltung der Kapitalflussrechnung

Lernziele

■ Die Kapitalflussrechnung kann nach der direkten oder nach der indirekten Methode erstellt werden.

■ Nach der direkten Methode wird der (Netto-)Cashflow einer Periode als Saldo der (Brutto-)Geldzuflüsse und (Brutto-)Geldabflüsse berechnet.

■ Bei der indirekten Methode wird an den (Netto-)Periodengewinn gemäß Gewinn-und-Verlust-Rechnung angeknüpft, der um alle nicht liquiditätswirksamen Transaktionen sowie um Ein- oder Auszahlungen, die den Cashflows aus Investitions- oder Finanzierungstätigkeit zuzurechnen sind, korrigiert wird.

Die Erstellung einer Kapitalflussrechnung beginnt mit der Ermittlung des Cashflows aus laufender Geschäftstätigkeit. Hierfür kommen nach IAS 7 die direkte oder die indirekte Methode in Betracht. Nach der direkten Methode wird der (Netto-)Cashflow als Saldo aus (Brutto-)Geldzuflüssen und (Brutto-)Geldabflüssen einer Periode berechnet. Grundsätzlich hat die direkte Methode einen höheren Informationsgehalt, weil die einzelnen Komponenten des operativen Cashflows näher aufgeschlüsselt werden können. Sie ist allerdings weniger verbreitet, da die Ermittlung schwerer fällt als bei der indirekten Methode. Grundsätzlich muss dazu bei jedem zahlungswirksamen Geschäftsvorfall eine Zuordnung der Zahlungswirkung zu einem der drei Bereiche – betriebliche Tätigkeit, Investitions- oder Finanzierungstätigkeit – erfolgen.

Bei der indirekten Methode kann darauf verzichtet werden. Der Cashflow aus betrieblicher Tätigkeit wird ermittelt, in dem der Periodengewinn gemäß Gewinn-und-Verlust-Rechnung adjustiert wird um:

- *Veränderungen bei Vorräten, Forderungen und Verbindlichkeiten aus Lieferungen und Leistungen* (beispielsweise enthält der Gewinn alle Umsatzerlöse, die auch die Umsätze aus Zielverkäufen enthalten; das Anwachsen der Forderungen in der Abrechnungsperiode wird daher vom Periodenergebnis in Abzug gebracht);

- *nichtzahlungswirksame Positionen* (dazu gehört insbesondere die Hinzurechnung der nichtzahlungswirksamen Aufwendungen für Abschreibungen, Rückstellungen, Steuern; dagegen müssen alle sonstigen, nichtzahlungswirksamen Erträge in Abzug gebracht werden;

- *Ein- oder Auszahlungen, die den Cashflows aus Investitions- oder Finanzierungstätigkeit zuzurechnen sind* (beispielsweise kann im Periodenergebnis ein erfolgswirksam erfasster Nettoertrag aus der Veräußerung langfristiger Vermögenswerte enthalten sein, der nach IAS 7 allerdings der Investitionstätigkeit zuzurechnen und daher zum Zwecke der Ermittlung des Cashflows aus betrieblicher Tätigkeit vom Gewinn in Abzug gebracht werden muss).

Die indirekte Methode soll im Folgenden anhand eines Beispiels näher dargestellt werden.[1] In ▶ Tabelle 7.4 finden sich die Bilanzen der Jahre 20X1 und 20X2 eines Unternehmens. Die Aufgabe besteht nun darin, für dieses Unternehmen eine Kapitalflussrechnung für das Jahr 20X2 nach der indirekten Methode zu erstellen.

---

1   Die Kapitalflussrechnung wird hier aus Vereinfachungsgründen ohne Rückgriff auf Eigenkapitalveränderungsrechnung und Anlagenspiegel entwickelt. Für eine Berücksichtigung der entsprechenden Informationsquellen siehe Aufgabe 5 am Ende des Kapitels, zu der auf der Companion Website zum Buch eine ausführliche Lösung bereitgestellt wird.

	Tabelle 7.4

Bilanzen der Jahre 20X1 und 20X2 eines Unternehmens

Bilanz	20X2 (in Tsd. €)	20X1 (in Tsd. €)
Aktiva		
Langfristige Vermögenswerte		
Sachanlagevermögen	74.200	72.600
Kumulierte Abschreibungen	−25.500	−23.700
Kurzfristige Vermögenswerte		
Vorräte	2.900	3.200
Forderungen aus Lieferungen und Leistungen	14.400	13.200
Zahlungsmittel und Äquivalente	4.600	3.400
Gesamte Aktiva	**70.600**	**68.700**
Passiva		
Eigenkapital		
Gezeichnetes Kapital	12.000	4.500
Kapitalrücklage	16.800	9.700
Einbehaltene Gewinne	6.200	4.100
Schulden		
Verbindlichkeiten gegenüber Kreditinstituten	22.100	35.900
Rückstellungen	13.500	14.500
Gesamte Passiva	**70.600**	**68.700**

Aus den Bilanzen lässt sich nun nach indirekter Methode die Kapitalflussrechnung ableiten. Dabei sollen die folgenden Sachverhalte berücksichtigt werden (von steuerlichen Gesichtspunkten sei hier abgesehen):

■ Es wurden keine Dividenden ausgeschüttet, das heißt, die Periodengewinne wurden vollständig einbehalten.

■ 20X2 wurden Barmittel in Höhe von € 1.600.000 zur Investition in langfristige Vermögenswerte aufgewendet. Die planmäßigen Abschreibungen auf Sachanlagen betragen € 1.800.000. Es wurden keine Sachanlagen veräußert.

■ Im Geschäftsjahr wird eine Kapitalerhöhung vorgenommen. Es werden 1.000.000 Aktien zum Nennwert von € 7,50 ausgegeben, am Markt werden je Aktie € 14,60 erzielt.

Die Herleitung der Kapitalflussrechnung nach der indirekten Methode erfolgt in drei Schritten. Im *ersten Schritt* wird eine Hilfstabelle erstellt, in der die Differenzen zwischen Anfangs- und Endbeständen der einzelnen Bilanzpositionen erfasst werden (vergleiche ▶ Tabelle 7.5).

Tabelle 7.5

Differenzen der Bilanzpositionen

Differenzen der Bilanzpositionen	20X2 (in Tsd. €)	20X1 (in Tsd. €)	Differenz (in Tsd. €)
Aktiva			
Langfristige Vermögenswerte			
Sachanlagevermögen	74.200	72.600	1.600
Kumulierte Abschreibungen	−25.500	−23.700	−1.800
Kurzfristige Vermögenswerte			
Vorräte	2.900	3.200	−300
Forderungen aus Lieferungen und Leistungen	14.400	13.200	1.200
Zahlungsmittel und Äquivalente	4.600	3.400	1.200
Gesamte Aktiva	**70.600**	**68.700**	
Passiva			
Eigenkapital			
Gezeichnetes Kapital	12.000	4.500	7.500
Kapitalrücklage	16.800	9.700	7.100
Einbehaltene Gewinne	6.200	4.100	2.100
Schulden			
Verbindlichkeiten gegenüber Kreditinstituten	22.100	35.900	−13.800
Rückstellungen	13.500	14.500	−1.000
Gesamte Passiva	**70.600**	**68.700**	

Diese Differenzen werden in einem *zweiten Schritt* analysiert. Dabei ist zu beachten, dass Ausgangspunkt der Ermittlung des operativen Cashflows nach der indirekten Methode der (Netto-)Periodengewinn gemäß Gewinn-und-Verlust-Rechnung ist. In der Gewinn-und-Verlust-Rechnung wird allerdings nicht mit Ein- und Auszahlungen, sondern mit Erträgen und Aufwendungen gerechnet. Einzahlungen und Erträge einerseits und Auszahlungen und Aufwendungen andererseits sind, durch die Periodisierungsregeln, typischerweise nicht deckungsgleich. Wurde etwa in der Gewinn-und-Verlust-Rechnung ein Aufwand gebucht, der in der Periode seiner Erfassung nicht zahlungswirksam war, so hat dieser Aufwand zwar zu einer Schmälerung des Gewinns geführt, nicht aber zum Abfluss von Zahlungsmitteln. Um vom Periodenergebnis zum (Netto-)Cashflow der Periode zu kommen, muss der erfasste Aufwand dem Periodenergebnis wieder hinzugerechnet werden. Spiegelbildlich sind alle Erträge, die in der Berichtsperiode nicht mit Zahlungsmittelzuflüssen verbunden waren, vom Gewinn abzuziehen, um auf den (Netto-)Cashflow zu kommen. In ▶ Tabelle 7.6 werden entsprechend die in ▶ Tabelle 7.5 ermittelten Differenzen der Bilanzpositionen dahingehend klassifiziert, ob sie, ausgehend vom Periodenergebnis, den operativen Cashflow mindern oder mehren. Außerdem ist zu klären, ob die Beträge in die Berechnung des operativen Cashflows oder in den Cashflow aus Investitions- oder Finanzierungstätigkeit einzubeziehen sind.

Tabelle 7.6

Zuordnung der Differenzen

Zuordnung der Differenzen	Differenz (in Tsd. €)	Minderung (in Tsd. €)	Mehrung (in Tsd. €)	Referenznummer
Aktiva				
Langfristige Vermögenswerte				
Sachanlagevermögen	1.600	1.600		1.
Kumulierte Abschreibungen	−1.800		1.800	2.
Kurzfristige Vermögenswerte				
Vorräte	−300		300	3.
Forderungen aus Lieferungen und Leistungen	1.200	1.200		4.
Zahlungsmittel und Äquivalente	1.200	*1.200*		5.
Passiva				
Eigenkapital				
Gezeichnetes Kapital	7.500		7.500	6.
Kapitalrücklage	7.100		7.100	6.
Einbehaltene Gewinne	2.100		2.100	7.
Schulden				
Verbindlichkeiten ggü. Kreditinstituten	−13.800	13.800		8.
Rückstellungen	−1.000	1.000		9.
Gesamte Minderungen/Mehrungen		18.800	18.800	

319

Die einzelnen Posten erklären sich wie folgt (siehe die Referenznummern in ▶ Tabelle 7.6):

1. Die positive Differenz bedeutet, dass es zu einer Zunahme des Sachanlagevermögens gekommen ist, dass folglich Vermögenswerte gekauft wurden. Dies ist typischerweise mit einem Abgang von Zahlungsmitteln verbunden. In der Gewinn- und-Verlust-Rechnung wird der Abgang von Zahlungsmitteln nicht erfasst, da der Beschaffungsvorgang erfolgsneutral ist. In der Kapitalflussrechnung muss der Abgang allerdings ausgewiesen werden, weshalb die Differenz als Minderung des Zahlungsmittelfonds klassifiziert wird. Dieser Abfluss ist dem Cashflow aus Investitionstätigkeit zuzuordnen. Zu beachten ist, dass die Differenz der Bilanzpositionen allgemein dem Saldo aus Zu- und Abgängen einer Periode entspricht. Nähere Auskunft zur Veränderung des Sachanlagevermögens gibt der Anlagenspiegel eines Unternehmens. Im Beispiel kann auf die Auswertung des Anlagenspiegels verzichtet werden, da in der Periode keine Sachanlagen abgegangen sind.

2. Die negative Differenz bei den kumulierten Abschreibungen bedeutet, dass die kumulierten Abschreibungen zugenommen haben, dass somit Abschreibungen in der Gewinn-und-Verlust-Rechnung erfasst wurden. Soweit keine kumulierten Abschreibungen abgehen (etwa durch den Verkauf von Sachanlagen), entspricht die Veränderung der kumulierten Abschreibungen den in der Periode erfolgswirksam erfassten Abschreibungen. Dies ist hier der Fall. Abschreibungen stellen in der Gewinn-und-Verlust-Rechnung einen Aufwand dar, mindern also das Periodenergebnis. Allerdings ist dieser Aufwand nicht zahlungswirksam. Um vom Periodengewinn zum operativen Cashflow zu kommen, ist dem Periodenergebnis der Aufwand wieder zuzurechnen, da die Abschreibungen den Zahlungsmittelfonds nicht mindern.

3. Das negative Vorzeichen bei den Vorräten bedeutet, dass das Vorratsvermögen abgenommen hat, mithin Vorräte das Unternehmen verlassen haben. Dies geschieht typischerweise durch den Absatz von Erzeugnissen. Die abgesetzten Vorräte finden sich in der Gewinn-und-Verlust-Rechnung in den Umsatzkosten, werden also zu einem Aufwand, der in der Periode des Absatzes allerdings nicht zu Auszahlungen führt. Die Abnahme der Vorräte mindert demnach den Zahlungsmittelfonds nicht und muss dem Periodenergebnis wieder zugerechnet werden, um von diesem auf den operativen Cashflow zu kommen.

4. Das positive Vorzeichen bei den Forderungen ist so zu interpretieren, dass diese zugenommen haben. Forderungen aus Lieferungen und Leistungen entstehen im Umsatzprozess. Verkäufe auf Ziel werden in der Periode ihres Anfallens als Ertrag (Umsatz) erfasst, ohne dass sie zahlungswirksam wären. Sie mehren also den Zahlungsmittelfonds nicht. Um vom Periodenergebnis auf den operativen Cashflow zu kommen, muss die Zunahme der Forderungen aus Lieferungen und Leistungen vom Periodenergebnis abgezogen werden.

5. Die positive Veränderung der Position Zahlungsmittel und Zahlungsmitteläqui-valente bedeutet, dass der Zahlungsmittelfonds in der Periode gewachsen ist. Die Differenz entspricht also dem Netto-Cashflow der Periode, der sich wiederum als Saldo aus allen Mehrungen (€ 18.800.000) und allen sonstigen Minderungen (€ 17.600.000) ergibt. Die Erfassung als Minderung sorgt für den Ausgleich aller Mehrungen und Minderungen (*balancing number*) und ist daher in ▶ Tabelle 7.6 *kursiv* hervorgehoben.

6. Die positiven Differenzen beim gezeichneten Kapital und bei der Kapitalrücklage sind auf die vorgenommene Kapitalerhöhung zurückzuführen. Mit der Kapitaler-höhung werden liquide Mittel eingenommen, die in der Gewinn-und-Verlust-Rechnung nicht erfasst sind. Entsprechend mehrt die Kapitalerhöhung den Cash-flow der Periode. Die Zuordnung erfolgt zum Cashflow aus Finanzierungstätig-keit.

7. Die positive Differenz bei den einbehaltenen Gewinnen entsteht, weil der Ge-winn der Vorperiode annahmegemäß vollständig einbehalten wurde. Der Perio-dengewinn in Höhe von € 2.100.000 ist Ausgangspunkt der indirekten Berech-nung des operativen Cashflows. Nicht liquiditätswirksame Bestandteile werden später korrigiert, deshalb wird er hier zunächst vollständig als Mehrung der Zah-lungsmittel angesehen.

8. Der Rückgang der Verbindlichkeiten gegenüber Kreditinstituten impliziert, dass Schulden getilgt wurden. Dies führt zu einem Abgang von Zahlungsmitteln, der in der Gewinn-und-Verlust-Rechnung nicht aufwandswirksam ist und deshalb als Minderung des Cashflows klassifiziert werden muss. Die Tilgung langfristiger Schulden ist dem Cashflow aus Finanzierungstätigkeit zuzuordnen.

9. Die Abnahme der Rückstellungen (negatives Vorzeichen) deutet darauf hin, dass ein Teil der Rückstellungen bestimmungsgemäß verbraucht wurde. Es ist daher zu Auszahlungen gekommen, die in der Gewinn-und-Verlust-Rechnung nicht als Aufwendungen erfasst werden. Entsprechend mindert die Abnahme bei den Rückstellungen den operativen Cashflow der Periode.

Mit dem *dritten Schritt* werden die einzelnen Mehrungen und Minderungen den drei Bereichen betriebliche Tätigkeit, Investition und Finanzierung zugeordnet. Unter Berücksichtigung sonstiger liquiditätswirksamer Transaktionen kann so nach der indi-rekten Methode die Kapitalflussrechnung aus dem Jahresüberschuss abgeleitet wer-den (vergleiche ▶ Tabelle 7.7).

		Tabelle 7.7

Aufstellung der Kapitalflussrechnung

Kapitalflussrechnung 20X2	In Tsd. €	Referenz
Cashflow aus betrieblicher Tätigkeit		
Jahresüberschuss	2.100	**1.**
Anpassungen für Abschreibungen	1.800	**2.**
Änderung der Vorräte	300	**3.**
Änderung der Forderungen aus Lieferungen u. Leistungen	– 1.200	**4.**
Änderungen der Rückstellungen	– 1.000	**5.**
Aus betrieblichen Tätigkeiten erhaltene Zahlungsmittel	2.000	
Cashflow aus Investitionstätigkeit		
Auszahlungen für Investitionen in langfristige Vermögenswerte	– 1.600	**6.**
Für Investitionen eingesetzte Zahlungsmittel	– 1.600	
Cashflow aus Finanzierungstätigkeit		
Einzahlungen aus einer Kapitalerhöhung	14.600	**7.**
Auszahlungen für die Tilgung eines Darlehens	– 13.800	**8.**
Aus Finanzierungstätigkeit erhaltene Zahlungsmittel	800	
Gesamter Cashflow	1.200	**9.**
Änderung der Zahlungsmittel und Äquivalente		
Höhe des Zahlungsmittelfonds am 01.01.20X2	3.400	**10.**
(Netto-) Cashflow	1.200	**10.**
Höhe des Zahlungsmittelfonds am 31.12.20X2	4.600	**10.**

Die Posten der Kapitalflussrechnung ergeben sich folgendermaßen (siehe Referenznummern in ▶ Tabelle 7.7):

1. Der Jahresüberschuss ist nach der indirekten Methode der Ausgangspunkt für die Berechnung des Cashflows.

2. Abschreibungen haben den Jahresüberschuss geschmälert. Da sie aber nicht liquiditätswirksam sind, werden sie in der Cashflow-Betrachtung wieder hinzugerechnet.

3. Die Bestandsabnahme der Vorräte führt in der Gewinn-und-Verlust-Rechnung zu einem nicht zahlungswirksamen Aufwand, der zur Ermittlung des Cashflows aus betrieblicher Tätigkeit wieder rückgängig zu machen ist.

4. Erfolgswirksam erfasste Verkäufe auf Ziel haben zu einer Mehrung des operativen Gewinns geführt, die nicht zahlungswirksam war und deshalb bei der Ermittlung des Cashflows aus betrieblicher Tätigkeit wieder abzuziehen ist.

5. Die bestimmungsgemäße Verwendung von Rückstellungen zählt in der Regel zum operativen Geschäft und erfolgt üblicherweise erfolgsneutral. Der Abfluss von Zahlungsmitteln muss also im operativen Cashflow erfasst werden, was nach der indirekten Methode eine Adjustierung des Periodengewinns erfordert.

6. Durch den getätigten Erwerb von langfristigen Vermögenswerten sind Zahlungsmittelabflüsse entstanden, welche die Investitionstätigkeit betreffen.

7. Die Kapitalerhöhung, die zur Finanzierungstätigkeit des Unternehmens zählt, mehrt die Zahlungsmittel.

8. Die Tilgung des Darlehens ist ebenfalls der Finanzierungstätigkeit zuzurechnen und ist mit einem Abfluss von Zahlungsmitteln verbunden.

9. Der gesamte Cashflow des Geschäftsjahres errechnet sich als Summe der Netto-Cashflows der drei Teilbereiche (€ 2.000.000 − € 1.600.000 + € 800.000).

10. Die Höhe des Zahlungsmittelfonds zum Geschäftsjahresende ergibt sich einerseits aus der Veränderung der Zahlungsmittel und Zahlungsmitteläquivalente während des Geschäftsjahrs, andererseits auch als Summe von Netto-Cashflow der Periode und Höhe des Zahlungsmittelfonds zum Geschäftsjahresbeginn.

Aufgaben

1. Wie lassen sich operativer Cashflow sowie Cashflow aus Investitions- und Finanzierungstätigkeit interpretieren?

2. Führt eine Änderung der Abschreibungssätze zu einer Veränderung der Cashflows aus operativer Geschäftstätigkeit? Begründen Sie Ihre Antwort!

3. Welche Nachteile hat Ihrer Einschätzung nach die indirekte Methode zur Ermittlung von Cashflows?

4. Gegeben sind folgende Bilanzen zweier aufeinander folgender Jahre: →

→ **Fortsetzung**

Bilanzposition	31.12.20X1	31.12.20X2
Aktiva		
Sachanlagen	500.000	600.000
Kumulierte Abschreibungen	100.000	200.000
Vorräte	100.000	120.000
Forderungen aus Lieferungen und Leistungen	20.000	25.000
Zahlungsmittel	10.000	25.000
Summe der Aktiva	**530.000**	**570.000**
Passiva		
Stammkapital der AG	200.000	200.000
Einbehaltene Gewinne	80.000	200.000
Verbindlichkeiten	250.000	170.000
Summe der Passiva	**530.000**	**570.000**

Berechnen Sie den Netto-Cashflow aus betrieblicher Tätigkeit, den Netto-Cashflow aus Investitionstätigkeit, den Netto-Cashflow aus Finanzierungstätigkeit sowie den Netto-Cashflow der Periode unter folgenden Nebenbedingungen: (a) die Änderungen der Verbindlichkeiten werden nicht als operativer Cashflow erfasst; (b) es wurden keine Sachanlagen verkauft; es werden keine Dividenden ausgeschüttet (d.h., der Periodengewinn wird vollständig einbehalten); es wurden keine (Unternehmens-)Steuern bezahlt.

5. Die Hexatoast AG muss ihre Kapitalflussrechnung für das Geschäftsjahr 20X1 zum 31.12.20X1 erstellen. Die Gesellschaft produziert und vertreibt Toaster in unterschiedlichen Designs. Zum betreffenden Geschäftsjahr liegen folgende Informationen vor:

– Für die geplante Ausweitung der Produktion hat das Unternehmen ein benachbartes Grundstück erworben. Der Kaufpreis lag bei € 350.000.

– Des Weiteren wurde eine Maschine für die Produktion der Heizstäbe beschafft. Der Kaufpreis, einschließlich Montage, lag bei € 80.000.

– 20X1 wurde ein Jahresüberschuss von € 120.000 erwirtschaftet. Aus den einbehaltenen Gewinnen des Vorjahres wurden im Geschäftsjahr € 50.000 ausgeschüttet.

– Es wurde im Geschäftsjahr 20X1 eine ausgediente Maschine verkauft. Hierbei konnte ein Ertrag von € 7.000 realisiert werden. Dabei handelte es sich um den einzigen Abgang von langfristigen Vermögenswerten im Geschäftsjahr. →

→ Fortsetzung

– Die Inanspruchnahme der Rückstellungen erfolgte erfolgsneutral für operative Zwecke. Im Geschäftsjahr wurde zudem ein langfristiges Darlehen aufgenommen. Nach den Bilanzierungsgepflogenheiten des Unternehmens werden die Veränderungen langfristiger Verbindlichkeiten dem Cashflow aus Finanzierungstätigkeit und Veränderungen kurzfristiger Verbindlichkeiten dem operativen Cashflow zugerechnet.

Die Bilanzen der Hexatoast AG zum 31.12.20X1 und zum 31.12.20X0 können Anlage 1 entnommen werden. Anlage 2 enthält eine Übersicht zur Eigenkapitalveränderung im Geschäftsjahr. Über die im Text behandelten Fälle hinaus ist in Anlage 3 zudem ein Anlagespiegel wiedergegeben, der Auskunft über die Veränderungen bei den langfristigen Vermögenswerten und den kumulierten Abschreibungen gibt.

Erstellen Sie unter Nutzung der bereitgestellten Informationen nach indirekter Methode die Kapitalflussrechnung für das Jahr 20X1!

Anlage 1: Bilanzen

Bilanzen	31.12.20X1 (in €)	31.12.20X0 (in €)
Langfristige Vermögenswerte		
Sachanlagevermögen	3.438.000	3.180.000
Finanzanlagevermögen	60.600	60.600
Immaterielle Vermögenswerte	6.000	9.000
Kurzfristige Vermögenswerte		
Vorräte	50.000	40.000
Forderungen	100.000	90.000
Zahlungsmittel	50.000	45.000
Gesamte Aktiva	**3.704.600**	**3.424.600**
Eigenkapital		
Gezeichnetes Kapital	500.000	500.000
Kapitalrücklage	1.000.000	1.000.000
Einbehaltene Gewinne	270.000	200.000
Schulden		
Rückstellungen	180.000	200.000
Langfristige Verbindlichkeiten	1.454.600	1.100.000
Kurzfristige Verbindlichkeiten	300.000	424.600
Gesamte Passiva	**3.704.600**	**3.424.600**

→

→ **Fortsetzung**

Anlage 2: Eigenkapitalveränderung

Position	Buchwert 31.12.20X0	Jahres-überschuss	Dividenden-zahlung	Buchwert 31.12.20X1
Gezeichnetes Kapital	500.000	–	–	500.000
Kapitalrücklage	1.000.000	–	–	1.000.000
Einbehaltene Gewinne	200.000	120.000	50.000	270.000

Anlage 3: Anlagenspiegel

Anlagen-spiegel 20X1	Grundstücke und Gebäude	Anlagen und Maschinen	Betriebs- und Geschäftsausstattung	Gesamte Sachanlagen	Finanzanlagen	Immaterielle Vermögenswerte
Historische Kosten						
Stand zum 31.12.20X0	2.500.000	1.300.000	300.000	4.100.000	100.000	15.000
Zugänge	350.000	80.000	–	430.000	–	–
Abgänge	–	85.000	–	85.000	–	–
Stand zum 31.12.20X1	2.850.000	1.295.000	300.000	4.445.000	100.000	15.000
Kumulierte Abschreibungen						
Stand zum 31.12.20X0	500.000	300.000	120.000	920.000	39.400	6.000
Zugänge	80.000	40.000	12.000	132.000	–	3.000
Abgänge	–	45.000	–	45.000	–	–
Stand zum 31.12.20X1	580.000	295.000	132.000	1.007.000	39.400	9.000
Buchwerte						
Stand zum 31.12.20X0	2.000.000	1.000.000	180.000	3.180.000	60.600	9.000
Stand zum 31.12.20X1	2.270.000	1.000.000	168.000	3.438.000	60.600	6.000

Weiterführende Literatur Pollmann, 2012, diskutiert Struktur und Gliederung einer Kapitalflussrechnung nach IAS 7. Ruprecht und Nösberger, 2012, weisen auf praktische Probleme hin.

Glossar

A

Abschluss

(*Financial Statement*). Der (Jahres-)Abschluss ist die zentrale (und oft auch einzige) Informationsgrundlage, die unternehmensexternen Anspruchsgruppen über ein Unternehmen zur Verfügung steht. Informationen im Abschluss dienen externen Adressaten in vielfacher Weise beim Treffen ihrer wirtschaftlichen Entscheidungen. Aufgrund dieser herausgehobenen Bedeutung im wirtschaftlichen Geschehen werden besondere Anforderungen an Jahresabschlüsse gestellt, was Inhalt und Qualität betrifft. Solche Anforderungen schlagen sich allgemein in Rechnungslegungsvorschriften (und natürlich auch in Prüfungsvorschriften) nieder. Diese können in Gesetzen kodifiziert sein (wie das beim Handelsgesetzbuch der Fall ist), sie können aber auch von nicht-staatlichen „Standardsettern" vorgegeben werden, wie bei der IFRS-Rechnungslegung. Jahresabschlüsse nach IFRS verfolgen das Ziel, Informationen über die Vermögens-, Finanz- und Ertragslage eines Unternehmens bereitzustellen. Diese Informationen sollen einem breiten Kreis potenzieller Adressaten beim Treffen wirtschaftlicher Entscheidungen nützlich sein (IAS 1). Zentrale Bestandteile eines Abschlusses sind nach IAS 1 die → Bilanz (*Statement of Financial Position*), die Gesamtergebnisrechnung (*Statement of Comprehensive Income*), die Eigenkapitalveränderungsrechnung (*Statement of Changes in Equity*) sowie die Kapitalflussrechnung (*Statement of Cash Flows*). Hinzu kommt ein → Anhang (*Notes*).

Adressaten (des Abschlusses)

(*User of Financial Statements*). Als Adressaten eines Abschlusses werden im Rahmenkonzept (gegenwärtige und potenzielle) Investoren, Arbeitnehmer und ihre Vertretungen, Kreditgeber, Lieferanten und andere Gläubiger, außerdem Kunden, Regierungen und ihre Institutionen sowie die Öffentlichkeit genannt. Das IASB geht allerdings davon aus, dass Abschlüsse, die auf die Bedürfnisse der Eigenkapitalgeber zugeschnitten sind, auch die Bedürfnisse aller weiteren Anspruchsgruppen bestmöglich erfüllen. Daher werden die IFRS häufig als kapitalmarktorientierte Rechnungslegungsvorschriften bezeichnet – im Gegensatz etwa zur Rechnungslegung nach HGB, die als eher gläubigerschutzorientiert angesehen wird.

Aktien

(*Shares*). Aktien sind Wertpapiere, die Mitgliedschaftsrechte an einer Aktiengesellschaft verbriefen. Zu unterscheiden sind Nennbetragsaktien, die auf einen bestimmten (Nenn-) Betrag lauten und Quotenaktien, die einen gewissen Anteil am Grundkapital der Aktiengesellschaft verbriefen. Der Aktienbesitz ist mit verschiedenen Rechten verbunden, deren Umfang auch vom Typ der Aktie selbst abhängt. Hier sind etwa Stamm- und Vorzugsaktien zu unterscheiden. Mit Stammaktien sind typischerweise Informations- und Kontrollrechte verbunden, etwa das Recht, an der Hauptversammlung teilzunehmen, verbunden mit Rede- und Stimmrechten. Die Aktionäre haben außerdem Anspruch auf Beteiligung an den Gewinnen (in Form von Dividenden) und, bei Auflösung der Aktiengesellschaft, auf einen Teil des Liquidationserlöses. Um eine Schlechterstellung von (Alt-)Aktionären bei einer Kapitalerhöhung zu kompensieren, wird diesen außerdem ein Bezugsrecht auf junge Aktien eingeräumt. Neben den Stammaktien gibt es auch Vorzugsaktien, die mit speziellen Rechten ausgestattet sind: Gegenüber den Stammaktien mag ein Vorteil darin bestehen, dass eine höhere Dividende gezahlt wird; dies geht dann allerdings auch mit einem Nachteil einher, typischerweise der Abwesenheit von Stimmrechten. Aktien werden üblicherweise (aber nicht unbedingt) an Börsen gehandelt. Der Börsenkurs als Preis der Aktie ergibt sich dabei durch Angebot und Nachfrage. Der Börsenkurs der Aktie kann und wird typischerweise auch von ihrem Nennbetrag abweichen. Er wird vor allem durch Erwartungen der Anleger beeinflusst, die wiederum etwa auf die Einschätzung der Ertragskraft des Unternehmens zurückgehen, aber auch auf die alternativen Anlagemöglichkeiten der Investoren. Ferner können Aktien nach der Art ihrer Übertragung von einem Besitzer zum nächsten unterschieden werden in Inhaber- und Namensaktien (sowie als Spezialfall in vinkulierte Namensaktien). Die Weitergabe (z.B. im Börsenverkehr) von Inhaberaktien erfolgt durch Einigung und Übergabe. Die Rechte aus der Aktie nimmt stets der Inhaber wahr. Bei Namensaktien handelt es sich dagegen um Orderpapiere, die nur mittels Einigung, Indossierung der Urkunde (Aktie) und Übergabe des Papiers übertragen werden können. Wesentlich bei Namensaktien ist, dass sie auf den Namen des Inhabers ausgestellt sind und die Aktiengesellschaft in ihrem Aktienbuch sämtliche Aktionäre mit Namen und Anschrift verzeichnen muss. Bei einer Weitergabe von Namensaktien werden diese Änderungen im Aktienbuch erfasst, so dass die Aktiengesellschaft immer einen Überblick hat, wer ihre Eigentümer (Aktionäre) sind. Eine Sonderform der Namensaktien sind vinkulierte Namensaktien, deren Weitergabe zusätzlich zur Indossierung und Übergabe auch an das Einverständnis der Aktiengesellschaft geknüpft ist. Dadurch behält die Aktiengesellschaft stets die Kontrolle darüber, wem sie gehört.

Aktiva

(*Assets*). Aktiva stehen bei kontenmäßiger Darstellung der Bilanz auf der linken Seite, der Aktivseite. Hierbei handelt es sich folglich um die Vermögenswerte eines Unternehmens. Die Aktiva geben Auskunft darüber, wie ein Unternehmen die Mittel verwendet, während die → Passiva Auskunft über die Herkunft der Mittel geben.

Aktivkonto

(*Asset Account*). Beim Aktivkonto handelt es sich um ein Bestandskonto, bei dem (anders als beim Passivkonto) der Anfangsbestand sowie Zugänge im Soll verbucht werden und Abgänge im → Haben. Aktivkonten sind aus der Aktivseite der Bilanz abgeleitet und weisen typischerweise einen Sollsaldo auf.

Anhang

(*Notes*). Bestandteil des Abschlusses, der vornehmlich erläuternde Angaben enthält. Regelungen zum Anhang finden sich in IAS 1. Demnach haben Angaben im Anhang

Informationen über Grundlagen der Aufstellung des Abschlusses sowie Bilanzierungs- und Bewertungsmethoden zu enthalten, weiterhin solche Informationen, die verpflichtend zu veröffentlichen und an keiner anderen Stelle des Abschlusses zu finden sind. In den Anhang können auch solche Informationen zusätzlich aufgenommen werden, die über die bereits gemachten Angaben hinaus notwendig sind, um ein den tatsächlichen Verhältnissen entsprechendes Bild des Unternehmens zu verschaffen.

Anlagevermögen

(*Fixed Assets*). Begriff aus dem Handelsgesetzbuch. Zum Anlagevermögen gehören Vermögenswerte, die dazu bestimmt sind, dauernd dem Geschäftsbetrieb zu dienen. In den IFRS wird der Begriff Anlagevermögen nicht verwendet, vielmehr wird von langfristigen Vermögenswerten gesprochen, zu denen etwa das Sachanlagevermögen gehört.

Anzahlungen

(*Prepayments*) (Erhaltene) Anzahlungen zeichnen sich dadurch aus, dass dem Unternehmen bereits Mittel zugeflossen sind, ohne dass es die entsprechende Gegenleistung (in vollem Umfang) erbracht hat. (Erhaltene) Anzahlungen sind gemäß dem Prinzip der Periodenabgrenzung als periodenfremd anzusehen und insofern als Schulden zu klassifizieren und entsprechend zu passivieren – soweit jedenfalls die Ansatz- und Definitionskriterien von Schulden erfüllt sind. Beispiel: Ein Unternehmen erhält im Januar eine Zahlung über 1.000 Euro für ein untervermietetes Büro für die Monate Januar und Februar. Ende Januar werden 500 Euro Mietertrag erfasst, die Miete für Februar ist im Januar hingegen noch kein Ertrag, sondern eine (kurzfristige) Schuld. Bei geleisteten Anzahlungen aus Sicht des Unternehmens handelt es sich spiegelbildlich um → Vorauszahlungen. Nach IAS 1 ist in der Bilanz keine explizite Position für Rechnungsabgrenzungsposten vorgesehen, wie etwa in der Rechnungslegung nach dem Handelsgesetzbuch. Der Grund ist, dass die Erfassung von Vermögenswerten (oder Schulden) in einer IFRS Bilanz stets die Erfüllung der einschlägigen Ansatz- und Definitionskriterien voraussetzt. Das HGB kennt dagegen auch das Konzept der sogenannten Bilanzierungshilfen, die diese Kriterien ggf. nicht erfüllen würden, dennoch unter bestimmten Voraussetzungen aktivierungs- oder passivierungsfähig oder -pflichtig sind.

Aufwand (Aufwendungen)

(*Expenses*, *Losses*). Abnahme des wirtschaftlichen Nutzens in der Berichtsperiode entweder in Form von Abflüssen oder Verminderungen von Vermögenswerten oder in Form einer Erhöhung von Schulden, wobei es jeweils zu einer Abnahme des Eigenkapitals kommt, die nicht auf Ausschüttungen an die Anteilseigner zurückzuführen ist. Es handelt sich um den bewerteten Verbrauch von Gütern und Dienstleistungen innerhalb einer Abrechnungsperiode. Aufwand setzt stets gezahlte oder zahlbare Auszahlungen voraus. Es kann daher kein Aufwand entstehen, der nicht bereits zu Auszahlungen geführt hat oder führen wird, wobei die Höhe der Auszahlungen auch geschätzt sein mag (pagatorisches Wertverständnis). Um Aufwendungen in der Gesamtergebnisrechnung zu erfassen, muss eine verlässliche Ermittlung der (erwarteten) Abnahme wirtschaftlichen Nutzens möglich sein.

Aufwandskonto

(*Expense Account*). Aufwandskonten sind als Erfolgskonten Unterkonten des Eigen-kapitalkontos. Der Saldo eines Aufwandskontos, der in der Regel auf der Habenseite steht, wird deshalb am Jahresende entweder direkt auf die Sollseite des Eigenkapital-kontos gebucht (Buchungssystematik: Eigenkapital an Aufwandskonto) oder über die Gesamtergebnisrechnungskonto (Buchungssystematik: Gewinn- und-Verlustkonto an Aufwandskonto) geschlossen. Letzterer Fall ist der üblichere und führt buchungstech-nisch zum selben Effekt, da das Gewinn- und Verlustkonto über das Eigenkapitalkonto geschlossen wird.

Aufwandsrealisation

Die Realisation von Aufwendungen folgt dem Prinzip der Periodenabgrenzung. Eine besondere Rolle bei der Realisation von Aufwendungen spielt das → Matching Principle.

Auszahlungen

(*Expenditures*). Sind die von einem Unternehmen an die wirtschaftliche Umwelt gezahl-ten Geldbeträge. Als Auszahlung wird jeder Vorgang bezeichnet, der den Bestand an Zahlungsmitteln vermindert. Es handelt sich also um den Abfluss liquider Mittel. Nicht berücksichtigt werden hierbei Veränderungen im Bereich von Forderungen und nicht jederzeit verfügbaren Bankguthaben. Auszahlungen können, müssen aber nicht ausgabewirksam sein.

B

Bewertungsvereinfachungsverfahren

(*Cost Formulas*). Im Rahmen der Bewertung der Vorräte wird grundsätzlich zwischen austauschbaren und nichtaustauschbaren Vorräten unterschieden. Handelt es sich um austauschbare Vorräte (etwa: Roh-, Hilfs-, Betriebsstoffe, unfertige und fertige Erzeug-nisse oder Handelswaren), die aufgrund von Massen- oder Serienproduktion in iden-tischer Form wiederbeschafft werden können, so darf nach IAS 2 eine vereinfachte Bewertung vorgenommen werden, bei der mit Hilfe fiktiver Annahmen standardisierte Verfahren zur Anwendung kommen. Nach IAS 2 handelt es sich dabei um FiFo (First-in-First-out) sowie die Durchschnittsmethode. Das LiFo (Last-in-First-out)-Verfahren ist nicht mehr zulässig. Das FiFo-Verfahren basiert auf der Annahme, dass die ältesten Lagerbestände zuerst verbraucht oder veräußert werden, so dass sich immer die zuletzt eingegangenen Bestände auf Lager befinden. Dies führt dazu, dass der Lagerbestand zu marktnahen (aktuellen) Preisen bewertet ist. Der Verbrauchswert (→ Umsatzkosten in der Gesamtergebnisrechnung) ist dagegen bei steigenden (sinkenden) Marktpreisen im Hinblick auf das Preisniveau unterbewertet (überbewertet). Bei Verwendung der Durchschnittsmethode wird aus dem Anfangsbestand und den Zugängen der Vorräte am Jahresende entweder ein gewogener oder gewichteter Durchschnitt errechnet, welcher dann maßgeblich für die Bewertung der Vorratsabgänge und des Vorratsendbestandes ist. Das nicht mehr zulässige LiFo-Verfahren unterstellte, dass die zuletzt eingegangenen Vorräte zuerst wieder das Lager verlassen.

Bilanz

(*Statement of Financial Position*). Aufstellung der Vermögenswerte, der Schulden und des Eigenkapitals eines Unternehmens in Konten- oder Staffelform. Die Aktivseite (bei Kontendarstellung) zeigt, welche Vermögenswerte im Unternehmen vorhanden sind, gibt also Auskunft über die Investition der Mittel in Vermögenswerte, wobei vor allem kurzfristig und langfristig verfügbare Vermögenswerte unterschieden werden. Die Passivseite gibt Auskunft über die Herkunft der investierten Mittel, also über die Finanzierung. Als Finanzierungsformen werden dabei vor allem kurz- und langfristige Schulden sowie Eigenkapital (und Rücklagen) unterschieden. Zu beachten: das Eigenkapital ergibt sich rechnerisch als Residuum von Vermögenswerten und Schulden.

Bilanzgliederung

(*Balance Sheet Classification*). Die Struktur der Bilanz und die Reihenfolge ihrer Posten werden nicht detailliert vorgeschrieben. In IAS 1 werden allerdings Posten genannt, die mindestens darzustellen sind. Üblich ist ferner eine (Grob-) Gliederung nach ab- bzw. zunehmender Liquidierbarkeit. Demnach werden zunächst die langfristigen, dann die kurzfristigen Vermögenswerte aufgeführt. Die Bilanz ist aber grundsätzlich den Bedürfnissen des jeweiligen Unternehmens anzupassen. Der Grund dafür liegt darin, dass sich die Bilanzpositionen zwischen Unternehmen derart stark unterscheiden können, dass eine detaillierte Vorgabe einer Bilanzgliederung nicht zweckmäßig wäre. Die IFRS fordern, im Abschluss Vergleichsinformationen hinsichtlich der vorangegangenen Periode anzugeben. Werden Darstellung und Struktur von Posten in der Bilanz geändert, sind im Regelfall auch die Vergleichsbeträge neu zu gliedern.

Bilanzidentität

Bewertungsgrundsatz, der besagt, dass die Wertansätze in der Eröffnungsbilanz mit den Wertansätzen in der Schlussbilanz des vorhergehenden Geschäftsjahres übereinstimmen müssen.

Buchführung

(*Bookkeeping*). Ganz allgemein kann Buchführung als quantitatives Beschreibungs- oder Ermittlungsmodell verstanden werden, das auf einem festen Fundament von Regeln steht und dessen Wesen im „Sammeln, Registrieren und Systematisieren realer (...) Zustands- und Vorgangserscheinungen" besteht (Eisele 1998, S. 15). Zu unterscheiden sind verschiedene Buchführungssysteme: So müssen – entsprechend des jeweiligen Anwendungsgebietes – zunächst kameralistische und kaufmännische unterschieden werden. Die Kameralistik ist als Buchführungssystem der Behörden und öffentlichen Verwaltungen eine auf Einnahmen und Ausgaben aufbauende Soll-Ist-Rechnung, die weder Inventur noch Bewertung von Vermögen kennt und in der eine „zwingende Verbindung zwischen Vermögens- und Erfolgsrechnung fehlt" (Eisele 1998, S. 488). Die kaufmännische Buchführung kann als einfache Buchführung (auf die hier nicht näher eingegangen werden soll) und als doppelte Buchführung (Doppik) ausgestaltet sein. Allgemein dient sie dazu, „chronologisch, systematisch, lückenlos und ordnungsmäßig alle in Zahlenwerten festgehaltenen, wirtschaftlich bedeutsamen Vorgänge (Geschäftsvorfälle), die sich im Zeitablauf zwischen Gründung und Liquidation der Unternehmung ereignen", aufzuzeichnen (Eisele 1998, S. 15). Charakteristisch ist, dass sie sich dazu eines geschlossenen Systems von Konten bedient, innerhalb dessen ein fester Formalismus besteht. Das System der doppelten Buchführung zeichnet sich demnach unter anderem dadurch aus, dass alle Geschäftsvorfälle in zeitlicher und sachlicher Ordnung erfasst werden, dass Buchungen stets auf Konto und Gegenkonto als Soll- und Habenaufzeichnungen desselben Betrages vorgenommen werden, dass sowohl Bestands- als auch Erfolgskonten geführt werden und dass eine doppelte Erfolgsermittlung aus Vermögens- und Eigenkapitalperspektive erfolgt. Die doppelte Buchführung ist typischerweise als Übertragungsbuchführung organisiert. Hierbei werden zunächst alle Geschäftsvorfälle (bzw. Belege) im Grundbuch chronologisch geordnet und dann, in einem zweiten Schritt, unter sachlich-systematischen Kriterien ins → Hauptbuch übertragen. Gegebenenfalls wird das Hauptbuch noch um weitere Nebenbücher ergänzt.

D

Derivat

Bei einem Derivat handelt es sich um ein → Finanzinstrument oder einen anderen Vertrag, (a) dessen Wertentwicklung abhängig ist von einem zugrunde gelegten Basisobjekt (beispielsweise einem Zinssatz oder Wechselkurs), (b) für dessen Zugang keine (oder lediglich eine geringe) Investition erforderlich war und das (c) erst zu einem späteren Zeitpunkt erfüllt wird (IAS 39). Ein Beispiel für ein derivatives Finanzinstrument ist eine Aktienoption: (a) Der Wert der Option ist abhängig vom Kursverlauf der Aktie, auf die sich die Option bezieht; (b) im Zeitpunkt des Zugangs ist die Aktienoption typischerweise mit nur sehr geringen (oder keinen) Anschaffungskosten verbunden; (c) die mögliche Ausübung erfolgt zu einem festen Termin (europäische Option) oder während eines festgelegten Zeitraums (amerikanische Option).

Dividenden

(*Dividends*). Auf die Aktien entfallender Anteil am Bilanzgewinn, der an die Aktionäre ausgeschüttet wird und über dessen Höhe die Hauptversammlung beschließt.

E

Eigene Anteile

(*Own Shares*). Eigene Anteile von Aktiengesellschaften sind Aktien, die durch das emittierende Unternehmen selbst oder durch seine Tochterunternehmen gehalten werden. Nach § 71 (2) AktG darf ein Unternehmen niemals eigene Anteile im Umfang von insgesamt mehr als 10 Prozent des Grundkapitals halten. Das Unternehmen muss in der Lage sein, im Zeitpunkt des Erwerbs eigener Anteile eine Rücklage in Höhe des Erwerbspreises zu bilden. Nach § 71b AktG stehen einer Gesellschaft aus eigenen Aktien keine Rechte zu (also insbesondere kein Stimm- oder Dividendenbezugsrecht). Der Erwerb eigener Anteile ist nur unter den Voraussetzungen von § 71 (1) AktG gestattet.

Eigenkapitalkonto

Passives Bestandskonto, das als Gegenkonto alle erfolgswirksamen Geschäftsvorfälle sowie die erfolgsneutralen Eigenkapitaländerungen erfasst.

Eigenkapitalinstrument

(*Equity Instrument*). Ein Eigenkapitalinstrument ist in IAS 32 definiert als Vertrag, der einen Residualanspruch an den Vermögenswerten des Emittenten begründet. Bei Eigenkapitalinstrumenten kann es sich um gehaltene Eigenkapitalinstrumenten (von Dritten) oder um eigene Eigenkapitalinstrumente des Emittenten handeln.

Einbehaltene Gewinne

(*Retained Earnings*). Das Eigenkapital ist zwar als Residuum definiert, kann aber – und muss zum Teil auch – in der Bilanz weiter untergliedert werden, etwa in Gezeichnetes Kapital, Rücklagen sowie einbehaltene Gewinne. Die einbehaltenen Gewinne bestehen aus dem aktuellen Periodenergebnis und allen in der Vergangenheit einbehaltenen (thesaurierten) Gewinnen – also allen Gewinnen, die nicht an die Anteilseigner ausgeschüttet wurden.

Einnahmen

(*Receipts*). Einnahmen sind begrifflich weiter gefasst als Einzahlungen. Einnahmen betreffen das gesamte Geldvermögen, zu dem, neben den Zahlungsmitteln, auch Forderungen und Bankguthaben zählen. Jeder Vorgang, der zur Erhöhung des Geldvermögens führt, wird als Einnahme bezeichnet. Ein Warenverkauf auf Ziel ist damit als Einnahme, nicht aber als Einzahlung anzusehen.

Einzahlungen

(*Deposits*). Sind die Zahlungen, die von Dritten an das bilanzierende Unternehmen geleistet werden. Als Einzahlung werden alle Vorgänge bezeichnet, die den Bestand an Zahlungsmitteln erhöhen. Das sind zum Beispiel Bareinlagen, die Aufnahme eines Bankkredites, die Bartilgung eines vom Betrieb gegebenen Finanzkredites oder der Barverkauf von Waren. Einzahlungen sind somit Teil der → Einnahmen.

Einzelkosten

(*Direct Costs*). → Kosten, die den selbst erstellten Vermögenswerten, typischerweise handelt es sich dabei um Vorräte, direkt zugerechnet werden können, zum Beispiel Materialeinzelkosten.

Erfassung von Geschäftsvorfällen

(*Recognition*). Nach den IFRS sind Geschäftsvorfälle grundsätzlich dann erstmalig oder im Rahmen der Folgebilanzierung zu erfassen, wenn die beiden folgenden Kriterien erfüllt sind: (1) Es ist wahrscheinlich, dass dem Unternehmen ein mit dem Sachverhalt verknüpfter künftiger wirtschaftlicher Nutzen zu- oder abfließt; (2) die Anschaffungs- oder Herstellungskosten oder allgemein der Wert des Sachverhalts können verlässlich ermittelt werden. Je nach Art des Geschäftsvorfalls werden zudem spezielle Definitions- und Ansatzkriterien greifen.

Erfolg

Oberbegriff für Gewinn oder Verlust (→ Ergebnis) einer Periode und damit Differenz zwischen der Summe der Erträge und der Summe der Aufwendungen in der Gewinn- und-Verlustrechnung.

Ergebnis

Als Ergebnis wird der Gewinn (oder Verlust) einer Periode bezeichnet, wie er sich (in den einzelnen Stufen) der Gewinn-und-Verlustrechnung ergibt. Inhaltlich zu unterscheiden sind etwa Betriebsergebnis, Finanzergebnis, Ergebnis der gewöhnlichen Geschäftstätigkeit, Ergebnis nach Steuern, Ergebnisanteil der Minderheitsgesellschafter und schließlich das Periodenergebnis.

Erlöse (bzw. Umsätze)

(*Sales*). Erlöse (auch: Umsatzerlöse) sind das Entgelt für die vom Unternehmen erstellten und an den Markt abgegebenen Leistungen der Periode. Umsatzerlöse erfassen sämtliche aus der gewöhnlichen Geschäftstätigkeit resultierenden Erlöse, von denen Erlösschmälerungen (wie etwa Rabatte und Skonti) abzuziehen sind. Die Umsatzerlöse errechnen sich durch Multiplikation von Absatzpreisen und Absatzmengen der verschiedenen Produktarten.

Ertrag

(*Revenues and Income*). Erträge sind der (Brutto-) Zufluss wirtschaftlichen Nutzens, der einem Unternehmen aus der gewöhnlichen Geschäftstätigkeit während der Berichtsperiode zufließt und das Eigenkapital unabhängig von Einlagen der Anteilseigner erhöht. Erträge sind mit anderen Worten in Geldeinheiten ausgedrückte Vermögensmehrungen, die nach den Abgrenzungsgrundsätzen der Berichtsperiode zugeordnet werden.

Ertragskonten

(*Revenue and Income Accounts*). Ertragskonten sind als Erfolgskonten Unterkonten des → Eigenkapitalkontos. Der Saldo eines Ertragskontos wird deshalb am Jahresende auf die Habenseite des Eigenkapitalkontos gebucht. Der Buchungssatz lautet: Ertragskonto an Eigenkapital. Alternativ können die Salden von Erfolgskonten auch über das Gewinn- und Verlustkonto abgeschlossen werden.

Ertragsrealisation

(*Revenue Recognition*). Die Erfassung von Erträgen folgt dem Grundsatz der Periodenabgrenzung. Eine besondere Rolle bei der Erfassung von Erträgen spielt das Realisationsprinzip, nach dem ein Erfolg erfasst wird, wenn eine Mehrung wirtschaftlichen Nutzens hinreichend wahrscheinlich ist. Für die Erfassung von Umsatzerlösen präzisiert IAS 18 die Realisationszeitpunkte. Beim Verkauf von Gütern ist ein Erfolg etwa dann zu erfassen, wenn die Chancen und Risiken aus dem Eigentum auf den Käufer übergegangen sind, dem verkaufenden Unternehmen weder Verfügungsrechte noch Verfügungsgewalt verbleibt, die Höhe der Umsatzerlöse verlässlich bestimmt werden kann, ein Zugang wirtschaftlichen Nutzens aus dem Verkauf hinreichend wahrscheinlich ist und die im Zusammenhang mit dem Verkauf angefallenen oder noch anfallenden Kosten verlässlich bestimmt werden können.

F

Fertige Erzeugnisse

(*Finished Goods*). Bei fertigen Erzeugnissen handelt es sich um Produkte, die den gesamten Produktionsprozess innerhalb eines Unternehmens durchlaufen haben und zur weiteren Verwendung zur Verfügung stehen. Eine solche Verwendung kann entweder innerhalb des eigenen Unternehmens erfolgen (als Selbstverbrauch) oder durch den Verkauf am Markt (an andere Unternehmen oder Endverbraucher). Allerdings muss es sich bei fertigen Erzeugnissen nicht zwangsläufig um selbst erstellte Produkte oder Waren handeln, sondern es können auch → Handelswaren gemeint sein. Da fertige Erzeugnisse gemäß IAS 2 zur Kategorie der Vorräte gehören, erfolgt ihre Bewertung zum niedrigeren Wert aus Anschaffungs- oder Herstellungskosten und Nettoveräußerungswert.

Finanzielle Verbindlichkeit

(*Financial Liability*). Eine finanzielle Verbindlichkeit ist grundsätzlich ein → Finanzinstrument, das die vertragliche Verpflichtung enthält, entweder flüssige Mittel (oder einen anderen finanziellen Vermögenswert) an ein anderes Unternehmen abzugeben oder Finanzinstrumente mit einem anderen Unternehmen unter potenziell nachteiligen Bedingungen auszutauschen (IAS 32). Der Begriff „Unternehmen" ist in der Definition sehr weit zu fassen und beinhaltet Einzelpersonen genauso wie Personen- und Kapitalgesellschaften, Treuhänder und öffentliche Institutionen (IAS 32.14). Zu beachten ist allerdings, dass bisweilen die Abgrenzung zu einem sogenannten → Eigenkapitalinstrument Schwierigkeiten verursacht. Zur Abgrenzung sind insbesondere zwei Kriterien entscheidend: *Erstens* kann ein Eigenkapitalinstrument nur bei Abwesenheit einer vertraglichen Verpflichtung vorliegen, entweder flüssige Mittel (oder einen anderen finanziellen Vermögenswert) an ein anderes Unternehmen abzugeben oder Finanzinstrumente mit einem anderen Unternehmen unter potenziell nachteiligen Bedingungen auszutauschen. *Zweitens* kann es sich bei einem Finanzinstrument, das in eigenen Eigenkapitalinstrumenten erfüllt wird (oder werden kann), nur dann um ein Eigenkapitalinstrument handeln, wenn die Gegenleistung für den Erhalt eines festen Betrags flüssiger Mittel (oder eines anderen finanziellen Vermögenswerts) darin besteht, eine *feste* Anzahl eigener Eigenkapitalinstrumente zu liefern (bisweilen als *Fixed-for-Fixed*-Regel bezeichnet). Sind diese Kriterien nicht erfüllt, kann nur eine finanzielle Verbindlichkeit vorliegen.

Finanzieller Vermögenswert

(*Financial Asset*). Bei einem finanziellen Vermögenswert kann es sich (a) um liquide Mittel, (b) um gehaltene → Eigenkapitalinstrumente (z.B. Stammaktien) eines anderen Unternehmens oder (c) um sonstige → Finanzinstrumente handeln, die das vertragliche Recht verbriefen, flüssige Mittel oder einen anderen finanziellen Vermögenswert von einem anderen Unternehmen zu erhalten oder Finanzinstrumente mit einem anderen Unternehmen unter potenziell vorteilhaften Bedingungen auszutauschen (z.B. Forderungen aus Lieferungen und Leistungen, Forderungen aus Darlehen oder Anleihen). Weiterhin kann es sich (d) auch bei Verträgen, die in eigenen Eigenkapitalinstrumenten des Unternehmens erfüllt werden (können) um finanzielle Vermögenswerte handeln. Vereinfachend gesagt ist hierbei entscheidend, dass eine vertragliche Verpflichtung vorliegt, eine *variable* Zahl von Eigenkapitalinstrumenten zu erhalten; andernfalls handelt es sich um ein Eigenkapitalinstrument (*Fixed-for-Fixed*-Regel). Der Begriff „Unternehmen" ist in der Definition sehr weit zu fassen und beinhaltet Einzelpersonen genauso wie Personen- und Kapitalgesellschaften, Treuhänder und öffentliche Institutionen (IAS 32.14).

Finanzinstrument

(*Financial Instrument*). Finanzinstrumente sind in IAS 32 definiert als Verträge, die bei einer der Vertragsparteien zum Entstehen eines finanziellen Vermögenswertes (→ Finanzieller Vermögenswert) und bei einer anderen zu einer finanziellen Verbindlichkeit (→ Finanzielle Verbindlichkeit) oder einem → Eigenkapitalinstrument führen.

Finanzlage

(*Financial Position*). Die Darstellung der Finanzlage (und deren Veränderung in der Abrechnungsperiode) ist eines der Ziele eines Abschlusses nach IFRS. Im Abschluss dient vor allem die Kapitalflussrechnung der Darstellung der Finanzlage.

Fortgeführte historische Kosten

(*Carrying Amount*). Fortgeführte historische Kosten sind die historischen Kosten abzüglich der bisher angefallenen (kumulierten) planmäßigen und außerplanmäßigen Abschreibungen. Die fortgeführten historischen Kosten sind der zentrale Wertmaßstab der Folgebewertung bei Anwendung des Kostenmodells. Die *historischen Kosten* entsprechen beim Kauf von Vermögenswerten den Anschaffungskosten und bei Selbsterstellung den Herstellungskosten. Beide Kostenkategorien werden allgemein durch die aufgewendeten finanziellen Mittel oder durch den beizulegenden Zeitwert einer aufgewendeten Gegenleistung bestimmt. Bei Schulden entsprechen die historischen Kosten den Leistungen, die im Austausch gegen die Schuld empfangen werden. *Fortgeführte historische Kosten* behalten die Anschaffungs- oder Herstellungskosten im Rahmen der Folgebewertung als Anker bei. Insbesondere werden die historischen Kosten im Rahmen der Folgebewertung niemals überschritten. Sie mögen beibehalten werden (etwa bei Grundstücken oder immateriellen Vermögenswerten mit unbestimmter bzw. unbegrenzter Nutzungsdauer), unterliegen im Regelfall aber einer planmäßigen Abschreibung und ggf. einer Wertminderungen, was der bilanziellen Kenntlichmachung von Abnutzung bzw. Nutzenverzehr dient.

G

Gesamtkostenverfahren

(*Expense Method*). Bei dieser Darstellungsform der Gewinn-und-Verlustrechnung werden die Aufwendungen ihrer Art nach zusammengefasst (Personalaufwand,

Abschreibungen und weitere). Eine funktionale Zuordnung der Aufwendungen unterbleibt, sodass diese Methode relativ einfach umzusetzen ist und daher gerade bei kleinen Unternehmen Anwendung findet. Zu beachten: Bei diesem Verfahren werden zunächst sämtliche (Produktions-) Aufwendungen erfasst, auch wenn die Produkte, auf die sie sich beziehen, nicht abgesetzt werden, sondern nur den Vorrat erhöhen. Andererseits werden Vorratsminderungen (zunächst) nicht erfolgswirksam erfasst. Die Veränderungen des Bestandes an fertigen und unfertigen Erzeugnissen müssen daher in der Gewinn-und-Verlustrechnung gesondert berücksichtigt werden. Eine beispielhafte Gliederung der Gewinn-und-Verlustrechnung nach dem Gesamtkostenverfahren findet sich im Anhang zu IAS 1.

Geschäfts- oder Firmenwert

(*Goodwill*). Eine Definition des derivativen, also erworbenen, nicht selbst geschaffenen Goodwills findet sich in IFRS 3. Der Geschäfts- oder Firmenwert ist demnach definiert als künftiger wirtschaftlicher Nutzen aus Vermögenswerten, die nicht einzeln identifiziert und separat angesetzt werden können.

Gewinn

(*Income*). Die buchtechnische Messung von (Perioden-) Gewinnen gehört zu den Kernproblemen der Rechnungslegung. Ein Periodengewinn ist ökonomisch nicht eindeutig definiert. Zwar gibt es den theoretisch „richtigen" ökonomischen Gewinn (*Economic Rate of Return*), dieser lässt sich aber buchtechnisch nicht ermitteln, unter anderem wegen der Abwesenheit von (aktiven) Märkten und dem Vorliegen bestimmter Ansatzverbote (etwa für selbst geschaffene immaterielle Vermögenswerte). Ein Gewinn lässt sich zwar unabhängig von der Rechnungslegung empirisch feststellen, wenn die Totalperiode betrachtet wird (also die gesamte Periode von Beginn bis zum Ende der Unternehmenstätigkeit) und am Ende ein Einzahlungsüberschuss vorliegt. Tatsächlich dürfte ein solcher Totalgewinn aber nur von geringem Interesse sein. Die Frage, ob ein Unternehmen „Gewinn" erwirtschaftet (und wie hoch dieser Gewinn ist), dürfte sich in aller Regel auf eine bestimmte Periode, etwa auf ein Jahr oder einen Monat beziehen. Ein solcher Periodengewinn als *Accounting Rate of Return* hat etwa Relevanz für die Zahlung von Gewinnsteuern, für Gewinnbeteiligungen und vieles mehr. Die Bemessung des Periodengewinns (die als Verteilung des Totalgewinns auf einzelne Perioden verstanden werden kann) ist aber nicht eindeutig. So stellt sich etwa die Frage, wie Handlungen oder Vorgänge erfasst werden sollten, deren Wirkungen sich auf mehrere Perioden erstrecken. Eine korrekte Abgrenzung schlechthin gibt es dabei nicht. Es gilt: Der Rechnungszweck bestimmt das Rechnungsziel. Liegt der Rechnungszweck zum Beispiel darin, der gesetzlichen Pflicht zur Gewinnermittlung im Rahmen des nach IFRS aufgestellten Jahresabschlusses nachzukommen, ist also Rechnungsziel der Gewinn, wie er sich nach den Regeln zur Periodenabgrenzung im IFRS-System ergibt. Dieser wiederum ergibt sich als Differenz aus Aufwand und Ertrag der Periode, sodass also entscheidend ist, welche Vorfälle als → Aufwand und → Ertrag erfasst werden. Festzuhalten ist aber, dass die Regeln, die bestimmen, was als Aufwand und Ertrag gilt selbst wieder aus dem Rechnungszweck abgeleitet sind. Der könnte auch ganz anders aussehen als in der Rechnungslegung nach IFRS vorgesehen und etwa in der Ermittlung eines Gewinns bestehen, der möglichst gut die Leistung des Managements misst.

Gewinnrücklage

(*Revenue Reserve*). Die Gewinnrücklage setzt sich zusammen aus einbehaltenen Gewinnen (*Retained Earnings*), satzungsmäßiger Rücklage (*Statuary Reserves*), gesetzlicher Rücklage (*Legal Reserves*) und anderen Gewinnrücklagen (*Other Revenue Reserves*). → Einbehaltene Gewinne wiederum bestehen aus den thesaurierten Vorjahresergebnissen (*Accumulated Profits or Losses*) sowie dem Ergebnis der abgelaufenen Periode (*Net Profit or Loss*), über das zum Bilanzstichtag typischerweise noch kein Gewinnverwendungsbeschluss vorliegt.

H

Handelswaren

(*Goods Held for Resale, Merchandise*). Hierbei handelt es sich um bewegliche Sachgüter, die bereits in einem absatzfähigen Zustand eingekauft und ohne eine weitere Bearbeitung wieder verkauft werden. Zwischen dem Einkaufs- und dem Verkaufspreis liegt meistens ein Gewinnaufschlag. Geringfügige Veränderungen an den eingekauften Handelswaren (z.B. sortieren, abpacken oder markieren) gelten dabei nicht als Be- oder Verarbeitung. Nach IAS 2 gehören Handelswaren zu den Vorräten und werden daher zum niedrigeren Wert aus Anschaffungs- oder Herstellungskosten und Nettoveräußerungswert bewertet. Erwerb und Veräußerung von Handelswaren können sowohl im Handels- als auch im Produktionsgewerbe auftreten.

Hauptbuch

(*General Ledger*). Hierein werden die zunächst im Grundbuch chronologisch erfassten Geschäftsvorfälle unter sachlichem Aspekt übertragen. Die Aufzeichnung erfolgt in Spaltenform oder durch direkte Buchung auf T-Konten. Der Abschluss dieser Sachkonten führt zur → Bilanz und Gewinn-und-Verlustrechnung. Eine weitere Aufgliederung und Ergänzung der Sachkonten im Hauptbuch kann durch Nebenbücher erfolgen.

Hilfsstoffe

(*Supplies*). Hilfsstoffe werden im Produktionsprozess eingesetzt und gehen direkt in die Produkte ein, stellen aber keinen wesentlichen Bestandteil letzterer dar. Der Bestand an Hilfsstoffen am Ende der Abrechnungsperiode wird unter den Vorräten bilanziert.

I

IFRS

Abkürzung für *International Financial Reporting Standards*. Die IFRS enthalten vom IASB gesetzte Vorschriften zu Ansatz, Bewertung, Darstellung und Erläuterung von Transaktionen und Ereignissen, die für allgemeine Abschlüsse von Bedeutung sind.

Die IFRS bestehen aus einem Vorwort (*Preface*), dem → Rahmenkonzept, den verschiedenen Standards sowie den → Interpretationen der Standards. Diese vier Teile ergänzen sich gegenseitig, verbindlich sind allerdings lediglich Standards und Interpretationen. Ein → Abschluss darf nicht als IFRS-Abschluss bezeichnet werden, wenn er nicht sämtliche Anforderungen der Standards und der zugehörigen Interpretationen erfüllt. Die Standards werden laufend (und nicht nach sachlichen Erwägungen) nummeriert als IAS (ältere) bzw. IFRS (neuere) bezeichnet, der Oberbegriff für alle Standards ist nun IFRS (früher: IAS). Die Original-Standards werden in englischer Sprache abgefasst. Im Zweifelsfall ist stets auf diese Originalversion zurückzugreifen, auch wenn unter anderem eine offiziell genehmigte deutsche Übersetzung existiert, die etwa im Amtsblatt der EU veröffentlicht wurde und auch auf der Website der Europäischen Kommission zugänglich ist (*http://ec.europa.eu/internal_market/accounting/index_de.htm*). In Deutschland und Europa gewinnen die IFRS zunehmend an Bedeutung. So sind seit 2005 alle europäischen Unternehmen, die organisierte Kapitalmärkte in Anspruch nehmen, verpflichtet, ihre Konzernabschlüsse nach den IFRS zu erstellen. Auch Konzernabschlüsse von nicht kapitalmarktorientierten Unternehmen dürfen wahlweise nach IFRS erstellt werden. Die Abbildungen 3.1 und 3.2 (Buchseite 109) geben einen Überblick über die bislang verabschiedeten und noch gültigen Standards.

Interpretationen

(*Interpretations*). Typischerweise beschäftigt sich die wirtschafts- und rechtswissenschaftliche Literatur, teils in Form von Kommentaren, mit der Interpretation von Rechnungslegungsstandards und -gesetzen. Bei solchen Interpretation geht es darum, zunächst zu ergründen, welche Ziele der Gesetzgeber oder Standardsetter verfolgt und wie sich diese Ziele (bzw. auch eine Zielhierarchie) dazu nutzen lassen, bei einer interpretationsbedürftigen Detailregelung zu einer konkreten Anwendungsempfehlung zu kommen. Unbeschadet davon entwickelt auch das *IFRS Interpretations Committee* selbst Interpretationen, die in der Normenhierarchie auf gleicher Ebene wie die eigentlichen Standards, die IFRS, stehen. Das *IFRS Interpretations Committee* wurde vor 2002 als *Standing Interpretations Committee* und von 2002 bis März 2010 als *International Financial Reporting Interpretations Committee* bezeichnet. Es hat 14 Mitglieder, die von den Trustees der IFRS Foundation für eine Amtszeit von drei Jahren ernannt werden. Die Mitglieder treffen sich in monatlichem Rhythmus. Zu ihren Aufgaben zählt: (i) die IFRS im Hinblick auf eine korrekte Anwendung zu interpretieren und zeitnah Rat zu Sachverhalten zu geben, die nicht eindeutig in Standards oder sonstigen Quellen geregelt sind; (ii) diesen Rat in sogenannten *Draft Interpretations* zur öffentlichen Kommentierung zu publizieren und die Kommentare vor Finalisierung einer Interpretation auszuwerten; (iii) finalisierte Interpretationen dem IASB zur Genehmigung vorzulegen. Bisweilen werden Interpretationen auch zurückgezogen; Grund dafür ist in der Regel die Ausfertigung oder Aktualisierung eines Standards, der die Interpretation überflüssig macht.

Inventur

(*Stocktaking*). Maßnahme zur Überprüfung der buchmäßig ausgewiesenen Bestände an Wirtschaftsgütern.

Investition

(*Investing*). Investitionen sind Vorgänge, bei denen Kapital in Vermögenswerten angelegt wird, wobei das (unternehmerische) Ziel verfolgt wird, aus dieser Anlage Einnahmen zu erzielen. Mit Investitionen sind typischerweise Zahlungsströme verbunden, die spiegelbildlich zu denen der Finanzierung sind. Investitionszahlungsströme beginnen typischerweise mit einer Auszahlung (oder vermiedenen Einzahlung), auf die (neben ggf. weiteren Auszahlungen) Einzahlungen (bzw. vermiedene Auszahlungen) folgen.

J

Jahresüberschuss / -fehlbetrag

(*Profit or Loss*). Unter dem Jahresüberschuss bzw. Jahresfehlbetrag in der Rechnungslegung nach HGB versteht man den Erfolg der Abrechnungsperiode, wie er sich unter Berücksichtigung der Bilanzierungs- und Bewertungsvorschriften ergibt. Für die Rechnungslegung nach IFRS gilt grundsätzlich Gleiches, jedoch wird der Überschuss bzw. Fehlbetrag (nämlich das Periodenergebnis) nach seiner Ermittlung nicht in der Bilanz als eigenständiger Posten ausgewiesen, sondern geht in die Gewinnrücklagen ein.

K

Kapitalgeber

Bei den Kapitalgebern sind Eigenkapitalgeber (Anteilseigner) und Fremdkapitalgeber zu unterscheiden. Der typische Eigenkapitalgeber räumt dem Unternehmen ein unbefristetes Nutzungsrecht für das bereit gestellte Kapital ein und erhält dafür, neben (mehr oder minder großen) Leitungs-, Kontroll- und Informationsbefugnissen einen Residualanspruch auf Gewinn und Reinvermögen der Unternehmung. Der Fremdkapitalgeber (Gläubiger) hingegen räumt typischerweise nur ein befristetes Recht zur Nutzung seines Kapitals ein, verlangt also Tilgung und in der Regel Zinszahlungen während der Laufzeit. Eine klare Unterscheidung zwischen Eigen- und Fremdkapital ist nicht immer möglich, da einige Finanzinstrumente Charakteristika beider Kapitalformen aufweisen (Hybridität). Aus Unternehmenssicht ist sowohl die Aufnahme von Eigen- wie von Fremdkapital mit Kosten verbunden. Zur Erfassung von Aufwendungen (in der Regel: Zinsaufwand) führt allerdings nur die Inanspruchnahme von Fremdkapital. Grund ist das pagatorische Wertverständnis, das der Rechnungslegung zu Grunde liegt.

Kongruenzprinzip

Das Prinzip verweist auf die Übereinstimmung der Summe aller Periodenerfolge mit dem Totalerfolg einer Unternehmung (bezogen auf deren gesamte Lebensdauer). Liegt eine solche Übereinstimmung vor, ist die Summe aller Jahresgewinne identisch mit der Summe aller Zahlungsüberschüsse. Aus dieser Kongruenz folgt, dass die Gewinne der Unternehmung lediglich (durch periodengerechte Erfolgsermittlung) zwischen den einzelnen Jahren verschoben werden können. Sie können jedoch nicht in ihrer Summe über den Totalerfolg hinaus vermehrt werden. Wird das Kongruenzprinzip eingehalten, spricht man auch von *Clean Surplus Accounting*. Dies bedeutet, dass ein Periodenergebnis alle nicht auf Außenfinanzierung beruhenden Änderungen des Eigenkapitals enthält. Ist also ein außerhalb der Gewinn-und-Verlustrechnung erfasstes neutrales Ergebnis vorhanden, das auch zu einer Eigenkapitalerhöhung führt, so wird dies als *Dirty Surplus* bezeichnet. Bei Anwendung der IFRS wird das Kongruenzprinzip an verschiedenen Stellen durchbrochen (zum Beispiel im Zusammenhang mit der Neubewertungsrücklage). Die Durchbrechung des Kongruenzprinzips ist verantwortlich dafür, dass von einer Gesamtergebnisrechnung gesprochen wird, in der es eine *Clean Surplus*- und eine *Dirty Surplus*-Komponente gibt. Auch die Eigenkapitalveränderungsrechnung informiert grundsätzlich über alle *Dirty Surplus*-Bestandteile, zielt aber insbesondere darauf, einen Überblick über die Veränderung einzelner Positionen des Eigenkapitals sowie den Auswirkungen der Transaktionen mit den Eigentümern zu geben.

Kosten

(*Costs*). Kosten sind der bewertete sachzielbezogene Güterverbrauch einer Abrechnungsperiode.

Kurzfristige Schulden

(*Current Liabilities*) Schulden sind nach IAS 1 kurzfristig, wenn ihre Tilgung innerhalb des gewöhnlichen Verlaufes des Geschäftszyklus erwartet wird oder innerhalb von zwölf Monaten nach dem Bilanzstichtag fällig ist. Alle anderen Schulden gelten demnach als langfristig.

Kurzfristige Vermögenswerte

(*Current Assets*) Kurzfristige Vermögenswerte sind nicht zur dauerhaften bzw. längerfristigen Nutzung bestimmt. Vermögenswerte, die nicht länger als der übliche Geschäftszyklus (der ein Jahr betragen kann – aber nicht muss) gehalten werden, sind demnach als kurzfristig anzusehen (vgl. zur Abgrenzung IAS 1). Die Gliederung der Aktivseite der Bilanz in langfristige und kurzfristige Vermögenswerte ist nach IFRS nicht verbindlich vorgeschrieben (→ Bilanzgliederung), allerdings sind mindestens Vorräte, Forderungen, Anzahlungen und Zahlungsmittel sowie ihre Äquivalente auszuweisen, die kurzfristige Vermögenswerte darstellen.

L

Langfristige Schulden

(*Non-Current Liabilities*). Langfristige Schulden sind solche, die nicht gemäß IAS 1 als kurzfristig klassifiziert werden. Dabei handelt es sich folglich um Schulden, deren Tilgung nicht innerhalb des gewöhnlichen Verlaufes des Geschäftszyklus bzw. nicht innerhalb von zwölf Monaten nach dem Bilanzstichtag erwartet wird.

Langfristige Vermögenswerte

(*Non-Current Assets*). Langfristige Vermögenswerte sind zur dauerhaften bzw. längerfristigen Nutzung bestimmt. Als Abgrenzungskriterium dient üblicherweise der Geschäftszyklus. Vermögenswerte, die länger als der übliche Geschäftszyklus (der ein Jahr betragen kann – aber nicht muss) gehalten werden, sind demnach langfristig (vergleiche zur Abgrenzung IAS 1). Die Gliederung der Aktivseite der Bilanz in langfristige und kurzfristige Vermögenswerte ist nach IFRS nicht zwingend vorgeschrieben. Eine Mindestgliederungsvorschrift (IAS 1) sieht aber vor (als langfristige Vermögenswerte) das Sachanlagevermögen, immaterielle Vermögenswerte sowie finanzielle Vermögenswerte zu unterscheiden (→ Bilanzgliederung).

Latente Steuern

(*Deferred Tax Liabilities*). Beträge an Ertragssteuern die in zukünftigen Perioden resultierend aus zu versteuernden temporären Unterschieden zahlbar sind.

Liquide Mittel

(*Cash and Cash Equivalents*). Die liquiden Mittel entsprechen der Summe aus → Zahlungsmitteln und → Zahlungsmitteläquivalenten.

Liquidität

(*Liquidity*). Fähigkeit eines Unternehmens, kurzfristigen Zahlungsverpflichtungen nachzukommen. Nach IAS 1 bezieht sich die Liquidität auf die Verfügbarkeit von → Zahlungsmitteln in der nahen Zukunft, nachdem die finanziellen Verpflichtungen für diesen Zeitraum berücksichtigt worden sind. Informationen über die Liquidität (und Solvenz) eines Unternehmens sind wichtiger Bestandteil der Analyse der → Finanzlage eines Unternehmens.

M

Matching Principle

Grundsatz der sachlichen und zeitlichen Abgrenzung: Alle Aufwendungen, die durch die Leistungserstellung verursacht sind, müssen der Periode zugerechnet werden, in der die aufwandsverursachende Leistung (zum Beispiel ein bestimmtes Produkt) am Markt abgesetzt wird. Das Matching Principle gehört zu den Grundsätzen der Periodenabgrenzung.

Minderheitsanteile

(*Minority Interest*) Der Minderheitsanteil ist der Teil des Ergebnisses der Geschäftstätigkeit und des Reinvermögens eines Tochterunternehmens, der auf Anteile entfällt, die nicht direkt vom Mutterunternehmen gehalten werden.

N

Nachträgliche Anschaffungskosten

(*Subsequent Costs*). Die Aktivierung nachträglicher Anschaffungskosten erfordert, dass der entsprechende Vermögenswert durch sie verbessert wird (*Improvement*). Verbesserungen können entweder zu einer längeren Lebensdauer des Vermögenswertes oder zu Leistungsverbesserungen führen. Im Falle einer Verbesserung werden die verbundenen Aufwendungen aktiviert, dem Vermögenswert also zugeschrieben. Nach einer Zuschreibung muss die planmäßige Abschreibung an das neue Abschreibungsvolumen angepasst werden. Im Gegensatz zu Verbesserungen werden Kosten für Reparaturen und Instandhaltungen in der Regel als Aufwand erfasst, weil durch sie nur der ursprüngliche Zustand des Anlagegegenstandes wieder hergestellt beziehungsweise erhalten wird.

P

Passiva

(*Assets and Liabilities*). Passiva stehen bei kontenmäßiger Darstellung der → Bilanz auf der rechten Seite, der Passivseite. Bei den Passiva handelt es sich folglich um Eigenkapital und Schulden eines Unternehmens. (→ Bilanzgliederung).

Passivkonto

Bei einem Passivkonto handelt es sich um ein Bestandskonto. Anfangsbestand und Zugänge werden bei einem Passivkonto (anders als beim → Aktivkonto) im Haben verbucht, Abgänge im Soll. Passivkonten sind aus der Passivseite der Bilanz abgeleitet und zeichnen sich typischerweise durch einen Habensaldo aus. Beispiele für Passivkonten sind Gezeichnetes Kapital, Verbindlichkeiten aus Lieferungen und Leistungen, Erhaltene Anzahlungen und so weiter.

Percentage-of-Completion-Method

Die Percentage-of-Completion-Method wird bei langfristiger Fertigung (über mehrere Perioden) angewendet, um bereits vor Fertigstellung eines Auftrages oder Projektes anteilig Umsatz, Kosten und Erträge zu realisieren. Zur Bemessung der Erträge die einer Periode zugeordnet werden sollen, wird dabei der Grad der Fertigstellung (*Percentage-of-Completion*) verwendet. Dieser kann auf verschiedene Arten ermittelt werden, etwa nach der *Cost to Cost Method*, nach der die Fertigstellung nach dem Anteil der bislang aufgelaufenen Kosten (Aufwendungen) an den erwarteten Gesamtkosten (Aufwendungen) bemessen wird. Der entsprechende Anteil der Gesamterlöse wird dann gemäß Auftragsfortschritt bereits vorab (vor Fertigstellung und Übergabe, also vor Übergang der wesentlichen Chancen und Risiken) erfasst. Letztlich dient dies einer Glättung der über die Zeit ausgewiesenen Ergebnisse, wodurch der Informationsgehalt der Abschlüsse insbesondere solcher Unternehmen steigen soll, die durch Projektfertigung ansonsten eine starke Variabilität im Ergebnisausweis zu verzeichnen hätten.

Q

Qualifizierter Vermögenswert

(*Qualifying Asset*). Um einen Vermögenswert als „qualifiziert" einzustufen, müssen neben den Definitions- und Ansatzkriterien noch zusätzliche Punkte erfüllt sein: Demnach handelt es sich nur dann um einen qualifizierten Vermögenswert, wenn ein beträchtlicher Zeitraum erforderlich ist, um ihn in den (beabsichtigten) gebrauchs- oder verkaufsfähigen Zustand zu versetzen. Für die Formulierung „beträchtlicher Zeitraum" gibt es in den IFRS allerdings keine feste zeitliche Abgrenzung. Vielmehr steht daher bei der Beurteilung, ob es sich um einen qualifizierten Vermögenswert handelt, die Einstufung als gebrauchs- oder verkaufsfähig im Vordergrund. Handelt es sich nach dieser Unterscheidung um einen qualifizierten Vermögenswert, *müssen* direkt zuzuordnende Fremdkapitalkosten (zum Beispiel Zinsen für Kredite, die für die Beschaffung aufgenommen wurden) in die Anschaffungs- oder Herstellungskosten einbezogen werden.

R

Rahmenkonzept

(*Conceptual Framework*). Das Rahmenkonzept beschreibt die in den → IFRS angewandten und anzuwendenden Grundprinzipien der Rechnungslegung in Form eines gedanklichen Überbaus. Es beinhaltet etwa Ausführungen zu Basisannahmen und Hinweise auf qualitative Anforderungen an Abschlüsse. Das Rahmenkonzept ist kein eigenständiger Rechnungslegungsstandard. Verbindlich für die Rechnungslegung sind nur die Standards und deren Interpretation, das Rahmenkonzept ist lediglich subsidiär anzuwenden. Im Rahmenkonzept werden nach einer Einleitung Aussagen zu den Basisannahmen im Abschluss und den Qualitätsanforderungen an diesen getroffen, außerdem wird auf Bilanzierungs- und Bewertungsregeln sowie Kapitalerhaltungskonzepte eingegangen.

Rechnungsabgrenzungsposten

(*Accruals and Deferrals*). Der Begriff der Rechnungsabgrenzungsposten wird in einem weiten Sinne für alle „schwebenden Posten" verwendet. In einem engeren Verständnis handelt es sich bei Rechnungsabgrenzungsposten im Wesentlichen um geleistete → Vorauszahlungen (*Prepaid Expenses*) oder erhaltene Vorauszahlungen (*Deferred Revenue*). Eine eigene Bilanzposition für Rechnungsabgrenzungsposten in diesem engeren Sinne ist in einer → Bilanzgliederung nach → IFRS nicht vorgesehen, sodass die Posten entweder den kurz- oder langfristigen Vermögenswerten beziehungsweise den kurz- oder langfristigen Schulden zuzuordnen sind. Nach IFRS müssen zudem alle Bilanzpositionen die einschlägigen Ansatz- und Definitionskriterien erfüllen. Ein Ansatz von „Bilanzierungshilfen", für die dies nicht der Fall ist, kommt daher nicht in Frage.

Rechnungslegungszeitraum

(*Accounting Period*). Zeitraum, für den das (operative) Ergebnis gemessen wird und auf dessen Ende sich die jeweils aktuellen Bilanzdaten beziehen. Die Erstellung der Berichte erfolgt für diese Periode. Die Länge beträgt in der Regel ein Jahr (häufig zusammenfallend mit dem Kalenderjahr, dies ist aber nicht zwingend). Die einheitliche Länge des Berichterstattungszeitraums ermöglicht intertemporale und intersubjektive Vergleiche sowie Analysen. Unterjährige Berichterstattung (zum Beispiel zur Information der Investoren) ist möglich, einmal jährlich aber gesetzliche Verpflichtung. Von der unterjährigen Berichterstattung in Form etwa von Halbjahres- oder Quartalsberichten ist ein sogenanntes Rumpfgeschäftsjahr zu unterscheiden, bei dem es sich um einen normalerweise 12-monatigen Rechnungslegungszeitraum handelt, der aus bestimmten Gründen (etwa der Gründung oder Restrukturierung während des Geschäftsjahrs, Umstellung des Berichtszeitraums) aber abweichend von der Norm kürzer ausfällt.

Relevanz

(*Relevance*). Informationen gelten dann als relevant, wenn sie die wirtschaftlichen Entscheidungen der → Adressaten (des Abschlusses) beeinflussen. Es handelt sich hierbei um eine wichtige Anforderung an Informationen im Abschluss. Allerdings ist nur schwer zu entscheiden, ob bestimmte Sachverhalte für bestimmte Adressaten relevant sind oder nicht. Zu prüfen ist deshalb, ob ein Sachverhalt wesentlich ist. Nach dem ergänzenden Grundsatz der Wesentlichkeit (*Materiality*) sind Informationen wesentlich, welche die Entscheidungen eines Bilanznutzers beeinflussen. Unbedeutende, selten auftretende Sachverhalte können nach diesem Grundsatz, wenn dadurch die Aussagekraft des Abschlusses nicht beeinträchtigt wird, vernachlässigt werden.

Rohstoffe

(*Materials*). Die Roh- oder Werkstoffe sind Ausgangs- und Grundstoffe, die einen Hauptbestandteil des fertigen Produktes ausmachen. Der Bestand an Rohstoffen am Ende der Abrechnungsperiode wird unter den Vorräten bilanziert.

S

Saldenbilanz

(*Trial Balance*). Wird vor dem endgültigen Abschluss aufgestellt und hilft, die Fehlerfreiheit der Buchführung zu prüfen. Dazu werden die Konten des → Hauptbuches mit ihren Endbeständen erfasst. Die Summe der Endbestände auf Soll- und Habenseite müssen gleich sein. Zunächst wird eine vorläufige Saldenbilanz aufgestellt. Die Vornahme von Korrekturen und Anpassungen (*Adjusting Entries*) und Abschlussbuchungen (*Closing Entries*) führt zur angepassten Saldenbilanz.

Saldo

(*Balance of an Account*). Konten erfahren ihren rechnerischen Ausgleich durch Saldierung. Dazu werden zum Anfangsbestand die Zugänge addiert und die Abgänge subtrahiert. Der Saldo gibt demnach den Endbestand wieder. Der Saldo wird nach der Kontenseite benannt, deren betragsmäßigem Ausgleich er dient (bzw. nach der Seite, auf die er im Bilanzkonto übernommen wird). Demnach sind Sollsalden und Habensalden zu unterscheiden.

Sonstiges Ergebnis

(*Other Comprehensive Income*). Bei dem sonstigen Ergebnis handelt es sich um Änderungen des Eigenkapitals, die nicht auf Transaktionen mit Anteilseignern, wie Einlagen und Ausschüttungen, zurückzuführen sind und die ebenfalls nicht in der Gewinn- und Verlustrechnung erfasst wurden. Dazu zählt beispielsweise die Veränderung der Neubewertungsrücklage von Sachanlagen (IAS 16). Weitere OCI-Komponenten sind: (i) Währungsumrechungsdifferenzen nicht monetärer Posten (IAS 21), beispielsweise bei der Neubewertung von Sachanlagen; (ii) Änderungen des Zeitwertes von zur Veräußerung verfügbaren finanziellen Vermögenswerten (*Available-for-Sale Securities*) (IAS 39); (iii) Ergebnis aus dem effektiven Teil von *Cash Flow Hedges* (IAS 39); (iv) versicherungsmathematische Gewinne und Verluste aus der Bilanzierung von Pensionsrückstellungen (IAS 19). Das sonstige Ergebnis wird zusammen mit den erfolgswirksam erfassten Aufwendungen und Erträgen in der Gesamtergebnisrechnung ausgewiesen.

Sollsaldo

Saldo, der auf der Habenseite eines Kontos steht und demnach dem Ausgleich der Sollseite des Kontos dient und auf die Sollseite des Bilanzkontos übernommen wird. Ein Sollsaldo ist typisch für ein → Aktivkonto.

Solvenz

(*Solvency*). Solvenz wird im Rahmenkonzept definiert als langfristige Verfügbarkeit flüssiger Mittel zur Erfüllung finanzieller Verpflichtungen bei deren Fälligkeit. Informationen über die Solvenz (und → Liquidität) eines Unternehmens sind wichtiger Bestandteil der Analyse der Finanzlage eines Unternehmens.

Stille Reserven (stille Rücklagen)

(*Hidden Reserves*). Aus der Bilanz nicht ersichtliche Reserven, die sowohl auf der Aktiv- als auch der Passivseite enthalten sind und durch zu hohe passive Wertansätze oder zu niedrige Aktivansätze und durch Nichtaktivierung entstehen können. Stille Reserven können unterschieden werden in Zwangs-, Ermessens- und Willkürreserven.

U

Umlaufvermögen

(*Current Assets*). Der Begriff Umlaufvermögen stammt aus der Rechnungslegung nach HGB und bezeichnet alle → Aktiva, die nicht dauerhaft dem Geschäftsbetrieb dienen. Der Begriff ist nach → IFRS nicht gebräuchlich. Die hier übliche Bezeichnung ist → Kurzfristige Vermögenswerte (*Current Assets*).

Umsatzkosten

(*Cost of Goods Sold*). Umsatzkosten sind die negativen Erfolgsbeiträge, die den Umsätzen eines Unternehmens (direkt) zugeordnet werden können. Dabei handelt es sich um die Herstellungskosten der zur Erzielung der Umsatzerlöse erbrachten Leistungen. Umsatzkosten spielen bei Aufstellung der Gewinn-und-Verlustrechnung nach dem Umsatzkostenverfahren eine wichtige Rolle.

Unfertige Erzeugnisse

(*Work in Progress*). Der Bestand an unfertigen Erzeugnissen am Ende der Abrechnungsperiode wird unter den Vorräten bilanziert.

Unternehmensfortführung

(*Going Concern*). Eine der Basisannahmen, die besagt, dass das Unternehmen seine Tätigkeit auf absehbare Zukunft fortführen wird und weder beabsichtigt noch gezwungen ist, das Vermögen zu liquidieren oder seine Tätigkeit in wesentlichem Umfang einzuschränken.

V

Verbindlichkeiten

(*Liabilities*). In der Rechnungslegung nach HGB alle am Bilanzstichtag dem Grund, der Höhe und der Fälligkeit nach feststehende Schulden eines Unternehmens. Nach IFRS ist nicht von Verbindlichkeiten, sondern von Schulden die Rede, wobei die Begriffe nicht deckungsgleich sind, da der Schuldbegriff nach IFRS auch Rückstellungen umfasst.

Vergleichbarkeit

(*Comparability*). Qualitätsanforderung an den Abschluss nach IFRS. Vergleichbarkeit wird durch stetige Bilanzierungs- und Bewertungsmethoden hergestellt und durch Informationen über die zugrunde gelegten Methoden und ggf. übernotwendig gewordene Änderung dieser Methoden sichergestellt. Der Vergleichbarkeit liegt also der (nicht explizit genannte) Grundsatz der Stetigkeit zugrunde.

Verlässlichkeit

(*Reliability*). Rechnungslegungsgrundsatz, der auf im Wesentlichen fehlerfreie und unverzerrte Informationen zielt, auf die sich die Adressaten verlassen können. Nach dem → Rahmenkonzept sind Informationen verlässlich, wenn sie keine wesentlichen Fehler enthalten und frei von verzerrenden Einflüssen sind und sich die Adressaten darauf verlassen können, dass sie glaubwürdig darstellen, was sie vorgeben darzustellen oder was vernünftigerweise inhaltlich von ihnen erwartet werden kann.

Verständlichkeit

(*Understandability*). Rechnungslegungsgrundsatz, der darauf zielt, dass Informationen so aufbereitet sein müssen, dass sie von einem fachkundigen Leser nachvollzogen werden können.

Vermögens-, Finanz- und Ertragslage

(*Financial Position*). Diese Begriffstrias fasst die wirtschaftliche Lage eines Unternehmens zusammen. Die Vermögenslage wird nicht nur durch die → Aktiva des Unternehmens beschrieben, sondern vielmehr durch den → Saldo aus Aktiva und → Passiva, das heißt dem Reinvermögen oder Eigenkapital. Das hierzu verwendete Informationsmedium ist die → Bilanz. Die Ertragslage stellt den Erfolg des Unternehmens dar, indem der Saldo von (*Revenues and Income*) → Erträgen und → Aufwendungen betrachtet wird. Dies geschieht mit Hilfe der Gewinn-und-Verlustrechnung oder, weiter gefasst, der Gesamtergebnisrechnung. Die Finanzlage liefert schließlich Informationen über die finanziellen Mittel eines Unternehmens. Das entsprechende Instrument ist die Kapitalflussrechnung, in der die Cashflows eines Geschäftsjahres systematisch aggregiert werden.

Vorauszahlungen

(*Prepayments*). (Geleistete) Vorauszahlungen zeichnen sich dadurch aus, dass aus dem Unternehmen bereits Mittel abgeflossen sind, ohne dass es die entsprechende Gegenleistung (in vollem Umfang) erhalten hätte. (Geleistete) Vorauszahlungen sind gemäß dem Prinzip der Periodenabgrenzung als periodenfremd anzusehen und insofern als Vermögenswerte anzusehen und entsprechend zu aktivieren. Beispiel: Ein Unternehmen bezahlt im Januar 1.000 Euro Miete für Januar und Februar. Ende Januar werden 500 Euro Mietaufwand erfasst, die Miete für Februar ist im Januar hingegen noch kein Aufwand, sondern ein Vermögenswert. Nach IAS 1 ist keine separate Position für Rechnungsabgrenzungsposten in der Bilanz gefordert, wie etwa in der Rechnungslegung nach HGB. Zu erhaltenen Vorauszahlungen aus Sicht des empfangenden Unternehmens vergleiche auch → Anzahlungen.

W

Wechsel

(*Bill of Exchange*). Bei einem Wechsel handelt es sich um ein schuldrechtliches Wertpapier. In der Regel sind am Wechsel drei Parteien beteiligt: der Aussteller, der Bezogene und der Wechselnehmer. Grundlage des Wechsels ist üblicherweise ein Warengeschäft (ist das nicht der Fall, spricht man von einem Finanzwechsel). Buch- und bilanzmäßig lassen sich Besitzwechsel und Schuldwechsel voneinander unterscheiden, außerdem der eigene Wechsel (Solawechsel), der ein Zahlungsversprechen darstellt, vom gezogenen Wechsel, der eine Zahlungsanweisung beinhaltet. Beim eigenen Wechsel verpflichtet sich der Aussteller, die Wechselsumme an einem bestimmten Termin an den Wechselnehmer zu entrichten. Aussteller und Bezogener sind also identisch. Beim gezogenen Wechsel fordert der Aussteller eine Person auf, die Wechselsumme an einem bestimmten Termin an ihn oder einen anderen Wechselnehmer (Remittent) zu zahlen. Der gezogene Wechsel ist leicht übertragbar und vom zugrunde liegenden Geschäftsvorfall unabhängig. Er hat damit nicht nur eine Sicherungs- und Kreditfunktion, sondern auch eine Zahlungsmittelfunktion, da der jeweilige Wechselinhaber den Wechsel zur Begleichung eigener Verbindlichkeiten weiterreichen kann, falls sein Gläubiger damit einverstanden ist.

Wertpapiere

(*Securities*). Wertpapiere sind Urkunden, die private Vermögensrechte verbriefen. Dies können Eigentumsrechte, aber auch andere Rechte wie Anteils-, Forderungs- oder Bezugsrechte sein. Nach dem jeweils verbrieften Vermögenswert können Geldwertpapiere (z.B. Wechsel), Warenwertpapiere (zum Beispiel Lagerschein) sowie Kapitalwertpapiere (zum Beispiel Anleihen, Obligationen, → Aktien) unterschieden werden, die sich, je nach Fristigkeit, den langfristigen bzw. kurzfristigen Vermögenswerten zuordnen lassen. Wertpapiere können vertretbar (zum Beispiel Aktien) oder nicht vertretbar (zum Beispiel Grundschuldbrief) sein. Vertretbare Kapitalwertpapiere eignen sich durch gleiche Nennwerte oder gleiche Stückelung für den Handel an der Börse. Zu unterscheiden sind Gläubigerpapiere (Zinspapiere) und Anteilspapiere (Dividendenpapiere oder Aktien).

Z

Zahlungsmittel

(*Cash*). Zahlungsmittel umfassen nach einer Definition in IAS 7 Barmittel und Sichteinlagen.

Zahlungsmitteläquivalente

(*Cash Equivalents*). Zahlungsmitteläquivalente sind nach IAS 7 kurzfristige, liquidierbare Finanzinvestitionen, die jederzeit in bestimmte Zahlungsmittelbeträge umgewandelt werden können und nur unwesentlichen Wertschwankungsrisiken unterliegen.

Zinsen

(*Interest*). Der Zins ist der Preis für die zeitweise Überlassung von Kapital. Zinsaufwendungen und -erträge werden in der Regel am Ende einer Wirtschaftsperiode gezahlt. Sie sind dem Jahr zuzurechnen, für das sie anfallen.

Abkürzungsverzeichnis

Abs.	Absatz
ARC	Accounting Regulatory Committee
AG	Aktiengesellschaft
BMW AG	Bayrische Motorenwerke Aktiengesellschaft
BaFin	Bundesanstalt für Finanzdienstleistungsaufsicht
CSR	Corporate Social Responsibility
DPR	Deutsche Prüfstelle für Rechnungslegung
DAX	Deutscher Aktienindex
DRSC	Deutsches Rechnungslegungs Standards Committee
EB	Earnings Before
EBIT	Earnings before Interest and Taxes
EBITDA	Earnings before Interest, Taxes, Depreciation and Amortisation
EStG	Einkommensteuergesetz
EITF	Emerging Issues Task Force
et al.	et alii, und andere
EG	Europäische Gemeinschaft
EU	Europäische Union
EWG	Europäische Wirtschaftsgemeinschaft
EFRAG	European Financial Reporting Advisory Group
XETRA	Exchange Electronic Trading
FASB	Financial Accounting Standards Board
FIFO	First in, first out
GmbH	Gesellschaft mit beschränkter Haftung
G.u.V.	Gewinn-und-Verlust-Rechnung
GuV	Gewinn- und Verlustrechnung
GoB	Grundsätze ordnungsgemäßer Buchführung
HGB	Handelsgesetzbuch
IAS	International Accounting Standard[s]
IASB	International Accounting Standards Board
IASC	International Accounting Standards Committee
IASCF	International Accounting Standards Committee Foundation
IFRIC	International Financial Reporting Interpretations Committee

IFRS	International Financial Reporting Standard[s]
KapAEG	Kapitalaufnahmeerleichterungsgesetz
LIFO	Last in, first out
Lkw	Lastkraftwagen
no.	Number
OCI	Other Comprehensive Income
p.a.	per annum
Pkw	Personenkraftwagen
plc	public limited company
RK	Rahmenkonzept
RIC	Rechnungslegungs Interpretations Committee
SEC	Securities and Exchange Commission
SIC	Standing Interpretations Committee
Tsd.	Tausend
US GAAP	United States Generally Accepted Accounting Principles
USA	United States of America
WpHG	Wertpapierhandelsgesetz

Literaturverzeichnis

Achleitner, Ann-Kristin und Behr, Giorgio. 2003. *International Accounting Standards: ein Lehrbuch zur internationalen Rechnungslegung.* 3. Auflage. München: Vahlen.

Albrecht, Marcus, Reinbacher, Philipp, Niehoff, Karin und Derfuß, Klaus 2013. Bilanzierung von Finanzinstrumenten bei Kreditinstituten nach IFRS und HGB: ein kritischer Vergleich unter besonderer Berücksichtigung strukturierter Finanzinstrumente. *Zeitschrift für internationale und kapitalmarktorientierte Rechnungslegung.* 13. Jg., Nr. 6, S. 273–280.

Alexander, David und Archer, Simon. 2003. On economic reality, representational faithfulness and the „true and fair override". *Accounting & Business Research*, 33. Jg., Nr. 1, S. 3–17.

Alexander, David und Jermakowicz, Eva. 2006. A true and fair view of the principles/rules debate. *Abacus*, 42. Jg., Nr. 2, S. 132–164.

Alexander, David und Nobes, Christopher. 2013. *Financial Accounting: An International Introduction.* 5. Auflage. Harlow et al.: Pearson.

Alvarez, Manuel und Wotschofsky, Stefan. 2003. *Zwischenberichterstattung nach Börsenrecht/DRS, IAS und US-GAAP.* 2. Auflage. Berlin: Erich Schmidt.

Assmann, Heinz-Dieter und Schneider, Uwe H. (Hrsg.). 2012. *Wertpapierhandelsgesetz: Kommentar.* 6. Auflage. Köln: Schmidt.

Atwood, T.J., Drake, Michael S. und Myers, Linda A. 2010. Book-tax conformity, earnings persistence and the association between earnings and future cash flows. *Journal of Accounting & Economics*, 50. Jg., Nr. 1, S. 111–125.

Baetge, Jörg und Haenelt, Timo. 2008. Kritische Würdigung der neu konzipierten Segmentberichterstattung nach IFRS 8 unter Berücksichtigung prüfungsrelevanter Aspekte, *Zeitschrift für internationale Rechnungslegung.* 3. Jg., Nr. 3, S. 43–50.

Baetge, Jörg, Kirsch, Hans-Jürgen und Thiele, Stefan. 2013a. *Bilanzen.* 12. Auflage. Düsseldorf: IDW-Verlag.

Baetge, Jörg, Kirsch, Hans-Jürgen und Thiele, Stefan. 2013b. *Konzernbilanzen.* 10. Auflage. Düsseldorf: IDW-Verlag.

Bär, Michael, Kalbow, Susanne und Vesper, Alexander. 2014. Anwendungsfragen zur bilanziellen Saldierung von Finanzinstrumenten nach IFRS und HGB. *Die Wirtschaftsprüfung.* 67. Jg., Nr. 1, S. 22–33.

Ball, Ray. 2001. Infrastructure requirements for an economically efficient system of public financial reporting and disclosure. *Brookings-Wharton Papers on Financial Services*, 2. Jg., Nr. 1, S. 127–181.

Ball, Ray, Ashok, Robin und Sadka, Gil. 2008. Is Financial Reporting Shaped by Equity Markets or by Debt Markets? *Review of Accounting Studies*, 13. Jg., Nr. 2–3, S. 168–205.

Ball, Ray und Brown, Philip. 1968. An Empirical Evaluation of Accounting Income Numbers. *Journal of Accounting Research*, 6. Jg., Nr. 2, S. 159–178.

Basu, Sudipta. 1997. The conservatism principle and the asymmetric timeliness of earnings. *Journal of Accounting & Economics*, 24. Jg., Nr. 1, S. 3–38.

Beyhs, Oliver, Barth, Daniela und Hausen, Raphael. 2010. Neue Regelungen zur Bilanzierung von Schulden nach IAS 37 – Herausforderung für die Unternehmenspraxis? *Kapitalmarktorientierte Rechnungslegung*, 10. Jg., Nr. 7–8, S. 395–404.

Bischof, Stefan und Molzahn, Sybille. 2008. IAS 1 (revised 2007) „Presentation of Financial Statements". *Zeitschrift für international Rechnungslegung.* 3. Jg., Nr. 4, S. 171–178.

Blecher, Christian. 2011. Zur Bilanzierung von realen und virtuellen Aktienoptionsprogrammen aus ökonomischer Sicht. *Die Wirtschaftsprüfung.* 64. Jg., Nr. 13, S. 625–633.

Bornemann, Sven, Kick, Thomas, Memmel, Christoph und Pfingsten, Andreas. 2012. Are banks using hidden reserves to beat earnings benchmarks? Evidence from Germany. *Journal Of Banking & Finance*, 36. Jg., Nr. 8, S. 2403–2415.

Buchner, Robert. 2005. *Buchführung und Jahresabschluss*. 7. Auflage. München: Vahlen.

Bushman, Robert M. und Smith, Abbie J. 2001. Financial accounting information and corporate governance, Journal of Accounting and Economics, 32. Jg., S. 237–333.

Busse von Colbe, Walther, Ordelheide, Dieter, Gebhardt, Günther und Pellens, Bernhardt. 2009. *Konzernabschlüsse: Rechnungslegung nach betriebswirtschaftlichen Grundsätzen sowie nach Vorschriften des HGB und der IAS/IFRS*. 9. Auflage. Wiesbaden: Gabler.

Christensen, Hans B., Hail, Luzi, Leuz, Christian. 2013. Mandatory IFRS reporting and changes in enforcement. *Journal of Accounting and Economics*, 56. Jg., Nr. 2–3, Supplement 1, S. 147–177.

Christian, Dieter. 2011. Erweiterung von IFRS 9 um finanzielle Verbindlichkeiten: Financial Instruments. *Praxis der internationalen Rechnungslegung*, 7. Jg., Nr. 1, S. 6–12.

Coenenberg, Adolf G., Haller, Axel und Schultze, Wolfgang. 2014. *Jahresabschluss und Jahresabschlussanalyse. Betriebswirtschaftliche, handelsrechtliche, steuerrechtliche und internationale Grundlagen – HGB, IAS/IFRS, US-GAAP, DRS*. 23. Auflage. Stuttgart: Schäffer-Poeschel.

Coenenberg, Adolf, Deffner, Manuel und Schultze, Wolfgang. 2005. Erfolgsspaltung im Rahmen der erfolgswirtschaftlichen Analyse von IFRS-Abschlüssen. *Kapitalmarktorientierte Rechnungslegung*, 5. Jg., Nr. 10, S. 435–443.

Copeland, Thomas E., Weston, J. Fred und Shastri, Kuldeep. 2008. *Finanzierungstheorie und Unternehmenspolitik: Konzepte der kapitalmarktorientierten Unternehmensfinanzierung.* München et al.: Pearson Studium.

Cox, John C., Ross, Stephen A. und Rubinstein, Mark. 1979. Option pricing: A simplified approach. *Journal of Financial Economics*, 7. Jg., Nr. 3, S. 229–263.

Crasselt, Nils. 2005. Bewertung indexierter Mitarbeiter-Aktienoptionen im Binomialmodell. *KoR*, 5. Jg., Nr. 10, S. 444–449.

Dhaliwal, Dan S.; Khurana, Inder K.; Pereira, Raynolde. 2011. Firm Disclosure Policy and the Choice Between Private and Public Debt. *Contemporary Accounting Research*, 28 Jg., Nr. 1, S. 293–330.

Dhaliwal, Dan S.; Radhakrishnan, Suresh; Tsang, Albert; Yang, Yong George. 2012. Nonfinancial Disclosure and Analyst Forecast Accuracy – International Evidence on Corporate Social Responsibility Disclosure. *Accounting Review*, 87. Jg., Nr. 3, S. 723–59

Driesch, Dirk. 2007. Die Bilanzierung von Kundenbindungsprogrammen nach IFRIC 13. *Die Wirtschaftsprüfung*, 60. Jg. Heft 24, S. 1059–1068.

Eckes, Burkhard, Flick, Peter und Sierlejav, Sierleja. 2010. Kategorisierung und Bewertung von Finanzinstrumenten nach IFRS 9 bei Kreditinstituten. *Die Wirtschaftsprüfung*, 63. Jg., Nr. 12, S. 627–636.

Eisele, Wolfgang 1998. *Technik des betrieblichen Rechnungswesens: Buchführung und Bilanzierung, Kosten- und Leistungsrechnung, Sonderbilanzen.* 6. Auflage. München: Vahlen.

Eiselt, Andreas und Wulf, Inge. 2006. Bilanzierung von Aktienoptionen: Eine Fallstudie zur Anwendung von IFRS 2 und IAS 33. *KoR*, 6. Jg., Nr. 10, S. 639–643.

Ernst, Carsten und Dreixler, Tobias. 2011. Rechnungsabgrenzungsposten in der IFRS-Rechnungslegung: Grundsatz der Periodenabgrenzung mithilfe von Rechnungsabgrenzungsposten. *Praxis der internationalen Rechnungslegung*, 7. Jg., Nr. 10, S, 269–274.

Fama, Eugene F. 1970. Efficient Capital Markets: A Review of Theory and Empirical Work. *Journal of Finance*, 25. Jg., Nr. 2, S. 383–417.

Feldhoff, Michael. 1992. *Die Regulierung der Rechnungslegung: eine systematische Darstellung der Grundlagen mit einer Anwendung auf die Frage der Publizität.* Frankfurt am Main [u.a.]: Peter Lang.

Finke, Jost und Kümpel, Thomas. 2013. Bilanzierung finanzieller Verbindlichkeiten nach IFRS: Untersuchung der Fair Value-Bewertung bei ausgewählten Banken in der EU. *Zeitschrift für internationale Rechnungslegung*, 8. Jg, Nr. 7–8., S. 292–301.

Förschle, Gerhard und Hoffmann, Karl. 2014. *§ 272 Eigenkapital*, in: Förschle, Gerhard, Grottel, Bernd, Schmidt, Stefan, Schubert, Wolfgang J. und Winkeljohann, Norbert (Hrsg.): *Beck'scher Bilanzkommentar.* 9. Auflage. München: Verlag C.H. Beck.

Fülbier, Rolf Uwe. 1998. *Regulierung der Ad-hoc-Publizität: ein Beitrag zur ökonomischen Analyse des Rechts.* Wiesbaden: Gabler.

Freiberg, Jens. 2010. Ausweis von Verbindlichkeiten als lang- oder kurzfristig? *Praxis der internationalen Rechnungslegung.* 6. Jg., Nr. 5, S. 142–144.

Freiberg, Jens. 2013. Aufteilungsmaßstab von Mehrkomponentengeschäften. *Praxis der internationalen Rechnungslegung*, 9. Jg., Nr. 10, S. 326–328.

Freiberg, Jens und Lukat, Kevin. 2013. Saldierung von Finanzinstrumenten: Klarstellung oder zusätzliche Zweifel durch das Amendment. *Kapitalmarktorientierte Rechnungslegung*, 9. Jg., Nr. 5, S. 113–118.

Gee, Maria, Haller, Axel und Nobes, Christopher. 2010. The Influence of Tax on IFRS Consolidated Statements: The Convergence of Germany and the UK. *Accounting in Europe.* 7 Jg., Nr. 1, S. 97–122.

Goncharov, Igor. 2005. *Earnings Management and Its Determinants: Closing Gaps in Empirical Accounting Research.* Frankfurt am Main [u.a.]: Peter Lang.

Goncharov, Igor, Werner, Joerg R. und Zimmermann, Jochen. 2009. Legislative demands and economic realities: Company and group accounts compared. *The International Journal of Accounting.* 44. Jg., Nr. 4, S. 334–362.

Gruss, Christoph, Karitskaya, Ekaterina und Wied, Andre. 2011. Die Bilanzierung von Mehrkomponentengeschäften nach dem Exposure Draft „Revenue from Contracts with Customers". *Kapitalmarktorientierte Rechnungslegung.* 11. Jg., Nr. 2, S. 89–95.

Haaker, Andreas und Hoffmann, Wolf-Dieter. 2009. Eignung der IFRS für Ausschüttungszwecke? *Praxis der internationalen Rechnungslegung.* 13. Jg., Nr. 6, S. 172–173.

Hachmeister, Dirk. 2006. *Verbindlichkeiten nach IFRS: Bilanzierung von kurz- und langfristigen Verbindlichkeiten, Rückstellungen und Eventualverbindlichkeiten.* München: Vahlen.

Hagemann, Tobias. 2013. Realisation von Umsatzerlösen dem Grunde nach – Kritische Würdigung der Reformvorschläge des IASB, *Praxis der internationalen Rechnungslegung,* 9. Jg., Nr. 1, S. 7–12.

Haller, Axel, Forschhammer, Matthias und Groß, Tobias. 2010. Die Bilanzierung von Entwicklungskosten nach IFRS bei deutschen börsennotierten Unternehmen – Eine empirische Analyse. *Der Betrieb*, 63. Jg., Nr. 13, S. 681–689.

Haller, Axel, Groß, Tobias und Rauscher, Alois. 2014. Notwendigkeit und Ansatzpunkte für eine Reform des Statement of Cashflows nach IAS 7 – Empirische Evidenz aus der deutschen Rechnungslegungspraxis. *Kapitalmarktorientierte Rechnungslegung.* 14. Jg., Nr. 6, S. 298–306.

Harms, Jens E. und Marx, Franz Jürgen. 2012. *Bilanzrecht in Fällen: Handelsbilanz nach BilMoG, Steuerbilanz, IFRS-Abschluss.* 11. Auflage. Herne u.a.: Verlag Neue Wirtschafts-Briefe.

Hayn, Sven. 2006. Ertragsrealisierung (einschließlich Fertigungsaufträge). In: Ballwieser, Wolfgang, Beine, Frank, Hayn, Sven, Peemöller, Volker, Schruff, Lothar und Weber, Claus-Peter (Hrsg.): *Wiley Kommentar zur internationalen Rechnungslegung nach IFRS 2006 (englische Originalausgabe von Epstein/Mirza)*. Weinheim: Wiley-VCH, S. 233–272.

Healy, Paul M. und Palepu, Krishna G. 2001. Information asymmetry, corporate disclosure, and the capital markets: A review of the empirical disclosure literature. *Journal of Accounting & Economics*, 31. Jg., Nr. 1–3, S. 405–440.

Heyd, Reinhard und Lutz-Ingold, Martin. 2005. *Immaterielle Vermögenswerte und Goodwill nach IFRS: Bewertung, Bilanzierung und Berichterstattung*. München: Vahlen.

Hitz, Jörg-Markus. 2005. *Rechnungslegung zum fair value: Konzeption und Entscheidungsnützlichkeit*. Frankfurt am Main [et al.]: Peter Lang.

Hitz, Jörg-Markus. 2014. *Enforcement der IFRS in Europa, in: Rechnungslegung, Prüfung und Unternehmensbewertung*, Festschrift zum 65. Geburtstag von Wolfgang Ballwieser, hrsg. v. Dobler, Michael, Hachmeister, Dirk, Kuhner, Christoph, und Rammert, Stefan, Stuttgart: Schäffer-Poeschel, S. 271–300.

Hitz, Jörg-Markus, Ernstberger, Jürgen und Stich, Michael. 2012. Enforcement of Accounting Standards in Europe: Capital Market Based Evidence for the Two-tier Mechanism in Germany. *European Accounting Review*, 21. Jg., Nr. 2, S. 253–281.

Hitz, Jörg-Markus und Jenniges, Verena. 2009. Publizität von Pro-forma-Ergebnisgrößen am deutschen Kapitalmarkt: empirischer Befund für die IFRS-Rechnungslegung großer deutscher Kapitalgesellschaften. *Zeitschrift für kapitalmarktorientierte Rechnungslegung*. 6. Jg., Nr. 4, S. 236–245.

Holthausen, Robert W. und Watts, Ross L. 2001. The relevance of the value-relevance literature for financial accounting standard setting. *Journal of Accounting & Economics*, 31. Jg., Nr.1, S. 3–76.

Hull, John C. 2012. *Optionen, Futures und andere Derivate*. 8. Auflage. München et al.: Pearson.

Kirchner, Christian. 2001. Publizität. In: Ballwieser, Wolfgang, Coenenberg, Adolf Gerhard und Wysocki, Klaus von (Hrsg.): *Handwörterbuch der Rechnungslegung und Prüfung*. Stuttgart: Schäffer-Poeschel, S. 1938–1949.

Kirsch, Hanno. 2010. Percentage-of-Completion-Methode nach IFRS: Bilanzierung langfristiger Fertigung. *Buchführung, Bilanzierung, Kostenrechnung*. o. Jg., Nr. 7, S. 322–331.

König, Elke. 2013. Auswirkungen der Kategorisierung von Finanzinstrumenten nach IAS 39 und IFRS 9 auf die Berechnung des regulatorischen Eigenkapitals von Banken. *Betriebswirtschaftliche Forschung und Praxis*, 65. Jg., Nr. 1, S. 72–86.

Kübler, Friedrich und Assmann, Heinz-Dieter. 2006. *Gesellschaftsrecht: Die privatrechtlichen Ordnungsstrukturen und Regelungsprobleme von Verbänden und Unternehmen.* Heidelberg: C.F. Müller.

Kuhn, Steffen und Scharpf, Paul. 2006. *Rechnungslegung von Financial Instruments nach IFRS: IAS 32, IAS 39 und IFRS 7.* 3. Auflage. Stuttgart: Schäffer-Poeschel.

Kümpel, Siegfried. 2004. *Kapitalmarktrecht: Eine Einführung.* 3. Auflage. Berlin: Erich Schmidt.

Laux, Christian und Leuz, Christian. 2009. The crisis of fair-value accounting: Making sense of the recent debate. *Accounting, Organizations & Society*, 34. Jg., Nr. 6–7, S. 826–834.

Laux, Christian und Leuz, Christian. 2010. Did Fair-Value Accounting Contribute to the Financial Crisis? *Journal of Economic Perspectives*, 24. Jg., Nr. 1, S. 93–118.

Lorenz, Karsten und Wiechens, Gero. 2008. Die Bilanzierung strukturierter Finanzinstrumente nach HGB und IFRS im Vergleich. *Zeitschrift für internationale Rechnungslegung*, 3. Jg., Nr. 11, S. 505–511.

Lüdenbach, Norbert. 2013. Transaktionskosten und Steuern bei Börsengang und Kapitalerhöhung. *Praxis der internationalen Rechnungslegung*, 9. Jg., Nr. 8, S. 268.

Luthardt, Ulf Michael Thomas. 2012. *The Politics of Standard Setting – Reflections on the Legitimacy of Accounting Procedures in Europe.* Frankfurt am Main et al.: Peter Lang.

Manne, Henry G. 1966. In Defense of Insider Trading. *Harvard Business Review*, 44. Jg., Nr. 6, S. 113–122.

Manne, Henry G. 2005. Insider Trading: Hayek, Virtual Markets, and the Dog that Did not Bark. *Journal of Corporation Law*, 31. Jg., Nr. 1, S. 167–185.

Merkt, Hanno. 2001. *Unternehmenspublizität: Offenlegung von Unternehmensdaten als Korrelat der Marktteilnahme.* Tübingen: Mohr-Siebeck.

Möller, Hans Peter und Hüfner, Bernd. 2012. *Betriebswirtschaftliches Rechnungswesen: die Grundlagen von Buchführung und Finanzberichten.* München [et al.]: Pearson Studium.

Möller, Hans Peter, Zimmermann, Jochen und Hüfner, Bernd. 2005. *Erlös- und Kostenrechnung.* München [et al.]: Pearson Studium.

Moxter, Adolf. 1987. *Zum Sinn und Zweck des handelsrechtlichen Jahresabschlusses nach neuem Recht*, in: Havermann, Hans (Hrsg.): Bilanz- und Konzernrecht, Festschrift zum 65. Geburtstag von Dr. Dr. h.c. Reinhard Goerdeler, Düsseldorf: IdW-Verl. , S. 361–374.

Müller, Stefan, Wobbe, Christian und Reinke, Jens. 2008. Empirische Analyse der Bilanzierung des Sachanlagevermögens nach IFRS. *Zeitschrift für internationale und kapitalmarktorientierte Rechnungslegung.* 8. Jg., Nr. 10, S. 630–640.

Nobes, Christopher. 1993. The True and Fair View Requirement: Impact on and of the Fourth Directive. *Accounting & Business Research*, 24. Jg., Nr. 93, S. 35–48.

Norton, Simon D. 2011. Bank Failures and Accounting During the Financial Crisis of 2008–2009. In: Jones, Michael (Hrsg.): *Creative Accounting, Frauds and international Accounting Scandals*. Chichester: John Wiley & Sons; S. 425–452.

Pelger, Christoph, 2010. Rechnungslegungszweck und qualitative Anforderungen im Conceptual Framework for Financial Reporting (2010). *Die Wirtschaftsprüfung*, 64. Jg., Nr. 19, S. 908–916.

Pellens, Bernhard. 2001. Publizität. In: Gerke, Wolfgang und Steiner, Manfred (Hrsg.): *Handwörterbuch des Bank- und Finanzwesens*. Stuttgart: Schäffer-Poeschel, S. 1742–1754.

Pellens, Bernhard und Crasselt, Nils. 2004. Bilanzierung von Aktienoptionsplänen und ähnlichen Entgeltformen nach IFRS 2 „Share-based Payment". *KoR*, 4. Jg., Nr. 4, S. 113–118.

Pellens, Bernhard, Fülbier, Rolf Uwe, Gassen, Joachim und Sellhorn, Thorsten. 2014. *Internationale Rechnungslegung: IFRS 1 bis 9, IAS 1 bis 41, IFRIC-Interpretationen, Standardentwürfe. Mit Beispielen, Aufgaben und Fallstudie.* 9. Auflage. Stuttgart: Schäffer-Poeschel.

Pellens, Bernhard, Gassen, Joachim und Richard, Mark. 2003. Ausschüttungspolitik börsennotierter Unternehmen in Deutschland. *Die Betriebswirtschaft*, 63. Jg., Nr. 3, S. 309–332.

Petersen, Karl und Zwirner, Christian. 2007. Erfolgsdarstellung in deutschen Konzern-abschlüssen: Die „Erfolgsgeschichte" des UKV. *StuB*, 9. Jg., Nr. 19, S. 719–725.

Pollmann, René. 2012. Struktur und Gliederung der Kapitalflussrechnung nach IAS 7. *Zeitschrift für internationale Rechnungslegung*. 7. Jg., Nr. 5, S. 191–198.

Quick, Reiner. 2008. Einzelfragen der Vorratsbewertung nach IFRS. *Der Betrieb*, 61. Jg., Nr. 41, S. 2206–2211.

Richter, Frank und Rogler, Silvia. 2010. Anteilsbasierte Mitarbeitervergütungen gem. IFRS 2: Ansatz und Bewertung echter und virtueller Aktienoptionen sowie sich daraus ergebenden Auswirkungen auf Bilanzkennzahlen. *Zeitschrift für Internationale Rechnungslegung*. 5. Jg., Nr. 7–8, S. 333–338.

Roloff, Martin. 2014. Nachhaltigkeitsberichterstattung entsprechend der GRI G4: Strategische Bedeutung und Implementierung. *Kapitalmarktorientierte Rechnungslegung*, 14. Jg., Nr. 04, S. 203 – 210.

Ruhnke, Klaus und Simons, Dirk. 2012. *Rechnungslegung nach IFRS und HGB: Lehrbuch zur Theorie und Praxis der Unternehmenspublizität mit Beispielen und Übungen*. 3. Auflage. Stuttgart: Schäffer-Poeschel.

Ruprecht, Roland und Nösberger, Thomas. 2012. Kapitalflussrechnungen nach IAS 7: Praktische Probleme. *Zeitschrift für internationale Rechnungslegung*, 7. Jg., Nr. 3, S. 109–114.

Scheffler, Eberhard. 2007. Was der DPR aufgefallen ist: Die vernachlässigte Kapitalflussrechnung. *Der Betrieb*, 60. Jg., Nr. 38, S. 2045–2048.

Scheffler, Eberhard. 2006. *Eigenkapital im Jahres- und Konzernabschluss nach IFRS: Abgrenzung, Konsolidierung und Veränderung*. München: Vahlen.

Schmalenbach, Eugen. 1962. *Dynamische Bilanz*. 13. Auflage (bearbeitet von Richard Bauer). Köln, Opladen: Westdeutscher Verlag.

Schmidt, Martin und Seidel, Thorsten. 2006. Planmäßige Abschreibungen im Rahmen der Neubewertung des Sachanlagevermögens gemäß IAS 16: Fehlende Systematik und Verstoß gegen das Kongruenzprinzip. *Betriebs-Berater*, 61. Jg., Nr. 11, S. 596–601.

Schmidt, Matthias. 2007. *Finanzinstrumente nach IFRS: Bilanzierung, Absicherung, Publizität*. München: Vahlen.

Schmidt, Reinhard H. 1982. Rechnungslegung als Informationsproduktion auf nahezu effizienten Kapitalmärkten. *Zfbf*, 34. Jg., Nr. 8–9, S. 728–749.

Schmitz, Frank und Huthmann, Andreas. 2012. *Bilanzierung von Finanzinstrumenten-IAS/IFRS und BilMoG*, 1.Auflage, Wiesbaden.

Schruff, Lothar und Haaker, Andreas. 2006. Immaterielle Vermögenswerte. In: Ballwieser, Wolfgang, Beine, Frank, Hayn, Sven, Peemöller, Volker, Schruff, Lothar und Weber, Claus-Peter (Hrsg.): *Wiley Kommentar zur internationalen Rechnungslegung nach IFRS 2006* (*englische Originalausgabe von Epstein/Mirza*). Weinheim: Wiley-VCH, S. 325–358.

Schütte, Jens. 2006. *Aktivierungskonzepte immaterieller Vermögenswerte*. Hamburg: Kovac.

Scott, William R. 2011. *Financial Accounting Theory*. 6. Auflage. Toronto: Pearson/ Prentice Hall.

Sellhorn, Thorsten und Barthelme, Christian.2014. *Pensionsverpflichtungen in der Rechnungslegung – Abbildung der betrieblichen Altersvorsorge nach IFRS, HGB und US-GAAP*, Betriebswirtschaftliche Handlungshilfe im Auftrag der Hans-Böckler-Stiftung, 2. Auflage, Düsseldorf.

Sellhorn, Thorsten und Hahn, Stefan. 2010. Bilanzierung strukturierter Finanzprodukte vor dem Hintergrund aktueller Entwicklungen. *Zeitschrift für internationale Rechnungslegung*, 5. Jg., Nr. 9, S. 397–404.

Stauber, Jürgen. 2009. *Finanzinstrumente im IFRS-Abschluss von Nicht-Banken: ein konkreter Leitfaden zur Bilanzierung und Offenlegung*. Wiesbaden: Gabler.

Stute, Andreas und Kurt, Veysi. 2012. Das Realisationsprinzip – Ausprägungen nach HGB und IFRS. *Praxis der internationalen Rechnungslegung*, 8. Jg., Nr. 8, S. 251–258.

Tanski, Joachim S. 2005. *Sachanlagen nach IFRS: Bewertung, Bilanzierung und Berichterstattung*. München: Vahlen.

Thurow, Christian. 2012. Probleme der Ermittlung und Berücksichtigung des Eigenbonitätseffekts bei der Fair-Value-Bewertung von Verbindlichkeiten. *Zeitschrift für internationale Rechnungslegung*, 7. Jg., Nr. 3, S. 92–94.

Torklus, Alexander V. 2007. *Rückstellungen nach internationalen Normen: Eine theoretische und empirische Analyse*. Düsseldorf: IDW-Verlag.

Volmer, Philipp B. 2008. *Formen der kapitalmarktorientierten Erfolgsrechnung. Eine Analyse der Performance Reporting Projekte von FASB und IASB*. Berlin: Wissenschaftlicher Verlag Berlin.

Wagenhofer, Alfred und Ewert, Ralf. 2007. *Externe Unternehmensrechnung*. 2. Auflage. Berlin u.a.: Springer.

Watrin, Christoph. 2001. *Internationale Rechnungslegung und Regulierungstheorie*. Wiesbaden: DUV.

Watts, Ross L. 2003a. Conservatism in Accounting Part I: Explanations and Implications. *Accounting Horizons*, 17. Jg., Nr. 3, S. 207–221.

Watts, Ross L. 2003b. Conservatism in Accounting Part II: Evidence and Research Opportunities. *Accounting Horizons*, 17. Jg., Nr. 4, S. 287–301.

Werner, Jörg R. 2008. *Unternehmenspublizität und Corporate Governance im Wandel: Staatliche Steuerungsmodelle im internationalen Vergleich*. Frankfurt am Main: Campus.

Wüstemann, Jens. 2003. Disclosure Regimes and Corporate Governance. *Journal of Institutional and Theoretical Economics*, 159. Jg., Nr. 4, S. 717–726.

Wüstemann, Jens und Kierzek, Sonja. 2005. Revenue Recognition under IFRS Revisited: Conceptual Models, Current Proposals and Practical Consequences. *Accounting in Europe*, 2. Jg., Nr. 1, S. 69–107.

Wüstemann, Jens und Bischof, Jannis. 2011. Eigenkapital im nationalen und internationalen Bilanzrecht: Eine ökonomische Analyse. *Zeitschrift für das gesamte Handelsrecht und Wirtschaftsrecht*, 175. Jg., Nr. 6, S. 210–247.

Zetzsche, Dirk. 2006. *Aktionärsinformation in der börsennotierten Aktiengesellschaft*. Köln u.a.: Carl Heymanns.

Zimmermann, Jochen und Volmer, Philipp B. 2006. FASB und IASB auf dem Weg zu einer neuen Erfolgsrechnung? *Praxis der internationalen Rechnungslegung*. 2. Jg., Nr. 7, S. 105–107.

Zimmermann, Jochen, Werner, Jörg Richard und Volmer, Philipp. 2008. *Global Governance in Accounting: Rebalancing Public Power and Private Commitment.* Basingstoke et al.: Palgrave MacMillan.

Zülch, Henning und Willms, Jesco. 2005. Rückstellungen für Entsorgungs-, Wiederherstellungs- und ähnliche Verpflichtungen: Umstellung von HGB auf IFRS. *Der Betrieb*, 58. Jg., Nr. 22, S. 1178–1183.

Zwirner, Christian, Busch, Julia und Boecker, Corinna. 2010. Bilanzielle Abbildung von Sachleistungsverpflichtungen nach HGB und IFRS – eine Fallstudie zur Ermittlung der Wertansätze im Rahmen der Zugangs- und der Folgebewertung. In: *Kapitalmarktorientierte Rechnungslegung*, KoR, 10. Jg., Nr. 12, S. 664–669.

Register